ALBERTVS
DVRER
NORICVS
FACIEBAT
1504

RECLAM-BIBLIOTHEK

„Dürers ganzes Leben war ein Ringen um eine Bereicherung der geistigen Persönlichkeit, der er alles dienstbar zu machen versucht, was ihm die Zeit an großen geistigen Anregungen und Erlebnissen geboten hat: Humanismus und Reformation, die italienische und niederländische Kunstauffassung, Theorie und Praxis und die Schönheit und Mannigfaltigkeit des Lebens und der Natur. So entsteht aber ein Künstlertypus, der von den gleichzeitigen italienischen und niederländischen diametral verschieden war, der Typus eines neuen Bildungsidealismus und Universalismus, wobei dieser Universalismus nicht wie bei Leonardo auf naturwissenschaftlicher Empirie allein beruhte, sondern wie dreihundert Jahre später bei Goethe in einer nie versiegenden Anteilnahme an allem, was die Menschen geistig beschäftigte und der Phantasie Nahrung bot, begründet war."

Max Dvořák

Albrecht Dürer

Schriften und Briefe

RECLAM VERLAG LEIPZIG

Herausgegeben von Ernst Ullmann
Textbearbeitung von Elvira Pradel

ISBN 3-379-00445-6

Reclam-Bibliothek Band 26
6., veränderte Auflage, 1993
Reihengestaltung: Hans Peter Willberg
Umschlaggestaltung: Matthias Gubig unter Verwendung von: Albrecht Dürer, Adam und Eva, Kupferstich, 1504
Printed in Germany
Druck und Binden: Ebner Ulm
Gesetzt aus Garamond-Antiqua

INHALT

PERSÖNLICHKEIT UND GEISTIGE WELT IN SELBSTZEUGNISSEN

Dürers Familienchronik 13

Albrecht Dürers Gedenkbuch – Bruchstücke aus den Jahren 1502, 1503, 1506/07 und 1514 17

Tagebuch der Reise in die Niederlande 21

Aus dem Briefwechsel

Briefe aus Venedig an Willibald Pirckheimer 68
Briefe an Jakob Heller 85
An Christoph Kress 95
An Georg Spalatin 95
Andreas Bodenstein, gen. Karlstadt, an Dürer 97
An Felix Frey 98
Briefwechsel zwischen Nikolaus Kratzer und Albrecht Dürer 98
Dürer an Bürgermeister und Rat der Stadt Nürnberg 100

Inschriften der Aposteltafeln 101

KUNSTTHEORETISCHE SCHRIFTEN

Entwürfe zum „Lehrbuch der Malerei“

1. Vorrede und Inhaltsangabe 107
2. Von der Malerei und von der Schönheit 109
3. Vom Maß der menschlichen Gestalt 113
4. Von der Notwendigkeit neuer Lehrbücher 114
5. Sinn der Proportionen für den Künstler 115
6. Vom Nutzen des Wissens 116
7. Lob der Malerei 117
8. Vom Wesen der Schönheit und Beschreibung des „Teilers“ 120
9. Von Farben 122
10. Speis der Malerknaben 123

Aus den „Vier Büchern von menschlicher Proportion"

Entwürfe:

1. Beginn der Arbeiten für die Proportionslehre 127
2. Proportionen eines starken Mannes von 8 Kopflängen . 135
3. Proportionen einer starken Frau von 8 Kopflängen . . . 142
4. Proportionen einer schlanken Frau 150
5. Proportionen eines starken Mannes (Samson) 152
6. Proportionen eines Kindes 171
7. Gegensatzbegriffe, die die menschliche Gestalt verändern 178
8. Bedeutung der Proportionslehre für den Künstler 179
9. Inhaltsangabe des ersten Buches der Proportionslehre in der Fassung von 1523 184
10. Konzept zur Einleitung der Proportionslehre in der Fassung von 1523 185

Auszüge aus der gedruckten Fassung von 1528:

1. Widmung 187
2. Der „Große ästhetische Exkurs" 190
3. Nachwort von Willibald Pirckheimer 203

Aus der „Unterweisung der Messung"

Entwürfe:

1. Vitruv als Vorbild 204
2. Perspectiva naturalis nach Euklid 204

Auszüge aus der gedruckten Fassung von 1525:

1. Widmung 209
2. Von den Säulen (Auszüge) 211
3. Perspektivische Konstruktionen (Auszug) 221

Auszüge aus der „Befestigungslehre", 1527

1. Der Bau von Befestigungen (Auszug) 224
2. Plan einer Idealstadt 226

ANHANG

Nachwort 245
Zur sprachlichen Gestaltung 257
Quellenangaben und Anmerkungen 259
Worterklärungen 300
Literaturhinweise 305
Münzwerte 307
Zeittafel 309
Personenregister 329

Persönlichkeit und geistige Welt
in Selbstzeugnissen

Dürers Familienchronik

A° 1524. Nach Weihnachten in Nürmberg[1]
Ich, Albrecht Dürrer der Jünger, hab zusammentragen aus meines Vaters Schriften, von wannen er gewesen sei, wie er herkummen und blieben und geendet seliglich. Gott sei ihm und uns gnädig. Amen.
A° 1524
Albrecht Dürrer der Älter ist aus seim Geschlecht geboren im Königreich zu Hungern, nit ferr von einen kleinen Städtlein, genannt Jula[2], acht Meil wegs weit unter Wardein, aus ein Dörflein zunächst darbei gelegen, mit Namen Eytas[3], und sein Geschlecht haben sich genährt der Ochsen und Pferd. Aber meines Vaters Vater ist genannt gewest Anthoni Dürrer, ist knabenweis in das obgedachte Städtlein kummen zu einen Goldschmied und hat das Handwerk bei ihm gelernet. Darnach hat er sich verheirat mit einer Jungfrauen mit Namen Elisabetha, mit der hat er ein Tochter Catharina und drei Söhn geboren. Den ersten Sohn, Albrecht Dürrer genannt, der ist mein lieber Vater gewest, der ist auch ein Goldschmied worden, ein künstlicher reiner Mann. Den andern Sohn hat er Laßlen genannt, der war ein Zaummacher[4]. Von dem ist geboren mein Vetter Niclas Dürrer, der zu Cölln sitzt, den man nennt Niclas Unger. Der ist auch ein Goldschmied und hat das Handwerk hier zu Nürmberg bei meinen Vater gelernet. Den dritten Sohn hat er Johannes genannt, den hat er studieren lassen. Derselb ist darnach zu Wardein Pfarrer worden, ob 30 Jahr lang blieben. Darnach ist Albrecht Dürrer, mein lieber Vater, in Teutschland kommen, lang in Niederland gewest bei den großen Künstern, und auf die letzt her gen Nürmberg kommen, als man gezählt hat nach Christi Geburt 1455 Jahr, an St. Loyen Tag[5]. Und auf denselben Tag hatte Philipp Birkamer Hochzeit auf der Vesten, und war ein großer Tanz unter der großen Linden. Darnach hat mein lieber Vater Albrecht Dürrer dem alten Jeronimus Holper[6], der mein Ahnherr gewesen ist, gedient eine lange Zeit, bis man nach Christi Geburt gezählt hat 1467 Jahr. Da hat ihm mein Ahnherr seine Tochter geben, ein hübsche gerade Jungfrau,

Barbara genannt, 15 Jahr alt, und hat mit ihr Hochzeit gehabt acht Tag vor Veit[7]. Auch ist zu wissen, daß mein Ahnfrau, meiner Mutter Mutter, ist des Öllingers Tochter von Weißenburg gewest, hat geheißen Kunigund. Und mein lieber Vater hat mit seinen Gemahl, meiner lieben Mutter, diese nachfolgende Kinder gezeugt.

(Dürer gibt nun eine Aufzählung der 18 Kinder nach den Familienaufzeichnungen seines Vaters: 1. Barbara, 12. 7. 1468; 2. Johannes, 7. 4. 1470;)

3. Item nach Christi Geburt 1471 Jahr, in der sechsten Stund an St. Prudentien Tag[8], an einen Erichtag in der Kreuzwochen, gebar mir mein Hausfrau Barbara mein andern Sohn, zu dem war Gevatter Anthonj Koburger, und nannt ihme Albrecht nach mir.

(4. Sebalt, 14. 1. 1471; 5. Jeronimus, 27. 3. 1473; 6. Anthoni, 14. 5. 1474; 7. und 8. Agnes und Margaretha, 20. 1. 1476; 9. Ursula, 2. 7. 1477; 10. Hanns 30. 6. 1478; 11. Agnes, 18. 7. 1479; 12. Peter, 1. 8. 1481; 13. Catharina, 22. 8. 1482; 14. Endres [Andreas], 25. 4. 1484; 15. Sebalt, 18. 4. 1486; 16. Christina, 9. 5. 1488; 17. Hanns, 21. 2. 1490; 18. Carl, 8. 8. 1492)

...

Nun seind diese mein Geschwistrigt, meines lieben Vaters Kinder, alle gestorben, etliche in der Jugend, die andern, so sie erwachsen. Allein leben wir drei Brüder noch, so lang Gott will, nämlich ich, Albrecht, und mein Bruder Endres, desgleichen mein Bruder Hanns, der 3te des Namens, meines Vaters Kinder.

Item dieser obgemeldt Albrecht Dürrer der Älter hat sein Leben mit großer Mühe und schwerer harter Arbeit zugebracht und von nichten anders Nahrung gehabt, dann was er vor sich, sein Weib und Kind mit seiner Hand gewunnen hat. Darum hat er gar wenig gehabt. Er hat auch mancherlei Betrübung, Anfechtung und Widerwärtigkeit gehabt. Er hat auch von männiglich, die ihn gekannt haben, ein gut Lob gehabt. Dann er hielt ein ehrbar christlich Leben, war ein geduldig Mann und sanftmütig, gegen jedermann friedsam, und er was fast dankbar gegen Gott. Er hat sich auch nicht viel Gesellschaft und weltlicher Freud gebraucht, er war auch weniger Wort und ward ein gottsfürchtig Mann.

Dieser mein lieber Vater hatt großen Fleiß auf seine Kinder, die auf die Ehr Gottes zu ziehen. Dann sein höchst Begehren

war, daß er seine Kinder mit Zucht wohl aufbrächte, damit sie vor Gott und den Menschen angenehm würden. Darum war sein täglich Sprach zu uns, daß wir Gott lieb sollten haben und treulich gegen unsern Nächsten handeln. Und sonderlich hatte mein Vater an mir ein Gefallen, da er sahe, daß ich fleißig in der Übung zu lernen was. Darum ließ mich mein Vater in die Schul gehen, und da ich schreiben und lesen gelernet, nahm er mich wieder aus der Schul und lernet mich das Goldschmiedhandwerk. Und da ich nun säuberlich arbeiten kunnt, trug mich mein Lust mehr zu der Malerei dann zum Goldschmiedwerk. Das hielt ich mein Vater für. Aber er was nit wohl zufrieden, dann ihn reuet die verlorne Zeit, die ich mit Goldschmiedlehr hätte zugebracht. Doch ließ er mirs nach, und da man zählt nach Christi Geburt 1486 an St. Endres Tag[9], versprach mich mein Vater in die Lehrjahr zu Michael Wohlgemuth, drei Jahr lang ihm zu dienen. In der Zeit verliehe mir Gott Fleiß, daß ich wohl lernete. Aber ich viel von seinen Knechten Mih[10] leiden mußte. Und da ich ausgedient hatt, schickt mich mein Vater hinweg[11], und bliebe vier Jahr außen, bis daß mich mein Vater wieder fodert. Und als ich im 1490 Jahr hinwegzog, nach Ostern[12], darnach kam ich wieder, als man zählt 1494, nach Pfingsten[13]. Und als ich wieder anheime kommen was, handelt Hanns Frej mit meinen Vater und gab mir seine Tochter mit Namen Jungfrau Agnes, und gab mir zu ihr 200 fl. und hielt die Hochzeit, die was am Montag vor Margarethen im 1494 Jahr[14]. Darnach begab sich aus Zufall, daß mein Vater krank ward an der Ruhr, also daß ihm die niemand stellen[15] mocht. Und da er den Tod vor seinen Augen sahe, gab er sich willig drein mit großer Geduld, und befahl mir mein Mutter, und befahl uns, göttlich zu leben. Er empfing auch die h. Sakrament und verschied christlich, wie ich das in ein andern Buch[16] nach der Läng beschrieben hab, im Jahr 1502, nach Mitternacht vor St. Mattheus Abend[17], dem Gott gnädig und barmherzig sei. Darnach nahm ich mein Bruder Hannsen zu mir, aber den Endressen schickten mir weg.
Darnach zwei Jahr nach meines Vaters Tod nahm ich mein Mutter zu mir, dann sie hätt nichts mehr. Und da sie bei mir wohnete, bis daß man zählt 1513 Jahr, da ward sie an einen Erigtag frühe tödlich und gähling krank, darin sie ein ganz Jahr lang lag. Und von den ersten Tag an über ein Jahr, als sie krank worden, was an einen Erigtag, am 17. Tag des Mai[18]

im 1514 Jahr, nach Empfahung des h. Sakraments, ist sie christlich verschieden, zwo Stund vor nachts, der ich selbst vorgebet hab. Der allmächtig Gott sei ihr gnädig.
Darnach im 1521 Jahr, am Sonntag vor Bartholomäi, was der 18. Tag des Augustmonats im Zwilling, war mein liebe Schwieger, die Hanns Freyin, krank. Darnach am 29. Tag des Herbstmonats[19], nach Empfahung der h. Sakrament, verschied sie in der Nacht zu der neunten Stund nach der Nürmberger Uhr. Der allmächtig Gott sei ihr gnädig.
Darnach als man zählt 1523 Jahr, an Unser Lieben Frauen Tag, als sie in dem Tempel geopfert ward[20], frühe vor den Garaus[21], ist verschieden Hanns Frey, mein lieber Schwäher, der bei sechs Jahren krank was, und der auch in der Welt gleich unmüglich Widerwärtigkeit erduldet hat, der auch mit den Sakramenten verschieden ist. Der allmächtig Gott sei ihm gnädig.

Albrecht Dürer.

Albrecht Dürers Gedenkbuch
Bruchstücke aus den Jahren 1502, 1503, 1506/07 und 1514

g

... begehrt. Also hätt ihm die alt Frau aufgeholfen, und die Schlofhaub auf seinem Haupt was jähling ganz naß worden vor großen Schweißtropfen. Also hätt er zu trinken begehrt. Do hätten sie ihm geben ein wenig Reinfell[1], des hätt er gar ein wenig eingenummen, und hätt wieder in das Bett begehrt, und hätt ihn gedankt; und do er in das Bett kam, hätt er von Stund an in die Züg gegriffen[2]. Alsbald hätt ihm die alt Frau das Licht angezündt und ihm Sant Pernharts Versch[3] vorgesprochen, und eh sie den dritten gesprach, do was er verschieden. Gott sei ihm barmherzig. Und die jung Magd, do sie die Verändrung sach, do luf sie schnell zu meiner Kammer, mich weckte, und eh ich herabkam, do was er verschieden. Den ich tot mit großem Schmerzen ansach, des ich nit wirdig bin gewesen, bei seinem End zu sein. Und in der nächsten Nacht vor Sank Matheus Abend[4] ist mein Vater verschieden in dem obgemeldten Johr. Der barmherzig Gott helf mir auch zu eim seligen End. Und hätt mein Mutter ein betrübte Witwen gelossen, die er mir allbeg großlich lobet, wie sie so ein frumm Frau wär. Deshalb ich mir fürnimm, sie nimmermehr zu lossen. O ihr all mein Freund, ich bitt euch um Gotts willen, so ihr meins frummen Vaters Verscheiden lest, ihr wöllt seiner Seel gedenken mit einem Vaterunser und Ave Maria, auch von euer Seel wegen, auf daß, so wir Gott dienen, daß wir ein selig Leben erberben[5], und eins guten Ends willen. Wann es ist nit müglich, der wohl lebt, daß er übel abscheid von dieser Welt; wann Gott ist voll Barmherzigkeit. Durch die geb uns Gott noch diesem elendem Leben die Freud der ewigen Seligkeit durch den Vater, den Suhn und den heiligen Geist, ahn Anfang und ahn End ein ewigen Regierer. Amen.

Das größt Wunderwerk, das ich all mein Tag gesehen hab, ist geschehen im 1503 Johr, als auf viel Leut Kreuz gefallen sind, sunderlich mehr auf die Kind denn ander Leut. Unter den allen hab ich eins gesehen in der Gestalt, wie ichs hernoch gemacht hab, und es was gefallen aufs Eyrers Magd, der ins Pirkamers Hinterhaus saß, ins Hemd in leinen Tuch. Und sie was so

betrübt drum, daß sie weinet und sehr klagte; wann sie forcht, sie müßt dorum sterben.
Auch hab ich ein Komet am Himmel gesehen.
Item das nochfolget, ist mein Hab, die ich ererbert hab härtiglich mit meiner Hand, wann nie hab ich Fall gehabt zu großer Gewingen[6]. Hab auch großen Schaden erlitten, daß ich verborgt hab, dorfür mir nüt ist worden. Desgleichen mit Knechten[7], die nit Rechnung täten. Auch mir einer zu Rom gestorben mit Verlustigung meins Guts. Deshalben, do ich im 13. Johr in meiner Eh bin gewest, hab ich große Schuld be-

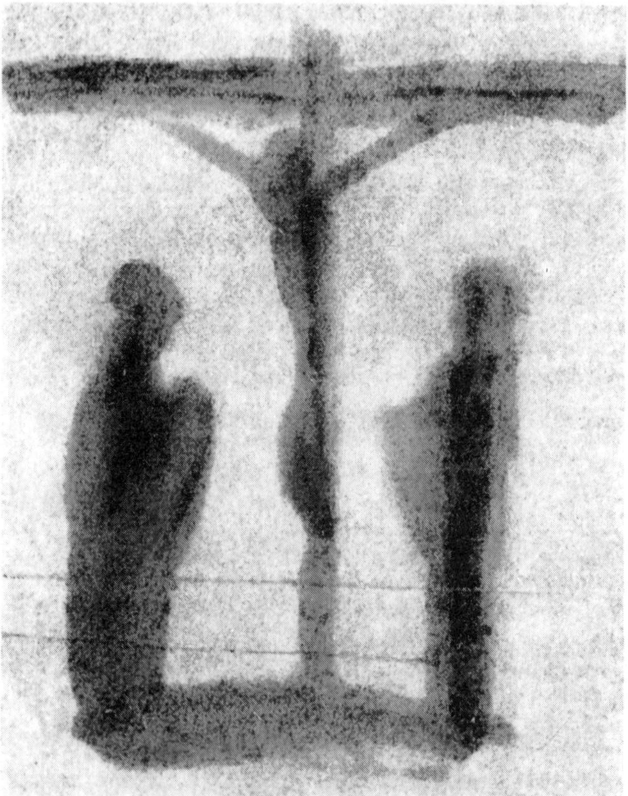

zahlt, die ich zu Fenedig gewunnen hab[8]. Item ein ziemlich guten Hausrot, gute Kleider, von Zinn Gescherr, guten Werkzeug, Bettgwand, Truhen und Behälter, mehr um 100 fl. rheinesch gute Farb.

Nun sollt ihr wissen, daß im Jahr 1513 an einem Erchtag vor der Kreuzwochen[9] mein arme elende Mutter, die ich zwei Johr noch meines Vaters Tod zu mir nahm, die do ganz arm was, in mein Pfleg, nochdem sie 9 Johr was bei mir gewest, an eim Morgen früh jähling also tödlich krank ward, daß wir die Kammer aufbrachen, dann wir sunst, so sie nit auf kunnt tan, nit zu ihr kunnten. Also trug wir sie herab in ein Stuben, und man gab ihr beede Sakrament. Dann alle Welt meinte, sie sollt sterben. Dann sie hätt kein gesunde Zeit nie noch meines Vaters Tod, und ihr meinster Gebrauch was viel in der Kirchen, und strofet mich allbeg fleißig, wo ich nit wohl handlet. Und sie hätt allbeg meing und meiner Brüder groß Sorg vor Sünden, und ich ging aus oder ein, so was allbeg ihr Sprichwort: „Geh in dem Nomen Cristo!" Und sie täte uns mit hohem Fleiß stetiglich heilige Vermahnung, hätt allbeg große Sorg für unser Seel. Und ihre gute Werk und Barmherzigkeit, die sie gegen jedermann erzeigt hat, kann ich nit gnugsam anzeigen und ihr gut Lob. Diese mein frumme Mutter hat 18 Kind tragen und erzogen, hat oft die Pestilenz gehabt, viel andrer schwerer merklicher Krankheit, hat große Armut gelitten, Verspottung, Verachtung, höhnische Wort, Schrecken und große Widerwärtigkeit, noch ist sie nie rochselig gewest. Van dem an, an dem vorbestimmten Tag, als sie krank ist worden, über ein Johr, do man zählt 1514 Johr, an einem Erchtag, was der 17. Tag im Maien[10], zwu Stund vor Nacht, ist mein frumme Mutter Barbara Dürerin verschieden christlich mit allen Sakramenten, aus päpstlichem Gewalt van Pein und Schuld geabsolviert. Sie hat mir och vor ihren Segen geben und den göttlichen Fried gewünst mit viel schöner Lehr, auf daß ich mich vor Sünden sollt hüten. Sie begehrt auch vor zu trinken Sant Johans Segen[11], als sie dann tät. Und sie forcht den Tod hart, aber sie saget, für Gott zu kummen fürchtet sie sich nit. Sie ist auch härt gestorben, und ich merkt, daß sie etwas Grausams sach; dann sie fordret das Weichwasser, und hätt doch vor lang nit geredt. Also brachen ihr die Augen. Ich sach auch, wie ihr der Tod zween groß Stöß ans Herz gab, und wie sie Mund und Augen zutät, und verschied mit

Schmerzen. Ich betet ihr vor. Dovan hab ich solchen Schmerzen gehabt, daß ichs nit aussprechen kann. Gott sei ihr genädig. Item ihr meinst Freud ist allbeg gewest, von Gott zu reden, und sach gern die Ehr Gottes. Und sie was im 63. Johr, do sie starb.

Und ich hab sie ehrlich noch meinem Vermügen begehn lassen. Gott der Herr verleich mir, daß ich auch ein seligs End nehm, und daß Gott mit seinem himmlischen Heer, mein Vater, Mutter und Freund zu meinem End wöllen kummen, und daß uns der allmächtig Gott das ewig Leben geb. Amen. Und im ihrem Tod sach sie viel lieblicher, dann do sie noch das Leben hätt.

Tagebuch der Reise in die Niederlande

Dieser sünd die Reisen, die Albrecht Dürer geton hat, da mit sein Weib in Niederlanden gewesen und von Kaiser, König und Fürsten große Ehr und geneigten Willen empfangen hat, wie hierin zu sehen und zu hören ist.

Anno 1520

Die Fahrt nach Antwerpen

Am Pfingstag[1] nach Chiliani hab ich, Albrecht Dürer, uf mein Verkosten und Ausgeben mich mit meinem Weib von Nürnberg hinweg in das Niederland gemacht. Und do wir desselben Tags auszogen durch Erlang, do behauseten wir zu nachts zu Baiersdorf und verzehren daselbst 3 Pfund minder 6 Pfenning[2]. Darnach sind wir den nächsten, am Freitag, gen Forchaim kommen, und gab do um Geleit 22 Pfenning. Von dannen führ ich geng Bamberg und schenkte den Bischof ein gemalt Marienbild, Unser Frauen Leben, ein Apokalypsin[3] und für ein Gulden Kupferstück. Der lud mich zu Gast, gab mir ein Zoll- und drei Fürderbrief[4] und löset mich aus der Herberg, do ich bei einen Gulden verzehret hab. Item ich hab dem Fuhrmann 6 Gulden an Gold geben, der mich von Bamberg gen Franckfurth führet. Item Meister Laux Benedict und Hans, Maler, haben mir den Wein geschenkt. 4 Pfenning für Brot, mehr 13 Pfenning zu Letz[5]. Also fuhr ich von Bamberg gen Eltman und zeiget mein Zollbrief, do ließ man mich fahren zollfrei. Und von dannen fuhren wir für Zeil. Inmittlerzeit gab ich aus 21 Pfenning. Darnach kam ich gen Haßfurth und wies mein Zollbrief, do ließ man mich zollfrei fahren. Ich hab 1 Gulden ins Bischofs von Bamberg Kanzlei geben. Dornach kam ich gen Theres ins Kloster und zeiget mein Zollbrief, do ließ man mich auch fahren. Darnach fuhren wir gen Rein[6]. Da lag ich über Nacht und verzehrt 1 Pfund. Von dannen fuhren wir geng Mayenburg[7], und weis mein Zollbrief, da ließ man mich zollfrei fahren. Darnach komen wir gen Schweinfurth, do lud mich Doktor Rebart, und er gab uns Wein ins Schiff. Man ließ mich auch zollfrei fahren. 10 Pfenning für ein gebraten Huhn. 18 Pfenning in die Küchen und dem Kind. Darnach fuhren wir gen Volkach und zeiget mein Zollbrief, und fuhren aber weg und kamen gen Schwarcach; do lagen wir über Nacht und verzehreten 22 Pfenning.

Und am Montag waren wir früh auf und fuhren für Tetelbach[8] und kamen gen Kiczing[9] und wies mein Zollbrief, do ließ man mich fahren, und ich verzehret 37 Pfenning. Und fuhren darnach für Sulczfeldt gen Prait[10], und zeiget mein Zollbrief, do ließ man mich fahren. Und fuhren für Fricken Haußen gen Ochsenfurth, do wies ich mein Zollbrief, da ließ man mich auch fahren. Und kamen gen Eufelstorff[11], von dannen gen Haidensfeldt[12] und von dannen gen Würczburg. Da zeigt ich meinen Zollbrief, also ließen sie mich fahren. Darnach fuhren wir gen Erla Prunn, do lagen wir über Nacht und verzehrten 22 Pfenning. Von dannen fuhren wir für Recz Bach und Zellingen und kamen geng Carstatt[13], do wies ich mein Zollbrief, do ließ man mich fahren. Von dannen fuhr ich gen Myna[14], da aßen wir zu Morgen und verzehren 22 Pfenning; auch wies ich mein Zollbrief und sie ließen mich fahren. Darnach fuhren wir gen Hochstätt, weis mein Zollbrief, do ließen sie mich fahren. Und kamen darnach gen Lohr, do wies ich auch mein Zollbrief, do ließen sie mich fahren. Darnach kamen wir gen Neuenstadt und wiesen unsern Brief, do ließen sie uns fahren. Auch hab ich ausgeben 10 Pfenning für Wein und Krebs. Darnach kamen wir gen Rotenfelß, do wies ich mein Zollbrief, also ließen sie mich frei, und da logen wir über Nacht und verzehren 20 Pfenning.

Und am Mittwoch frühe fuhren wir weg und für Sant Ecarius, und kamen gen Heudenfeld[15], von dannen gen Trieffenstain. Darnach kamen wir gen Homburg, do zeigt ich mein Zollbrief, do ließ man mich fahren. Darnach kamen wir geng Wertheim und zeiget mein Zollbrief, do ließ man mich ziehen, und ich verzehret 57 Pfenning. Darnach fuhren wir gen Proczel[16], do wies ich mein Zollbrief, do ließ man mich fahren. Darnach fuhren wir für Freudenwerg[17], do wies ich aber mein Zollbrief, da ließ man mich fahren. Darnach kamen wir gen Miltenberg, da blieben wir über Nacht und verzehreten ...

Auch wies ich mein Zollbrief, da ließ man mich fahren, und ich verzehret 61 Pfenning. Darnach kamen wir gen Klingenberg und wies ich mein Zollbrief, da ließ man mich fahren. Und kamen für Werdt[18], von dannen für Obernburg und von

dannen gen Oschen Purg[19]; da wies ich mein Zollbrief, da ließ man mich fahren, und ich verzehret do 52 Pfenning. Von dannen fuhren wir gen der Selgenstadt, von dannen gen Steinheim; do wies ich mein Zollbrief, do ließ man mich fahren. Und wir lagen bei Johansen über Nacht, der sperret uns die Stadt auf und war uns gar freundlich, da gab ich aus 16 Pfenning.
Also fuhren wir am Freitag frühe[20] gen Kesselstatt, da zeigt ich mein Zollbrief, do ließ man mich fahren. Darnach kamen wir gen Franckfurth, und zeiget aber mein Zollbrief, da ließ man mich fahren. Und ich verzehret 6 Weißpfenning und anderthalben Heller, und den Buben gabe ich 2 Weißpfenning, und zu nachts verzehret ich 6 Weißpfenning. Auch schenket mir Herr Jacob Heller den Wein in die Herberg.
Und ich hab mich verdingt, mit meinem Gut von Franckfurth gen Mencz[21] zu fahren, um 1 Gulden und zween Weißpfenning. Mehr hab ich dem Buben geben 5 Franckfurther Heller, so haben wir zu nachts verzehret 8 Weißpfenning. Also fuhr ich im Früheschiff von Franckfurth am Sonntag gen Mencz, und kamen in mittel Weg gen Höst[22], da wies ich mein Zollbrief, da ließ man mich fahren; auch verzehrt ich do 8 Franckfurther Pfenning. Von dannen fuhren wir gen Mencz. Aber hab ich ausgeben ein Weißpfenning, auszuladen. Mehr 14 Franckfurther Heller dem Schiffknecht. Mehr 18 Pfenning für die Gürtel. Mehr hab ich mich aufgedingt ins Cölner Schiff, mich mit meim Ding um 3 Gulden. Auch hab ich zu Mencz verzehret 17 Weißpfenning. Item Peter, Goldschmied, ihr Wardein[23], hat mir zwo Flaschen Wein geschenkt. So hat mich Veith Fahrnpühler geladen, aber sein Wirt wollt kein Zahlung von ihm nehmen, sondern selbst mein Wirt sein. Und sie beweiseten mir viel Ehr.
Also schied ich von Mencz, do der Mayn in Rein läuft, und es war am Montag nach Magdalenae[24]. Auch gab ich um Fleisch ins Schiff 10 Heller und für Eier und Birn 9 Heller. Auch hat mir da geschenkt Leohnhardt, Goldschmied, den Wein und Vögel ins Schiff, auf Cöln zu kochen. Auch hat mir Meister Jobsten Bruder ein Flaschen mit Wein geschenkt. Auch haben mir die 2 Maler 2 Flaschen mit Wein geschenkt ins Schiff. Darnach kamen wir gen Erlfelt[25], do wies ich mein Zollbrief, do nahm man kein Zoll. Darnach kamen wir gen Rüdißheim. Auch hab ich 2 Weißpfenning, einzuladen, geben. Darnach kamen wir gen Ernfels[26], da wies ich mein Zollbrief,

da mußt ich 2 Gulden an Gold geben; doch daß ich in 2 Monaten ein Ledigbrief[27] brächt, so wollt mir der Zöllner die 2 Gulden an Gold wiedergeben. Darnach kamen wir gen Pacharach; da mußt ich mich verschreiben, daß ich mich in 2 Monaten verzollen wollte oder ein Ledigbrief bringen. Darnach kamen wir gen Kaw[28]; do zeigte ich abermal mein Zollbrief, aber er wollt mich nit fürtragen, ich mußt mich des vorigen gleichen verschreiben. Darnach hab ich 11 Heller ausgeben. Darnach kamen wir gen Sanct Gewer[29], da wies ich mein Zollbrief; do fraget mich der Zöllner, wie man mich gehalten hätt. Do saget ich, würd ihm kein Geld geben. Ich hab geben 2 Weißpfenning dem Boten. Darnach kamen wir gen Papart[30], und wies mein Zollbrief an der Trierischen Zoll, do ließ man mich fahren. Allein ich mußt anzeigen mit ein Schriftle unter meinem Signet, daß ich nit gemeine Kaufmannswar führet, und er ließ mich willig fahren. Darnach kamen wir gen Lonstein[31], und wies mein Zollbrief; do ließ mich der Zöllner frei, aber er bat mich, daß ich ihn gegen meinem gnädigsten Herren von Mencz versprach[32]. Er schenket mir auch ein Kannen mit Wein, dann er kannt mein Weib wohl[33] und freuet sich, mich zu sehen. Darnach kamen wir gen Engers, und wies mein Zollbrief, das ist Trierisch, do ließ man mich frei fahren. Ich saget auch, ich wollte es meinem Herren von Bamberg rühmen. Darnach kamen wir gen Andernach, und wies mein Zollbrief, do ließ man mich frei fahren. Und ich verzehret do 7 Heller, mehr 4 Heller.

Also fuhr ich an St. Jacobs Tag[34] frühe von Andernach gen Lincz. Von dannen fuhren wir gen Pun[35] ahn Zoll, do ließ man mich aber frei fahren. Darnach kamen wir gen Cöln. Und im Schiff verzehret ich 9 mehr 1 Weißpfenning und 4 Pfenning um Obs. Zu Cöln hab ich ausgeben 7 Weißpfenning, auszuladen, und den Schiffknechten 14 Heller. Und den Niclasen, meinen Vettern, hab ich geschenkt mein schwarz gefütterten Rock, mit Sammet verbrämet, und seinem Weib ein Gulden geschenkt. Item zu Cöln hat mir der Hieronymus Focker den Wein geschenkt. Auch hat mir der Jan Chrosenpeck den Wein geschenkt. Auch hat mir mein Vetter Niclas den Wein geschenkt. Auch hat man uns ein Kollation im Barfüßerkloster geben, und der ein Münch hat mir ein Fatzalett[36] geschenket. Mehr hat mir Herr Johann Großerpecker 12 Maß des besten Weins geschenkt. Auch hab ich ausgeben 2 Weißpfenning

mehr 8 Heller für das Bürschlein. Mehr hab ich zu Cöln verzehrt 2 Gulden mehr 14 Weißpfenning, und 10 Weißpfenning zu binden; 3 Pfenning für Obs. Mehr hab ich geben ein Weißpfenning zu Letz und ein Weißpfenning den Boten.
Darnach fuhren wir an St. Pantaleonis Tag von Cöln in ein Dorf, das heißt Postorff[37], do logen wir über Nacht und verzehrten 3 Weißpfenning. Und fuhren am Sonntag frühe gen Rüding[38], da aßen wir zu morgends und verzehrten 2 Weißpfenning und 3 Pfenning, mehr 3 Pfenning. Darnach kamen wir gen Freyenaltenhofen[39], da lagen wir über Nacht und verzehrten do 3 Weißpfenning. Darnach fuhren wir am Montag frühe auf Frelndorff[40] und kamen für Gangelt, das Städtlein und aßen zu morgens in einem Dorf, das heißt Süsterhyln[41], und verzehreten 2 Weißpfenning 2 Heller, mehr 1 Weißpfenning, mehr 2 Weißpfenning. Darnach fuhren wir gen Zitta[42], ein feins Städtlein, von dannen gen Stocken[43], das ist lüttisch; da hätten wir ein hübsche Herberg, und blieben do über Nacht und verzehrten da 4 Weißpfenning.
Und als wir da über die Mas gefahrn warn, machten wir uns am Erichtag[44] frühe auf und kamen gen Mertenslinden. Da aßen wir zu Morgen und verzehrten 2 Stüber, und gab ein Weißpfenning um ein jung Huhn. Darnach fuhren wir über die Heiden weiter und kamen zum Stosser, da verzehrten wir 2 Stüber und lagen do über Nacht. Darnach führn wir am Mittwoch frühe gen Merpeck[45], do kauft ich für 3 Stüber Brot und Wein, und fuhren bis zu der brannten Mühl; da aßen wir zu morgens und verzehren ein Stüber. Darnach fuhren wir bis gen Eulenberg[46], do lagen wir über Nacht und verzehrten 3 Stüber 2 Pfenning. Darnach fuhren wir am Pfingstag frühe gen dem Creucz[47], do aßen wir zu Morgens und verzehrten 2 Stüber.

In Antwerpen

Darnach fuhren wir gen Antorff[48]. Do kam ich in die Herberg zum Jobst Planckfelt; und denselben Abend lud mich der Focker Faktor, mit Namen Bernhart Stecher, gab uns ein köstlich Mahl, aber mein Weib aß in der Herberg. Und dem Fuhrmann hab ich, für unser 3 Person[49] zu führen, geben 3 Gulden an Gold, und dem Staber hab ich geben, von Gütern zu fahren ... Item am Samstag nach St. Peters Kettenfeuer[50]

führt mich mein Wirt in des Bürgermeisters Haus zu Antorff[51], neu gebauet und über die Maß groß und fast wohl geordnet, mit überschwenglichen schönen großen Kammern, und der viel, ein köstlich gezierten Turn, ein übergroßen Garten, in summa ein solch herrlich Haus, dergleichen ich in allen teutschen Landen nie gesehen hab. Auch ist ein ganze neue Gassen, fast lang, dardurch man von beeden Orten zu seinem Haus gehet, das ihm zulieb, auch durch sein Steuer[52] gemacht ist. Item dem Boten[53] hab ich 3 Stüber geben, 2 Pfenning um Brot, 2 Pfenning für Tinten.
Und am Sonntag, was auf Sanct Oswaldt Tag[54], da luden mich die Maler auf ihr Stuben[55] mit meinem Weib und Magd, und hätten alle Ding mit Silbergeschirr und andern köstlichen Gezier und überköstlich Essen. Es waren auch ihre Weiber alle da. Und do ich zu Tisch geführet ward, do stund das Volk auf beeden Seiten, als führet man ein großen Herren. Es waren auch unter ihnen gar trefflich Personen von Namen, die sich all mit tiefen Neigen auf das allerdemütigste gegen mir erzeigten. Und sie sagten, sie wollten alles das tun, als viel möglich, was sie weßten, das mir lieb wäre. Und als ich also beiverehret saß, da kam der Herrn von Antorff Ratsbot[56] mit zweien Knechten und schenket mir von der Herren von Antorff wegen 4 Kannen Wein; und ließen mir sagen, ich soll hiemit von ihnen verehret sein und ihren guten Willen haben. Des sagte ich ihnen untertänigen Dank und erbot meine untertänige Dienst. Darnach kam Meister Peter, der Stadt Zimmermann, und schenket mir zwei Kannen Wein mit Erbietung seiner willigen Dienst. Also do wir lang fröhlich beieinander waren, und spät in die Nacht, do beleiten sie uns mit Windlichtern gar ehrlich heim und baten mich, ich soll ihren guten Willen haben und annehmen und sollt machen, was ich wollt, darzu wollen sie mir all behülflich sein. Also dankete ich ihnen und legt mich schlafen.
Auch bin ich gewest ins Meister Quintines Haus. Aber bin ich gewesen auf ihren großen drei Schüßplätzen. Ich hab gessen ein köstlich Mahl mit dem Staiber. Aber ein andermal mit dem Faktor von Portugal[57], den hab ich mit dem Kohln konterfeit. Mehr hab ich meinem Wirt konterfet. Item Jobst Planckfelt, der hat mir geschenkt ein Zinken weiß Korelln[58]. Zwei Stüber um Butter geben. 2 Stüber den Schreinern geben in der Maler Zeughaus[59]. Item mein Wirt hat mich geführt in der Maler

Werkstätt zu Antorff, im Zeughaus, do sie den Triumph[60] zurichten, dardurch man den König Carl sollt einführen. Dasselb Werk ist lang 4 hundert Bögen, und ein jeglicher 40 Schuh lang, und wird auf beeden Seiten der Gassen aufgemacht, hübsch geordnet, zweier Gaden[61] hoch, darauf wird man die Kammerspiel[62] machen. Und dies kost, zu machen von Schreinern und Malern, 4000 Gulden. Auch wird man das alls voll dazu brämen, und dies Ding ist alles überköstlich gemacht.

Item hab abermal mit den Portugales[63] gessen. Auch hab ich einmal mit den Alexander im Hoff gessen. Item Sebald Fischer hat mir zu Andorff abkauft 16 kleiner Passion[64] pro 4 Gulden. Mehr 32 großer Bücher[65] pro 8 Gulden. Mehr 6 gestochene Passion[66] pro 3 Gulden. Mehr 20 halb Bogen aller Gattung gleich durcheinander pro 1 Gulden, der hat er für 3 Gulden genommen. Mehr für ein Ort und 5 Gulden viertel Bögenle, alleweg 45 pro 1 Gulden. Für ein Ort und 5 Gulden der großen Bogen aller Gattung, gleich 8 Bogen pro 1 Gulden. Ist zahlt. Item meinem Wirt hab ich zu kaufen geben auf ein Tüchlein ein gemalt Marienbild[67] um 2 Gulden rheinisch. Item zum andernmal hab ich den Felix, Lautenschläger, konterfeit. 1 Stüber um Birn und Brot. 2 Stüber den Bader. Mehr hab ich 14 Stüber für 3 Täfelein geben. Mehr 4 Stüber zu Weißen[68], darvon zu bereiten. Mehr hab ich einmal gessen mit Alexander, Goldschmied. Mehr einmal mit dem Felix. Einmal hat Meister Joachim mit mir gessen. Mehr sein Knecht[69] einmal. Ich hab ein Visierung mit halben Farben[70] den Malern gemacht. Mehr hab ich 1 Gulden zu Zehrung genommen. Ich hab die 4 neuen Stücklein[71] dem Peter Wolffgang geschenkt. Mehr hat mit mir Meister Joachims Knecht gessen. Ich hab Meister Joachim für 1 Gulden Kunst geschenkt, darum daß er mir sein Knecht und Farb geliehen hat; und sein Knecht hab ich für 3 Pfund Kunst geschenkt. Item dem Alexander, Goldschmied, hab ich geschickt die 4 neuen Stück. Ich konterfeit mit dem Kohln diese Jenoueser, mit Namen den Tomasin Florianus Romanus, von Luca bürtig, und des Tomasins zween Brüder, mit Namen Viencens und Gerhartus, alle drei Pumpely. So oft hab ich mit dem Tomasin gessen: jjjjjjjjjjj.[72] Mir hat der Rentmeister[73] geschenkt ein leinen Kindsköpfel[74]. Mehr ein kalakuttisch hülzen Wehr[75] und der röhrichten Hölzer[76] eines. Auch hat mir der Tomasin geschenkt ein geflochten Hut von Holderkernen.

Aber hab ich einmal gessen mit dem Portugaler. Auch hab ich des Tomasins ein Bruder geschenkt für 3 Gulden gestochner Kunst. Mehr hat mir Herr Erasmus geschenkt ein spanioleins Mäntele[77] und 3 konterfetisch Mann[78]. Mehr hat mir des Tomasins Bruder geschenkt für 3 Gulden gestochener Kunst ein Paar Handschuh. Aber einmal hab ich konterfet Vicentium, Tomasins Bruder. Auch hab ich geschenkt Meister Augustin Lumbarth die 2 Teil imagines[79]. Auch hab ich den Walen[80] mit der krummen Nasen konterfet, mit Namen Opitius. Item mein Weib und mein Mägdlein haben einen Tag in Herrn Tomasins Haus gessen. Das sind 4mal.
Item Unser Frauen Kirchen[81] zu Antorff ist übergroß, also daß man viel Amt auf einmal darinnen singt, das keins das ander irrt. Und haben Altar köstlich Stiftung; do sind bestellt die besten musici, die man haben mag. Die Kirch hat viel andächtiges Gottesdienst und köstlich Steinwerk und sonderlich einen hübschen Turn. Auch bin ich gewesen in der reichen Abtei zu St. Michael; die haben von Steinmaßwerk die köstlichste Porkirchen[82], als ich nie gesehen habe, auch ein köstlich Gestühl in ihrem Chor. Und zu Antorff sparen sie kein Kostung zu solchen Dingen, dann do ist Gelds genug.
Ich hab konterfet Herren Nicolaum, ein Astronomus, der wohnet bei dem König von Engeland, der mir zu viel Dingen fast förderlich und nützlich ist gewesen. Er ist ein Teutscher, von München bürtig. Mehr hab ich konterfet des Tomasins Tochter, Jungfrau Suten genannt. Item der Hans Pfaffroth hat mir ein Philippsgulden geben, darum, daß ich ihn mit dem Kohln konterfet hab. Aber hab ich mit dem Domasin einmal gessen. Einmal hat mich geladen meines Wirts Schwager, auch mein Weib. Mehr hab ich zween schlecht Gulden gewechselt um 24 Stiber, zu Zehrung. Mehr hab ich ausgeben 1 Stüber zu Trinkgeld, daß man mich ein Tafel hat lassen sehen.
Item ich hab gesehen am Sonntag nach Unser Lieben Frauen Tag Himmelfahrt den großen Umgang[83] von Unser Lieben Frauen Kirchen zu Antorff, do die ganze Stadt versammlet was von allen Handwerken und Ständen, ein jeglicher nach sein Stand auf das köstlichst bekleidet. Es hätt auch ein jeglicher Stand und Zunft ihr Zeichen, darbei man sie kennen möcht. Da waren auch in den Unterschieden[84] getragen groß köstlich Stangkirzen und ihr alt fränkisch lang silbern Posaunen. Do waren auch auf teutsch viel Pfeifer und Trummel-

schläger. Dies ward alls hart geblasen und rumorisch gebraucht. Also sahe ich in der Gassen zeilweis weit voneinander gehen, also daß ein große Breiten darzwischen war, aber nahend aufeinander; die Goldschmied, Maler, Steinmetzen, Seidensticker, Bildhauer, Schreiner, Zimmerleut, Schiffer, Fischer, Metzger, Ledrer, Tuchmacher, Bäcken, Schneider, Schuster und allerlei Handwerker und mancher Handarbeiter und Händler, zu der Nahrung dienstlich. Desgleichen waren do die Krämer, Kaufleut und aller Sort ihr Helfer. Darnach kamen die Schützen der Büchsen, Bogen und Armbrüster, desgleichen die Reisigen und Fußgänger. Darnach kam eine große Schor der Herren Amtleut. Darnach ging ein ganze Rott sehr tapferer Leute, herrlich und köstlich bekleidet. Aber vor ihnen gingen all Orden und eidlich Stift[85] in ihren Unterschieden, gar andächtig. Es war auch in dieser Prozeß gar ein große Schar der Witwen, die sich mit ihrer Hand nähren und ein besonder Regel halten[86], all mit weißen leinen Tüchern, darzu gemacht, von dem Haupt bis auf die Erd bedeckt, gar sehnlich[87] zu sehen. Darunter sahe ich gar tapfere Personen. Und die Dumherren von Unser Frauen Kirchen mit aller Priesterschaft, Schülern und Köstlichkeit gingen zu hinterst. Do trugen 20 Personen die Jungfrau Maria mit dem Herren Jesu, auf das köstlichst geziert, zu Ehren Gott dem Herren. Und in diesen Umgang war gar viel freudenreichs Dings gemacht und gar köstlich zugericht. Dann do führet man viel Wagen, Spiel auf Schiffen und andern Bollwerk[88]. Darunter was der Propheten Schar und Ordnung, darnach das Neu Testament, als der englisch Gruß, die heiligen 3 König auf großen Kameltieren und auf andern seltsamen Wundern reitend, gar artig zugericht, auch wie Unser Frau in Ägypten fleucht, fast andächtig, und viel ander Ding, hie um Kürz willen unterlassen. Auf die letzt kam ein großer Drach, den führet St. Margareth mit ihren Jungfrauen an einer Gürtel, die was vorder hübsch. Der folget nach St. Georg mit seinen Knechten, gar ein hübscher Kürisser. Auch ritten in dieser Schar, gar zierlich und auf das köstlichst bekleidet, Knaben und Mägdlein auf mancherlei Land Sitten zugericht, anstatt mancherlei Heiligen. Dieser Umgang von Anfang bis ans End, ehe er für unser Haus ging, währet mehr dann zwo Stunde. Also war des Dings so viel, daß ichs in ein Buch nit kunnte schreiben, und laß es also hierbei verleiben.

Item ich bin zu Antorff ins Fockern Haus gewest, das er neu gar köstlich mit ein sundern Turn, weit und groß, mit ein schönen Garten gebauet hat, und hab seine hübsche Hengst gesehen. Item der Tomasin hat meinem Weib geschenkt 14 Elln guten dicken Haraß[89] zu einer Höcken[90] und dritthalb Ellen halben Atlas[91], zu unterfüttern. Ich hab den Goldschmieden eine Visierung gerissen von Frauenkopfbündlein[92]. Item der Faktor von Portugal hat mir den Wein in die Herberg geschenkt, portugalisch und französisch. Item der Signor Ruderisco von Portugal hat mir geschenkt ein Fäßlein voll eingemachten Zucker, allerlei Sorten; darinnen mehr ein Zuckerkandenschachtel, mehr zwo groß Schüssel voll Zuckerpenet[93], Marzipan und allerlei anders Zuckers und etlich Zuckerrohr, wie sie wachsen. Dargegen hab ich sein Knecht 1 Gulden zu Trinkgeld geben. Mehr hab ich zu Zehrung gewechselt ein schlechten Gulden um 12 Stüber. Item die Säulen zu Sankt Michael im Kloster an der Parkirchen zu Antorff sind all von einem Stück des schwarzen schönen Goldsteins[94] gemacht. Ich hab von Antorff aus geschickt und geschenkt bei Herr Gillgen, König Carls Türhüter, dem guten Bildschnitzer mit Namen Meister Conrad, desgleichen ich kein gesehen hab, der dienet des Kaisers Tochter, Frau Margareth: St. Hieronimus im Gehäus, die Melancholie, die drei neuen Marien, den Antonium und die Veronicam. Und ich hab Meister Gilgen geschenkt ein Eustachium und ein Nemesin[95].
Item bin ich schuldig meinem Wirt 7 Gulden 20 Stüber 1 Heller, was am Sonntag vor Bartholomaej[96]. Item vor Stuben und Kammer und Bettgewand soll ich ihm ein Monat geben 11 Gulden. Auf ein neues bin ich mit meinen Wirt eines worden am 20. Tag im Augusto, ist gewesen am Montag vor Bartholomaej, daß ich mit ihn ess und über das Mahl 2 Stüber geb, und das Trinken sonder zahl; aber mein Weib und Magd mögen heroben kochen und essen. Ich hab dem Faktor von Portugal geschenkt ein kleines geschnittenes Kindlein[97]. Mehr hab ich ihm geschenkt ein Adam und Eva, den Hieronymum im Gehäus, den Herculem, den Eustachium, die Melancholie, die Nemesin; darnach auf den halben Bogen drei neue Marienbild, die Veronicam, den Antonium, die Weihnachten und das Kreuz[98]; darnach die besten aus den Viertelbogen, der sind 8 Stücklein; darnach die drei Bücher: Unser Frauen Leben, Apokalypsin und den großen Passion; darnach den klein

Passion und den Passion in Kupfer. Das ist alles wert 5 Gulden. Ebensoviel hab ich auch geschenkt Signori Ruderigo, den andern Portiales. Der Ruderigo hat meinem Weib geschenkt ein klein grünen Papagei.

Besuch in Mecheln und Brüssel

Item am Sonntag nach Bartholomaej[99] bin ich von Antorff mit Herr Tomasin gen Mechel gefahren; da logen wir über Nacht, do lud ich Meister Conrad und ein Maler mit ihm zu Nacht essen. Und dieser Meister Conrad ist der gut Schnitzer, den Frau Margareth hat. Von Mechel führen wir durch das Städtlein Wilßwort[100] und kamen gen Prüssel am Montag zu Mittag. Dem Boten hab ich 3 Stüber geben. Ich hab mit meinen Herren[101] zu Prüssel gessen. Auch einmal gessen mit Herrn Bonysius, und hab ihm ein Passion in Kupfer geschenkt. Item ich hab dem Markgrafen Hansen zu Prüssel mein Fürderbrief geben, den mein Herr von Bamberg geschrieben hat, und hab ihm ein in Kupfer gestochenen Passion geschenkt, mein dabei zu gedenken. Mehr hab ich einmal mit meinen Herren von Nurnberg gessen.
Ich hab gesehen zu Prüssel im Rathaus in der gülden Kammer die 4 gemalten Materien, die der groß Meister Rudier gemacht hat. Ich hab gesehen ins Königs Haus zu Prüssel hinten hinaus die Brunnen, Labyrinth, Tiergarten, daß ich lustiger Ding, mir gefälliger, gleich einen Paradies, nie gesehen hab. Item Erasmus heißt das Männlein, das mir beim Herrn Jacob Bonisius mein Supplikation[102] gestellet hat. Item zu Prüssel ist ein fast köstlich Rathaus, groß und von schöner Maßwerk gehauen, mit einem herrlichen durchsichtigen Turn. Ich hab Meister Conrad zu Prüssel beim Licht in der Nacht konterfet, der meiner Herren Wirt ist gewesen. Auch hab ich Doktor Lamparters Sohn zu derselben Zeit mit dem Kohln konterfet und die Wirtin.
Auch hab ich gesehen die Ding, die man dem König aus dem neuen gülden Land[103] hat gebracht; ein ganz güldene Sonnen, einer ganzen Klafter breit, desgleichen ein ganz silbern Mond, auch also groß, desgleichen zwo Kammern voll derselbigen Rüstung, desgleichen von allerlei ihrer Waffen, Harnisch, Geschütz, wunderbarlich Wehr[104], seltsamer Kleidung, Bettgewand und allerlei wunderbarlicher Ding zu männiglichem

Brauch, das do viel schöner anzusehen ist dann Wunderding. Diese Ding sind alle köstlich gewesen, daß man sie beschätzt um hunderttausend Gulden wert. Und ich hab aber all mein Lebtag nichts gesehen, das mein Herz also erfreuet hat als diese Ding. Dann ich hab darin gesehen wunderliche künstliche Ding und hab mich verwundert der subtilen Ingenia der Menschen in fremden Landen. Und der Ding weiß ich nit auszusprechen, die ich do gehabt hab. Ich hab sonst viel schöner Ding zu Prüssel gesehen, und sonderlich hab ich do gesehen ein groß Fischbein, als hätt man das zusammengemäuert von Quaderstücken; das war einer Klafter lang und fast dick, wiegt bei 15 Zentner ... und ist den Fisch hinten am Kopf gestanden. Ich bin auch in des von Nassau Haus gewest, das so köstlich gebaut und also schön geziert ist. Wieder hab ich zweimal gessen mit meinen Herrn.

Item Madonna Margaretha, die hat zu Prüssel nach mir geschickt und mir zugesagt, sie woll meine Fürderin sein gegen König Carl, und hat sich sonderlich ganz tugendlich gegen mir erzeigt. Hab ihr mein gestochnen Passion geschenkt, desgleichen ein solchen ihrm Pfenningmeister mit Namen Jan Marnix, und hab ihn auch mit dem Kohln konterfet. Ich hab zwei Stüber für ein Büffelringlein geben. Mehr 2 Stüber geben, von Sankt Lucas Tafel[105] aufzusperren. Item als ich bin gewest in des von Nasau Haus, do hab ich gesehen das gut Gemäl in der Kapellen, das Meister Hugo gemacht hat. Und hab gesehen die zween hübschen großen Säl und alle Köstlichkeit in dem Haus allenthalben, auch das groß Bett[106], do 50 Menschen mügen innen liegen. Und ich hab auch den großen Stein gesehen[107], den das Wetter neben dem Herrn von Nassau in dem Feld hat niedergeschlagen. Dies Haus leit hoch, daraus ist das schönst Aussehen, darob sich zu verwundern ist. Und ich glaub nit, daß in allen deutschen Landen desgleichen sei.

Item Meister Bernhart hat mich geladen, der Maler, und hat ein solch köstlich Mahl zugericht, daß ich nit glaub, das erzeugt sei mit 10 Gulden. Darzu haben sich von ihn selbs geladen, mir gut Gesellschaften zu leisten: der Frau Margareth Schatzmeister, den ich konterfet hab, und des Königs Hofmeister mit Namen der Meteni, und der Stadt Schatzmeister mit Namen von Puscleidis. Den schenket ich ein Passion in Kupfer gestochen, und er hat mir wieder geschenkt ein schwarze spa-

nische Taschen, 3 Gulden wert. Und Erasmo Roterodamo hab ich auch ein Passion geschenkt, in Kupfer gestochen.
Item dem Erasmo[108] hab ich in Kupfer gestochen ein Passion geschenkt, der ist Panisius' Secretarius. Der Mann zu Antorff, der mir das Kindsköpflein geschenkt hat, der heißt Lorenz Stärck. Item hab Meister Bernhart, der Frau Margarethae Maler, mit dem Kohln konterfeit. Ich hab den Erasmum Roterodam[um] noch einmal konterfet. Ich hab dem Lorencz Stercken geschenkt ein sitzenden Hieronymum und die Melancholei. Und hab meiner Wirtin Gevatterin konterfet. Item 6 Personen haben mir nichts geben, die ich zu Prüssel hab konterfet. Ich hab ausgeben für 2 Büffelhörner 3 Stüber, ein Stüber für zween Eulenspiegel[109].
Also bin ich am Sonntag nach St. Gilgentag[110] mit Herr Tomasin gen Mecheln gefahren und hab Urlaub von Herrn Hans Ebner genommen. Und er hat vor die Zehrung, so lang ich bei ihm bin gewest, nichts wollen nehmen 7 Tag. Von des Hans Geuder wegen hab ich ein Stüber ausgeben. Ein Stüber hab ich des Wirts Knecht zu Letz geben. Und zu Mechel hab ich mit der Frau von Neukirchen zu Nacht gessen. Und bin von Mecheln früh am Montag geng Antorff gefahren. Und ich aß frühe mit dem Portugales, der schenket mir drei Porcolona[111], und der Ruderigo schenket mir etlich Federn, kalekuttisch Ding. Ich hab 1 Gulden verzehrt; 2 Stüber hab ich dem Boten geben. Ich hab der Susanna kauft ein Höcken pro 2 Gulden 1 Ort. Mein Weib hat geben für ein Waschschaff, für ein Blasbalch und für ein Schüsselnapf, mein Weib vor Pantöffel und für Holz, zu kochen, und Kniehosen, auch für ein Sittichhaus und für zween Krüg und zu Trinkgeld: 4 Gulden rheinisch. So hat sonst mein Weib ausgeben um Essen, Trinken und allerlei Notdurft 21 Stüber.

Wieder in Antwerpen

Nun bin ich am Montag nach Aegydy[112] wieder zu Jobst Planckfelter eingezogen und hab diese eingezeichnete Mal gessen: jjjjjjjjjjjjjjj. Item dem Niclas, des Tomasins Knecht, geben 1 Stüber. Ich hab 5 Stüber für das Leistlein geben, mehr 1 Stüber. Mein Wirt hat mir geschenkt ein indianische Nuß[113], mehr ein alt türkische Geißel. Aber habe ich von neuen diese Mal mit dem Tomasin gessen: jjjjjjjjjjjj. Item die zween Herrn

von Rogendorff haben mich geladen. Ich hab einmal mit ihnen gessen, und ich hab ihn ein Wappen groß auf ein Holz gerissen, daß mans schneiden mag.
Ich hab ein Stüber verschenkt. Mein Frau hat ein Gulden gewechselt zu Zehrung um 24 Stüber. Ich hab zwei Stüber zu Trinkgeld geben. Ich hab einmal gessen ins Fockers Haus mit dem jungen Jacob Rehlinger. Aber einmal hab ich mit ihm gessen. Item mein Frau hat aber ein Gulden um 24 Stüber gewechselt zu Zehrung. Ich hab meins Herrn Herzog Friederichen Pfalzgrafen Diener, Wilhelm Hauenhut, geschenket einen gestochnen Hieronymum und die zween neuen halben Bögen, die Maria und Anthoni. Item mehr hab ich geschenkt Herr Jacob Panisio ein gutes gemaltes Veronicae Angesicht, ein Eustachius, Melancholei und ein sitzenden Hieronymum, S. Antonium, die 2 neuen Mariensbilder und den neuen Bauren[114]. So hab ich geschenkt sein Schreiber, dem Erasmo, der mir die Supplikation gestellet hat, ein sitzenden Hieronymum, die Melancholei, den Antonium, die 2 neuen Marienbild, den Bauern, und ich habe ihm auch 2 kleine Marienbild geschickt, und das alles, das ich ihn geschenkt hab, ist wert 7 Gulden. Ich hab Meister Marx, Goldschmied, ein Passion in Kupfer geschenkt. Er hat mir sonst 3 Gulden zu lösen geben. Mehr hab ich aus Kunst gelöst 3 Gulden 20 Stüber. Dem Hönigin, Glaser, hab ich geschenkt 4 kleine Stücklein in Kupfer. Ich hab mit Herrn Bonisius gessen: jjj. Ich hab 4 Stüber geben für Steinkohln und schwarze Kreiden. Ich hab 1 Gulden 8 Stüber für Holz geben. Mehr 3 Stüber ausgeben. Die Mal hab ich mit meinem Herrn von Nürnberg[115] gessen: jjjjjjjjj. Item Meister Dietrich, Glasmaler, hat mir die rot Farb geschickt, die man zu Antorff in den neuen Ziegelsteinen findt. Item ich hab Meister Jacob von Lübeck gekonterfeiet mit dem Kohln, der hat meinem Weib einen Philippsgulden geschenkt. Ich hab aber ein Philippsgulden gewechselt zur Zehrung. Der Frau Margareth Arzt hab ich geschenkt ein sitzenden in Kupfer gestochenen Hieronymum. Ich hab ein Holzpassion verkauft um 12 Stüber, mehr 4 Stüber ein Adam und Eva. Item der Felix, Hauptmann und Lautenschläger, hat mir abkauft ein ganzen Kupferdruck und ein Holzpassion, mehr ein Kupferpassion, 2 halb Bögen, 2 viertel Bögen, um 8 Goldgulden; so hab ich ihm geschenkt ein ganzen Kupferdruck. Ich hab Herrn Panisius mit dem Kohln konterfeit. Item der Ruderigo hat mir

noch ein Papegei geschenkt, und sein Buben hab ich 2 Stüber zum Trankgeld geben. Ich hab Johann von den Winckel, Posauner, geschenkt ein klein Holzpassion, einen Hieronymum im Geheis und ein Melanchelei. Ich hab 6 Stüber um ein Paar Handschuh geben. Ich hab 5 Stiber um ein Meerruten[116] geben, und Georg Schlauterspach hat mir ein solche geschenkt, kost 6 Stiber. Ich hab einmal mit Wolff Haller, der Focker Diener[117] gewest, gessen, do er mein Herren von Nürnberg geladen hätt. Item hab aus Kunst gelöst 2 Philippsgulden 6 Stüber. Aber hab ich einmal mit meinem Weib gessen. 1 Stüber hab ich des Hanß Denes Buben zu Trinkgeld geben. Item hab 100 Stüber aus Kunst gelöst. Item hab Meister Jacob, des von Rogendorffs Maler, mit dem Kohln konterfet. Item hab dem von Roggendorff sein Wappen auf Holz gerissen, davon hat er mir geschenkt 7 Ellen Sammet.
Aber hab ich die Mal mit dem Portigaler gessen: j. Ich hab konterfet Meister Jan Prost von Prück[118], der gab mir 1 Gulden, mit Kohln gemacht. Item 23 Stüber geben für ein Küllrückenkürschen[119]. Ich hab 2 Gulden an Gold dem Hans Schwarzen für mein Angesicht[120] bei den[121] Fockrischen von Antorff in einem Brief geng Augspurg geschickt. Item hab 31 Stüber für ein rot willen[122] Hemd geben. Ich habe mit dem von Rogendorff aber einmol gessen. Ich hab 2 Stüber geben für die Farb, die man in den Ziegelsteinen findt. Item hab 9 Stüber geben für ein Ochsenhorn. Ich hab konterfet ein Spanier mit den Kohln. Aber hab ich gessen mit meinem Weib diese Mal: j. Ich hab 2 Stüber geben für ein Dutzet Pfeiflein. Ich hab 3 Stüber geben für zwei fledrene Schälein[123]. Solcher zwei hat der Felix meinem Weib geschenkt, und ein solches Schälein hat auch Meister Jacob, Maler von Lübeck, meinem Weib geschenkt. Habe gessen mit dem Rogendorff: j.
Item hab ein Stüber geben für das gedruckte Einreiten zu Antorff[124], wie der König mit ein köstlichen Triumpf empfangen ist worden. Da waren die Pforten[125] köstlich geziert mit Kammerspieln, groß Freudigkeit und schöne Jungfrauenbilder[126], dergleichen ich wenig gesehen hab. Ich hab ein Gulden zu Zehrung gewechselt. Ich hab zu Antorff des großen Riesen Beiner[127] gesehen. Dies Bein oberhalben Knie ist lang fünfthalben Werkschuh und über die Maß schwer und fast dick; desgleichen sein Schulterblätter, ist eines breiter weder ein stark Mann über Rück, und ander Bein mehr von ihm. Und

der Mann ist 18 Schuh lang gewesen, hat zu Antorff geregiert und groß Wunder tan, das die Herren der Stadt in einen alten Buch[128] viel von ihm geschrieben haben.

Item des Raphaels von Urbins Ding ist nach sein Tod alls verzogen[129]. Aber seiner Diszipuln einer mit Namen Thomas Polonier, ein guter Maler, der hat mich begehrt zu sehn. So ist er zu mir kommen und hat mir ein gülden Ring geschenkt, antiga, gar mit ein guten geschnitten Stein, ist 5 Gulden wert; aber mir hat man zwiefach Geld dafür wollen geben. Dargegen hab ich ihn geschenkt meines besten gedruckten Dings, das ist wert 6 Gulden. Item 3 Stüber für ein Kalakut[130] geben. Ich hab ein Stüber den Boten geben. 3 Stüber hab ich mit Gesellen verzehrt. Item hab der Frau Margareth, des Kaisers Schwester, geschenkt ein ganzen Druck all meines Dings, und hab ihr zwei Materie auf Pergament gerissen, mit ganzem Fleiß und großer Mühe, das schlag ich an auf 30 Gulden. Und ich hab ihrem Arzt, dem Dokter, müssen ein Haus aufreißen, darnach er eines bauen hat wollen. Davon zu machen, wollt ich auch unter 10 Gulden nit gern nehmen. Item hab dem Knecht 1 Stüber geschenkt, mehr ein Stüber für Ziegelfarb. Item hab Herr Niclaus Ziegler geschenkt einen toten liegenden Christum, ist 3 Gulden wert. Dem Faktor Portugals ein gemalt Kindsköpflein, ist 1 Gulden wert. Ich hab 10 Stüber für ein Büffelhörnlein geben. Ich hab ein Goldgulden geben für ein Elendsfuß[131].

Item hab Meister Adrian mit dem Kohln konterfet. Ich hab 2 Stüber geben um die Kondemnatzen und Dialogos[132]. 3 Stüber dem Boten geben. Ich hab Meister Adrian für 2 Gulden Kunst geschenket. 1 Stüber für ein Rötelstein geben. Ich hab Herr Wolff von Rogendorff mit dem Steft konterfeit. Ich hab 3 Stüber verschenket. Ich hab ein Edelfrau in Tomasins Haus gekonterfet. Ich hab den Nicolao geschenkt ein Hieronymum im Gehäus und die zween neuen Marienbild. Ich hab dem Thomas Polonius ein ganzen Druck geben, der mir durch ihn ein' andern Maler gen Rom geschickt wurde, der mir des Raphaels Ding[133] dargegen schicken soll, am Montag nach Michaelis 1520[134]. Ich hab einmal mit meinem Weib gessen. Hab geben 3 Stüber für die Traktätlein. Der Polonius hat mich konterfet[135], das will er mit ihm geng Rom führen. Ich hab 20 Stüber um ein Elendsfuß geben. Mehr hab ich 2 Goldgulden und 4 Stüber fürs Herr Hans Ebners Täfelein geben.

Aus[136] gessen. Ich hab ein Kron gewechselt zu Zehrung. Aus gessen. Ich hab eilf Gulden zur Zehrung mit mir gen Aach genommen. Und von Ebner eingenommen 2 Gulden 4 Stüber. Geben 9 Stüber um Holz. Hab geben 20 Stüber von mein Kupfer[137] dem Meyding, zu führen. Ich hab ein Frau konterfet von Prück, die hat mir ein Philippsgulden geben. Ich hab 3 Stüber zu Letz geben; 2 Stüber für Zirnnöß[138]; 1 Stüber um Steinfarb. Hab geben 13 Stüber dem Kürschner, 1 Stüber um Ledr. Ich hab 2 Stüber um zwo Muschel geben. Ich hab in Johann Gabriels Haus ein welschen Herrn konterfet, der hat mir geschenkt 2 Goldgulden. Ich hab 2 Gulden 4 Stüber geben um ein Felleis[139].

Die Fahrt nach Aachen, Jülich, Köln

Ich bin von Antorff gen Ach gefahren am Pfingstag nach Michaelis[140] und hab noch ein Gulden und ein Nobel mit mir geführt. Und als ich durch Mastrich fuhr, kamen wir gen Gülpen und von dannen gen Ach am Sonntag. Do verzehret ich bisher mit Fuhrlohn und allen 3 Gulden. Zu Ach hab ich gesehen die proportionierten Säuln mit ihren guten Kapiteln von Porfit[141], grün und rot, und Gossenstein[142], die Carolus von Rom dahin hat bringen lassen und do einflicken; diese sind werklich nach Vitruvius' Schreiben[143] gemacht.
Item ich hab zu Ach ein Goldgulden um ein Ochsenhorn geben. Ich hab Herr Hans Ebner und den Geörg Schlaudersprach mit dem Kohln konterfet. Und den Hans Ebner noch einmal. Ich hab 2 Stüber für ein linden Wetzstein geben. Item 5 Stüber verbadet und mit den Gesellen vertrunken. Ich hab 1 Gulden zu Zehrung gewechselt. Ich hab 2 Weißpfenning dem Stadtknecht geben, der mich auf dem Saal[144] führet. Ich hab 5 Weißpfenning mit den Gesellen vertrunken und verbadet. Ich hab 7 Stüber mit Herrn Hans Ebner in „Spiegel"[145] verspielt. Ich hab den jungen Christoph Groland mit den Kohln konterfet, auch mein Wirt Peter von Enden. Ich hab 3 Stüber mit Gesellen verzehrt, und hab dem Boten ein Stüber geben. Ich hab Paulus Topler und Merten Pfinczig in mein Büchlein[146] konterfet. Ich hab Kaiser Heinrichs Arm, Unser Frauen Hemd, Gürtel und ander Ding von Heiltum[147] gesehen. Ich hab Unser Frauen Kirchen mit weiterm Umschweif konterfet. Ich hab den Sturm konterfet. Ich

hab Peter von Enden Schwager konterfet mit dem Kohln. Ich hab 10 Weißpfenning für ein groß Ochsenhorn geben. Ich hab 2 Weißpfenning zu Trinkgeld geben. Und ich hab aber ein Gulden zu Zehrung gewechselt. Ich hab 3 Weißpfenning verspielt. Mehr 2 Stiber verspielt. 2 Weißpfenning dem Boten geben. Ich hab des Tomassins Tochter geschenkt die gemalt Dreifaltigkeit, ist 4 Gulden wert. Ich hab 1 Stüber, zu waschen, geben. Ich hab mit dem Kohln konterfet der Köpfingerin Schwester zu Ach; noch einmal mit dem Steft. Ich hab 3 Weißpfenning verbadet. Ich hab 8 Weißpfenning für ein Büffelhorn geben. Item 2 Weißpfenning für ein Gürtel geben. Item hab 1 Philippsgulden für ein scharlach Brusttuch geben. 6 Pfenning für Papier. Ich hab ein Gulden zu Zehrung gewechselt. Ich hab 2 Weißpfenning, zu waschen, geben.

Item am 23. Tag Octobris hat man König Carl zu Ach gekrönt; da hab ich gesehen alle herrlich Köstlichkeit, desgleichen keiner, der bei uns lebt, köstlicher Ding gesehen hat, wie dann das alles beschrieben ist worden[148]. Item dem Mathes hab ich für 2 Gulden Kunst geschenkt. Auch hab ich geschenkt dem Steffan, Kämmerling bei Frau Margareth, 3 Stück Kunst. Ich hab 1 Gulden 10 Weißpfenning für ein zederbaum Paternoster[149] geben. Ich hab ein Stüber den Hänßlein im Stall geschenkt; 1 Stüber dem Kind im Haus. Dritthalben Stüber hab ich verspielt, 2 Stüber verzehrt, 2 Stüber dem Barbierer geben. Aber hab ich ein Gulden gewechselt. Ich hab 7 Weißpfenning zuletzt im Haus geben.

Und bin von Ach gen Gülch[150] gefahren und von dannen gen ...[151] Ich hab 4 Stüber um 2 Augengläser geben; 2 Stüber in ein silbern gestempften König[152] verspielt. Ich hab 8 Weißpfenning geben für 2 Ochsenhörner.

Also bin ich am Freitag vor Simon und Judae von Ach geschieden und gefahren gen Düren und do in der Kirchen gewest, do Sankt Anna Haupt ist. Von dannen fuhren wir und kamen am Sonntag, war Simon und Judae Tag[153], geng Cöln. Ich hab Herberg, Essen und Trinken zu Prüssel bei mein Herren von Nürnberg gehabt, und haben nichts darfür von mir nehmen wollen. Desgleichen hab ich auch zu Ach 3 Wochen mit ihn gessen, und haben mich geführt gen Cölln und haben auch nichts darfür wollen nehmen.

Ich hab kauft ein Traktat Luthers um 5 Weißpfenning. Mehr ein Weißpfenning für die Kondemnation Lutheri, des frommen

Manns. Mehr 1 Weißpfenning für ein Paternoster. Mehr 2 Weißpfenning für ein Gürtel. Mehr ein Weißpfenning für 1 Pfund Licht. Ich hab 1 Gulden gewechselt zur Zehrung. Ich hab dem Herrn Leohnhart Groland mein groß Ochsenhorn geben müssen. So hab ich Herr Hans Ebner mein zederbaumen großen Paternoster geben müssen. 6 Weißpfenning vor ein Paar Schuh geben. Ich hab 2 Weißpfenning für ein Totenköpflein geben. Ich hab 1 Weißpfenning für Bier und Brot geben. Mehr 1 Weißpfenning für Enspertelle[154]. Ich hab zweien Boten 4 Weißpfenning geben. Ich habe 2 Weißpfenning des Niclasen Tochter zu Weckspitzlein[155] geschenkt. Item einen Boten 1 Weißpfenning geben. Ich hab 2 Gulden wert Kunst des Herrn Zigler Linhart geben. Ich hab 2 Weißpfenning den Barbierer geben. Ich hab 3 Weißpfenning, item hab 2 Weißpfenning geben von der Tafel[156] aufzusperren, die Meister Steffan zu Cöln gemacht hat. Ich hab 1 Weißpfenning dem Boten geben und 2 Weißpfenning mit dem Geselln vertrunken. Ich hab der Gottschalkin Schwester konterfet. Ich hab 1 Weißpfenning um 1 Traktätlein geben.

Ich hab zu Cohln auf dem Tanzhaus[157] des Kaiser Carls Fürstentanz und Bankett gesehen am Sonntag zu Nacht nach Aller Heiligen Tag im 1520 Jahr[158], das war köstlich zugericht. Ich hab dem Staber sein Wappen auf ein Holz gerissen. Ich hab einen jungen Grafen zu Cöln ein Melancholei geschenkt und Herzog Friedrich das neu Marienbild. Ich hab den Niclas Haller mit den Kohln konterfet. Item 2 Weißpfenning dem Türknecht geben. Ich hab 3 Weißpfenning geben für 2 Traktätlein. Ich hab 10 Weißpfenning für ein Kühhorn geben. Ich bin zu Cöln zu S. Ursula in ihr Kirchen gewest und bei ihrem Grab, und hab der heilig Jungfrauen und der andern groß Heiligtum gesehen. Ich hab den Föhrnwerger mit dem Kohln konterfet. Ich hab 1 Gulden zu Zehrung gewechselt. Ich hab des Niclasen Weib 8 Weißpfenning geben, do sie mich zu Gast lud. Ich hab 1 Stüber für 2 Stück Kunst geben. Item es haben Herr Hans Ebner und Herr Niclas Groland zu Prüssel 8 Tag, zu Ach 3 Wochen und zu Cöln 14 Tag nichts von mir in die Kost wollen nehmen. Ich hab die Nunn konterfet und der Nunnen 7 Weißpfenning [geben]. Ich hab ihr 3 halb Bögen Kupfer geschenkt.

Mir ist mein confirmatia[159] von dem Kaiser an mein Herrn von Nürnberg worden am Montag nach Martinj[160], im 1520 Jahr, mit großer Mühe und Arbeit. Ich hab des Niclasen Tochter 7 Weißpfenning zu Letz geben und hab des Niclasen Weib 1 Gulden und der Tochter mehr 1 Ort zu Letz geben und bin von Cöln ausgefahrn. Mich hat dorvor einmal der Staber zu Gast gehabt, desgleichen mein Vetter Niclas einmal, und der alt Wolffgang einmal, und noch einmal hab ich zu Gast gessen. Ich hab des Niclasen Knecht ein Eustachius zu Letz geben und sein Töchterlein noch ein Ort, dann sie haben viel Müh mit mir gehabt. Ich hab 1 Gulden geben für ein helfenbein Totenköpflein. Mehr 1 Weißpfenning für ein gedreht Büchslein, mehr 7 Weißpfenning für ein Paar Schuh, und hab zuletzt geben des Niclasen Knecht ein Nemesin.

Und ich bin frühe von Cöln zu Schiff gefahren am Mittwoch nach Martinj bis gen ... Ich hab 6 Weißpfenning für ein Paar Schuh geben. Ich hab 4 Weißpfenning den Boten geben. Von Cöln führ ich auf dem Rein geng Suns[161]. Von Suns gen Nays[162], von dannen zum Stein; da lagen wir den Tag, verzehr ich 6 Weißpfenning. Darnach [fuhren] wir gen Düsseldorff, ein Städtlein, verzehr 2 Weißpfenning. Von dannen gen Kaiserswördt, von dannen gen Dasperg[163], auch ein Städtlein, auch zwei Schloß, Angrur[164] und andrer Rüror[165]; von dannen gen Arschey[166], ein Städtlein, von dannen gen Riberg[167], auch ein Städtlein; da log ich über Nacht und verzehr 6 Weißpfenning. Von dannen fuhr ich zu diesen Städtlein: die erst Bürg Wisell[168] gen Ress[169], darnach gen Emrich. Darnach kamen wir gen Tholhus und von dannen geng Nümweg[170]; do blieben wir über Nacht und verzehrten 4 Weißpfenning. Von Neimweg fuhr ich gen Thül[171], von dannen geng Pusch[172]. Zu Emrich hab ich stillgelegen und verzehrt über ein köstlich Mahl drei Weißpfenning. Und ich hab do konterfet ein Goldschmiedgesellen, den Peter Federmacher von Antorff, und ein Frauenbild. Und die Ursachen des Stilliegens, das war, uns begriff gar ein großer Sturmwind. Mehr verzehrt ich noch 5 Weißpfenning und wechselt 1 Gulden zu Zehrung. Auch konterfet ich den Wirt. Und kamen erst am Sonntag gen Neumeg[173]. Ich hab 20 Weißpfenning dem Schiffer geben. Niemägen ist ein schöne Stadt, hat eine schöne Kirchen und ein wohlgelegen Schloß. Von dannen führ wir gen Till; do verließen wir den Rin[174] und fuhren uf der Mas gen Terawada[175], da die zween Turn stahn; do lagen wir über Nacht, und diesen Tag verzehret ich 7 Stüber. Darnach fuhren wir am Erichtag frühe gen Pom-

mel[176] uf der Mas. Do kam ein groß Sturmwind, daß wir Bauerpferd dingten und reiten ahn Sattel bis gen Herzog Pusch. Und verführ zu Schiff und verritt 1 Gulden. Pusch ist ein hübsche Stadt, hat ein ausbündige schöne Kirchen und überfest. Do verzehrt ich 10 Stüber, wiewohl Meister Arnolt das Mahl für mich zahlet. Und kamen Goldschmied zu mir und die täten mir viel Ehr.
Darnach fuhren wir an Unser Frauen Tag[177] frühe aus und führen durch das übergroß schön Dorf Östrich[178], aber zu Tillwerg[179] aßen wir zu morgens und verzehrten 4 Weißpfenning. Darnach kamen wir gen Barell[180], lagen über Nacht und verzehrten do 5 Stüber. Und die Gesellen wurden mit dem Wirt uneins, und wir fuhren bei der Nacht bis gen Hochstrat[181]; do saßen wir zwo Stund und fuhren darnach geng Harscht für S. Leohnhart Kirchen, do aßen wir zu morgens und versehrten 4 Stüber.

Dritter Aufenthalt in Antwerpen

Darnach fuhren wir gen Antorff, und gaben dem Fuhrmann 15 Stüber, das war am Pfingstag nach Unser Frauen Tag Assumtionis[182]. Und ich hab ein kupfer Passion den Jannen, Jobst Schwagers Knecht, geschenkt. Und hab dem Nicolao Sopalis konterfet. Und am Donnerstag nach Unser Frauen Tag Assumtionis 1520 bin ich wieder ins Jobsten Plankfelts Haus kommen und habe diese Mol mit ihm gessen: jjjj; das mein Weib: jj. Ich hab 1 Gulden zu Zehrung gewechselt, mehr ein Crona. Und die 7 Wochen, die ich aus bin gewest, hat mein Weib und die Magd 7 Kronen verzehrt, und ander Ding auch kauft, 4 Gulden wert. Ich habe 4 Stüber mit den Gesellen verzehrt. Die Mal hab ich mit Tomasin gessen: jjjjjj. An S. Mertenstag hat man zu Antorff in Unser Frauen Kirchen meinem Weib ein Beutel abgeschnitten, darin ist gewesen 2 Gulden. So ist der Beutel und sonst was drin ist gewesen, auch 1 Gulden wert gewesen, und etlich Schlüssel waren darin.
Item am S. Catharinen Abend hab ich meinem Wirt Jobst Planckfelt geben zehn Goldkronen uf ein Rechnung. Die Mal hab ich mit Portugales gessen: jj. Der Ruderigo hat mir 6 indianische Nüß geschenkt; so hab ich sein Buben 2 Stüber zu Trinkgeld geben. Item hab 19 Stüber für Pergament geben.

Item hab 2 Kronen zur Zehrung gewechselt. Ich hab gelöst aus zwei Adam und Eva, ein Meerwunder, 1 Hieronymus, 1 Reuter, 1 Nemesin, 1 Eustachium[183], 1 ganz Stück, mehr 17 gätzter Stück[184], 8 viertel Bögen, 19 Stück Holzwerk, 7 Stück des schlechten Holzwerks, 2 Bücher und 10 klein holz Passion: alles um 8 Gulden. Item hab der 3 großen Bücher um 1 Unz schön Lot[185] geben. Ich hab ein Philipper zu Zehrung gewechselt. Aber hat mein Weib 1 Gulden gewechselt zu Zehrung. Item es ist ein Walfisch zu Zürche in Seland[186] mit einer großen Fortuna[187] und Sturmwind an Land kummen, der ist viel mehr dann hundert Klafter lang. Und lebt niemand in Seeland, der ein gesehen hat, der ein Dritteil von der Läng hätt gehabt, und der Fisch kann nit von Land. Das Volk sähe gern, daß er weg wäre, dann sie forchten den großen Gestank. Dann er ist so gar groß, daß sie meinen, man könn ihn [in] ein halben Jahr nit aufhauen und Öl von ihm sieden. Item der Steffan Capello hat mir ein zederbaumen Paternoster geben, dargegen soll und hab ich ihn konterfet. Item hab 4 Stüber geben für Kesselbraun[188] und ein Lichtscherlein. Ich hab 3 Stüber für Papier geben. Ich hab Felix knieend in sein Buch mit der Feder konterfet. Felix hat mir 100 Ostria[189] geschenkt. Ich habe dem Herrn Lasarus, den großen Mann, ein gestochnen Hieronymum und die 3 großen Bücher geschenkt. Der Ruderigo hat mir starken Wein und Ostria geschenkt. Ich hab 7 Weißpfenning geben um schwarze Kreiden. Ich hab den Tomasin, Gerharden, Tomasins Tochter, ihren Mann, den Hönig, Glaser, den Jobsten und sein Weib und den Felix zu Gast gehabt, das kostet 2 Gulden. Item der Tomasin hat mir 4 Elln grau Damast geschenkt zu einem Wammes. Mehr hab ich ein Philippsgulden gewechselt zur Zehrung.

Der Ausflug nach Seeland

Ich bin an S. Barbara Abend[190] ausgeritten von Antorff gegen Perng[191], hab von Pferd geben 12 Stüber und hab do verzehrt 1 Gulden 6 Stüber. Item hab zu Pergn meinem Weib gekauft ein niederländisch dünn Tuch auf den Kopf, kost 1 Gulden 7 Stüber. Mehr 6 Stüber für 3 Paar Schuh. Ein Stüber für Augengläser, mehr 6 Stüber für ein helfenbeinen Knopf. Ich hab 2 Stüber zu Trinkgeld geben. Ich hab den Jan de Has, sein Weib und sein zwo Töchter mit dem Kohln konterfet, und die

Magd und die alt Frau mit dem Steft in mein Büchlein. Ich hab gesehen des von Bergen Haus, ist fast groß und schön gebauet. Pergn ist ein lustig Ort im Sommer, und sind des Jahrs zween groß Märkt.

An Unser Frauen Abend bin ich gezogen mit den Gesellen in Seeland, und Bastian Im Hoff lieh mir 5 Gulden. Und lag die erste Nacht am Anker in der See, es war fast kalt, und hätten weder Speis noch Trank. Den Samstag kamen wir zu der Güs[192], da konterfet ich ein Dirn [in] ihrer Manier[193]. Von dannen fuhren wir geng Erma[194], und ich leget zu Zehrung 15 Stüber. Wir fuhren für die untergangene Flecken, da wir die Spitz von Dächern bei dem Wasser sahen ausragen. Und fuhren für das Insulein Wohlfärtig[195] und für das Städtlein Gunge[196] in einer andern noch beiliegenden Insuln. Selant hat 7 Insuln, und zu Ernig[194], da ich über Nacht lag, ist die größt. Von dannen fuhr ich gen Mitelburg[197]; do hat in der Abtei Johann de Abüs eine große Tafel gemacht, nit so gut im Hauptstreichen[198] als in Gemäl. Darnach führ ich zu der Fahr[199], da aus allen Landen die Schiff anländen, ist ein fast feines Städtlein.

Aber zu Armuyd[194], do ich anfuhr, do geschah mir ein großer Unrat[200]. Do wir am Lande stießen und unser Seil anwurfen, da drüng ein großer Schiff neben uns so kräftig, und was eben in Aussteigen, daß ich im Gedräng jederman für mir ließ aussteigen, also daß niemand dann ich, Görg Köczler, zwei alte Weiber und der Schiffmann mit einen kleinen Buben in Schiff blieben. Als sich nun das ander Schiff mit uns drung und ich noch also mit den Genannten uf dem Schiff waren und nit aus konnten weichen, do zerriß das starke Seil, und so kam in selben ein starker Sturmwind, der trieb unser Schiff mit Gewalt hinter sich. Do schrien wir alle um Hülf, aber niemand wollt sich wagen. Da schlug uns der Wind wieder in die See. Da rauft sich der Schiffmann und schriee, dann seine Knecht wären all ausgetreten, und war das Schiff ungeladen. Do war Angst und Not, dann der Wind war groß und nit mehr dann 6 Personen in Schiff. Do sprach ich zum Schiffmann, er sollt ein Herz fahen und Hoffnung zu Gott haben und Nachdächt, was zu tan wäre. Sagte er, wann er den klein Segel kunnt aufziehen, so wollt wir ... und versuchen, ob er wieder möcht anfahrn. Also halfen wir schwerlich aneinander und brachten lechst[201] halb auf und fuhren wieder an. Und do die am Land

sahen, die sich unser verwegen hätten[202], wie wir uns behulfen, do kamen sie uns zu Hülf, und kamen zu Land.
Aber Mittelburg ist eine gute Stadt, hat ein überschön Rathaus mit einen köstlichen Turn, do ist an allen Dingen viel Kunst an. Do ist ein überköstlich schön Gestühl in der Abtei und ein köstlich Porkirch von Stein und hübsch Pfarrkirch. Und sonst war die Stadt köstlich zu konterfeien. Seland ist hübsch und wunderlich zu sehen, des Wassers halben. Dann ist es höher als das Erdreich. Ich hab konterfet mein Wirt zu Ernüden[194], Meister Hugo[203] und Alexander im Hoff und der Hirschvogel Diener, Friedrich, hat mir ein jeglicher ein indianisch Nuß geschenkt, die sie mit Spiel gewunnen haben. Und der Wirt hat mir der auswachsenden Zwiebel[204] eine geschenkt.
Und am Montag[205] frühe fuhren wir zu Schiff wieder aus und führen für die Fahr und für Zürchse. Wollt den großen Fisch gesehen haben, da hätt ihn die Fortuna wieder weggeführt. Und hab 2 Gulden verfahren und verzehrt, und hab 2 Gulden für ein Kotzen[206] geben. Hab 4 Stüber für ein Feigenkäs[207] geben und hab 3 Stüber, zu tragen[208], geben und hab 6 Stüber verspielt. Und sind wieder geng Perg kommen. Ich hab 10 Stüber für ein helfenbeinen Kamm geben. Ich hab den Schnapphahnen[209] konterfet. Ich hab des Wirts Eiden[210], den Clausen, auch konterfet. Ich hab 2 Gulden münder 5 Stüber geben für ein Stück Zinn. Mehr 2 Gulden für ein schlechtes Stück Zinn. Item hab konterfet den klein Bernhart von Breßlen, Georg Köczler und den Franzosen von Kamrich[211], der jeglicher hat mir zu Pergen 1 Gulden geben. Jan de Has' Eiden hat mir 1 Hornisgulden[212] geben für sein Konterfet, desgleichen der Kerpen von Kohln hat mir auch 1 Gulden geben. Mehr hab ich geben um zwo Ziechen[213] 4 Gulden minder 10 Stüber. Ich hab konterfet den Niclas, Soilir[214]. Das sind die Mal, die ich jetz zu Pergen gessen hab, sither ich aus Selant kommen bin: jjjjjjjj. Und einmal 4 Stüber.

Vierter Aufenthalt in Antwerpen

Ich hab dem Fuhrmann 3 Stüber geben und 8 Stüber verzehrt, und bin am Freitag nach Lucia[215] wieder geng Antorff kommen zu Jobst Planckfelt 1520. Und hab diese Mal mit ihn gessen; —; ist bezahlt; und mein Weib +; ist bezahlt. Item der Herr Lazarus von Rafenspurg hat mir für die 3 Bücher, die ich ihm geschenkt hab, wieder geschenkt ein groß Fischschuppen, 5 Schneckenhäuser, 4 silbern Medoien[216], 5 kupfern, 2 dürre Fischlein[217], ein weiß Korelln, 4 rohren Pfeil und ein weiß Korelln. Ich hab 1 Gulden zu Zehrung gewechselt. Item mehr 1 Crona gewechselt. Diese Mal hab ich mit mir selbs gessen: jjjjjjjj. Item der Faktor von Portugal hat mir geschenkt ein braun Sammettaschen und ein Schachtel mit guten Latwergen[218]. Hab seinem Knaben zu Lohn geben 3 Stüber. Ich hab ein hornischen Gulden für 2 Täfelein geben, aber 6 Stüber hat man mir wiedergeben. Ich hab 4 Goldgulden für Meerkätzlein geben, mehr 14 Stüber für fünf Fisch. Ich hab dem Jobsten 10 Stüber für 3 Mahl bezahlt. Ich hab 2 Stüber für 2 Traktätlein geben. Ich hab 2 Stüber dem Boten geben. Ich hab dem Lazarus von Rafespurg geschenkt ein konterfet Angesicht mit dem Täfelein, das kost 6 Stüber. Und hab ihn darzu geschenkt 8 Stück der großen in Kupfer gestochen, 8 Stück der halben Bogen, ein kupfer Passion und ander gestochen- und Holzwerk, alles mehr dann 4 Gulden wert. Mehr hab ich ein Philippsgulden zu Zehrung gewechselt. Mehr hab ich ein Goldgulden zur Zehrung gewechselt. Ich hab 6 Stüber fürs Täfelein geben und des Portugalers Diener mit den Kohln darauf konterfet. Das alles hab ich zum Neuen Jahr[219] geschenkt und 2 Stüber zu Trinkgeld geben. Ich hab 1 Gulden zu Zehrung gewechselt. Und hab Bernhart Stecher ein ganzen Druck geschenkt. Item um 31 Stüber Holz gekauft. Ich hab den Gerhart Pombelly konterfet und des Sebastians, Prokurators, Tochter[220]. Ich hab ein Gulden zu Zehrung gewechselt. Ich hab 3 Stüber verzehrt. Mehr 3 Stüber übers Mahl[221] geben. Ich hab Herr Wolff von Rogendorff geschenkt ein in Küpfer und ein in Holz Passion. Gerhart Pombellin hat mir geschenkt ein gedruckt türkisch Tuch, und Herr Wolff von Rogendorff hat mir geschenkt 7 brabantisch Elln Sammets. So hab ich seinem Knecht zu Trinkgeld geben ein Philippsgulden. Und hab 3 Stüber über Mahl geben. Ich hab 4 Stüber zu Trinkgeld geben. Ich hab den neuen Faktor[222] konterfet mit dem Kohln. Ich hab 6 Stüber für ein Täfelein geben. Ich hab mit dem Portugales gessen: jjjjjjj; mit dem Rentmeister; j; mit dem Tomasin: jjjjjjjjj. Item 4 Stüber zu Trankgeld geben. Mit dem Lazarus Rafenspurger: j; Wolff von Rogendorff: j; Bernhart Stecher: j; Ucz Hanolt, Meyting: j; Caspar Lewenter: j. Item hab 3 Stüber den Mann[223] geben, den ich konterfet hab. Mehr

hab ich den Knecht 2 Stüber geben. Ich hab 4 Gulden für Flachs geben. Ich hab 4 Gulden aus Kunst gelöst. Item hab ein Kron zu Zehrung gewechselt. Item hab 4 Stüber dem Kürschner geben, mehr 2 Stüber. Ich hab 4 Stüber verspielt und 6 Stüber verzehrt. Ich hab 1 Nobel zu Zehrung gewechselt. Ich hab 18 Stüber geben für Rosin und für drei Paar Messer. Ich hab 2 Gulden für etlich Mahl bei Jobsten bezahlt. Ich hab 4 Stüber verspielt und 6 Stüber den Kürschner geben. Ich hab dem Meister Jacob zween S. Hieronymus in Kupfer gestochen geschenkt. Mehr 2 Stüber verspielt. Ich hab ein Crona zu Zehrung gewechselt. Ich hab 1 Stüber verspielt. Ich hab des Tomasins 3 Mägd 3 Paar Messer geschenkt, kosten 5 Stüber. Ich hab 29 Stüber aus Kunst gelöst.
Der Ruderigo hat mir geschenkt ein Bisemkopf[224], wie er von dem Bisemtier geschnitten ist worden; auch ein Vierding Persinen[225], aber eine Schachtel voll Küttenlatwergen[226] und ein groß Schachtel voll Zuckers. So hab ich sein Knaben 5 Stüber zu Trinkgeld geben. Item 2 Stüber verspielt. Ich hab des Jobsten Weib mit dem Kohln konterfet. Ich hab 4 Gulden 5 Stüber aus 3 Tüchlein[227] gelöst. Item nocheinander gewechselt zu Zehrung 2 Gulden. Ich hab 2 Stüber verspielt. Mein Weib hat dem Kind eingebunden 1 Gulden, mehr 4 Stüber ins Kindbett geben[228]. Item hab 1 Crona zu Zehrung gewechselt und 4 Stüber verzehrt, 2 Stüber verspielt, 4 Stüber dem Boten geben. Ich hab 1 Gulden zu Zehrung gewechselt. Ich hab Meister Dietrich, Glaser, ein Apokalypsin und die 6 Knodn[229] geschenkt. Ich hab 40 Stüber um Flachs geben. Ich hab 8 Stüber verspielt. Ich hab dem Kleinfaktor von Portugal, Signor Francisco, mein Tüchlein mit dem Kindlein geschenkt, ist 10 Gulden wert. Ich hab dem Doktor Loffen zu Antorff die 4 Bücher geschenkt und ein Hieronymus in Kupfer. Item dem Jobst Planckfelt. Des Stabers und noch ein ander Wappen gemacht. Ich hab des Tomasins Sohn und sein Tochter mit dem Steft konterfet. Item ein Herzog Angesicht uf ein Täfelein mit Ölfarben gemalt. Ich hab 5 Stüber aus Kunst gelöst. Der Ruderigo, Scriban de Portugal, hat mir geschenkt zwei kalakuttisch Tücher, das ein seiden; und hat mir geschenkt ein geschmücktes Birett[230] und ein grün Krug mit Mirabulon[231] und ein Ast von ein Zederbaum; ist alles 10 Gulden wert. Und hab dem Knaben zu Trinkgeld geben 5 Stüber, und 2 Stüber für Pensel. Ich hab den Fockorischen[232] ein Visierung zur

Mummerei[233] gemacht, die haben mir geschenkt ein Angloten[234]. Ich hab 1 Gulden zu Zehrung gewechselt. Ich hab 8 Stüber geben um 2 Pulverhörnlein. Ich hab 3 Stüber verspielt. Ich hab ein Angloten [zu] Zehrung gewechselt. Item dem Tomasin zween Bogen voll gar schön Mümmerei gemacht. Ich hab ein gutes Veronica Angesicht[235] von Ölfarben gemacht, das ist 12 Gulden wert; das hab ich dem Francisco, Faktor von Portugal, geschenkt. Darnach hab ich S. Fronica von Ölfarben gemalt, ist besser dann das vorig, und habs geschenkt Faktor Brandan von Portugal. Franciscus zum ersten der Magd Trinkgeld geben 1 Philippsgulden und darnach von der Veronica 1 Gulden. Aber der Faktor Prandan hat ihr geben 1 Gulden[236]. Ich hab dem Peter für zwei Futtral geben 8 Stüber. Ich hab ein Angelot zu Zehrung gewechselt.
Item an der Herren Faßnacht[237] frühe haben mich die Goldschmiede mitsamt meinem Weib zu Tisch geladen. In ihrer Versammlung viel tapfer Leut, hätten ein überköstlich Mahl zugericht und täten mir übermäßig große Ehr. Und auf die Nacht lud mich der alt Amann[238] von der Stadt und gab ein köstlich Mahl und tät mir große Ehr. Da kamen viel seltsamer Mummer hin. Ich hab Flores, der Frau Margareth Organist, mit dem Kohln konterfet. Am Montag[239] zu Nacht hat mich Faßnacht geladen Herr Lupes zu dem großen Bankett, welcher bis 2 Uhr währet, und was fast köstlich. Item Herr Lorenz Sterck hat mir ein spaniolischen Pelz geschenkt. Und auf dem obgemeldten Fest warn gar viel köstlicher Mummers und sonderlich Tomasin Pombelli. Ich hab 2 Gulden mit Spiel gewunnen. Ich hab ein Anglot zur Zehrung gewechselt. Ich hab 14 Stüber für ein Rosinkorb geben. Ich hab dem Bernhart von Castell, dem ich das Geld angewann[240], mit dem Kohln konterfet. Item des Tomasins Bruder, Gerhart, hat mir geschenkt 4 Elln brabantisch des besten schwarzen Atlas, und hat mir geschenkt 3 groß Schachtel mit eingemachten Ziternat. Und der Magd hab ich 3 Stüber zu Trinkgeld geben. Hab 13 Stüber um Holz geben, 2 Stüber um Zirnnüß. Ich hab des Prokurators Tochter rein mit dem Steft konterfet. Ich hab 1 Angeloten zu Zehrung gewechselt. Ich hab den guten Marmelsteinhauer, Meister Jan, der dem Christopff Kohler gleich sicht — hat in Welschland gelehrt und ist von Mecz — mit der schwarzen Kreiden konterfet. Ich hab ein hornischen Gulden zu Zehrung gewechselt. Ich hab 3 Gulden dem Jan

Türcken für welsch Kunst geben. Ich hab dem für 12 Dukaten Kunst für ein Unz gut Ultermarin geben. Ich hab 3 Gulden aus dem klein holz Passion gelöst. Ich hab 2 Riß und 4 Buch Scheufleins Kunst um 3 Gulden geben. Ich hab 3 Gulden für 2 kalekuttisch helfenbeine Salzfaß geben. Ich hab 2 Gulden aus Kunst gelöst. Ich hab 1 Gulden zu Zehrung gewechselt. Item der Rudiger von Gelern, der hat mir geschenkt ein Schneckenhaus und von Silber und Gold Münz, ist ein Ort wert. Dem hab ich wieder geschenkt die drei großen Bücher und ein gestochnen Reuter[241]. Ich hab eilf Stüber aus Kunst gelöst. Ich hab 2 Philippsgulden geben für S. Peter und Paul, der ich der Kolerin schenken will.
Item der Ruderigo hat mir aber geschenkt zwo Schachtel mit Küttenlatwergen und viel allerlei Zucker. Und hab zu Trinkgeld geben 5 Stüber. Ich hab 16 Stüber um Schachtel geben. Der Lazarus Rafenspurger hat mir ein Zuckerhut geschenkt, so hab ich den Buben 1 Stüber geben. Ich hab 6 Stüber um Holz geben. Item einmal mit dem Franzosen gessen, zweimal mit der Hirschvogel Friczen und einmal mit Meister Peter, Secretari, do Eraßmuß Roderodamus auch mit aß.
Ich hab 1 Stüber geben, daß man mich zu Antorff auf den Turn hat gelassen, der soll höher sein dann der zu Straßburg[242]. Darauf hab ich die ganze Stadt auf allen Orten übersehen, das do fast lustig ist. Ich hab 1 Stüber für [B]aden geben. Ich hab ein Angloten zu Zehrung gewechselt. Item der Faktor Prandan von Pordugal hat mir geschenkt zween groß schön weiß Zuckerhüt und eine Schüssel voll überzogen Zucker und zween grün Häfen mit eingemachten Zucker und 4 Elln schwarz Atlas. So hab ich den Knechten zu Trinkgeld geben 10 Stüber. Hab 3 Stüber den Boten geben. Ich hab dem Gerhart noch zwier mit dem Steft die schön Jungfrau[243] konterfet. Mehr hab ich ein Angelot zu Zehrung gewechselt. Ich hab 4 Gulden aus Kunst gelöst. Ich hab 10 Stüber fürs Rudrigen Futtral[244] geben. Ich hab mit dem Rentmeister Herr Lorenz Stercken gessen, der hat mir geschenkt eine helfenbeine Pfeifen und gar ein schöne Porzellona, und ich hab ihn geschenkt ein ganzen Druck. Mehr hab ich ihn ein ganzen Druck geschenkt den Herrn Arian, der Stadt Antorff Orator. Mehr hab ich ein Philippsgulden zu Zehrung gewechselt. Ich hab der größten reichsten Kaufleut Zunft[245] zu Antorff ein sitzenden S. Niclas verehret, dofür haben sie mir geschenkt 3 Phi-

lippsgulden. Ich hab dem Peter die alten Leisten von St. Hieronymus und 4 Stüber dazu geben für die Leisten zu des Rentmeisters Angesicht. Item hab eilf Stüber um Holz geben. Mehr hab ich ein Philippsgulden zu Zehrung gewechselt. Hab 4 Stüber für ein Neber[246] geben. Ich hab 3 Stüber für 3 Rohr geben.
Ich hab mein Bällein[247] aufgeben, gen Nürnberg zu führen, dem Jacob und Endres Heßler und soll ihm von Zentner Nürnberger Gewicht 2 Gulden geben, und er solls zuführen Herr Hans Im Hoff dem Älter, und hab ihm 2 Gulden darauf geben; mehr hab ich ihm auf ein Stübich[248] eingebunden. Geschah im 1521 Jahr am Samstag vor Judica[249].
Item am Samstag vor Judicae hat mir der Ruderigo geschenkt 6 indianische groß Nüß, gar ein sonder hübsche Korallen und zween portigales groß Gulden, wiegt einer 10 Dukaten. Und ich hab sein Knaben zu Trinkgeld geben 15 Stüber. Ich hab ein Magnetstein kauft um 16 Stüber. Mehr hab ich ein Angeloten zu Zehrung gewechselt. Ich hab 6 Stüber, einzubinden, geben.
Ich hab Meister Hugo[250] geng Prüssel geschickt für sein klein Profidosteinlein ein gestochnen Passion und etlich ander Stücklein. Ich hab dem Tomasin ein Visierung gemacht mit halben Färblein und gerissen[251], darnach er sein Haus wird lassen malen. Ich hab ein Hieronymus mit Fleiß gemalt von Ölfarben[252] und geschenkt dem Ruderigo von Portugal, der hat der Susanna ein Dukaten zu Trinkgeld geben. Ich hab ein Philippsgulden zu Zehrung gewechselt und hab mein Beichtvater 10 Stüber geben[253]. Hab 4 Stüber für das klein Schildkrötlein geben. Ich hab mit Herr Gilbert gessen; der hat mir geschenkt ein kalekuttisch Tärtschlein[254], von einer Fischhaut gemacht, und zween Handschuh zu ihren Fechten. Ich hab dem Peter 2 Stüber geben. Ich hab 10 Stüber für die Fischflossen geben, hab 3 Stüber zu Trinkgeld geben. Ich hab den Cornelius, der von Antorff Secretari, gar gut mit der Steinkreiden konterfet.
Ich hab 3 Gulden 16 Stüber geben für die 5 seiden Gürtelein, die ich will verschenken. Mehr 20 Stüber für ein Borten. Die 6 Borten hab ich geschenkt der Caspar Nüczlin, Hensin Im Hoff, Sträubin, zwu Spenglerin, Löffelhölczin, und jeglicher ein guts Paar Handschuh. Dem Pirckhamer hab ich geschenkt ein groß Barett, ein köstlichen Büffleinschreibzeug, ein silbern

Kaiser[255], 1 Pfund Pistazien, 3 Zuckerrohr. Caspar Nüczel hab ich geschenkt ein großen Elendsfuß und 10 großer Tannzapfen mit Zirnüssen. Dem Jacob Muffel hab ich geschenkt ein scharlach Brusttuch ein Elln, Hans Im Hoff Kind ein geziert scharlach Birett und Zirnüß, der Kramerin 4 Elln Zendeldort[256] 4 Gulden, der Lochingerin 1 Elln Zendeldort 1 Gulden, beeden Spengler jeglichern ein Taschen, 3 schöne Hörner, Herr Hieronymus Holczschuher ein übergroß Horn. Ich hab zwier gessen mit dem Faktor.

Ich hab gessen mit dem Meister Arion, der von Antorff Secretari; der hat mir geschenkt das klein gemalt Täfelein, das Meister Joachim gemacht hat, ist S. Loth mit den Töchtern. Mehr hab ich 12 Gulden aus Kunst gelöst. Mehr hab ich für 1 Gulden Hans Grun verkauft. Der Rudiger von Gelern hat mir ein Stück Sandel[257] geschenkt. Hab sein Buben ein Stüber geben. Item den Bernhart von Resten hab ich mit Ölfarben konterfet[258]. Der hat mir dafür geben 8 Gulden und mein Weib geschenkt eine Kronen und der Susanna ein Gulden, gilt 24 Stüber. Ich hab geben 3 Stüber für den Schweizer Krüg[259] und 2 Stüber fürs Schiff[260]. Mehr 3 Stüber fürs Futtral. Mehr 4 Stüber dem Beichtvater. Ich hab ein Angeloten zu Zehrung gewechselt. Ich hab 4 Gulden 10 Stüber aus Kunst gelöst. Ich hab 3 Stüber für Salben geben. Ich hab 12 halben Stüber um Holz geben. Ich hab 1 Gulden zu Zehrung gewechselt. Ich hab 1 Gulden für 14 Franzosenholz[261] geben. Ich hab dem Amprosio Höchstätter geschenkt ein Unser Frauen Leben, der hat mir sein entworfen Schiff geschenkt. Item der Ruderigo hat meinem Weib ein Ringlein geschenkt, ist besser dann 5 Gulden. Ich hab 1 Gulden zu Zehrung gewechselt. Ich hab des Faktor Prandans Skriban konterfet mit dem Kohln. Ich hab mit dem Steft konterfet sein Mohrin[262]. Und hab dem Ruderigo konterfet auf ein groß Papier, mit dem Pensel schwarz und weiß[263]. Ich hab 16 Gulden für ein Stück Schamlot[264] geben, hält 24 Elln, kost 1 Stüber heimzutragen. Item hab 2 Stüber um Handschuh geben. Ich hab dem Lucasen von Danczgen mit dem Kohln konterfet, der hat mir 1 Gulden und ein Stück Sandel geschenkt.

Item ich bin am Samstag nach Ostern[265] mit dem Hanns Lüber und mit Meister Jan Prevost, ein guter Maler von Prüg bürtig, von Antorff gen Prüg gefahren über die Schelt, und kam gen Pefer[266], ein groß Dorf. Von dannen gen Prasten[267], auch ein groß Dorf. Darnach fuhrn wir durch etliche Dörfer und kamen in das schön groß Dorf, da die reichen Bauren sitzen, do aßen wir zu morgens. Von dannen fuhren wir für Pol[268], die reiche Abtei. Von dannen fuhren wir durch Kaltprunnen[269], ein schön Dorf. Von dannen durch das groß lang Dorf Kahlb[270], von dannen gen Erfehlt[271]; do lagen wir übernacht, und warn frühe am Sonntag auf und fuhren gen Herfehlt[272], ein klein Städtlein. Von dannen fuhren wir gen Keolo[273], das ist ein mächtig groß Dorf, ist pflastert, hat ein Platz; do aßen wir zu morgens. Von dannen fuhren wir gen Maldig[274], darnoch noch andre Dörfer und kamen gen Prüg, das ist ein herrlich schön Stadt. Und hab verzehrt und verfahren 20 Stüber und 1.

Und do ich gen Prüg kam, do nahm mich Jan Prevost in sein Haus zu Herberg und richtet dieselbe Nacht ein köstlich Mahl zu und lud mir viel Leut zulieb. Am andern Tag lud mich Marx, Goldschmied, und gab mir ein köstlich Mahl und lud mir viel Leut zulieb. Darnach führten sie mich ins Kaisers Haus[275], das ist groß und köstlich. Do sahe ich Rüdigers gemalt Kapelln[276] und Gemäl von ein großen alten Meister; do gab ich dem Knecht ein Stüber, der aufsperrt. Darnach kauft ich 3 helfenbeine Kämm um 30 Stüber. Darnach führten sie mich gen S. Jacob und ließen mich sehen die köstlichen Gemäle von Rudiger und Hugo, die sind beede groß Meister gewest. Darnach sahe ich das alawaser Marienbild[277] zu Unser Frauen, das Michael Angelo von Rohm gemacht hat. Darnach führeten sie mich in viel Kirchen und ließen mich alle gute Gemäl sehen, dessen ein Überschwall do ist. Und do ich Johannes und der andern Ding[278] alles gesehen hab, do kamen wir zuletzt in die Malerkapelln[279], do ist gut Ding innen. Darnach richten sie mir ein Bankett zu. Und von dannen ging ich mit ihnen auf die Stuben[280]. Do hätten sich viel ehrlicher Leut zusammentan, von Goldschmieden, Malern und Kaufleuten; mußt mit ihnen zu Nacht essen, schenkten mir und machten Kundschaft und täten mir groß Ehr. Und die zwei Brüder Jacob und Peter Mostaert, die Ratsherren, schenkten mit 12 Kannen Wein, und beleiten mich die ganze Gesellschaft, mehr dann 60 Personen, mit viel Windlichtern heim. Auch hab ich in ihren Schießhof[281] gesehen den großen Fischküfel[282], daraus man fischet; der ist lang 19 Schuh, 7 Schuh hoch und 7 Schuh breit.

Also am Erigtag frühe[283] fahren wir weg. Aber Jan Profoß hab ich vor mit den Steft konterfet und seiner Frauen 10 Stüber zu Letz geben. Also fuhren wir gen Orscheln[284], do aßen wir zu morgens, und unterwegen sind drei Dörfer. Also fuhren wir gen Gent, noch durch 3 Dörfer, und gab zu Fuhrlohn 4 Stüber und hätt 4 Stüber verzehrt.

Und do ich gen Gent kam, do kam zu mir der Dechant von den Malern und bracht mit ihm die Vordersten[285] mit in die Malerei; erboten mir groß Ehr, empfingen mich gar herrlich, boten mir an ihren guten Willen und Dienst und aßen mit mir zu Nacht. Am Mittwoch frühe führten sie mich auf S. Johannes Turn[286]; do übersahe ich die groß wunderbarlich Stadt, darin ich gleich vor groß ansehen ward. Darnach sahe ich des Johannes Tafel[287]; das ist ein überköstlich, hochverständig Gemäl, und sonderlich die Eva, Maria und Gott der Vater sind fast gut. Darnach sahe ich die Löben und konterfeit einen mit den Steft[288]. Auch sahe ich auf der Brücken, do man die Leut köpft[289], die zwei Ehrenbilder, die zu einem Zeichen gemacht sind, daß ein Suhn sein Vater köpft hat. Gent ist hübsch und eine wunderliche Stadt; 4 große Wasser[290] fließen dardurch. Ich hab zu Trinkgeld geben dem Meßner und Löwenknechten 3 Stüber. Und sonst hab ich viel seltsam Ding gesehen zu Gent, und die Maler mit ihren Dechent haben mich nit verlassen, haben zu morgens und nachts mit mir gessen und alle Ding bezahlt und [sind] ganz freundlich mit mir gewest. Aber ich hab im Würtshaus 5 Stüber zu Letz geben.

Also fuhr ich am Pfingstag frühe[291] von Gent aus und kam durch etliche Dörfer bis zu der Herberg, heißt der „Schwan", do aßen wir zu morgens. Darnach fuhren wir aber durch ein schön Dorf und kamen gen Antorff, do hätt ich verfahren 8 Stüber.

Fünfter Aufenthalt in Antwerpen

Ich hab 4 Gulden aus Kunst gelöst. Ich hab 1 Gulden zu Zehrung gewechselt. Ich hab dem Hans Lieber von Ulm mit dem Kohln konterfet, der wollt mir ein Gulden geben, aber

ich wollt ihn nit nehmen. Ich hab 7 Stüber um Holz geben und 1 Stüber, zu führen. Ich hab 1 Gulden zu Zehrung gewechselt. Item in der dritten Wochen nach Ostern[292] stieß mich ein heiß Füber[293] an mit einer großen Ohnmacht, Unlust und Hauptwehe. Und do ich vormals in Seeland war, do überkam ich eine wunderliche Krankheit, von derer ich nie von keinem Mann gehört, und diese Krankheit hab ich noch. Ich hab 6 Stüber für Futtral geben. Item der Münch hat mir zwei Bücher gebunden für die Kunst, die ich ihm geben hab. Ich hab 10 Gulden 8 Stüber für ein Stück Haraß geben, meiner Schwieger und meinem Weib zu zweien Mänteln. Ich hab den Doktor 8 Stüber geben, 3 Stüber dem Apotheker. Aber hab ich 1 Gulden zu Zehrung gewechselt. Aber 3 Stüber bei Gesellen verzehrt. Hab 10 Stüber dem Doktor geben. Ich hab aber dem Doktor 6 Stüber geben. Item der Ruderigo hat mir viel eingemachtes Zucker geschickt in meiner Krankheit. Den Knaben hab ich 4 Stüber Trinkgeld geben. Ich hab Meister Joachim mit dem Steft konterfet und ihm sonst noch ein Angesicht mit dem Steft gemacht. Aber hab ich ein Crona zu Zehrung gewechselt. Ich hab aber ein Gulden zu Zehrung gewechselt. Item dem Doktor 6 Stüber geben; item 7 Stüber in die Apotheken. Ein Gulden hab ich zu Zehrung gewechselt.
Item ich hab von dem dritten Bällein, das ich von Antorff geng Nürnberg schickt, bei einen Fuhrmann, der do heißt Hanns Staber, einzupacken geben 13 Stüber. Und dem Fuhrmann hab ich 1 Gulden darauf geben. Und hab ihn den Zentner verdingt, von Antorff bis gen Nürnberg zur Fuhr, um 1 Gulden 1 Ort, und dies Bällein soll Herrn Hans Im Hoff dem Ältern zugeführet werden. Ich hab dem Doktor, dem Apotheker und Barbierer geben 14 Stüber. Ich hab Meister Jacoben dem Arzt für 4 Gulden Kunst geschenkt. Ich hab dem Thomas Polonius von Rohm mit dem Kohln konterfet. Item zu meinem schamloten Rock ist kommen 21 Elln brabantisch, die ist um 3 Zwerfinger länger denn die Nürnberger Elln. So hab ich darzu kauft schwarz spanische Fell, kosten zu drei Stübern. Und ihr sind darzu kommen 34, tut 10 Gulden 2 Stüber. So hab ich dem Kürschner zu machen geben 1 Gulden, so ist zu brämen Sammets kommen 2 Elln 5 Gulden; item für seiden Schnür und Faden 34 Stüber; item dem Schneider zu Lohn geben 30 Stüber. Item der Schamlot, der beim Rock ist, kost 14 Gulden $^1/_2$. Und dem Knecht 5 Stüber zu Trinkgeld.

Cruce nach Ostern[294]. Von dannen summir[295] wieder von neuen. Aber hab ich dem Doktor 6 Stüber geben. Item hab 53 Stüber aus Kunst gelöst und die zur Zehrung genummen. Item am Sonntag vor der Kreuzwochen hat mich Meister Joachim, der gut Landschaftmaler, auf sein Hochzeit geladen und mir alle Ehr erboten. Darauf hab ich gesehen zwei hübsche Spiel, sunderlich das erst fast andächtig und geistlich. Mehr hab ich dem Doktor geben 6 Stüber. Ich hab 1 Gulden zu Zehrung gewechselt.
Am Sonntag nach unsers Herrn Auffahrt Tag[296] lud mich Meister Dietrich, Glasmaler zu Antorff, und mir zulieb viel anderer Leut, nämlich darunter Alexander, Goldschmied, ein statthaft reicher Mann; und wir hätten ein köstlich Mahl, und man tät mir groß Ehr. Ich hab Meister Marx, Goldschmied, mit dem Kohln konterfet, der zu Prück ist. Ich hab 36 Stüber für ein breits Birett geben. Ich hab dem Pall Geiger 1 Gulden geben vor mein Kästlein, geng Nürnberg zu führen, und 4 Stüber vom Brief. Ich hab dem Ambrosi Hochstätter mit dem Kohln konterfet und hab mit ihm gessen. Ich hab aber wohl 6 mal mit Tomasin gessen. Ich hab 3 Stüber für hülzen Schüssel und Teller geben. Ich hab dem Apotheker 12 Stüber geben. Ich hab 2 Bücher Unser Frauen Leben, das ein dem fremden Arzt geschenkt, das ander dem Marxen, Hausknecht. Aber hab ich dem Doktor geben 8 Stüber. 4 Stüber geben für ein alt Birett zu putzen. 4 Stüber habe ich verspielt. Ich hab aber 2 Gulden für ein neu Birett geben. Ich hab das erst Birett verwechselt, dann es war grob, und hab 6 Stüber zugeben um ein anders. Ich hab ein Herzog Angesicht von Ölfarben gemacht. Ich hab dem Rentmeister Lorencz Sterck gar rein fleißig mit Ölfarben konterfet[297], war wert 25 Gulden. Das hab ich ihn geschenkt, dargegen gab er mir 20 Gulden und der Susanna 1 Gulden zu Trinkgeld. Item dem Jobsten, mein Wirt, gar rein und fleißig mit Ölfarben konterfet. Der hat mir für seins nun seines geben[298]. Und sein Weib hab ich auch auf ein neues gemacht, auch von den Ölfarben konterfet.

Klage um Luther

Item am Freitag vor Pfingsten im 1521 Jahr[299] kamen mir Mär geng Antorff, daß man Martin Luther so verräterlich gefangen hätt[300]. Dann do ihn des Kaisers Carols Herold mit dem kaiserlichen Gleit war zugeben, dem ward vertrauet. Aber sobald ihn der Herold bracht bei Eyßenach in ein unfreundlich Ort, saget [er], er dörfte sein nit mehr, und ritt von ihm. Alsbald waren 10 Pferd do, die führten verräterlich den verkauften frommen, mit dem heiligen Geist erleuchteten Mann hinweg, der do war ein Nachfolger Christi und des wahren christlichen Glaubens. Und lebt er noch oder haben sie ihn gemördert, das ich nit weiß, so hat er das gelitten um der christlichen Wahrheit willen und um daß er gestraft hat das unchristliche Papsttum[301], das do strebt wider Christus Freilassung mit seiner großen Beschwerung der menschlichen Gesetz, und auch darum, daß wir unsers Blut und Schweiß also beraubt und ausgezogen werden und dasselb so schändlich von müßiggehendem Volk lästerlich verzehret wird[302], und die dürftigen kranken Menschen darum Hungers sterben müßten. Und sonderlich ist mir noch das Schwerest, daß uns Gott vielleicht noch unter ihrer falschen blinden Lehr will lassen bleiben, die doch die Menschen, die sie Väter[303] nennen, erdicht und aufgesetzt haben, dardurch uns das göttlich Wort an viel Enden fälschlich ausgelegt wird, oder gar nichts fürgehalten. Ach Gott vom Himmel, erbarm dich unser, o Herr Jesu Rex Christe, bitt für dein Volk; erlös uns zur rechten Zeit, behalt in uns den rechten wahren christlichen Glauben, versammele deine weite zertrennte Schaf durch dein Stimm, in der Schrift dein göttlich Wort genannt, hilf uns, daß wir dieselb dein Stimm kennen und keinem andern Schwiegeln[304], der Menschen Wahn, nachfolgen, auf daß wir, Herr Jesu Christe, nit von dir weichen. Ruf den Schafen deiner Weide, derer noch ein Teils in der römischen Kirche erfunden werden, mitsamt den Indianern, Moscobitern, Reußen, Grichen[305], wieder zusammen, die durch Beschwerung und Geiz der Päpst, durch heiligen falschen Schein zertrennet sind worden. Ach Gott, erlös dein armes Volk, das dar durch großen Bann und Gebot gezwungen wird, der es keines gern tut, darum es stetigs sünden muß in seinem Gewissen, so es die übergehet. O Gott, nun hastu mit Menschengesetzen nie kein Volk also größlich beschweret als uns Arme unter den römischen Stuhl, die wir täglich durch dein Blut erlöst frei Christen[306] sollen sein. O höchster himmlischer Vater, geuß in unser Herz durch deinen Sohn Jesum Christum ein solch Licht, dabei wir erkennen, zu welchen Geboten wir zu halten gebunden sind, auf daß wir die andern Beschwernis mit gutem Gewissen fahren lassen und dir, ewiger Gott, himmlischer Vater, mit freudigem, fröhlichem Herzen dienen mögen. Und so wir diesen Mann verlieren, der do klärer geschrieben hat dann nie keiner in 140 Jahren gelebt[307], den du ein solchen evangelischen Geist geben hast, bitten wir dich, o himmlischer Vater, daß du deinen heiligen Geist wiederum gebest einem andern, der do dein heilige christliche Kirch allenthalben wieder versammel, auf daß wir all ein[308] und christlich wieder leben, daß aus unsern guten Werken alle Ungläubige, als Türken, Heiden, Kalakuten[309], zu uns selbst begehren und christlichen Glauben annehmen. Aber, Herr, du wilt, ehe du richtest, wie dein Sohn Jesus Christus von den Priestern sterben mußt und vom Tod erstehn und darnach geng Himmel fahren, daß es auch also gleichförmig ergeht deinen Nachfolger Martino Luther, den der Papst mit sein Geld verräterlich wider Gott um sein Leben bringt, den wirstu erquicken. Und wie du darnach, mein Herr, verhängest, daß Jerusalem darum zerstöret ward, also wirstu auch diesen eigen angenommenen Gewalt des römischen Stuhls zerstören. Ach Herr, gib uns darnach das neu geziert Jerusalem, das vom Himmel herabsteigt, davon Apocalypsis schreibt; das heilig klar Evangelium, das do nit mit menschlicher Lehr verdunkelt sei. Darum sehe ein jeglicher, der do Doktor Martin Luthers Bücher liest, wie sein Lehr so klar durchsichtig ist, so er das heilig Evangelium führt[310]. Darum sind sie in großen Ehren zu halten und nit zu verbrennen[311], es wär dann, daß man sein Widerpart, die allezeit die Wahrheit widerfechten, ins Feuer würf mit allen ihren Opinionen[312], die do aus Menschen Götter machen wollen, aber doch, daß man wieder neuer lutherischer Bücher Druck hätt. O Gott, ist Luther tot, wer wird uns hinfürt das heilig Evangelium so klar fürtragen! Ach Gott, was hätt er uns noch in 10 oder 20 Jahrn schreiben mögen! O ihr alle fromme Christenmenschen, helft mir fleißig beweinen diesen gottgeistigen Menschen und ihn bitten, daß er uns ein andern erleuchten Mann send. O Erasme Roderodame, wo wiltu bleiben? Sieh, was vermag die ungerecht Tyrannei der weltlichen Gewalt und Macht der Finsternüs! Hör, du Ritter Christi, reit hervor neben den Herrn Christum, beschütz die Wahrheit, erlang der Martärer Kron! Du bist doch sonst ein altes Männiken. Ich hab von dir gehört, daß du dir selbst noch 2 Jahr zugeben hast, die du noch tügest, etwas zu tun.

Dieselben leg wohl an, dem Evangelio und dem wahren christlichen Glauben zugut, und laß dich dann hören, so werden der Höllen Porten, der römische Stuhl, wie Christus sagt, nit wider dich mügen. Und ob du hie gleichförmig deinem Meister Christo würdest und Schand von den Lügnern in dieser Zeit leidest und darum ein klein Zeit desto eher stürbest, so wirstu doch ehe aus dem Tod ins Leben kommen und durch Christum klarifiziert[313]. Dann so du aus dem Kelch trinkest, den er getrunken hat, so wirstu mit ihm regieren und richten mit Gerechtigkeit, die nit weislich gehandelt haben. O Erasme, halt dich hie, daß sich Gott dein rühme, wie vom Davidt geschrieben stehet; dann du magst tun, und fürwahr, du magst den Goliath fällen. Dann Gott gestehet bei[314] der heiligen christlichen Kirchen, wie er ja unter den Römischen stehet, nach seinem göttlichen Willen. Der helf uns zu der ewigen Seligkeit, Gottvater, Sohn und heiliger Geist, ein einiger Gott, Amen. O ihr Christenmenschen, bittet Gott um Hilf, dann sein Urteil nahet und sein Gerechtigkeit wird offenbar. Dann werden wir sehen die unschuldigen Blüter[315], die der Papst, Pfaffen und die München vergossen, gericht und verdammt haben. Apokalypsis. Das sind die Erschlagnen, unter dem Altar Gottes liegend, und schreien um Rach, darauf die Stimm Gottes antwort: erbeitet[316] die vollkommen Zahl der unschuldigen Erschlagenen, dann will ich richten[317].

Aber hab ich 1 Gulden zu Zehrung gewechselt. Ich hab dem Doktor aber 8 Stüber geben. Item aber 2 mal mit dem Ruderigo gessen. Ich hab mit dem reichen Canonico gessen. Ich hab 1 Gulden zu Zehrung gewechselt. Ich hab Meister Conradum, Bildhauer von Mechel, zu Gast gehabt im Pfingstfeiertagen. Ich hab 18 Stüber um welsche Kunst geben. Aber dem Doktor 6 Stüber. Den Meister Joachim hab ich 4 Christophel auf grau Papier verhöcht.
Ich bin am letzten Pfingstfeiertag[318] zu Antorff auf dem Jahrroßmarkt gewesen und hab do überviel hübscher Hengst sehen bereuten, und sonderlich sind zween Hengst verkauft worden um 700 Gulden. Ich hab 1 Gulden 3 Ort aus Kunst gelöst. Ich hab desselben Geld zu Zehrung genummen. 4 Stüber dem Doktor geben. Ich hab 3 Stüber für zwei Büchlein geben. Ich hab 3 mal mit Tomasin gessen. Ich hab ihm 3 Degenheft gerissen, der hat mir geschenkt ein alabaser

Häfelein[319]. Ich hab ein englischen Edelmann konterfet, der hat mir geschenkt 1 Gulden, mit dem Kohln, den hab ich zu Zehrung gewechselt. Item Meister Gerhart, Illuminist, hat ein Töchterlein bei 18 Jahren alt, die heißt Susanna, die hat ein Blättlein illuminiert, ein Salvator, darfür hab ich ihr geben 1 Gulden. Ist ein groß Wunder, daß ein Weibsbild also viel machen soll. Ich hab 6 Stüber verspielt.

Ich hab den großen Umgang[320] zu Antorff gesehen an der heiligen Dreifaltigkeit Tag. Der Meister Conradt hat mir geschenkt schöne Paar Messer, so hab ich sein alten Männlein dargegen geschenkt ein Unser Frauen Leben. Ich hab dem Jan, Goldschmied von Prüssel, mit dem Kohln konterfet, auch sein Weib. Ich hab 2 Gulden aus Kunst gelöst. Item Meister Jan, Goldschmied von Prüssel, hat mir, für daß ich ihm gemacht hab die Visierung zum Siegel und die 2 konterfeten Angesichter, 3 Philippsgulden geben. Ich hab die Veronica[321], die ich von Ölfarben gemalt hab, und Adam und Eva, die Francz gemacht hat, dem Jan, Goldschmied, geben für ein Hyazinthen und ein Agat, darein geschnitten ein Lucretia[322]. Hat ein jeglicher sein Teil um 14 Gulden angeschlagen. Mehr hab ich ihm gestochen ein ganzen Druck für ein Ring und 6 Steinlein. Hat ein jeder wederum sein Teil angeschlagen um 7 Gulden. Ich hab 14 Stüber um 2 Paar Handschuh geben. Ich hab 2 Stüber um 2 Schachtel geben. Ich hab 2 Philippsgulden zu Zehrung gewechselt. Ich hab 3 Ausführung[323] und 2 Ölberg auf 5 halb Bögen gerissen. Ich hab 3 Angesicht mit Schwarz und Weiß auf grau Papier konterfet. Ich hab auch auf grau Papier mit Weiß und Schwarz zwo niederländisch Kleidung konterfet. Ich hab dem englischen Mann sein Wappen mit Farben gemacht, der hat mir 1 Gulden geben. Ich hab sonst hin und wieder viel Visierung und ander Ding den Leuten hier zu Dienst gemacht, und für den mehren Teil meiner Arbeit ist mir nichts worden. Endres von Cracau hat mir geben für ein Schild und Kindsköpflein ein Philippsgulden. Hab 1 Gulden zu Zehrung gewechselt. Ich hab 2 Stüber für Kehrbürsten geben.

Ich hab zu Andtorff gesehen den großen Umgang, der da fast köstlich war, an unsers Herrn Leichnamstag[324]. Ich hab 4 Stüber zum Trinkgeld geben, und den Dokter 6 Stüber. Ich hab 1 Gulden zur Zehrung gewechselt. Ich hab 6 Stüber dem Doktor geben. 1 Stüber für eine Schachtel. Ich hab 5 mal mit

Tomasin gessen. Ich hab 10 Stüber in die Apotheken geben, und hab der Apothekerin geben, zu Klistieren, 14 Stüber und dem Apotheker 15 Stüber von Rezept. Aber hab ich 2 Philippsgulden zu Zehrung gewechselt. Mehr hab ich dem Doktor geben 6 Stüber. Ich hab aber der Apothekerin geben 10 Stüber, zu Klistieren. Mehr 4 Stüber in die Apotheken. Dem Münch, der mein Frauen Beicht hat, dem hab ich 8 Stüber geben. Ich hab 8 Gulden um ein ganz Stück Haraß geben. Aber hab ich geben um 14 Elln fein Haraß 8 Gulden. Ich hab dem Apotheker aber für Arznei geben 32 Stüber. Item hab dem Boten geben 3 Stüber und dem Schneider 4 Stüber. Ich hab einmal mit dem Hans Fehle gessen; 3 mal mit Tomasin. Ich hab 10 Stüber, zu binden, geben.
Im 1521 Jahr hab ich mein großen Ballen zu Antorff aufgeben, zu führen bis geng Nürnberg, am Mittwoch nach Corpus Christi[325], ein Fuhrmann, heißt mit Nomen Cuncz Mecz von Schlauerdorff, und soll ihm zahlen von Zentner, zu führen bis gen Nürnberg, anderthalben Gulden, und ich hab ihn daraufgeben ein Gulden. Und er solls Herrn Hanß Im Hoff antworten[326], dem Ältern. Ich hab dem jungen Jacob Rclinger zu Antorff mit den Kohln konterfet. Ich hab aber 3 mal mit den Tomasin gessen.

Noch einmal nach Mecheln

Item am achten Tag nach Corpus Christi[327] bin ich gen Mechel mit meinem Weib zu Frau Margaretha gefahren. Item 5 Gulden zu Zehrung mit mir genommen. Mein Weib hat 1 Gulden zu Zehrung gewechselt. Ich bin zu Mechel zu Herberg gewest zum „Gulden Haupt“ bei Meister Heinrich, Maler. Do haben mich zu Gast geladen in meiner Herberg die Maler und Bildhauer, haben mir groß Ehr getan in ihrer Versammlung. Und ich bin in Popenreuthers Haus gewest, des Büchsengießers, und hab wunderlich Ding bei ihm funden. Ich bin auch bei Frau Margareth gewest und hab sie mein Kaiser[328] sehen lassen und ihr den schenken wollen. Aber do sie ein solchen Mißfall darinnen hätt, do führet ich ihn wieder weg. Und den Freitag[329] wies mir Frau Margareth all ihr schön Ding[330]; darunter sahe ich bei 40 kleiner Täfelein van Ölfarben, dergleichen ich von Reinigkeit und Güt darzu nie gesehen hab. Do sahe ich auch ander gut Ding, von Johannes,

Jacobs Walchs. Ich bat mein Frauen um Meister Jacobs Büchlein[331], aber sie sagt, sie hätts ihrem Moler[332] zugesagt. Also sahe ich viel anders köstliches Dings, ein köstlich Liberei[333]. Mich hat Meister Hans Popenreuter zu Gast geladen. Ich hab Meister Conrad 2 mal und sein Weib einmal zu Gast gehabt. Item den Kämmerling Steffan [und] sein Weib, beede zu Gast gehabt. 27 Stüber und 2 Stüber verfahrn. Auch hab ich mit dem Kohlen konterfet dem Steffan, Kämmerling, und Meister Conrad, Schnitzer, und bin am Samstag wieder von Mechell geng Antorff kommen.

Letzter Aufenthalt in Antwerpen

Item mein Truhen ist erst weggangen am Samstag nach dem achten Corpus Christi[334]. Aber hab ich 1 Gulden zu Zehrung gewechselt. Item dem Boten 3 Stüber geben. Ich hab 2 mal zu den Augustinern gessen. Item habe mit dem Alexander Im Hoff gessen. 6 Stüber in die Apotheken geben. Aber einmal mit den Augustinern gessen. Item hab Meister Jacob mit dem Kohln konterfet und ein Täfelein darzu machen lassen, kost 6 Stüber, und ihm geschenkt. Ich hab dem Bernhart Stecher und sein Weib konterfet und ihm ein ganzen Druck geschenkt; und sein Weib hab ich noch einmal konterfet und hab 6 Stüber geben von dem Täfelein zu machen, das hab ich ihn alles geschenkt, so hat er mir hergegen geschenkt 10 Gulden.
Mich hat zu Gast geladen Meister Lucas, der in Kupfer sticht, ist ein kleins Männlein und bürtig von Leyden aus Hollandt, der war zu Antorff. Ich hab mit Meister Bernhart Stecher gessen. Ich hab anderthalben Stüber dem Boten geben. Ich hab 4 Gulden 1 Ort aus Kunst gelöst. Ich hab Meister Lucas von Leyden mit dem Steft konterfet[335]. Ich hab 1 Gulden verlorn. Item hab dem Doktor 6 Stüber geben. Item aber 6 Stüber. Ich hab dem Schaffner in Augustiner Kloster zu Antorff ein Unserer Frauen Leben geschenkt und sein Knecht 4 Stüber geben. Ich hab Meister Jacob ein kupfer Passion und ein holz Passion und 5 andre Stück geschenkt und sein Knecht 4 Stüber geben. Ich hab 4 Gulden zu Zehrung gewechselt. Ich hab aber um 14 Fischhäut 2 Philippsgulden geben. Ich hab Art Braun und sein Weib mit der schwarzen Kreiden konterfet. Ich hab dem Goldschmied, der mir die 3 Ring schätzt, für 1 Gulden Kunst geschenkt. Die drei Ring, die ich gestochen

hab um Kunst, die zwei geringern sind angeschlagen um 15 Kronen, aber der Saphier ist angeschlagen um 25 Kronen, das macht 54 Gulden 8 Stüber. Und unter andern, das der Franzos[336] oben genummen hat, ist gewest 36 größer Bücher, tut 9 Gulden. Ich hab 2 Stüber für ein geschrauftes Messer geben. Item der mit den 3 Ringen hat mich ums halb Teil übersetzt[337]; ich habs nit verstanden. Ich hab 18 Stüber geben mein Doten[338] um ein rotes Birett. Item hab 12 Stüber verspielt. Hab 2 Stüber vertrunken. Item ich hab die 3 klein schön Rubinlein gekauft um eilf Goldgulden und 12 Stüber. Ich hab 1 Gulden zu Zehrung gewechselt. Ich hab aber zu den Augustinern gessen. Aber hab ich 2 mal bei Tomasin gessen. Ich hab 6 Stüber geben für 13 wild Meerschweinbörster[339]. Hab aber vor 6 Börster 3 Stüber geben.
Item hab aber den großen Anthonj Haunolt auf ein Realbogen fleißig mit der schwarzen Kreiden konterfet. Ich hab dem Art Praun und seine Hausfrau mit der schwarzen Kreiden auf zween Realbögen fleißig konterfet, und ich hab ihn noch einmal mit dem Steft konterfeiet; der hat mir eine Angeloten geben. Item hab aber 1 Gulden zu Zehrung gewechselt. Ich hab 1 Gulden für ein Paar Stiefel geben. Ich hab 6 Stüber vor ein Kalamar[340] geben. Ich hab 12 Stüber vor eine Truhen geben, darein zu schlagen[341]. Item hab 21 Stüber geben für ein Dutzend Frauenhandschuh. Ich hab 6 Stüber für eine Taschen geben. Ich hab 3 Stüber vor 3 Börster geben. Ich hab 1 Gulden zu Zehrung gewechselt. 1 Stüber für ein Losch[342] geben.
Item der Anthony Haunolt, den ich konterfet hab, der hat mir 3 Philippsgulden geschenkt, und Bernhart Stecher hat mir ein Schildkrötbuckeln[343] geschenkt. Ich hab seiner Frauen Schwester Tochter konterfet. Ich hab mit ihrem Mann einmal gessen, und er hat mir geschenkt 2 Philippsgulden. Item hab 1 Stüber zum Trinkgeld geben. Ich hab den Anthony Haunoldt 2 Bücher geschenkt. Ich hab 13 Stüber aus Kunst gelöst. Ich hab Meister Joachim des Grünhansen Ding[344] geschenkt. Item hab 3 Philippsgulden zu Zehrung gewechselt. Item hab zweimol mit Bernhart Stecher gessen. Aber 2 mal mit Tomasin. Ich hab Jobsten Weib 4 Stück Holzwerk geschenkt. Ich hab Friedrichen, Jobsten Knecht, 2 Bücher geschenkt, große. Ich hab Henickin, Glaser Sohn, 2 Bücher geschenkt.
Item der Ruderigo hat mir ein Papagei geschenkt, die man von Malaca bringt, und ich hab dem Knecht zu Trinkgeld geben

5 Stüber. Ich hab aber 2 mal mit Tomasin gessen. Item hab 2 Stüber für ein Bäuerlein[345] geben. 3 Stüber vor ein Paar Schuh in die Hosen[346] und 4 Stüber für 8 Brettlein. Ich hab dem Peter[347] geschenkt 2 ganz Bogen Kupferwerk und ein Bogen Holzwerk. Item hab 2 mal mit Tomasin gessen. Ich hab 1 Gulden zu Zehrung gewechselt. Ich hab Meister Art, Glasmaler, geschenkt ein Unserer Frauen Leben, und hab Meister Jahn, franzos Bildhauer, geschenkt ein ganzen Druck; der hat meiner Frauen geschenkt 6 Gläslein mit Rosenwasser, sind gar köstlich gemacht. Item hab 7 Stüber für ein Stübig geben. Ich hab 1 Gulden zu Zehrung gewechselt. Aber hab ich geben für ein schnitten Taschen[348] 7 Stüber.
Mir hat geschenkt Cornelius, Secretari, die Lütherisch Gefängnüs Babyloniae[349]; dargegen hab ich ihm geschenkt meine 3 große Bücher. Item hab dem Peter-Pucz-Münch[350] für 1 Gulden Kunst geschenkt. Item hab dem Hönigen, Glasmaler, geschenkt 2 große Bücher. Ich hab 4 Stüber geben für ein ausgestrichen Kalakut[351]. Item hab 1 Philippsgulden zu Zehrung gewechselt. Item hab fürs Lucasen ganzen Druck gestochen meiner Kunst für 8 Gulden[352]. Mehr hab ich 1 Philippsgulden zu Zehrung gewechselt. Item hab 9 Stüber um eine Taschen geben. Item 7 Stüber hab ich um ein halb Dutzet niederländischer Karten geben. Mehr hab 3 Stüber für ein kleines gelbs Perßschüh[353]. Item hab 24 Stüber um Fleisch geben; 12 Stüber für grob Tuch; mehr 5 Stüber für grob Tuch. Ich hab aber 2 mol mit Tomasin gessen. Ein Stüber dem Peter geben. Ich hab 7 Stüber, zu binden, geben. 3 Stüber für Plahen[354]. Item der Ruderigo hat mir geschenkt 6 Elln schwarz kützen Tuch zu einer Kappen[355], kost ein Elln ein Crona. Ich hab 2 Gulden zu Zehrung gewechselt. Ich hab des Schneiders Knecht 2 Stüber zu Trinkgeld geben.
Ich hab mit Jobsten gerechnet und bin ihm schuldig worden 31 Gulden. Die hab ich ihm bezahlt, daran verrechnet abgerechnet die 2 konterfeten Angesicht mit Ölfarben gemacht[356], daran hat er mir herausgegeben 5 Pfund Boras[357] niederländisch Gewicht. Ich hab in allen meinen Machen, Zehrungen, Verkäufen und andrer Handlung Nachteil gehabt im Niederland, in all mein Sachen, gegen großen und niedern Ständen, und sonderlich hat mir Frau Margareth, für das ich ihr geschenkt und gemacht hab, nichts geben. Und dieser Beschluß mit Jobsten ist geschehen an S. Peter und Pauli Tag[358].

Ich hab des Ruderigen Knecht 7 Stüber zu Trinkgeld geben. Ich hab dem Meister Hainrichen einen gestochenen Passion geschenkt, der mir die schmecken Kirzlein[359] geschenkt hat. Ich hab dem Schneider zu machen müssen geben 45 Stüber von der Kappen. Ich hab ein Fuhrmann bestellt, der soll mich führen von Antorff gen Cölln, dem muß ich zu Lohn geben 13 schlecht Gulden, macht einer 24 schlechte Stüber, und soll darzu ein Person und ein Buben verzehren[360]. Item Jacob Relinger hat mir ein Dukaten geben für sein mit dem Kohln konterfetes Angesicht. Der Gerhardo hat mir geschenkt 2 Fäßlein mit Kapren und Oliven; dem hab ich 4 Stüber zu Trinkgeld geben. Ich hab ein Stüber Ruderigo Knecht geben. Ich hab mein konterfeten Kaiser[361] geben um ein weiß englisch Tuch, das hat mir geben Jacob, Tomasins Eidem. Item der Alexander Im Hoff hat mir vollendt geliehen hundert Goldgulden an Unser Lieben Frauen Abend, als sie über das Gebürg gehet, 1521[362]; darum hab ich ihm geben mein versiegelte Handschrift, daß er mir die zu Nürnberg antworten laß, so will ich ihm die wieder zu Dank zahlen. Ich hab 6 Stüber um ein Paar Schuh geben. Ich hab eilf Stüber dem Apotheker geben. Ich hab 3 Stüber für Strick geben. Ich hab in Tomasins Küchen ein Philippsgulden zu Letz geben und hab Jungfrau Suten, seiner Tochter, ein Goldgulden zu Letz geben. Ich hab 3 mal mit ihm gessen. Ich hab Jobsten seiner Frauen 1 Gulden und in seiner Küchen auch 1 Gulden zu Letz geben. Item hab den Ladern 2 Stüber geben. Tomasin hat mir des besten Tiriaks[363] ein Büchsen voll geben und geschenkt. Item hab 3 Gulden zu Zehrung gewechselt und hab dem Hausknecht 10 Stüber zu Letz geben. Ich hab Peter 1 Stüber geben. Ich hab 2 Stüber zu Trinkgeld geben; mehr 3 Stüber Meister Jacoben Knecht. Ich hab 4 Stüber für Plahen geben. Ich hab dem Peter ein Stüber geben. Item hab 3 Stüber dem Boten geben.
An Unser Frauen Heimsuchung[364], do ich gleich weg von Antorff wollt, do schicket der König von Dennenmarck[365] zu mir, daß ich eilend zu ihm käm und ihn konterfeiet. Das tät ich mit dem Kohln. Und ich konterfeiet auch sein Diener Anthony. Und ich mußt mit dem König essen, [er] erzeiget sich gnädiglich gegen mir. Ich hab dem Leohnhardt Tucher mein Bällein befohlen[366] und ihn mein weiß Tuch aufgeben. Item der vorgedingt Fuhrmann hat mich nit geführt; bin mit ihm uneins worden. Gerhart hat mir geschenkt etlich welsch

Samen. Ich hab dem Vicarius[367] geben, heimzuführen, die groß Schildkrötbuckel und den Fischerschild, die lang Pfeif, die lang Wehr[368] und Fischflossen und die 2 Fäßlein mit den Limonien und Capra[369] an Unser Frauen Tag Heimsuchung 1521.

Rückreise über Brüssel und Köln

Und am andern Tag[370] fuhren wir geng Prüssel, auf des Königes von Denenmarck Geschäft[371]. Und ich dinget ein Fuhrmann, dem gab ich 2 Gulden. Item hab dem König von Dennenmarckt geschenkt die besten Stück aus mein ganzen Druck[372], ist wert 5 Gulden. Aber hab ich 2 Gulden zu Zehrung gewechselt. 1 Stüber für Schüssel und Körben geben. Item hab gesehen, wie das Volk zu Antorff sich sehr verwundert hat, do sie den König von Dennenmarck sahen, daß er so ein männlich schön Mann war und nur selbdritt durch seiner Feind Land kommen. Ich hab auch gesehen, wie ihm der Kaiser von Prüssel entgegengeritten und ihm empfangen, ehrlich und mit großer Pompa. Darnach hab ich gesehen das ehrlich köstlich Bankett, so ihm der Kaiser und Frau Margareth gehalten hat am andern Tag. Ich hab 2 Stüber für ein Paar Handschuh geben. Item Herr Anthonj hat mir geben 12 hornisch Gulden. Davon hab ich geben 2 hornisch Gulden dem Maler, fürs Täfelein zu konterfeten und daß er mir Färblein hat lassen reiben; die andern 8 hornisch Gulden hab ich zu Zehrgeld genommen.
Item am Sonntag vor Margaretha[373] hielt der König von Dennenmarck ein groß Bankett dem Kaiser, Frau Margretten und Künigin von Spannien[374] und lud mich, und ich aß auch darauf. Ich hab 12 Stüber vors Königes Futtral geben. Und ich hab dem König von Ölfarben konterfet, der hat mir 30 Gulden geschenkt. Item ich hab zwei Stüber dem Jungen mit Namen Bartholomae, der mir die Färblein gerieben hat, geschenkt. Ich hab 2 Stüber für ein gläsern Büchslein, dem König gehörend, geben. Ich hab 2 Stüber zu Trinkgeld geben. Item hab 2 Stüber für die gestochenen Scheuerlein[375] geben. Item hab des Meisters Jannen Bub 4 halb Bogen geschenkt. Mehr hab ich geschenkt des Meisters, Malers, Jungen ein Apokalypsin und 4 halb Bogen. Der Polonius hat mir ein welsch Kunststück oder 2 geschenkt. Item hab 1 Stüber für ein Kunststück geben. Mich hat geladen Meister Jobst,

Schneider[376], mit dem hab ich zu Nacht gessen. Ich hab Kammergeld[377] geben zu Prüssel acht Tag lang 32 Stüber. Ich hab des Meister Jan, Goldschmieds, Weib ein gestochnen Passion geschenkt, mit dem ich 3 mal gessen hab. Ich hab dem Bartolmeh, Malerjungen, noch ein Unser Frauen Leben geben. Ich hab mit Herr Niclaus Zigler gessen und hab 1 Stüber Meister Janen Knecht geben. Ich bin Fuhr halben, daß ich keine überkommen konnte[378], 2 Tag zu Prüssel stillgelegen. Ich hab ein Stüber um ein Paar Solklein[379] geben.

Item am Freitag frühe[380] vor Morgens bin ich von Prüssel ausgefahren, und ich mußt dem Fuhrmann geben 10 Gulden. Noch hab ich meiner Wirtin für die einig Nacht 5 Stüber geben. Darnach fuhren wir durch 2 Dörfer und kamen gen Löwen, aßen zu Morgen und verzehrten 13 Stüber. Darnach fuhren wir durch 3 Dörfer und kamen geng Tina[381], ist ein klein Städtlein, und lagen über Nacht dar; do verzehret ich $8^1/_2$ Stüber.

Darnach fuhren wir am S. Margarethen Tag[382] frühe von dannen durch 2 Dörfer und kamen in ein Stadt, die heißt zu St. Geträuen[383], darin bauet man gar ein werklich großen Kirchenturn von neun auf. Von dannen fuhren wir aber für etlich arm Wohnung und kamen in ein Städtlein Hungern[384], do aßen wir zu morgens und verzehreten allda 6 Stüber. Von dannen fuhren wir durch ein Dorf und etliche arme Häuser und kamen geng Triche[385], do lag ich übernacht und verzehret do 12 Stüber. Mehr 2 Blanken[386] zu Wachgeld geben.

Von dannen fuhren wir am Sonntag frühe[387] gen Ach, do aßen wir und verzehrten zusammen 14 Stüber. Von dannen fuhren wir gen Altenburg, 6 Stund lang, dann der Fuhrmann kunnte den Weg nit und ward irre auf dem Weg. Aber do blieben wir die ganze Nacht und verzehrten 6 Stüber.

Am Montag frühe fuhren wir durch Gülch, ein Stadt, und kamen gen Perckan[388]; da aßen und trunken wir und verzehrten 3 Stüber. Von dannen fuhren wir noch durch 3 Dörfer und kamen geng Cöhln.

Zeichnungen niederländischer Frauenmäntel

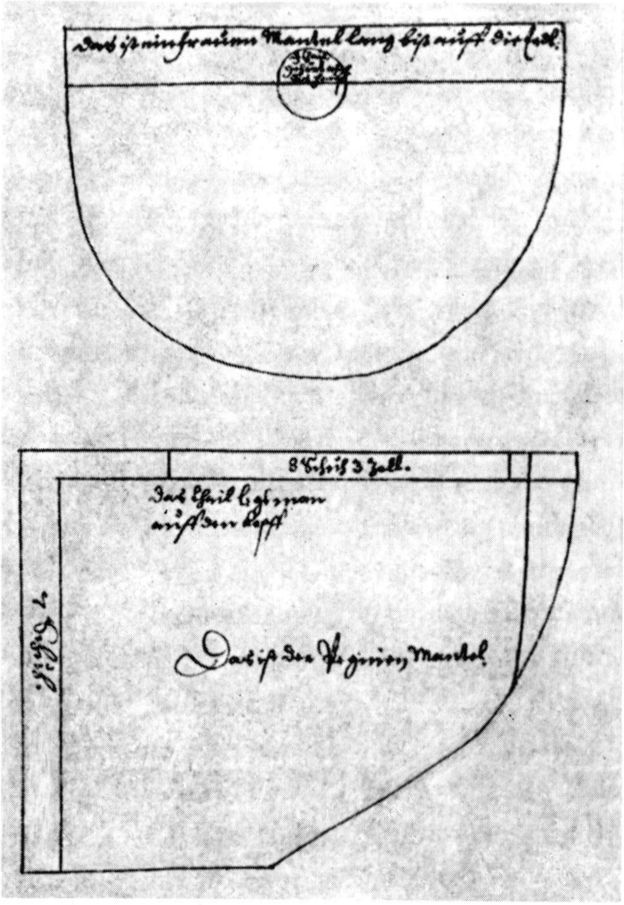

Bildbeschriftungen:

1. Das ist ein Frauen Mantel, lang bis auf die Erd. Das Teil gehört auf das Haupt.
2. Das ist der Beginen Mantel. 7 Schuch, 8 Schuch, 3 Zoll. Das Teil legt man auf den Kopf.

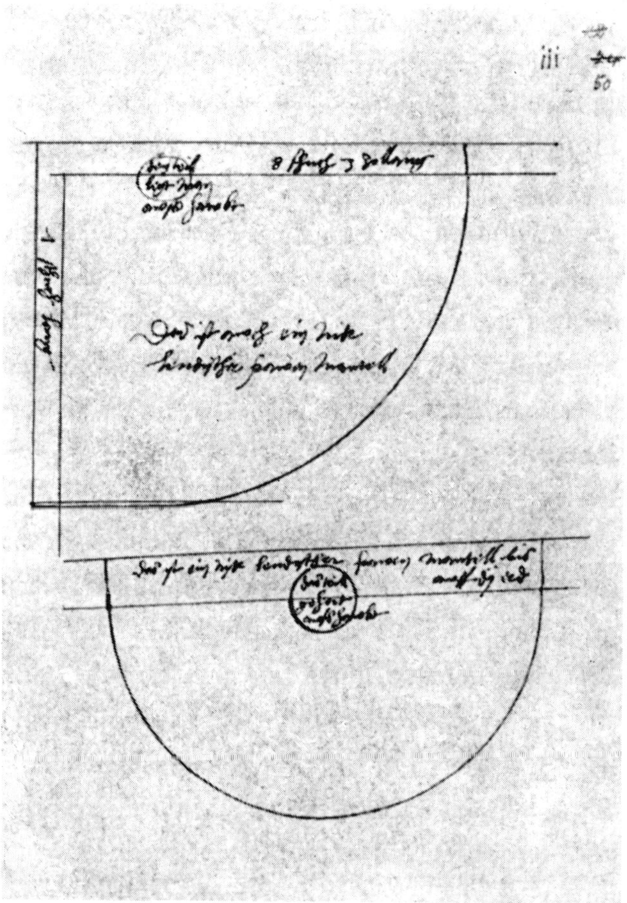

3. Das ist auch ein niederländischer Frauen Mantel. 7 Schuch lang, 8 Schuch 3 Zoll lang, den Teil legt man aufs Haupt.
4. Das ist ein niederländischer Frauen Mantel bis auf die Erd, das Teil gehört aufs Haupt.

Aus dem Briefwechsel

Briefe aus Venedig an Willibald Pirckheimer

1.

Venedig, 6. Januar 1506

Dem ehrberen weisen Herr Wilbolt Pirkamer, Bürger zu Nörnberg, meinem günstigen Herren.
Item ich wünsch Euch viel guter seliger neuer Johr und all der Eueren. Mein willigen Dienst zuvor, lieber Herr Pirkamer. Vernehmt mein Gesundheit, viel Bessers begehr ich Euch von Gott. Item als Ihr mir verzeichet hant[1], etlich Perlen und Schtein zu kaufen, send[2] Ihr wissen, daß ich nix Guts oder seins Gelds wert kann bekummen, es ist alls von den Dewczschen aufgschnappt. Die auf der Riv umgant[3], die wöllen denn allbeg 4 Geld[4] doran gewinnen, wann sie sind die untreuesten Leut, die do leben. Es bdarf sich keiner keins getreuen Diensts zu ihr keinem versehen. Dorum etlich ander gut Gesellen haben geseit, ich soll mich vor ihn hüten, sie bescheißen Viech und Leut, man kauf zu Franckfürt besser Ding zu geringen Geld, denn zu Fenedich. Und der Bücher halben, die ich Euch bestellen sollt, das haben Euch die Im Hoff ausgericht. Aber bedürst[5] Ihr sunst etwas, das laßt mich wissen, das will ich Euch mit ganzen Fleiß ausrichten. Und wollt Gott, daß ich Euch großen Dienst kunnt tan, das wollt ich mit Freuden ausrichten. Wann ich erkenn, daß Ihr mir viel tüt. Und ich bitt Euch, habt Mitleiden mit meiner Schuld[6], ich gedenk öfter doran denn Ihr. Alsbald mir Gott heimhilft, so will ich Euch ehrberlich zahlen mit großen Dank. Wann ich hab den Tewczschen zu molen ein Tafel[7], dovon geben sie mir hundert und zehen Gulden rheinsch, dorauf geht nit 5 fl. Kostung[8]. Die wird ich noch in acht Tagen verfertigen mit Weißen und Schaben[9]. So will ich sie von Stund anheben zu molen. Wann sie muß, ob Gott will, ein Monet noch Ostern auf dem Altar stehn.
Das Geld hoff ich, ein Gott will[10], alls zu ersporen. Dovon will ich Euch zahlen. Wann ich gedenk, ich dürf[11] der Mutter noch

dem Weib alsbald kein Geld schicken. Ich ließ der Mutter 10 fl., do ich wegritt. So hat sie in mittler Zeit 9 oder 10 fl. löst aus Kunst[12], so hat ihr der Trottziher[13] 12 fl. bezahlt, so hab ich ihr 9 fl. beim Bastian Im Hoff geschickt, dovon soll sie den Pfintzing [und] dem Gartner[14] ihr Zins 7 fl. bezahlen. So hab ich den Weib 12 fl. geben und hat 13 entpfangen zu Franckfurt[15], ist 25 fl. Gedenk ich, es hab auch kein Not. Und ob ihr geleicht manglet, so muß ihr der Schwoger[16] helfen; bis daß ich heimkumm, so [will] ich ihn ehrberlich wieder zahlen.
Hiemit laßt mich Euch befohlen sein. Datum Fenedich an der Heilig 3 Küng Tag im 1506 Johr.
Grüßt mir den Steffen Pawmgartner und ander gut Gesellen, die noch mir fragen.

Albrecht Dürer.

2.

Venedig, 7. Februar 1506

Dem ehrsamen weisen Herr Wilbolt Pirkamer zu Nörnberg, meinem günstigen Herren.
Mein willigen Dienst zuvor, lieber Herr. Wenn es Euch wohl geht, das günn ich Euch von ganzem Herzen, wie mir selbs. Ich hab Euch neulich geschrieben, versiech mich, der Brief sei Euch worden. In mittler Zeit hat mir mein Mutter geschrieben und mich gescholten, daß ich Euch nit schreib und mir zu verstehn geben, wie Ihr ein Unwillen auf mich hant, daß ich Euch nit schreib; ich soll mich fast gegen Euch verantworten; und ist sehr bekümmert, als ihr Sitt ist. So weiß ich mich mit nichten zu verantworten, dann daß ich faul bin zu schreiben und daß Ihr nit doheim seid gewest[1]. Aber alsbald ich verstanden hab, daß Ihr doheim seid gewest oder heim hant wollen kummen, do hab ich Euch von Stund geschrieben, hab auch dem Kastell dornoch insunderheit befohlen, er soll Euch mein Dienst sagen. Dorum bitt ich Euch untertänlich, Ihr wollt mirs verzeihen, wann ich hab kein anderen Freund auf Erden denn Euch. Ich gib ihm auch kein Glauben, daß Ihr auf mich zürnt, wann ich halt Euch nit anderst denn für ein Vater[2].

Ich wollt, daß Ihr hier zu Venedich wärt, es sind so viel ärtiger Geselln unter den Walhen[3], die sich je länger je mehr zu mir gesellen, daß es eim am Herzen sanft sollt tan: vernünftig, gelehrt, gut Lautenschläher, Pfeifer, verständig im Gemäl und viel edler Gemüt, recht Tugend von Leuten, und tunt mir viel Ehr und Freundschaft. Dorgen finter[4] auch die untreuesten verlogen diebisch Böswicht, do ich glaub, daß sie auf Erdrich nit leben. Und wenns einer nit weßt, so gedächt er, es wären die ärtigsten Leut, die auf Erdrich wären. Ich muß ihr je selber lachen, wenn sie mit mir reden. Sie wissen, daß man solich Bosheit von ihn weiß, aber sie frogen nix dornoch. Ich hab viel guter Freund unter den Walhen, die mich warnen, daß ich mit ihren Moleren nit eß und trink[5]. Auch sind mir ihr viel feind und machen mein Ding[6] in Kirchen ab und wo sie es mügen bekummen. Noch[7] schelten sie es und sagen, es sei nit antigisch Art, dorum sei es nit gut. Aber Sambelling[8] der hätt mich vor viel Czentillomen[9] fast sehr gelobt. Er wollt geren etwas von mir haben und ist selber zu mir kummen und hat mich gebeten, ich sollt ihm etwas machen, er wolls wohl zahlen. Und sagen mir die Leut alle, wie es so ein frummer Mann sei, daß ich ihm gleich günstig bin. Er ist sehr alt und ist noch der Best im Gemol. Und das Ding[10], das mir vor eilf Johren so wohl hat gefallen, das gefällt mir itz nüt mehr. Und wenn ichs nit selbs sech, so hätt ichs keim anderen gelaubt. Auch laß ich Euch wissen, daß viel besser Moler hie sind weder daußen Meister Jacob ist. Aber Anthoni Kolb schwör ein Eid, es lebte keim bessrer Moler auf Erden denn Jacob. Die andern spotten sein, sprechen: wär er gut, so belieb er hie etc. Und heut hab ich erst mein Tafel[11] angefangen zu entwerfen. Wann mein Händ sind so grindig[12] gewest, daß ich nit erbeten hab künnen. Aber ich habs vertreiben lossen. Hiemit sind gütig mit mir und zürnt nit so bald. Seid sänftmütig als ich. Ihr wöllt nüt von mir lehren, ich weiß nit, wie es zugeht.

Lieber, ich wollt geren wissen, ob Euch keiner Buhlschaft gestorben wär, etwas schier beim Wasser[13] oder etwas

sölichs oder

oder

Mädle[14], auf daß Ihr ein andre an derselben Statt brächt[15]. Ggeben zu Venedich neun Ohr in die Nacht[16], am Samstag noch Lichtmeß in 1506 Johr. Sagent mein Dienst Steffen Pawmgartner, Herr Hans Horstorfer und Folkamer.

Albrecht Dürer.

3.

Venedig, 28. Februar 1506

Dem ehrsamen und weisen Herr Wilbolt Pirkamer zu Nörnberg, meinem günstigen Herrn.
Mein willing Dienst zuvor, lieber Herr Pirykamer. Wenn es Euch wohl geht, das ist mir ein große Freud. Wißt auch, daß mir von den Genoden Gottes wohl geht, und daß ich flugs erbet. Aber vor Pfingsten getrau ich nit fertig zu werden.
Und hab alle meine Täfele[1] verkauft bis an eins. Hab 2 geben um 24 Dukaten und die anderen 3 hab ich geben für drei Ring, die sind mir am Schtich[2] um 24 Dukaten angeschlagen worden. Aber ich hab sie gut Gesellen sehen lassen, die sagen, sie seient wert 22 Dukaten. Und als Ihr mir aufschriebt, etlich Stein zu kaufen, hab ich gedacht, ich wöll Euch die Ring schicken hie bei Francz Im Hoff. Und laßt sie bei Euch sehen, die es verstehnt. Wärn sie Euch gefällig, läßt sie schätzen, was sie wert wären. Dorfür behielt sie. Ist aber Sach, daß Ihrs nit mehr bedürft, so schickt mirs bei dem nächsten Boten. Wann man will mir hie zu Fenedich einer, der mirs hat helfen antauschen, um den Schmarall[3] 12 Dukatn geben und um den Rubin und Demunt[4] 10 Dukaten geben, daß ich dannoch über zween Dukaten nit verlieren darf etc.
Ich wollt, daß mit Euerem Nutz wär, daß Ihr hie wärt. Ich weiß, Euch würd die Weil kurz sein. Wann es sind viel ärtiger Leut verhanden, recht Künstner, und ich hab ein solichs Gedräng von Walhen, daß ich mich zuzeiten verbergen muß und die Czentillamen wollen mir wohl, aber wenig Moler.
Lieber Herr, Euch läßt Endres Kunhoffer sein Dienst sagen. Er wird Euch itz bei dem nächsten Boten schreiben. Hiemit laßt mich Euch befolhen sein und ich befilch Euch mein Mutter. Mich nimmt das größt wunder, daß sie mir so lang nit schreibt; auch von meinem Beib[5]. Ich mein, ich habs verloren. Auch nimmt mich wunder, daß Ihr mir nüt schreibt. Hab aber dannocht Eueren Brief gelesen, den Ihr dem Pastian Im Hoff habt über mich geschrieben. Auch bitt ich Euch, gebt die zween eingeschlossen Brief meiner Mütter, und bitt Euch, habt Geduld, bis mir Gott heimhülft, so will ich Euch ehrberlich bezahlen etc. Grüßt mir Steffen Pawmgartner und ander gut Gesellen und laßt mich wissen, ob Üch Liebs gestor-

ben sei[6] etc. Lest den Brief noch dem Sinn, ich hab geeilt. Geben [zu F]enedich am Samstag vor dem Weißen Sunntag im 1506 Johr.

Morgen ist gut beichten.
Albrecht Dürer.

4.

Venedig, 8. März 1506

Dem ehrsamen weisen Herr Wilbolt Pirkamer zu Nörnberg, meinem günstigen Herrn.
Mein willigen Dienst zu[vor], lieber Herr Pirkamer. Ich schick Üch hie ein Ring mit eim Saphir, dornoch Ihr mir eilends geschrieben hant. Und ich hab ihn nit ehe mügen zuwegen bringen, wann ich bin die zween Tag stetigs mit eim guten Gesellen gangen, den ich verlahnt[1] hab, zu allen den Goldschmieden tewczsch und welsch, die in ganz Fenedich send, und haben Parungan[2] gemacht, aber kein gefunden dem geleich und um solich Geld. Wann durch groß Bitt hab ich ihn kauft um 18 Dukaten und 4 Marzell[3] von einem, der ihn selber an der Hand hat getragen, der mir ihn zu Dienst geben hat, wann ich gab zu verstehn, ich wollt mir ihn selber. Und alsbald ich ihn kauft hätt, do wollt mir ein tewczscher Goldschmied 3 Dukaten zu Gewinn geben haben, der ihn bei mir sach. Und dorum hoff ich, er werd Üch wohl gefallen. Wann jederman spricht, es sei ein gefundener Stein, er sei im Tewczschland 50 fl. wert. Doch werdt Ihr wohl innen, ob sie wohr sagen oder liegen[4]. Ich versteh mich nüt dorüber. Ich hätt zum ersten ein Amathisten kauft, vermeinet von einem guten Freund, um 12 Dukaten, der hätt mich beschissen, wann er was nit siebner wert. Also tätigten doch gut Gsellen dorzischen[5], daß ich ihm den Stein wiedergeb und ein Essen Fisch zahlte. Do was ich froh und nahm bald mein Geld wieder. Und als mir gut Freund den Ring gerechnet haben, so kummt der Stein nit viel höher denn um 19 fl. rheinisch, wann er wiegt ungefähr 5 fl. an Gold, daß ich dannocht nit über Euer Ziel bin getreten, als Ihr schreibt: „Von 15 fl. bis in 20 fl.“ Aber der anderen Stein hab ich noch nit künnen kaufen, wann man findt sie selten geleich zusammen. Aber ich will noch allen Fleiß ankehren. Sie sprechen, daß Ihr im Tewczlant solich schlecht Narrnwerk wohlfeiler findt, und sunderlich itz in Franckfurter Mess, denn

im Welschland. Sie führen solich Ding alls mit ihn hinaus. Und sunderlich mit dem jatzingenen Kreuzle[6] haben sie mein gespott, do ich von 2 Dukaten saget. Dorum schreibt mir bald, wie ich mich dormit halten soll. Ich bin an eim Ort erfahren ein guts Demuntbündle[7], weiß noch nit, wie ihm gelt[8]. Das will ich Euch kaufen bis auf weiter Geschrift. Wann die Schmarall sind as teuer als ich all mein Tag ein Ding gesehen hab. Es mag einer gar leicht ein emmechtix Steinle[9] haben, er achts um 20 oder 25 Dukaten etc.
Ich halt ganz dorfür, Ihr habt ein Weib genummen. Schaut nun, daß Ihr nit ein Meister überkummt. Doch seid Ihr weis genug, wenn Ihrs braucht.
L[ieber] H[err] P[irkamer], Endres Kunhoffer läßt Euch sein Dienst sagen. Er wird Üch in mittler Zeit schreiben und bitt Üch, Ihr wöllt, obs not wär, ihn gegen den Herren verantworten[10], so er nit zu Badaw will beleiben. Er spricht, es sei der Lehr halben ganz nix für ihn etc.
Und bitt Euch, zürnt nit, daß ich Euch die Stein nit all auf dies Mol schick, wann ich habs nit künnen zuwegen bringen.
Die Gesellen sagen mir auch, Ihr sollt den Stein auf ein neue Folig[11] legen lassen, so sech der Stein noch als gut[12], wann der Ring ist alt und die Foli verdorben. Auch bitt ich Euch, sprecht zu meiner Mutter, daß sie mir schreib und daß sie ihr selbs gütlich tu etc.
Hiemit laßt mich Euch befolhen sein. Geben zu Venedich am anderen Sunntag in der Fasten im 1506 Johr.

Grüßt mir Euer Gesind[13]

Albrecht Dwrer.

5.

Venedig, 2. April 1506

Dem ehrsamen weisen Herr Wilbolt Pircamer zu Nörnbergk, meinem lieben günstigen Herren.
Mein willing Dienst zuvor, lieber Herr! Ich hab am Pfinztag vor dem Palmen Tag[1] ein Brief von Üch entpfangen und den Schmarallring, und bin von Stund an gangen zu dem, der mir sie gebn hat. Der will mir mein Geld dorfür geben, wiewohl ers nit geren tut. Doch hätt er geredt, dorum muß ers halten. Und das wißt eigentlich, daß die Soilir[2] daußen Schmarall kaufen und auf Gewinn hereinführen. Aber die Gesellen haben

mir gesagt, daß die anderen 2 Ring einer 6 Dukaten wohl wert send. Wann sie sprechen, sie send nett und sauber, daß sie nix Unreins in ihnen haben, und sagen, Ihr sollt Euch nit an die Schätzen[3] kehren, sunder frogen noch solichen Ringen, wie sie Euchs geben wollen. Und halt sie donewen, schaut, obs ihn geleich seien. Und alsbald ichs gestochen[4] hätt, so ich 2 Dukaten verloren wollt haben an den dreien Ringen, so wollt sie Pernhart Holczpock von mir kauft haben, der denn bei dem Stich gewesen ist. Und sither hab ich Euch ein Saphirring geschickt durch Hans Im Hoff. Ich mein, er sei Üch worden. Doselb halt ich[5], ein guten Kauf tan hab, wann man wollt mir von Stund Gwinn geben haben. Doch wird ichs wohl von Üch vernehmen, wann Ihr wißt, daß ich solichs nix versteh, allein den glauben muß, die mir roten.
Auch wißt, daß mir die Moler fast abhold hie sind. Sie haben mich 3 mol für die Herren genüt[6], und muß 4 fl. in ihr Schul[7] geben.
Ihr sollt auch wissen, daß ich viel Gelds gewunnen möcht haben, wo ich der Tewczschen Tafel[8] nit hätt angenummen zu machen. Aber es ist ein große Erbet doran und ich kann sie vor Pfingsten nit wohl ausmachen. So gibt man mir nit mehr denn 85 Dukaten, so wißt Ihr, das auf Zehrung geht. Hab auch etlich Ding kauft, hab auch etlich Geld hinausgeschickt[9], daß ich noch nit viel vor mir hab. Aber wissent mein Meinung: ich hab im Willen, nit hinauszuziehen, bis daß Gott gibt, daß ich Euch zu Dank künn zahlen und hundert fl. übrigs hab. Ich wollts auch leichtlich gewinnen, wenn ich der Tewczschen Tafel nit hätt zu machen. Wann außerhalb der Moler will mir all Welt wohl.
Und meins Bruders[10] halb sprecht zu meiner Mutter, daß sie mit dem Wolgemut red, ob er sein dörft, daß er ihm Erbet geb, bis daß ich kumm, oder bei anderen, daß er sich behelf. Ich hätt ihn geren mit mir gen Fenedich genummen. Wär mir und ihm nütz gewest, auch der Sprach halben zu lernen. Aber sie forcht, der Himmel fiel auf ihn etc. Nun ich bitt Euch, habt selber Aufsehen[11], es ist verloren mit den Weibern[12]. Redt mit dem Buben, als Ihr wohl künnt, daß er lern und redlich halt, bis ich kumm, und nit ob der Mutter liech[13]. Wann ich vermags nit alls, doch will ich mein Bests tan. Für mich selbs wär ich unverdorben[14], aber viel zu ernähren, ist mir zu schwer; wann niemand wirft sein Geld weg.

Hiemit laßt mich Euch befolhen sein und sagent meiner Mutter, daß sie auf das Heiltum[15] feil laß haben. Doch versiech ich mich, mein Weib kumm heim[16], der hab ich auch alle Ding geschrieben.
Ich will auch des Demantsbunds[17] nit mehr kaufen bis auf Euer Schreiben nächst.
Auch versiech ich mich, vor Herbstzeit nit künnen hinauszkummen. Wann die Tafel, die auf Pfingsten bereit wird, geht alle auf Zehrung, Kaufen und Zahlung. Aber dornoch, was ich gewinn, hoff ich zu behalten. Aber dünkt es Uch geroten, so sagents nit[18]. Wann ich wills von Tags zu Tag verzielen[19], all Tag schreiben, als kumm ich. Doch bin ich wankelmütig. Ich weiß selbs nit, was ich tu. Und schreibt mir schier wieder etc. Datum am Pfinztag vor dem Palmentag im 1506 Johr.

Albrecht Dürer
Euer Diener.

6.

Venedig, 25. April 1506

Dem ehrsamen weisen Herr Wilbolt Pyrkamer zu Nornberg, meinem günstigen Herren.
Mein willigen Dienst zuvor, lieber Herr. Mich wundert, daß Ihr mir nit schreibt, wie Euch der Sapfirring gefall, den Üch der Hans Im Hoff geschickt hat beim Schon Botn von Awgspurg[1]. Ich weiß nit, ob er Euch worden ist oder nit. Ich bin beim Hans Jm Hoff gewest, hab ihn gforscht, sagt er, er mein nit anderst, er soll Euch dann worden sein. Auch ist ein Brief dobei, den ich Euch geschrieben hab. Und ist der Schtein in ein versiegelten Büchsle gemacht und hat eben die Größ,

als er hie gezeichet ist. Wann ich hab ihn in mein Schreibbüchle[2] gezeichnet. Und hab ihn mit großem Bitt zuwegen brocht. Wann er ist lauter und nett und die Gesellen sagen, er sei fast gut für das Geld, das ich dorfür hab geben. Er wiegt ungefähr 5 fl. rheinisch. Und hab dorfür geben 18 Dukaten und 4 Marzell. Und wenn er verloren würd, so würd ich halb unsinnig. Wann er ist schier für 2 mol so viel geschätzt worden, als ich dorfür geben hab. Man wollt mir auch von Schtund an Gewinn geben haben, do ich ihn kauft hätt. Dorum, l[ieber] H[err] P[yrkamer], frogt den Hans Jm Hoff[3], daß er den Boten forsch, wo er mit dem Brief und Büchsle hinkummen sei. Item, der Bot ist vom jungen Hans Jm Hoff geschickt worden am elften Tag Marzy[4].

Hiemit seind Gott befolhen und laßt Euch mein Mutter befolhen sein. Sprecht, daß sie mein Bruder zum Wolgemut[5] tu, auf daß er erbet und nit erfaul.

Allzeit Euer Diener. Lest noch dem Sinn. Wann ich hab eilends itz wohl 7 Brief zu schreiben, ein Teil geschrieben. Mir ist leid für Herr Lorentz. Grüßt ihn und Steffen Pawmgartner. Geben zu Fenedich im 1506 Johr an Sant Marx Tag.

Schreibt mir bald wieder, wann ich hab dieweil kein Ruh. Endres Kunhofer ist tödlich krank, itz ist mir Botschaft kummen.

Albrecht Dürer.

7.

Venedig, 18. August 1506

Grandisimo primo homo de mundo. Woster serfitor, ell schciavo Alberto Dürer disi[1] salus suum Mangnifico miser Willibaldo Pircamer. My fede el aldy[2] wolentire cum grando pisir[3] woster sanita e grondo hanor[4]. El my maraweio[5], como ell possibile star uno homo cusy wu[6] contra thanto sapientissimo Tiraybuly[7] milytes; non altro modo nysy[8] una gracia de dio. Quando my leser woster litera de questi strania fysa de cacza[9] my habe thanto pawra el para my uno grando kosa[10]. Aber ich halt, daß die Schottischen[11] Euch auch gefürcht hant, wann Ihr secht auch wild und sunderlich im Heiltum, wenn Ihr den Schritthipferle[12] gant. Aber es reimt sich gar übel, daß sich solich Landsknecht mit Zibeta[13] schmieren. Ihr wollt auch

ein erchter[14] Seidenschwanz[15] werden und meint, wenn Ihr nun den Hurn wohl gefallt, so sei es ausgericht. Wenn Ihr doch als ein lieblich Mensch werdt as ich, so tät es mir nit Zoren. Ihr hant as viel Buhlschaft, und wenn Ihr ein itliche nun einmal sollt brauten, Ihr vermochtets in eim Monet und länger nit zu verbringen. Item ich dank Üch, daß Ihr mit meinem Beib mein Sach also zum besten geredt hant[16], wann ich erkenn viel Weisheit in Euch beschlossen. Wenn Ihr nun als sänfmütig bert als ich, so hätt Ihr all Tugend. Auch dank ich Euch alls, das Ihr mir zugut tüt, wenn Ihr mich allein ungeheit[17] ließt mit den Ringen. Gefallens Euch nit, so brecht ihn den Kopf ab und werfts ins Schei[ß]haus, als der Peter Weisbeber spricht. Was meint Ihr, daß mir an eim solichen Dreckwerk liech?
Ich bin ein Zentilam zu Fenedig worden. Auch hab ich wohl vernummen, daß Ihr wohl reimen künnt. Ihr wärt gut zu unseren Geigeren hie, die machns so lieblich, daß sie selbs weinen. Wollt Gott, daß unser Rechenmeisterin sollt hören, sie weinet mit. Auch noch Euerem Befelch will ich meinen Zorn noch lassen und mich tapfer haltn wieder[18] mein Gewohnheit ist.
Aber in 2 Monaten kann ich nit hinauskummen, wann ich hab noch nit, daß ich mich künn hinausschicken, als ich Euch denn vor geschrieben hab. Und dorum bitt ich Euch, ob die Mutter zu Euch kömm Leihens halb, wollt Ihr 10 fl. leihen, bis mir Gott hinaushilft. So will ichs Euch zu Dank alls gar ehrberlich miteinander zahlen.
Item das fitrum ustum[19] schick ich Euch mit dem Boten. Und die 2 Tebich will mir Anthoni Kolb auf das hübschst, breitest und wohlfeilest helfen kaufen. So ich sie hab, will ich sie dem jungen Im Hoff geben, daß er sie Euch einschlache. Auch will ich sehen noch den Kranchsfedern, ich hab noch keine gfunden. Aber Schwanenfederen, domit man schreibt, der sind ihr viel. Wie wenn Ihr ein Weil[20] derselben auf die Hüt stecket?
Auch hab ich ein Buchdrucker gefrogt, der spricht, er wiß noch nix Krichisch, daß in kürz sei ausgangen, was er aber erfahr, das will er mich wissen lassen, daß ich Euchs schreibn müg. Item laßt mich wissen, was Papiers Ihr meint, das ich kaufen soll, wann ich weiß kein subtilers denn als wir doheim kauft hant.
Item der Historien[21] halben sieh ich nix besunders, das die Walhen machen, das sunders lustig in Euer Studorium[22] wär.

Es ist ümmer das und das ein[23]. Ihr wißt selber mehr weder sie molen. Item ich hab Euch kürzlich geschrieben bei Boten Kantengysserle. Item ich weßt ach geren, wie Ihr noch mit dem Kuncz Im Hoff[24] eins werdt. Hiemit laßt mich Euch befolhen sein. Sagent mir unserem Prior[25] mein willig Dienst, sprecht, daß er Gott für mich bitt, daß ich bhüt werd und sundelich vor den Franczosen[26]. Wann ich weiß nix, das ich itz übeler fürcht, wann schier ider Mann hat sie, viel Leut fressen sie gar hinweg, daß sie also sterbn. Auch grüßt mir Steffen Pawmgartner, Herr Lorentz, all unser Buhlen und die in Güt noch mir fragen. Datum Fenedig 1506 am 18. Augusti.

Albertus Durer
Norikorius cibus[27].

Item Endres ist hie, läßt Euch sein willing Dienst sagen, ist noch nit am schtärksten, hat Mangel an Geld, wann sein lange Krankheit und Verschuld[28] hat ihms alls gfressen. Ich hab ihm selbs acht Dukaten geliehen. Aber saget niemands dorvon, daß es ihm nit fürkumm, er möcht sunst gedenken, ich täts aus Mißtreu. Ihr sollt auch wissen, daß er sich also eins ehrberen weisen Wesens hält, daß ihm idermann wohl will.
Item ich hab im Willen, wenn der Küng ins Welschland will[29], ich wöll mit ihm gen Rom etc.

8.

Venedig, 8. September 1506

Hochglehrter bewährt Weiser, vieler Sproch Erfahrner, bald Verständiger aller fürbrochten Lügen und schneller Erkenner rechter Wohrheit, ehrsamer, hochgeachter Herr Wilbolt Pirkamer. Euer untertäniger Diener Albrecht Dürer günnt Euch Heil, große und wirdige Ehr. Cu diawulo tanto pella czansa chi te ne pare[1].
Io vole denegiare cor woster[2], daß Ihr werdt gedenken, ich sei auch ein Redner von 100 partire[3]. Es muß ein Schtuben mehr denn 4 Winkel haben, dorein man die Gedächtnüsgötzen setzt. Ich voli[4] mein caw[5] nit domit impazare[6], ich will Euchs rekomandare[7], wann ich glaub, daß nit so multo[8] Kämmerle im Kopf sind, daß Ihr in jedlichs ein Bitzele[9] behalt. Der Markgrof[10] word nit so lang Audienz geben; 100 Artikel und jedlicher Artikel 100 Wort brauchen eben 9 Tag 7 Schtund

52 Minuten ahn die suspiri[11], der hab ich noch nit gerechnet. Dorum werdt Ihrs auf einmol nit reden werden etc., es wollt sie verlängen[12] wies Tettels Red[13].
Item allen Fleiß hab ich ankehrt mit den Tewichen, kann aber kein breiten ankummen. Sie sind all schmal und lang. Aber noch hab ich all Tag Forschung dornoch, auch der Anthoni Kolb.
Ich hab Pernhart Hirsfogell Eueren Groß geseit, hätt er Üch wiederum entboten sein Dienst; und er ist ganz voll Betrübtnüs, wann sein Suhn ist ihm geschtorben, der ärtigst Bub, den ich all mein Tag gesehen hab.
Item der Narrnfederle[14] kann ich keins bekummen. Oh, wenn Ihr hie wärt, was würd Ihr hübscher welscher Landsknecht finden! Wie gedenk ich so oft an Euch! Wollt Gott, daß Ihrs und Kuntz Kame[r]er sollten sehen. Do haben sie Runckan[15] mit 278 Spitzen[16], wo sie ein Landsknecht mit anrühren werden, so schtirbt er, wann sie sind all vergift. Hei, ich kann wohl ton, will ein welscher Landsknecht [werden]. Die Fenedier machen groß Volk[17], desgleichen der Popst, auch der Küng von Franckreich. Was draus wird, das weiß ich nit. Denn unsers Künigs spott man sehr etc.[18]
Item wünscht mir Steffen Pawmgartner viel Glücks, mich kann nit verwunderen, daß er ein Weib hat genummen. Grüßt mir den Porscht, Herr Lorenczen und unser hübsch Gesind[19] als auch Euer Rechenmeisterin und dankt mir Eurer Stuben[20], das mich grüßt hat. Sprecht, sie sei ein Unflot. Ich hab ihr ölbaumen Holz[21] lassen führen von Fenedich gen Awgspurg. Do loß ichs liegen, wohl 10 Zentner schwer. Und sprecht, sie hab sein nit wollen erbarten, pertzo el sputzo[22].

Item wißt, daß mein Tafel[23] sagt, sie wollt ein Dukaten drum geben, daß Ihrs secht, sie sei gut und schön von Farben. Ich hab groß Lob dordurch überkummen, aber wenig Nutz. Ich wollt wohl 200 Dukaten die Zeit gwunnen haben und hab groß Erbet ausgeschlagen, auf daß ich heim müg kummen, und ich hab auch die Moler all geschtillt[24], die do sagten, im Stechen wär ich gut, aber im Molen weßt ich nit mit Farben umzugehn. Itz spricht idermann, sie haben schöner Farben nie gesehen.
Item mein französischer Mantel läßt Euch größen und mein welscher Rock auch.
Item mich dünkt, Ihr schtinkt von Huren, daß ich Euch hie schmeck und man sagt mir hie: wenn Ihr buhlt, so gebt Ihr für, Ihr seid nit mehr denn 25 Johr alt. Ocha, multiplizierts, so hab ich Glauben dran.
Lieber, es sind so leichnam[25] viel Walhen hie, die eben sehen wie Ihr, ich weiß nit, wie es zugeht.
Item der Herzog[26] und der Patriarch[27] haben mein Tafel auch gesehen. Hiemit laßt mich Eueren befolhen Diener sein. Ich muß währlich schlafen, wann es schlächt eben 7 in der Nacht[28]. Wann ich hab auch itz dorvor geschrieben dem Prior zu den Augustinern[29], meinem Schwäher[30], der Trittrichin und meinem Weib und sind schier eitel Bogen voll. Dorum hab ich geilt. Lests noch dem Sinn. Ihr werdt Euch sein wohl besseren mit Fürschten zu reden[30].
Viel guter Nacht und Tag auch. Geben zu Fenedig an Unser Frauen Tag im September.
Item Ihr dürft meinem Weib und Mütter nix leihen, sie haben itz Gelds genug.

Albrecht Dürer.

9.

Venedig, 23. September 1506

Dem ehrberden weisen Herr Wilbolt Pirkamer zu Nörnberg, meinem günstigen Herren.
Groß legresa[1] hab ich entpfangen in Euerem Brief, der mir anzeigt das überschwänklich Lob, so Ihr von Fürsten und Herren habt[2]. Ihr müßt Üch ganz verkehrt haben, daß Ihr so sänft seid worden, es würd mir gleich antan[3], so ich zu Euch wird kummen.
Auch wißt, daß mein Tafel fertig ist, auch ein ander Quar[4],

desgleichen ich noch nie gemacht hab. Und wie Ihr Euch selbs wohl gefallt, also gib ich mir hiemit auch zu verstehn, daß bessers Maria Bild im Land nit sei, wann all Künstner loben das, wie Euch die Herrschaft. Sie sagen, daß sie erhabner leblicher Gemäl nie gesehen haben.
Item Euer Öl, dornoch Ihr geschrieben hant, schick ich Euch beim Kantengissr Boten. Auch das gebrennt Glas, das ich Euch beim Ferber Boten geschickt hab, versiech mich, es sei Euch auch worden. Item der Tebich halb hab ich noch kein gekauft, wann ich kann kein viereckten zuweg bringen, wann sie sind all schmal und lang. Wollt Ihr derselben haben, so will ich sie geren kaufen, dorum lat michs wissen. Auch wißt, daß ich noch auf das allerlängst in 4 Wochen fertig wird, wann ich hab etlich zu kunterfeten, den ichs zugeseit hab. Und von deswegen, daß ich bald kumm, so hab ich, sither mein Tafel fertig ist, über 2000 Dukaten Erbet ausgeschlagen. Das wissen all, die um mich wohnen.
Hiemit laßt mich Euch befolhen sein. Ich hätt Üch noch viel zu schreiben, so ist der Botweg fertig. Ich hoff, ob Gott will, bald selbs bei Euch zu sein und neue Weisheit von Üch zu lernen. Pernhart Holtzpock hat mir groß Ehr von Üch geseit. Ich halt aber, er tu es dorum, daß Ihr sein Schwoger itz seid worden. Aber keins tut mir zörner, dann daß sie sagen, Ihr wärt hübsch, so würd ich ungeschaffen[5]. Es möcht mich unsinnig machen. Ich hab mir selbs ein grau Hoor gefunden. Das ist mir vor lautrer Armüt gewachsen und daß ich mich also stenter[6]. Ich mein, ich sei dorzu geb[orn], daß ich übel Zeit soll haben.
Mein französischer Mantel, die... Husseck[7] und der braun Rock lassen Üch fast grüßen. Aber geren w[ürd] ich sehen, was Euer Stuben[8] künn, daß sie sich als hoch bricht[9].
Datum 1506 Johr am Mittwoch nach Matei Evangelist.

Albrecht Dürer.

10.

Venedig, 13. (?) Oktober 1506

Um daß ich weiß, daß Ihr wißt mein willig Dienst, tut nit not, Euch dorvon zu schreiben, aber inbellig[1] nöter, Euch zu erzählen die große Freud, so ich hab in der großen Ehr und Ruhm, die Ihr durch Euer männlich Weisheit glehrter Kunst

erlangt, destmehr sich zu verwunderen, so selten in jungem Körpel oder ger nimmer desgleichen erfunden würd. Aber es kummt von sundrer Gnod Gottes eben wie mir. Wie ist uns beeden so wohl, so wir uns gut gdünken, ich mit meiner Tafel und Ihr cum woster[2] Weisheit. So man uns glorifiziert, so reck wir die Häls über sich und glaubens. So steht etwan ein böser Lecker dorhinter, der spott unser. Dorum glaubt nit, wenn man Euch lobt, wann Ihr seid als ganz und gar unärtig, daß Ihrs nit glaubt.
Mich gedünkt geleich, ich sech Euch vor dem Markgrofen[3] stehn und wie Ihr lieblich redt, tut eben as wenn Ihr um die Rosentalerin buhlt, also krümmt Ihr Euch. Ich vermerk auch wohl, do Ihr den nächsten Brief hant geschrieben, daß Ihr ganz voll Hurenfreud seid gewesen. Ihr sollt Euch nundellung[4] schämen deshalb, daß Ihr alt seid und meint, Ihr seid als hübsch. Wann das Buhlen steht Euch an, wie des groß zottechten Hunds Schimpf mit dem jungen Kätzle. Wenn Ihr also fein sänft wärt wie ich, so hätt ich Glauben doran. Aber so ich Bürgermeister wird, will ich Euch auch schmähen, wie Ihr dem frummen Czamesser und mir mit dem Luginsland[5] tut. Ich will Euch einmol einschließen und zu Euch tan die Rech[enmeisterin], die Ros[entalerin], die Gart[nerin] und die Schutz[in] und Porst[in][6] und noch viel, der ich nit sagen will Kürz halben. Die müssen Euch verschneiden. Aber man frogt mehr noch mir weder noch Euch, als Ihr denn selbs schreibt, wie Huren und frumm Frauen noch mir frogen. Ist ein Zeichen meiner Tugend.
So mir aber Gott heimhilft, weiß ich nit, wie ich mit Euch leben soll Eurer großen Weisheit halben. Aber froh bin ich Eurer Tugend und Gütigkeit halben. Und Euer Hund werdens gut haben, daß Ihrs nimmer lahm schlacht[7]. Aber so Ihr so groß geacht doheim seid, werdt Ihr nimmer auf der Gassen mit eim arm Moler türen[8] reden, es wär Euch ein große Schand cum pultron de pentor[9] etc.
O l[ieber] Herr P[irkamer], eben itz, so ich Euch in guter Fröhligkeit schreiben, so bläst man Feuer, und brinnen 6 Häuser bei Peter Pender, und ist mir ein wülln Tuch verbrunnen, dorfür hab ich erst gester 8 Dukaten geben. Also bin ich auch im Schaden. Es ist viel Romer[10] hie von Feuer.
Item als Ihr schreibt, ich soll bald heimkummen, will ich auf das erst kummen, so ich kann. Wann ich hab vor Zehrung

müssen verdienen. Ich hab bei 100 Dukaten ausgeben um Färble und anders.
Ich hab auch zween Tewich bestellt, die würd ich morgen zahlen. Aber ich hab sie nit wohlfel künnen kaufen. Die will ich einschlahen mit meinem Dinglich[11].
Und als Ihr schreibt, ich soll bald kummen oder Ihr wollt mirs Weib kristieren[12], ist Euch unerlaubt, Ihr braut sie denn zu Tod.
Item wißt auch, daß ich hätt fürgenummen tanzen zu lernen und ging 2 mol auf die Schul. Do müßt ich dem Meister 1 Dukaten geben, do kunnt mich kein Mensch mehr hinaufbringen. Ich wollt wohl alles das verlehrt[13] haben, das ich gewunnen hätt, und hätte dannocht auf die letz nix künnt.
Item vitrum ustum[14] wird Euch bringen Ferber Bot. Item ich kann niendert[15] erfahren, daß man etwas Neus krichisch gedruckt hätt. Auch will ich Euch einschlahen ein Ries Euers Papiers. Ich hätt gemeint, der Kepler hätt sein mehr. Aber die Federle[16] hab ich nit künnen ankummen, die Ihr geren hätt. Aber sunst hab ich weiße Federle kauft. Auch so ich die groenen[17] ankumm, so will ichs auch kaufen und mit mir bringen.
Item Steffen Pawmgartner hat mir geschrieb[en], ich soll ihm 50 Körner zu eim pater noster[18] kaufen, Karniol. Die hab ich schon bestellt, aber teuer. Ich hab sie nit größer künnen ankummen und ich will ihms bei dem nächsten Boten schicken.
Item ich tu Euch zu wissen auf Euer Begehren, wenn ich kummen woll, donoch sich mein Herren[19] wissen zu richten. Ich bin in 10 Tagen noch hie fertig. Dornoch würd ich gen Polonia[20] reiten under[21] Kunst willen in heimlicher Perspectiva, die mich einer lehren will[22]. Do würd ich ungefähr in 8 oder 10 Tagen auf sein gen Fenedig wieder zu reiten. Dornoch will ich mit dem nächsten Boten kummen[23]. O wie wird mich noch der Sunnen frieren. Hie bin ich ein Herr, doheim ein Schmarotzer etc.
Item laßt mich wissen, wie das alt Kormerle[24] zu brauten sei, daß Ihr mirs als wohl günnt.
Ich hätt Euch noch viel zu schreiben, ich will aber schier selbs bei Euch sein. Geben zu Fenedich, ich weiß nit an was Tag des Monets, aber ungefähr 14 Tag noch Michahelis im 1506 Johr.

Albrecht Dürer.

Item wenn laßt Ihr mich wissen, ob Euch auch Kind gschtorben sind? Auch hab Ihr mir einmol geschrieben, Joseff Rumell hab des — Tochter genummen, und schreibt mir nit, wes. Wie weiß ich, wie Ihrs meint?
Hätt ich mein Tüch wieder! Ich fürcht nun, mein Mantel sei auch verbrunnen. Erst würd ich unsinnig. Ich soll Ungelück haben. Es ist mir innerhalb in 3 Wochen ein Schuldner mit VIII Dukaten entloffen.

Briefe an Jakob Heller

1.

Nürnberg, 28. August 1507

Mein willige Dienst zuvor, lieber Herr Heller! Euer gitlich Zuschreiben hab ich mit Freuden empfangen. Aber wisset, daß ich jetzthero lang beschweret bin mit dem Fieber, deshalben ich etlich Wochen an Herzog Friedrichs von Sachsen Arbeit[1] verhindert bin worden, das mir zu großen Nachteil ist kommen. Aber jetzt wird doch sein Werk gar verstrecken[2], dann es mehr dann halb gemacht ist. Darum habt Geduld mit Euer Tafel, die ich nach geschlossner Arbeit, wann obbemeldter Fürst verfertigt wird, von Stund an machen und mich befleißen [will], als ich Euch hie zusagte[3]. Und wiewohln ich sie noch nit angefangen hab, so hab ich sie doch vom Schreiner gelöst und das Geld geben, so Ihr mir geben habt. Davon hat er ihme nichts wollen lassen abbrechen, wiewohln mich gedünkt, sei daran nit soviel verdient. Und hab sie zu einem Zubereiter getan, der hat sie geweißt, gefärbet, und wird sie die ander Wochen vergülden[4]. Hab noch bishero nichts wollen darauf nehmen[5], bis ich sie anfang zu malen, das denn das Nächste, liebts Gott, nach des Fürsten Arbeit sein soll. Dann ich fang nit gern zuviel miteinander an, uf daß ich nit verdrossen werde. So hat der Fürst kein Bitt[6], daß ich sein und Euer Tafel miteinander hätt machen mögen, als ich mir fürnahm. Aber noch zu einem guten Trost wisset, also viel mir Gott verleiht nach meinem Vermögen, will ich noch etwas machen, das nit viel Leut können machen. Hiemit viel guter Nacht. Geben in Nürnberg am Tag Augustini 1507.

Albrecht Dürer.

2.

Nürnberg, 19. März 1508

Lieber Herr Jacob Heller! Wisset daß ich in 14 Tagen fertig werde mit Herzogs Friedrichs Arbeit. Nachfolgend will ich Euer Arbeit auch anfangen zu machen, und auch kein ander Gemäl machen, bis daß sie fertig, als denn mein Gewohnheit. Und sonderlich will ich Euch das mittler Blatt mit meiner eignen Hand fleißig malen[1]. Aber nichts desto minder seind die Fliegel auswendig entworfen, das von Steinfarb[2] wird, habs auch untermalen lassen, also habt Ihr die Meinung[3]. Ich wollt, daß Ihr meines genädigen Herrn Tafel[4] sehet. Ich halt davor, sie würde Euch wohl gefallen. Ich hab schier ein ganz Jahr daran gemacht und wenig Gewinns daran. Wann mir wird nit mehr denn 280 Gulden rheinisch dafür, verzehrts einer schier darob. Und darum sag ich, so ich Euchs nit zu sondern Gefallen täte, sollte mich niemand überreden, daß ich etwas Verdingts[5] machte. Denn ich versäum mich an Bessern dadurch. Hiermit schick ich Euch das Maß von der Tafel, die Läng und Breite. Viel guter Nacht. Geben zu Nürnberg andern Sonntag in der Fasten anno 1508.

Albrecht Dürer.

3.

Nürnberg, 24. August 1508

Lieber Herr Jacob! Ich hab Euer Schreiben nähren[1] wohl empfangen, darin Euer Meinung vernommen, daß ich Euer Tafel gut soll machen, das ich dann von mir selbst im Sinn hab zu tun. Sollt daneben wissen, wie weit sie bracht ist. Die Fliegel seind auswendig von Steinfarben ausgemalt, aber noch nit gefürneist[2], und innen seind sie ganz untermalt, daß man darauf anfang auszumalen, und das Corpus[3] hab ich mit gar großem Fleiß entworfen mit länger Zeit, auch ist es mit 2 gar guten Farben unterstrichen, daß ich daran anfanche zu untermalen. Denn ich hob in Willen, so ich Euer Meinung verstehen wird, etlich 4 oder 5 und 6 mal zu untermalen[4], von Reinigkeit und Beständigkeit wegen, wie auch des besten Ultermarin[5] daran malen, das ich zuwegen kann bringen. Es soll auch kein ander Mensch kein Strich daran malen dann ich, darum würde ich viel Zeit darauf legen. Darum ich mich versiehe, Ihr werdt

Euch nit kümmeren lassen, und hab mir fürgenommen, Euch zu schreiben mein fürgenommene Meinung, daß ich Euch solches Werk um die Fertigung der hundert und 30 fl. rheinisch nit kann verstrecken[6], Schadens halb. Dann ich muß viel einbüßen und Zeit verlieren. Aber also was ich Euch zugesagt hab, das will ich Euch ehrbarlich halten. Wollt Ihrs nit höcher haben denn um das verdingt Geld, so will ich sie machen, daß sie dannoch gar viel besser soll sein weder der Lohn ist. Wollt Ihr mir aber zweihundert Gulden geben, so will ich mein fürgenommene Meinung verstrecken. Und wann man mir fürbaß 400 fl. geb, so will ich keine mehr machen. Denn ich weiß kein Pfenning, das ich daran gewinne, dann es geht gar lange Zeit darüber. Darum laßt mich Euer Meinung wissen, und so ich vernimm Euer Meinung, dann so will ich von dem Im Hoff 50 fl. empfangen. Denn ich hab noch kein Geld darauf eingenommen. Hiemit hab ich mich Euch befohlen. Wißt hierneben, daß ich all mein Tag kein Arbeit hab angefangen zu machen, das mir selbst baß gefällt weder Euer Blatt, das ich so mal. Ich will auch kein ander Arbeit tun, bis daß ichs ausmach. Mir ist nur leid, daß mich der Winter so bald überfällt. Werden die Tag kurz, daß einer nit viel kann machen. Noch eins muß ich Euch bitten. Das Maria Bild, das Ihr bei mir habt gesehen, bitt ich Euch, ob Ihr bei Euch einen wißt, der einer Tafel darf, daß Ihr ihms anbietet. So man recht Leisten dazu macht, wäre es ein hübsche Tafel. Denn Ihr wißt, daß sie rein ist gemacht. Ich will sie Euch wohlfeil geben. So ichs einen machen sollt, nähm ich nit unter 50 fl., weilen sie aber gemacht ist, möcht sie mir im Haus schadhaft werden. Darum wollt ich Euch Gewalt geben, daß Ihr sie wohlfeil gebt um 30 fl. Aber ehe ichs unverkauft ließ, ich gebs um 25 fl.. Mir ist wohl viel Speis daröber gangen[7]. Viel guter Nacht. Geben zu Nürnberg am Tag Bartlmäy 1508.

Albrecht Dürer.

4.

Nürnberg, 4. November 1508

Lieber Herr Jacob Heller! Ich hab Euch zum nächsten[1] ein ehrbare unverweisliche[2] Meinung geschrieben, dessen Ihr Euch in Zorn beklagt gegen meinen Schwager[3], Euch hören lassen, ich verköhre meine Wort. Hab auch desgleichen seithero vom

Hanssen Im Hoff Euer Schreiben empfangen, darin ich billiger Befremdung nehme wegen meines vorigen Brief. Denn Ihr zeugt mich[4], Euch werde mein Zusagen nit gehalten. Bin solches von männiglichen vertragen[5], denn ich halt mich, daß ich auch andern redlichen Leuten gemäß bin, schätze ich. Weiß auch wohl, was ich Euch zugeschrieben und gesagt habe. Und Ihr wißt, daß ich Euch in meines Schwagern Haus[6] nit wollte zusagen, etwas Guts zu machen, aus der Ursach, daß ichs nit kann. Aber das verwilligt ich mich, Euch etwas zu machen, das nit viel Leut können. Solchen bestimmten Fleiß hab ich uf Euer Tafel gelegt, das mich dann verursacht hat, Euch den vorbemeldten Brief zu senden. Auch weiß ich, daß, so die Tafel gefertigt wird, all Künstler groß Gefallen darob werden nehmen. Sie wird unter 300 fl. nit geschätzt. Ich wollt der versprochenen Geld nit 3[7] nehmen, wieder eine dergleichen zu machen. Denn ich versäum mich, büße ein, und verdiene Undank um Euch. Wisset, daß ich nimm die allerschönesten Farben, so ich haben mag. Mir gebührt[8] allein dazu für 20 Duk[aten] Ultermarin, ohne die ander Kostung. Versieche mich wohl, wann die Tafel einsmal fertig wird, Ihr werdet selber sagen, daß Ihr hibscher Ding nie gesehen habt. Und getraue auch das mittle Blatt von Anfang bis zu End unter 13 Monaten nit auszumalen. Ich will auch kein andere Arbeit ten[9], bis daß sie fertig wird, wiewohl es mir zu großen Nachteil kommt. Denn was meint Ihr, daß ich darob verzehre? Ihr nehmet nit 200 fl., daß Ihr mich kostfrei hieltet. Gedenkt oft Euers Schreibens Materien halben[10]! Sollt Ihr 1 P[11] Ultamarin kauft haben, Ihr hättets mit 100 fl. kaum zwingt[12]. Denn ich kann kein schöne Unz unter 10 oder 12 Duk[aten] kaufen[13]. Und darum, lieber Herr Jacob Heller, ist mein Schreiben nit so gar aus der Weis[14], als Ihr meint. Und hab auch damit mein Zusagen nit gebrochen. Ihr ziecht mich auch wieder an[15], ich soll Euch zugesagt haben, daß ich Euch machen soll die Tafel mit dem allerhöchsten Fleiß, so ich kann. Das hab ich freilich nit getan, ich sei denn unsinnig gewest. Denn ich getrauet mirs, sie in meinem ganzen Leben kaum zu fertigen. Denn mit dem großen Fleiß kann ich ein Angesicht in einem halben Jahr kaum machen. So hat ihr die Tafel schier 100 Angesicht ohne Gewand und Landschaft und ander Ding, die daran seind. Es wäre auch nie erhört worden, auf einen Altar solch Ding zu machen. Wer wollt es sehen? Aber also glaub ich, hab ich Euch geschrieben: die Tafel zu machen mit guten oder besondern Fleiß, der Zeit halber, die Ihr mir verziecht[16]. Halt Euch auch dafür, ob ich Euch hätte zugesagt zu halten, das Ihr selbt erkennte, mein Schad wäre, Ihr würdet das nit begehren. Aber nichtsdestominder, Ihr tut ihm, wie Ihr wollt, so will ich Euch halten, was ich Euch zugesagt hab. Denn ich will, sofern ich kann, von jedermann ohne Nachred sein. Hätte ich Euch aber nit zugesagt, ich wüßte wohl, was ich tun sollte. Und darum hab ich Euch antworten missen, daß Ihr nit gedenkt, ich hab Euer Schreiben nit verlesen. Aber ich hoffe, so die Tafel einsmals fertig wird und Ihr sie secht, alle Sach werd besser. Darum habt Geduld, denn die Tag sein kurz, so läßt sich das Ding, als Ihr wißt, nit eilen. Denn es ist viel Arbeit und wills auch nit mindern, hoff uf das Zusagen, das Ihr meinem Schwager zu Franckfort getan habt. Item Ihr dörft nach keinen Kaufmann trachten zu meinem Maria Bild. Denn der Bischof zu Preßlau[17] hat mir 72 fl. dafür geben. Habs wohl verkauft. Laßt mich Euch befohlen sein. Geben zu Nürmberg im 1508. Jahr am Samstag nach Allerheiligen Tag.

Albrecht Dürer.

5.

Nürnberg, 21. März 1509

Lieber Herr Jacob Heller! Ich hab Euer Schreiben wohl verlesen. Und Ihr sollt wissen, daß ich seithero nach Ostern[1] stetig und streng an Euerm Blatt mal, getrau auch solches Blatt vor Pfingsten nit zu enden. Dann ich hab auf ein einig Ding große Mihe gelegt. Ich weiß Euch nit viel davon zu schreiben, allein ich versehe mich, Ihr werdet selbst sehen, was für Mihe ich darauf lege. Habt Euch nit Sorg der Farb halb, denn ich hab über 24 fl. wert Farb darauf vermalt. Und so sie nit schön seind, gedenk ich wohl, Ihr werdets anderstwo nit schöner finden. Denn ich leg ja großen Fleiß und lange Zeit darauf, wiewohln es mir ungewinnlich und versäumlich ist. Ihr sollt mir auch bei rechter Wahrheit und rechten Treuen glauben, daß ich nit desgleichen mehr ein Blatt wollt machen unter fl. 400. Und darum, ob mir von Euch wird, das ich begehrt hab, so ist bei der langen Zeit mein Kost und Zehrung mehr dabei. Ihr mögt abnehmen, wie gewinnlich ich stehe. Aber solche Mihe will ich nit abrechnen, Euch und mir zu Ehren ans End zu kommen, da es von vielen Künstlern gesehen wird, die Euch vielleicht zu verstehen werden geben, ob sie meisterlich sei oder bös. Darum habt Geduld die kurze Zeit, denn die Tafel ist nach unten gar ausgemacht, allein sie ist nit gefirneist. Und oben ist noch etlichen Ding von Kindlein[2] auszumachen. Und ist mein große Hoffnung, Ihr werdet ein Gefallen darob haben. Ich glaub auch, es mag vielleicht etlichen Kunstreichen nit gefallen, die ein Baurn-Tafel[3] dafür nehmen. Darnach frag ich nit, mein Lob begehr ich allein unter den Verständigen zu haben. Und so Euchs Merten Heß loben wird, so mögt Ihr desto besser Glauben daran haben. Ihr mögt auch unter etlichen Gesellen[4] fragen, die sie gesehen haben. Werden Euch wohl berichten, wie sie gestalt sei. Und so Ihr sie secht und Euch nit gefiel, will ich selbsten die Tafel behalten. Dann man hat mich sehr gebeten gehabt, ich soll das Blatt[5] zu kaufen geben, Euch ein anders machen. Aber es sei weit von mir, ich will Euch gar ehrbarlich halten, was ich Euch geredt hab. Halt Euch auch für ein redlichen Mann, hab Hoffnung uf Euer Schreiben, hab auch kein Zweifel, mein großer Fleiß werde Euch daran gefallen. Hiemit was ich Euch weiß zu dienen, darin will ich geflissen sein. Datum Nürmberg 1509 am Mittwoch nach Laetare.

Albrecht Dürer.

6.

Nürnberg, 10. Juli 1509

Lieber Herr Jacob Heller! Aus Euerm Schreiben, Hanssen Im Hoff getan, han ich Euern Unwillen darum, daß ich Euch die Tafel bishero nit geschickt hab, vernommen. Das mir doch leid ist, dann ich Euch bei guter Wahrheit zuschreiben mag[1], daß ich für und für streng an der Tafel gearbeit, auch sonst kein andre Arbeit unter Händen gehabt hab. Und mag sein, ich hätte sie vorlängsten ausgemacht, wo ich davon hätte eilen wollen. Hab aber vermeint, Euch mit genommen Fleiß Gefallen und mir ein Ruhm zu erlangen. Ist es nun anderst geraten, das ist mir leid. Und als Ihr ferners schreibt, wo Ihr mir die Tafel nit verdingt hättet, solls nimmer geschechen, daß ich auch die Tafel behalten möge. Darauf gib ich Euch diese Antwort: wo ich dieser Tafel Schaden sollt leiden, damit ich Euer Freundschaft behalte, wollte ich das tun; denn dieweilen

Euch die Sach gereuen und Ihr in mich hetzt[2], die Tafel zu behalten, das nimm ich an, will auch solches gern tun. Denn ich darum 100 fl. mehr weiß zu genießen[3], dann Ihr mir darum geben hätts. Denn ich wollte fürbaßhin[4] nit vierhundert Gulden nehmen, wieder eine der gemäß zu machen. Hab darauf die hundert Gulden, so ich erst vom Hannß Im Hoff empfangen, alsbald wiedergeben. Aber er hats ohne Euer Verweisen[5] nit wieder nehmen wollen. Demnach mögt Ihr denselben oder der Euch gefällt schreiben, die 100 fl. zu empfachen, will ichs ihme alsobalden entrichten. Sollt also dieser Tafel halb keinen Schaden oder Reuen haben. Mir ist Euer guter Will viel lieber dann die Tafel. Damit allezeit was Euch lieb ist, darinnen Euer williger Diene. Datum Nürmberg am Erichtag [vor] Margarethae[6] 1509.

Albertus Dürer.

7.

Nürnberg, 24. Juli 1509

Lieber Herr Heller! Euer Schreiben an mich getan, hab ich verlesen. Und als Ihr schreibt, sei Euer Meinung nit gewest, daß Ihr mir die Tafel habt wollen aufsagen, dazu sag ich, daß ich Euer Meinung nit wissen kann. Aber dieweil Ihr schreibt, wo Ihr die Tafel nit gefriemt[1] hätt, wollt Ihr die nit mehr andingen[2], und daß ich die behalten soll, wie lang ich wolle, etc., kann ich anderst nit gedenken, dann daß Euch die Sach gereuet hat, darauf ich Euch denn in meinem nächsten Brief Antwort geben hab. Aber auf Anhalten Hanßen Im Hoff, auch angesehen, daß Ihr die Tafel an mich gefrümt[1], auch daß ich lieber wollte, daß dieselbig zu Franckfortt als anderstwo stünde, hab ich Euch verwilligt, diese folgen zu lassen, um hundert Gulden näher[3], als ich die wohl ahnwerden[4] möcht. Denn wiewohln Ihr mir erstlich um 130 fl. angedingt, ist Euch doch bewußt, was ich Euch und Ihr mir nachfolgend geschrieben habt. Und wollte halt, ich hätte die, wie sie mir angedingt ist worden, ausgemalt. Wollt in einem halben Jahr sein fertig worden. Aber angesehen Euer Vertröstung, auch daß ich Euch damit hab dienen wollen, hab ich nun länger denn ein Jahr daran gemacht und ob 25 fl. Ultramarin darein vermalt. Und mag Euch bei guter Wahrheit sagen, was Ihr mir für diese Tafel gebt, daß ich mein Eigen daran einbüßen möge.

Eins gewinnen und drei verzehren, möcht ich nit lang zukommen[5]. Dieweiln ich nun weiß, daß Ihr meines Schadens zuvor so groß nit begehrt, und ich uf das minst 100 fl. mehr denn von Euch daraus zu lösen weiß, bin ich erbietig, Euch die Tafel fürderlich[6] zuzuschicken. Und wo Euch die gefällt und Ihr es zu Dank annehmen wollte, auch erkennen mögt, daß sie des Geld wohl und mehr wert ist weder 200 fl., das ich dafür begehr. Wo Euch aber dies mein Erbieten, so Ihr die besichtigt habt, nit annehmlich noch gefällig sein wollt, daß Ihr mir alsdenn diese Tafel wieder zu Franckfortt zustellen wollt. Weiß ich die, wie obgeschrieben stehet, zu minst 100 fl. höcher zu bringen, hoff aber, wann Ihr die bekommen, werdet solich mein Erbieten zu Dank annehmen. Will sie darauf fleißig einmachen[7]. Mögt Ihr mittlerzeit Euer Meinung Hanßen Im Hoff zu verstehen geben, und so mir derselb dies von Euertwegen zusagt, will ich ihme die Tafel von Stund an überantworten. Und wo ich mich nit versehe[8]. Euch damit dankfölligen[9] Willen zu erzeigen, wißte ich wohl größern Nutz damit zu schaffen. Aber Euer Freundschaft ist mir lieber dann ein solch klein Geld. Hoff aber, Ihr sollt über das meines großen Schadens nit begehren, da Ihr das minder dann ich notdürftig seid. Damit schafft und gebiet[10]. Gegeben zu Nürnberg am Weihn-Erichtag[11] vor Jacoby.

Albrecht Dürer.

8.

Nürnberg, 26. August 1509

Mein willig Dienst zuvor, lieber Herr Jacob Heller! Auf Euer nächst Zuschreiben schick ich Euch die Tafel wohl eingemacht und nach Notdorft versehen. Hab sie Hanßen Im Hoff überantwort, der hat mir noch hundert Gulden geben. Und glaubt mir bei meiner Treu, daß ich danach mein eigen Geld damit einbüße, ohne das daß ich auch mein Zeit, die ich darin ufgewandt, versäumt hob. Man hat mir auch dreihundert Gulden hier zu Nürmberg darum geben wollen. Dieselben 100 fl. hätten mir auch wohlgetan, wenn ich sie Euch nit zu Gefallen und Dienst geschickt hätte. Denn Euer Freundschaft zu behalten achte ich höher denn 100 fl. Ich hab auch lieber diese Tafel zu Franckfort denn an keinem andern Ort in ganz Teitschland. Und ob Ihr vermeint, ich tue unbillig, daß ich

Euch die Bezahlung nit frei in Euern Willen gesetzt habe, ist darum geschehen, daß Ihr durch Hanß Im Hoff habt geschrieben, daß ich die Tafel solang behalten möge als ich wolle. Sonsten hätte ichs gern in Euch gestellet, ob ich gleich noch größern Schaden gelitten hätte. Ich bin aber in der Hoffnung zu Euch, ob ich Euch etwas versprochen hätte zu machen um 10 fl. und mich kostet dasselbige 20 fl., Ihr werdet selbst meines Schadens nit begehren. Also bitte ich Euch, seid beniegig[1], daß ich die 100 fl. minder von Euch nimm, denn ich dafür hätte mögen haben. Und ich sag Euch, daß man sie gleichsam mit Gewalt von mir hat haben wollen. Denn ich hab sie mit großem Fleiß gemalt, als Ihr sehen werdt. Ist auch mit den besten Farben gemacht, als ich sie hab mögen bekommen. Sie ist mit guter Ultramarin unter-, über- und ausgemalt, etwa 5 oder 6 mal. Und da sie schon ausgemacht war, hab ich sie darnach noch zwiefach übermalt, uf daß sie lange Zeit währe. Ich weiß, daß Ihr sie sauber halt, daß sie 500 Jahr sauber und frisch sein wird. Denn sie ist nit gemacht, als man sonst pflegt zu machen. Darum laßt sie sauber halten, daß man sie nit berühre oder Weihwasser darauf werfe[2]. Ich weiß, sie wird nit geschändt[3], es sei denn, daß es mir zuleid geschehe. Und ich halt davor, sie werde Euch wohl gefallen. Mich soll auch niemand vermögen, ein Tafel mit so viel Arbeit mehr zu machen. Herr Jörg Tausy hat sich von ihme selbst erboten, in der Maß, Fleiß und Größ dieser Tafel ein Maria Bild zu machen, in einer Landschaft. Davon wolle er mir geben 400 fl. Das hab ich ihme glatt abgeschlagen, denn ich mißte zu einem Bettler darob werden. Denn gmeine Gmäl will ich ein Jahr ein Haufen machen, daß niemand glaubte, daß möglich wäre, daß ein Mann tun möchte. An solchen mag man etwas gewinnen. Aber das fleißig Kleiblen[4] gehet nit vonstatten. Darum will ich meines Stechens auswarten[5]. Und hätte ichs bishero getan, so wollte ich uf den heitigen Tag 1 000 fl. reicher sein. Wißt auch, daß ich uf mein eigen Kosten zum mittlern Blatt ein neue Leisten hab lassen machen, die mich mehr denn 6 fl. kost. Und hab die alten davongebrochen, denn der Schreiner hatte sie grob gemacht. Aber ich hab sie nit beschlagen[6], denn Ihr habts nit haben wollen. Und es wäre gar gut, daß Ihr die Band[7] ufschrauben ließt, uf daß sichs Gmäl nit erschälete[8]. Und so man die Tafel setzen[9] will, so laßt die Tafel 2 oder 3 Zwerchfinger überhängend machen, so ist sie vor Glanz[10] gut zu sehen.

Und komm ich etwa über 1 Jahr, 2 oder 3, zu Euch, so müßt man die Tafel abheben, ob sie wohl dürr[11] wäre worden. So wollt ich sie von neuem mit einem besondern Fürneis, den man sonst nit kann machen, uf ein neues überfirneisen, so wird sie aber 100 Jahre länger stehen denn vor. Laßt sie aber sonsten niemand mehr fürneisen, denn alle andere Fürneis sind gelb, und man würde Euch die Tafel verderben. Daß ein Ding, daran ich viel mehr denn ein Jahr gemacht hätte, verderbt sollt werden, wäre mir selbsten leid. Und so Ihr sie uftut[12], seid selbsten dabei, daß sie nit schadhaft werde. Geht fleißig damit um, denn Ihr werdet selbst von Euern Malern und Fremden hören, wie sie gemacht sei. Und grießt mit Euern Maler Marthin Hessen[13]. Mein Hausfrau läßt Euch bitten um ein Trinkgeld, das steht zu Euch. Ich zeig Euch nit höher an[14] etc. Hiemit will ich mich Euch befohlen haben. Und lest nach dem Sinn, ich hab geeilt. Datum Nürmberg am Sonntag nach Bartlmey 1509.

Albrecht Dürer.

9.

Nürnberg, 12. Oktober 1509

Lieber Herr Jacob Heller! Ich höre gern, daß Euch mein Tafel gefällig ist, auf daß ich mein Mihe nit vergebens angelegt hab. Bin auch frohe, daß Ihr der Bezahlung zufrieden seid, und billig[1]. Dann 100 fl. hätte ich mehr darum haben mögen, weder Ihr mir geben habt. Doch wollte ich nit, ich hätte sie Euch dann gelassen. Denn ich hoffe Euer Freundschaft dadurch zu behalten unten an den Orten[2]. Mein Hausfrau hat Euch fast dankt[3]. Euer Verehrung[4], das Ihr geschenkt habt, will sie Euertwegen tragen. Auch dankt Euch mein junger Bruder[5] der zweier Gulden, so Ihr ihme zum Trinkgeld geschenkt habt. Hiemit dank ich Euch selbst auch aller Ehren etc. Da Ihr mir schreibt, wie Ihr die Tafel zieren[6] sollt, schick ich Euch hiermit ein wenig gezeichnet mein Meinung, wenn sie mein wäre, wie ich sie wollt machen. Doch mögt Ihr tun, was Ihr wollt. Hiemit viel selig Zeit. Datum 1509 am Freitag vor Galli.

Albrecht Dürer.

An Christoph Kress

Nürnberg, Ende Juli 1515

Lieber Herr Kres! Erstlich bitt ich Üch, wöllt mir an Herr Stabius erfahrn, ob er mir in meiner Sach[1] gegen k[aiserliche] M[ajestä]t etwas gehandelt hab, und wie die Sach steh, sölchs mir bei dem Nächsten, so Ihr meinen Herren schreibt, mit zu wissen tan.
So aber Herr Stabius nichts gehandelt hätt in meiner Sach, und daß ihm mein Will zu erlangen zu schwer wär, so bitt ich Üch dann, als mein günstigen Herren, mit k[aiserlicher] M[ajestä]t zu handlen, wie Ihr van Herr Casper Nützell unterricht und van mir gebeten seid.
Auch nämlich zeigt k[aiserlicher] M[ajestä]t an, daß ich k[aiserlich]er M[ajestä]t drei Johr lang gedient hab[2], das Mein mit eingebüßt, und wo ich mein Fleiß nit dargestreckt[3] hätt, so wär das zierlich Werk[4] zu keim solichem End kummen. Bitt dorauf k[aiserliche] M[ajestä]t, mich dorum mit den hündert Gulden zu belohnen[5], wie Ihr dann das selb wohl wißt zu tan.
Item wißt auch, daß ich k[aiserlicher] M[ajestä]t außerhalb des Trimphs sunst viel mäncherlei Visierung gemacht hab — — —
Hiemit laßt mich Euch befolhen sein.
Item, wenn Ihr verstünd, daß Stabius etwas in meiner Sach ausgericht hätt, so tät nit not, daß Ihr auf dies Mal meinerhalben weiter handlet.

Albrecht Dürer.

Auf der Rückseite:
Albrecht Dürers Denkzettel

An Georg Spalatin

Nürnberg, Anfang des Jahres 1520

Dem ehrwirdigen, hochgelehrten Herren Geörgenn Spalentinus, meines genädigsten Herren Herzog Fridrichen Kürfürschten Kapellan.
Hochwirdiger lieber Herr! Mein Danksagung hab ich vor in dem kleinen Brieflein gesetzt, do ich nit mehr dann Euer klein

Zettele las. Nochfolget, do das Säcklein, do das Büchlein eingebunden was, umkehrt ward, fund ich erst den rechten Brief dorin, in dem ich vernummen hab, daß mir mein genädigster Herr[1] die Büchlein Lutheri[2] selb zuschickt. Deshalb bitt ich, Euer Ehrwird wollent Seinen kürfürschlichen Genaden mein untertänige Dankbarkeit noch dem höchsten anzeigen, und sein k[urfürschtliche] G[enaden] in aller Untertänigkeit bitten, daß er ihm den löblichen D[oktor] M[artinum] L[uther] befolhen laß sein, van christlicher Wohrheit wegen, doran uns mehr leit dann an allen Reichtümen und Gewalt dieser Welt; das dann alls mit der Zeit vergeht, allein die Wohrheit beleibt ewig. Und hilft mir Gott, daß ich zu Doktor Martinus Luther kumm, so will ich ihn mit Fleiß kunterfeten und in Kupfer stechen zu einer langen Gedächtnüs des christlichen Manns, der mir aus großen Ängsten geholfen hat. Und ich bitt E[uer] W[irden], wo Doktor Martinus etwas Neus macht, das tewczsch ist, wollt mirs um mein Geld zusenden. Item als Ihr mir schreibt um die Schutzbücklein Martini[3], wissent, daß ihr keins mehr verhanden ist. Man drückt sie aber zu Awgspurg. So sie fertig werden, will ich Euch der zuschicken. Aber wissent, daß dies Büchlein, wiewohls hie gemacht ist, auf den Kanzlen für ein Ketzerbüchlein, das man verbrennen soll, verrufen ist worden, und verschmählich wider den geredt, ders ahnunterschrieben aus hat lassen gehn[4]. Es hats auch Doktor Eck, als man sagt, öfflich zu Ingelstett verbrennen wollen, wie des Dokter Rewleyns Büchlein geschehen ist etwen[5]. Item ich schick meinem genädigsten Herren hiemit drei Drück van eim Kupfer, das ich gestochen hab[6] aus seiner Begehr des noch meinem genädigsten Herren Mentz. Hab s[einer] k[urfürschtlichen] G[enaden] das Kupfer[7] zugeschickt mit 200 Abdrucken, ihn mit verehrt, dorgegen sich sein k[urfürschtliche] G[enaden] genädiglich gegen mir gehalten hat. Dann s[ein] k[urfürschtliche] G[enaden] hat mir geschenkt 200 fl. an Gold und 20 Elln Damast zu ein Rock. Hab das also mit Freuden und Dankbarkeit angenummen, und sonderlich zu der Zeit, do ich nötig bin gewest. Dann k[aiserliche] M[ajestä]t löblicher Gedächtnüs, der mir zu früh verschieden ist, hat mich gleichwohl aus Genad versehen auf mein viel gehabte lange Mühe, Sorg und Erbeit. Aber die hunder Gulden, mein Leben lang alle Johr von der Stadtsteuer aufzuheben, die ich dann jährlichs bei k[aiserlicher] M[ajestä]t Leben hab aufgehebt, der wöllen mir

mein Herren itz nit reichen[8]. Muß also in meinen älteren Tagen manglen und mein lange Zeit, Mühe und Erbet an k[aiserlicher] M[ajestä]t verloren haben. Dann so mir abgeht am Gesicht und Freiheit der Hand, würd mein Sach nit wohlstehn. Das hab ich Euch als meinem vertrauten günstigen Herren nit verhalten wollen.
Ich bitt Euer Ehrwird, so sich mein genädigster Herr der Schuld mit den Hirskurnen[9] versehen will, daß Ihr mir dieselben wollt einmahnen, auf daß etwas Schöns van Hörneren kumm. Dann ich will zween Leuchter doraus machen. Auch schick ich hiemit zwei gedrückte Kreuzle[10], sind in Gold geschtochen, und eins für Euer Ehrwird.
Sagent mir mein willig Dienst dem Hirsfeld, und dem Albrecht Waldner. Hiemit, Eurer Ehrwird, befelcht mich getreulich meinem genädigsten Herren, dem Kurfürschten.

Williger Albrecht Durer
zu Nochnberg.

Andreas Bodenstein, gen. Karlstadt, an Dürer

Wittenberg, 1. November 1521

Dem achtbaren und namhaftigen Albrechten Dürern zu Nürnberg, meinem geliebten Günner, wünsch ich Andreas Bo[denstein] etc. Gottes Gnad und Fried.
Günstiger Fürderer! Nachdem der Haß und Neid[1] mancherlei Lügen und Nachred uns Wittembergern in Rück[2] erdicht und Bosheit allwegen ihre Schlufflöcher sucht, darus sie bellen, schelten und klappern[3] kann, und etliche Träumensucher[4] von uns sagen, als sollten wir allhie predigen und disputieren, daß dem hochwirdigen Sakrament kein Ehr, Lob und Fürzug geben sein, hab ich Euch ein kurz Büchlin[5] wöllen zuschreiben von Anbetung und Ehrerbietung hoch obgenanntes Sakraments, dardurch Euch und ganzer Christenheit schuldige Dienst erzeigen. Dann Euere Gutheiten haben mich verpflicht, Euch nach Vermügen zu dienen. Gott befolhen. Datum Wittemberg am Tag Aller Heiligen. Im XXI. über M.D

An Felix Frey

Nürnberg, 6. Dezember 1523

† 1523. Am Sunntag noch Andree zu Nörnberg.
Mein günstiger lieber Herr Frey. Mir ist das Büchlein, so Ihr Herrn Farnphulr und mir zuschickt, worden. So ers gelesen hat, so will ichs dornoch auch lesen. Aber des Affen Tanz halben, so Ihr begehrt, Euch zu machen, hab ich den hiemit ungeschickt aufgerissen. Denn ich hab lang kein Affen gesehen. Wollt also vergut haben[1]. Und wöllt mir meine willige Dienst sagen Herren Zwingle, Hans Lowen, Hans Vrichen und den anderen meinen günstigen Herren.

E[uer] u[ntertäniger]
Albrecht Dürer.

Teilent dies fünf Stücklen unt[er] Üch, ich hab sunst nix Neus.

Briefwechsel zwischen Nikolaus Kratzer und Albrecht Dürer

1.
London, 24. Oktober 1524

Dem ehrsamen und kunstreichen Albrecht Durrer Bürger zu Norenperg, meinem lieben Herrn und Frend.

Norenberg.

Ehrsamer lieber Herr! Eur und Eurer Hausfrauen Gesundheit ist mir ein große Freud. Wißt, daß Hans Pemair bei mir in Engellandt ist gewesen; hab ich kummen lassen. Müß Euch verschreib[en], welich Ihr all in Niernberg evangelisch seid. Gott verleich Euch Gnad, daß Ihr verendt[1], wann die Widersacher sind stark, aber Gott ist noch stärker, hilft gemeinlich den Kranken, die ihn anriefen und erkennen. Lieber Herr Albrecht! Ich woll Euch gebeten haben, daß Ihr mir abkunterfechet das Instrument, das Ihr bei dem Herrn Pirckomer hab gesechen, darmit man mißt in die Fer und Weit, darvon Ihr mir zu Andarf[2] habt gesagt, oder daß mir der Herr Pirckomair schick die Komposition desselbigen Instrument; daran tuet Ihr mir ein große Freud. Auch begehr ich zu wissen, wie Ihr ein Druck gebt von allen Euren Prenten[3], und was Neus zu Niernberg ist angehn[d] mein Kunst[4]. Ich hör, daß unser Herr Hans, der Astronomus[5], ist tot. Begehr ich, daß Ihr mir verschreibt, was er hinter ihm hat gelassen[6], und unser Stabius[7], wo sein Kunst und Furm[8] hin sind kummen. Und in meinem Namen grieß mir Herrn Pirckomair. Ich hoff, ich soll in kürz Engelland machen[9], das ein groß Land ist, und Ptholomeo nit bekannt ist gewesen; das wird er gern sehen. Es haben all, die darvon haben geschrieben, einen kleinen Teil Engellandt gesechen, nit mehr. Dann, lieber Herr, durch Hans Pemair kinnt Ihr mir wohl verschreiben. Ich bitt Euch, daß Ihr mir des Stabius Angesicht wellt schicken, das kunterfecht ist in der Bilnüs Sant Kolman geschnitten in Holz[10]. Nit mehr dann was Euch lieb sei! Darmit seid Gott befolchen. Datum 24. Tag Octobris, Lundun.

Eur Diener Niclas Kratzer.

Grieß mir insunderheit Eur Hausfrauen[11].

2.

Nürnberg, 5. Dezember 1524

Dem ehrbern und achtbarn Herrn Niclas Kratzer, künglicher Ma[jestä]t in Engenland Diener, meinem gönstigen Herrn und Freund.

† 1524 am Mantag noch Barbare zu Nornberg.

Mein ganz willig Dienst zuvor lieber Herr Nicolae! Euer Schreiben, das mir zukummen, hab ich mit Freuden gelesen; hör geren, daß es Euch wohl geht etc.

Ich hab mit Herr Wilbolt Birkamer Euernthalben von dem Istrament geredt, das Ihr begehrt zu haben. Der läßt Euch ein solchs machen und würd Euchs mitsamt einen Brief zuschikken etc.

Aber Herr Hansen Ding, der verschieden ist, des Ding ist alls zerrissen worden[1], weil ich im Sterben aus bin gwesen[2]; kann nit erfahren, wo es hinkummen sei. Also ist es auch gangn mit des Stabius Dingen; ist in Östereich alls verzügt[3] worden, kann Euch weiter nix dovan Bescheid geben etc.

Item als Ihr mir zusaget, so Ihr Weil möcht haben, wollt Ihr den Ewklide in tewczsch bringen, wollt ich geren wissen, ob Ihr etwas doran gemacht hätt.

Item des christlichen Glaubens halben müß wir in Schmoch

und Fahr[4] stehn, dann man schmächt uns, heißt uns Ketzer. Aber Gott verleich uns sein Gnad und stärk uns in seinem Wort, dann wir müssen Gott mehr gehorsam sein, denn dem Menschen. So ist es besser, Leib und Gut verlorn, dann daß van Gott unser Leib und Seel in das hellisch Feuer versengt würd. Dorum mach uns Gott beständig im Guten und erleucht unser Widerpart, die armen elenden blinden Leut, auf daß sie nit in ihrem Irrsal verderben. Hiemit seid Gott befohlen.
Ich schick Euch zwei Angesicht vam Kupfer gedrückt[5]. Ihr werdt sie wohl kennen. Van neuen Märn[6] ist zu der Zeit nit gut zu schreiben. Aber es sind viel böser Anschläg verhanden. Es würd allein der Wille Gottes geschehen.

E[euer] w[illiger]
Albrecht Dürer.

Dürer an Bürgermeister und Rat der Stadt Nürnberg

Nürnberg, vor dem 6. Oktober 1526

Fürsichtig ehrber weis lieb Herren. Dieweil ich vorlängst geneigt wär gewest, E[uer] W[eisheit] mit meinem kleinwirdigen Gemäl zu einer Gedächtnüs zu verehren, hab ich doch solchs aus Mangel meiner geringschätzigen Werk unterlassen müssen, dieweil ich gewüßt, daß ich mit denselben vor E[uer] W[eisheit] nit ganz wöhl hätt mügen bestehn. Nachdem ich aber diese vergangen Zeit ein Tafel gemalt und darauf mehr Fleiß dann ander Gemäl gelegt hab, acht ich niemand wirdiger, die zu einer Gedächtnüs zu behalten, dann E[uer] W[eisheit]. Derhalb ich auch dieselben hiemit verehr, untertänigs Fleiß bittend, die wölle diese mein kleine Schenk gefällig und günstlich annehmen und mein gönstig lieb Herren, wie bisher ich allbeg gefunden hab, sein und beleiben. Das will ich mit aller Untertänigkeit um Euer Weisheit zu verdienen geflissen sein.
Euer Weisheit

untertäniger
Albrecht Dürer

Inschriften der Aposteltafeln

Alle weltliche Regenten in diesen fährlichen Zeiten nehmen billig acht, daß sie nit für das göttlich Wort menschliche Verführung annehmen. Dann Gott will nit zu seinem Wort geton, noch dannen genommen haben. Darauf hörent diese trefflich vier Männer Petrum, Johannem, Paulum und Marcum ihre Warnung.

Petrus spricht in seiner andern Epistel im andern Kapitel also:

„Es waren aber auch falsche Propheten unter dem Volk, wie auch unter euch sein werden falsche Lehrer, die neben einführen werden verderbliche Sekten, und verleuken[1] den Herren, der sie erkauft hat, Und werden über sich führen ein schnell Verdammnüs, — Und viele werden nachfolgen ihrem Verderben, Durch welche wird der Weg der Wahrheit verlästert werden, — und durch Geiz mit erdichten Worten, werden sie an euch hantieren, über welche das Urteil von langes here nit säumig ist, und ihr Verdammnüs schläft nicht.“ *(2. Petrusbrief 2, 1 und 2)*

Johannes in seiner ersten Epistel im vierten Kapitel schreibt also:

„Ihr Lieben, glaubt nicht einem jedlichen Geist, sondern prüfen die Geister, ob sie von Gott sind, Denn es sind viel falscher Propheten ausgangen in die Welt, — Daran erkennet den Geist Gottis. Ein jedlicher Geist, der da bekennet, daß Jhesus Christus ist kommen in das Fleisch, der ist von Gott, — Und ein jedlicher Geist, der da nicht bekennet, daß Jhesus Christus ist kommen in das Fleisch, der ist nicht von Gott. Und das ist der Geist des Widerchristis, von welchem ihr habt gehöret, daß er kommt, und ist jetzt schon in der Welt.“

(1. Johannesbrief 4, 1—3)

In der andern Epistel zum Timotheo in dem dritten Kapitel schreibt S. Paulus also:

„Das soltu aber wissen, daß zu den letzten Zeiten werden greuliche Zeitung eintreten, — Denn es werden Menschen sein, die von sich selbs halten[2], geizig, stolz, hoffärtig, Lästerer, den Eltern ungehorsam, undankbar, ungeistlich, — unfreundlich, störrig, Schänder, unkeusch, ungütig, wild, — Verräter, Freveler, aufgeblasen, die mehr lieben die Wollust denn Gott, — die da haben das Gebärde eines gottseligen Wandels, aber seine Kraft verleuken sie, und von solchen wende dich. — Aus denselben sind, die die Häuser durchlaufen, und führen die Weiblin gefangen, die mit Sünden beladen sind und fahren mit mancherlei Lüsten, — lernen immerdar, und kunnten nimmer zur Erkenntnüs der Wahrheit kommen."

(2. Paulusbrief an Timotheus 3, 1—7)

Sant Marcus schreibt in seinem Evangelium im 12 Kapitel also:
„Und er lehret sie und sprach zu ihnen, habt acht auf die Schriftgelehrten, die gehen gern in langen Kleidern, und lassen sie gern grüßen auf dem Markt, — und sitzen gern obenan in den Schulen, und über Tisch, — die fressen der Witwen Häuser, und wenden langs Gebet für, dieselben werden dester mehr Verdammnüs empfahen."

(Markus-Evangelium 12, 38—40)

Hierin sind begriffen vier bücher

von menschlicher Proportion/ durch Albrechten
Dürer von Nürenberg erfunden vnd be/
schriben/ zů nutz allen denen/ so zů di=
ser kunst lieb tragen.

M.D.XXViij.

Kunsttheoretische Schriften

Entwürfe zum „Lehrbuch der Malerei“

1. Vorrede und Inhaltsangabe

Jhesus Maria.

Durch Gottes Gnod und Hilif zu Dienst allen Kleinen, die do gehren zlernen[1]. Den sei hernoch aufgeton alles dasgen[2] durch mein Übung erfahren hab, dienend zum Molen. Auch ob sie durch mein Hilf möchten, daß denn der Suchent, so er geneigt dorzu ist, wohldann[3] mag weiter kummen in höherem Verstand solicher Kunst. Wann mein Vernunft ist nit gnugsam, zu ergründen diese große weitreichende unendliche Kunst des rechten Molens.

Item daß du gründlich und recht mügst verstehn doraus zu lernen, was ein künstreicher Moler geheißen werd oder sei, will ich dich berichten und anzeigen. Wann oft entbirt[4] das Erdrich zwei oder dreihundert Johr, daß kein solicher künstreicher Meister gefunden wird, viel durch Verhindrung, daß diejenen, so dorzu tüglich wären, nit dorzu verfügt sind. Auch merk drei namhafter Hauptpunkten nochfolgend, die zu einem soliden kunstreichen rechten Maler gehören.

Das sind drei Hauptpunkt des ganzen Buchs.

Item der erst Teil des Buchs ist die Vorred. Item die Vorred beschleußt in ihr drei Teil.

Item der erst Teil seit[5] uns, wie der Knab erlesen und der Geschicklichkeit seiner Kumpex achtgenummen soll werden[6]. Geschicht in sechserle Weis.

Item der ander Teil seit, wie der Knab mit Gottsforcht und Behutsamkeit auferzogen soll werden, dodurch daß er Gnod erlang, domit er in verständiger Kunst erstark gewaltig werd. Geschicht in sechserle Weis.

Item der dritt Teil seit uns von der großen Nutzberkeit, Lust und Freid des Molens, die dovon entspringt. Geschicht in sechserle Weis.

Item das ander Teil des Buchs ist die Verführung[7] des Molens. Das ist auch in dreierle Weis.

Item der erst Teil seit von der Freiigkeit[8] Molens, in sechserle Weis.

Item der ander Teil seit von der Messung der Menschen und Gebäu und was Notdorft zum Molen ist, in sechserle Weis.
Item der dritt Teil seit von allem dem, das man siech, schildt sich eins Teils ab[9], das zu machen. In sechs Weis.
Item das dritt Teil des Buchs ist die Beschließung. Und hat auch drei Teil.
Item der erst Teil seit, an was Ort ein solicher Künstner sein soll, do er sein Kunst verbringen[10] mag. In sechserle Weis.
Item der ander Teil seit, wie ihm ein sölicher überschwänklicher Künstner sein Künst teuer söll lassen zahlen, und kein Geld ist zuviel dorfür, och ist es göttlich und recht. In sechserle Weis.
Item der dritt Teil seit von Lob und Danksagung Gottes, dem er sein Gnod also verleicht und ander Leut von seintwegen. Geschich in sechserle Weis.

Der erst Teil der Vorred seit.
Zum ersten, daß man des Jungen Geburt acht soll haben, in was Zeichen[11], mit etlichen Erklärungen. Bitt Gott um ein glückhaftige Stund.
Zum anderen, daß man seiner Geschtalt und Gliedmoß achnehm[12], mit etlicher Verklärung.
Zum dritten, wie man ihn zu der Lernung anfänglich unterweisen söll, mit etlicher Verklärung.
Zum vierten, daß man acht hab, ob mit güten Lob oder Scheltung der Knab am besten zu lehren sei. Mit Verklärung.
Zum 5., daß der Knab in Lust zu lernen behalten werd und ihn nit urtützig[13] mach.
Das sechst, ob sich der Jung zu viel übte, dovan ihm die Melecolei überhand mocht nehmen, daß er durch kurzwelich Saitenspiel zu lehren dovon gezogen werd zu Ergesetzlichkeit seins Geblüts[14].

Der ander Teil der Vorred seit.
Zum ersten, daß der Knab gezogen werd auf die Gottsförcht, von Gott zu begehren die Gnod der Subtilität[15] und Gott ehren.
Das ander, daß er mäßig gehalten werd mit Essen und Trinken, desgeleichen mit Schlofen.

Zum dritten, daß er ein lüstige[16] Wohnung hab, do er durch keinerlei Hindernüs geirrt werd.
Zum vierten, daß er behüt werd vor fräulichem Geschlecht, nit bei ihm wohnen loß, daß er keine bloß sech oder angreif und sich vor aller Unlauterkeit behüt. Kein Ding schwächt die Vernunft mehr denn Unlauterheit.
Zum fünften, daß er wohl lesen und schreiben künn und mit dem Latein auferzogen werd, zu verstehn etlich Geschrift.
Zum sechsten, daß ein solicher das Vermügen hab, mit Verlegung solichem auszuwarten und sein wahrgenummen werd mit Erzei, so ers bedraf[17].
Das dritt Teil der Vorred seit.
Zum ersten, es ist ein nütze Kunst, wann sie ist göttlich und würd gebraucht zu guter helger[18] Vermahnung.
Zum anderen ist sie nütz. Viel Übels gwürd dordurch vermieden, so man in Künsten umgeht, die sunst gschehen, so man feirt.
Zum dritten ist sie nütz, wann niemand glaubt, dann so man mit umgeht, daß in ihr selbs so freudenreich ist[19]; große Freud hat sie.
Zum vierten ist sie nütz, man erlangt großer und ewiger Gedächtnüs dorvon, so mans ordenlich braucht.
Zum fünften ist sie nütz, wann Gott wird dordurch geehrt, wo man sicht, daß Gott einer Kreatur solich Vernunft verleicht, der soliche Kunst in ihm hat, und alle Weis[20] werdn dir hold um dein Kunst.
Die sechst Nutzberkeit, ob du arm wärst, so magstu durch ein solich Kunst zu großem Gut und Hab kummen.

2. *Von der Malerei und von der Schönheit*

Van der Molerei

Item wer ein Moler will werden, der muß van Natür dorzu geschick sein.
Item die Kunst des Malens würd baß durch Lieb und Lust gelernt dann durch Zwang.
Item aus welchem ein großer künstreicher Moler soll werden, der muß ganz van Jugend auf darbei erzogen werden.
Item er muß van guter Werkleut kunst erstlich viel abmachen, bis daß er ein freie Hand erlangt.

Item was gemalt heiß.
Item Malen ist das, daß einer van allen sichtigen Dingen eins, welches er will, wiss auf ein eben Ding zu machen, sie seien wie sie wöllen.
Item es ist bequem, ein idlichem ein menschliche Gestalt zum ersten Lehren austeilen[1] und in ein Maß bringen, eh man etwas anderst lerne.
Item dorum will ich ein Weg für mich nehmen auf das leichtest so ich kann, und ganz nix verbergen, wie man ein menschlich Maß teilen söll. Und ich bitt auch alle die, die in solcher Kunst begründt sind und das mit der Hand wissen anzuzeigen, daß sie das wöllen klar an Tag bringen, nit durch lang schwer Weg gehn. Ich mein, ich wöll hie ein klein Feuerle anzünden. So ihr all Mehrung mit künstlicher Bessrung darzu tüt, so mag mit der Zeit ein Feuer daraus geschürt werden, das durch die ganz Welt leucht.
Item ein idlicher, der mich hört, der untersteh in seinem Werk diese mein Meinung zu besseren, so würd noch viel Künst gefunden und beschrieben zu Bessrung dem Malen.
Item je genäuer man der Natur geleich macht, je besser das Gemäl zu sehen ist.
Item vor viel hundert Johrn sind etlich groß Meister gewest, dovan Plinius schreibt[2], als der Apelles, Prothtogines, Phidias, Praxidiles, Politeklus, Parchasios und die anderen. Der etlich haben künstliche Bücher beschrieben van der Molerei, aber leider, leider, sie sind verloren. Dann sie sind uns verborgen und manglen[3] ihrer großen Sinnreichkeit.
Item ich hör auch nichts, das unser itzig Meister machen und beschreiben und aus lassen gahn. Kann nit gedenken, was der Mangel sei. Doch so will ich das wenig, das ich gelernt hab, so viel ich mag, an Tag lassen kummen, auf [daß] ein Besserer dann ich bin, sein errät und mich um mein Irrtum mit seinem gegenwärtigen Werk beweislich strof. Des will ich mich freuen, und dorum daß ich dannocht ein Ursach bin, daß solche Wohrheit an Tag kummt.

Van Schönheit

Item es geziemt einem Moler, so ein Bild in seinen Gewalt gesetzt würd zu machen, daß er dasselb auf das schönest mach, so er kann. Was aber die Schönheit sei, das weiß ich nit. Idoch will ich hie die Schönheit also für mich nehmen: was zu den

menschlichen Zeiten van dem meinsten Teil schön geacht würd, des soll wir uns fleißen zu machen.
Item der Mangel an eim idlichen Ding ist ein Gebrech. Dorum zu viel und zu wenig verderben alle Ding.
Die vergleichlichen Ding, eins gegen dem anderen[4], sind schön, und das Unnütz ist zu vermeiden. Aber der Nutz ist ein großer Teil der Schönheit. Es ist ein große Vergleichung zu finden in ungeleichen Dingen. Aber daß man wiss, was unnütz sei, so ist Hinken unnütz und viel dergeleichen. Dorum ist Hinken und desgleichen nit schön.
Item die schönen Ding zu erforschen, dorzu dient wohl ein guter Rat[5]. Doch soll derselb genummen werden van den, die do gut Werkleut sind mit der Hand. Dann den anderen Ungelernten ist es verborgen wie di[r] ein fremde Sprach. Doch das mag ein idlicher tan, der ein Werk gemacht hat, dasselb fir den gemein Mann stellen und sie lassen urteilen. Die ersehen gewahnlich das Ungeschicktest[6], wiewohl sie das Gut nit erkennen. So du dann ein Wahrheit hörst, so magstu dann dein Werk darnoch besseren. Item es ist mäncherlei Unterschied und Ursach der Schöne. Wer die in seinem Werk beweisen kann, dem ist dest baß zu gelauben. Dann welches Werk kein Brechen[7] hat, das ist schön.
Item es möcht sich begeben, daß gesprochen würd: Wer will allbeg die Mühe und Erbet haben, wie nachmals[8] beschrieben würd, mit Verzehrung langer Zeit, bis daß man ein einig Bild macht. Wie wollt dann einer tan, der oft auf ein Tafel zweihunderte muß machen und d[er] keins dem anderen gleich? In diesem ist mein Meinung nit, daß ein idlicher allbeg sein Leben lang messen soll. Aber dorzu ist dies Nochschreiben[9] gut, so du solchs gelernt hast und wohl auswendig kannst, das dich wissenhaft macht, wie ein Ding sein soll. Dann ob dich dein Händ in der freien Erbet verführen wöllen durch die Schnelligkeit der Erbet, so werd dir dann dein Verstand durch ein recht Augenmoß und durch die gewandt Kunst, daß du gar wenig fehlst, und macht dich gewaltig in deiner Erbet und benimmt dir die großen Irrtum und erscheint allbeg dein Gemäl der Gerechtigkeit gemäß. Aber so du kein rechten Grund hast, so ist es nit mügen[10], daß du etwas Guts machst, du seiest der Hand so frei als du wöllest.
Item durch ein rechte Kunst würstu in deiner Erbeit viel geherzter[11] und fertiger dann sunst.

Item so du gelehrt würdest, durch was Mittel ein menschlich Bild zu messen s[e]i, so würd dir das dienen, zu was Geschicklichkeit der Menschen[12] du wilt. Dann es sind viererlei Kumplex[13] der Menschen, wie dich des die Physici[14] berichten künnen. Dieselben all magstu ermessen durch die Mittel, die hernoch gesetzt werden.
Item dir würd nottan, daß du viel Menschen abmalst und das Allerschönest aus allen nehmest und fermest[15] ůnd das in ein Bild bringest. Wir müssen große Acht haben, daß sich die Ungestalt nit stetig van ihr selbs in unser Werk flecht.
Item es ist nit müglich, daß du ein schön Bild van einem Menschen allein kann[st] abmachen. Dann es lebt als kein schön Mensch auf Erd, er möcht allbeg noch schöner sein. Es lebt auch kein Mensch auf Erd, der sagen noch anzeigen kann, wie die schönest Gestalt des Menschen möcht sein. Niemands weiß das dann Gott, die Schön[16] zu urteilen. Dovon ist zu rotschlagen[17], noch Geschicklichkeit muß man sie in ein idlich Ding bringen. Dann wir sehen in etlichen Dingen ein Ding für schön an, in eim anderen wär es nit schön. Unterschiedliche Ding, die beede schön sind, sind nit leichtlich zu erkennen, welches schöner sei.
Item aus viel Stücken geklaubt, aus viel schöner Menschen, mag etwas Guts gemacht werden.
Item du söllt auch nit meinen, daß mein nachfolget Beschreiben und Messen hoch van mir gelobt werd, wiewohl ichs auch nit schelten will. Ich halt auch nit, das die ärgest Meinung söll sein. Sie muß auch nit eben also sein und nit anderst. Aber du magst sie anderst doraus machen, wie sie dir gefällt. Und dorum will ich auch nachmals Weg setzen[18], wie du all Ding deines Gefallens verkehren magst und dardurch besser Werk erfinden. Doch nehm ein idlicher mein Meinung für gut, bis daß er wahrhaftiglich mit einem Besseren unterricht werd.
Item durch Messen magstu erfinden zu machen allerlei Gestalt der Menschen, zornig oder gütig, erschrocken oder freudenreich, und dergeleichen, wie da die Zufäll kummen[19].

3. *Vom Maß der menschlichen Gestalt*

Von der Gliedmoß des Menschen

Vitrufius der alt Baumeister, den die Römer zu großem Gbäu braucht haben, spricht[1]: Wer do bauen woll, der soll sich verrichten auf der Geschicklichkeit des Menschen[2], wann aus ihm würd funden gar verborgne Heimlichkeit der Moß[3].
Und dorum so will ich, eh ich sag vom Gebäu, erzählen, wie ein wohlgestalter Mensch mag sein. Dornoch ein Beibsbild, ein Kind und ein Roß[4]. Auf solich Weg magstu beiläufig all Ding messen.
Und dorum hör zum ersten, was do spricht Fittruvius von der menschlichen Gliedmoß, die er gelehrt hat von den großen Meisteren, Moler und Gießer, die hochberühmt sind gewest. Die haben gesprochen, daß der menschlich Leib also sei[5]:
Daß das Angsicht von Kinn bis aufhin, do das Hoor anfächt, sei der 10 Teil des Menschen. Und ein ausgestreckte Hand s[e]i och so lang. Aber der Kopf des Menschen sei ein Achtteil, ein 6 Teil von der Höhe der Brust bis hinauf, do das Hoor anfächt, und vom Haar bis zum Kinn in 3 Teil geteilt, im obersten die Stirn, im anderen die Nas, im dritten der Mund mit dem Kinn. Auch ein Fuß[6] sei ein 6 Teil eins Menschen, ein Ellbogen ein 4 Teil, die Brust[7] ein 4 Teil.
Solich Gliedmoß teilt er alle in die Gebäu und spricht: Wenn

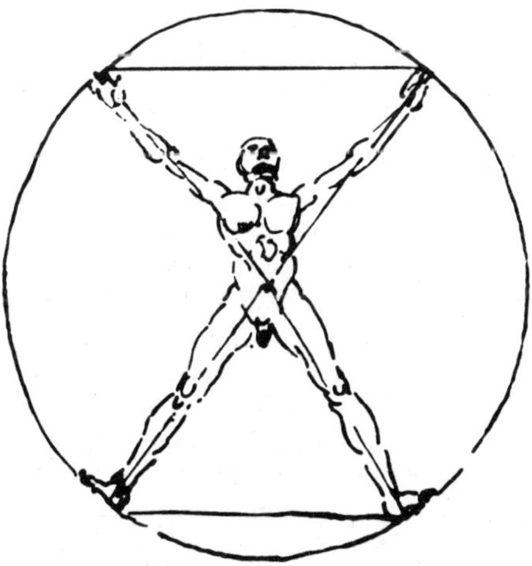

man ein Mensch auf die Erd ausgebreit mit Händen und Füßen [n]iederlegt und ein Zirkel in den Nabel setzt, so rührt der Umschweif Händ und Füß. Domit bedeut er zu finden ein runden Bau aus der menschlichen Gliedmaß.
Und zu gleicher Weis findet man auch ein Vierung, wenn man mi[ß]t von den Füßen bis zu dem Höchsten, so ist die Klofter eben als breit als die Läng. Domit erweist er die gevierten Bäu. Und also hat er zammenbrocht die Glieder der Menschen in ein vollkummne Zahl des Gebäus in solicher bewährlicher Ordnung, daß sie weder die Alten noch die Neuen nit verwerfen künnen. Und wer do will, der les ihn, wie er die besten Ursach des Gebäus anzeicht.

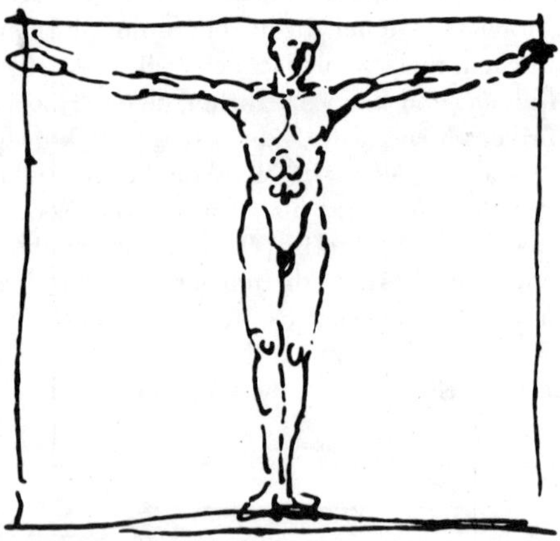

4. Von der Notwendigkeit neuer Lehrbücher

Plinius schreibt, daß die alten Moler und Bilhauer, als Abelles, Protognes und die anderen, haben gar künstlich beschrieben, wie man ein wohlgestalte Gliedmoß der Menschen soll machen.
Nun ist wohl müglich, daß solche edle Bücher seien im Anfang der Kirchen verdrückt[1] und ausgetilgt worden um Haß der Abgötterei willen. Dann sie haben gesagt: Der Jupiter soll ein solche Proporz haben, der Abbollo ein andre, die Fenus soll also sein, der Ercules also, desgleichen mit den andren allen. Sollt noch meinem Zufall ihm also sein und wär dieselb Zeit

entgegen gewest[2], so hätt ich gesprochen: „O liebn heilgen Herren und Väter, um des Bösen willen wöllt die edlen erfundenen Kunst, die do durch groß Mühe und Erbet zusammenbracht ist, nit so jämmerlich töten. Dann die Kunst ist groß, schwer und gut, und wir mügen und wöllen sie mit großen Ehren in das Lob Gottes wenden."
Dann zu gleicher Weis, wie sie die schönsten Gestalt eines Menschen haben zugemessen ihrem Abgott Abblo[3], also wollen wir dieselb Moß brauchen zu Crysto dem Herren, der der Schönste aller Welt ist. Und wie sie braucht haben Fenus als das schönste Weib, also woll wir dieselb zierlich Gestalt kräuschlich[4] darlegen der allerreinesten Jungfrauen Maria, der Mutter Gottes. Und aus dem Erculeß woll wir den Somson[5] machen, desgeleichen wöll wir mit den andern allen tan.
Solcher Bücher hab wir aber nimmer, und dorum, so ein verlorn Ding unwiederbringlich ist, alsdann muß man noch eim anderen trachten. Sölchs hat mich bisher bewegt, daß ich unterstanden hab mein nochfolgete Meinung fürzulegen, auf daß, so es etlich lesen, ihm weiter nochdenken, und daß man täglichs zu einem näheren und besseren Weg und Grund kümmen müg. Und will aus Maß, Zahl und Gewicht[6] mein Fürnehmen anfohen. Wer Achtung dorauf hat, der würds hernoch also finden.

5. Sinn der Proportionen für den Künstler

Dorum hab ich ihm nochgedocht und find, daß man die menschlichen Bild[1] auf das genäuest soll messen. Dann aus derselben vielen mag man wohl etlich hubsche Ding zusammen in eins verfügen. Dann durch die Moß, so die recht gebraucht würd, mag ein idlich Ding künstlich gemacht werden.
Soliche Maß will ich nun in mein Fürnehmen ziehen und anzeigen, wie man ein menschlich Bild van auswendiger Gestalt[2] müg messen, doraus die Maler, Bildhauer oder die van Metall gießen, sie machen van Holz, Stein oder anderen härten Dingen, in ihren Nutz wenden mügen, aber zu Einführung und Bericht[3].
Item alle die Läng oder Höch, do die Glieder sind oder andere Zeichen derart eins idlichen Dings, das will ich mit Linien anzeigen.

6. *Vom Nutzen des Wissens*

Etwas künnen ist gut. Dann dardurch werd wir destmehr, vergleicht der Bildnüs Gottes[1], der alle Ding kann. Dorum der do untersteht, zu müßiger Zeit etwas zu lernen, Gott zu ehrn und ihm zu Nutz, der tut wohl.

Etwas künnen ist fast gut. Dann dardurch werd wir destmehr vergleicht der Bildnüs Gottes, der alle Ding kann. Wir künnten gern viel. Dann es ist uns van Natur eingossen, daß wir geren viel weßten, dordurch zu erkennen ein rechte Wahrheit aller Ding. Aber unser blöds Gemüt kann zu solicher Vollkummenheit aller Künsten, Wahrheit und Weisheit nit kummen. Doch sind wir nit gar ausgeschlossen van aller Weißenheit. Woll wir durch Lernung unser Vernunft schärpfen und uns dos einüben, so mügen wir wohl etlich Wahrheit durch recht Weg suchen, lernen, erkennen, erlangen und darzu kummen.

Dorum der do untersteht zu müßiger Zeit etwas zu lernen, darzu er sich am allergeschicktesten find, Gott zu ehren, ihm selbs und anderen zu Nutz, der tut wohl. Wir wissen, daß ihr viel mäncherlei Künst erfahren und ihr Wohrheit angezeigt haben, das uns itz zugutkummt. Dorum tut der auch wohl, der do ander Leut lernt und unterweist, das er gelernt hat. Dann er braucht sich des göttlichen Willens, der uns all unser Künnen mitteilet. Es ist nit bös, daß der Menschen viel lernt, wiewohl etlich grob darwider sind, die do sagen, Kunst mach hoffärtig. Sollt das sein, so wär niemand hoffärtiger dann Gott, der alle Kunst beschaffen hat. Das kann nit sein. Dann Gott ist das allerbest Gut. Dorum wer do viel lernt, der würd so viel besser und gewinnt destmehr Lieb zun Künsten. Deshalb ist es billich, daß sich der Mensch nit versäum und zu bequemer Zeit etwas leren. Man find etlich, die nichts künnen und wollen auch nichts lernen, verachten die Künst, sagen, daß etlich Künst ganz bös sind. Ich sag aber, daß all Künst gut sind, auch die, die man zu Bösem brauchen mag. Dann ist der künstlich Mensch frumm aus Natur, so meidet er das Bös und würkt das Gut. Dorzu dienen die Künst, dann sie geben zu erkennen Guts und Bös. Etlich Menschen mügen van allerlei Künsten lernen, aber das ist nit einem iden geben. Idoch ist kein vernünftig Mensch so grob, er mag etwan ein Ding lernen, darzu ihn die Lieb am höchsten trägt. Aus solchen Ursachen ist niemand entschuldigt, etwas zu lernen. Dorum

wer imands unterweist und fürmacht, dovan man lernen mag, das zu gemeinem Nutz not ist und dordurch niemand zwungen würd, das Besser zu vermeiden, das ist gut, das mag man hören, sehen und vernehmen.
Nun erkenn ich:
Es ist not, daß wir all lernen und das getreulich unseren Nochkummen mitteilen.

... wiewohl etlich grob Menschen die Künst hassen, türn[2] sagen, sie gebär Hoffart. Das kann nit sein. Dann Kunst gibt Ursach der demütigen Gutwilligkeit. Aber gewahnlich die nichts künnen, wöllen auch nichts lernen, verachten die Künst, sagen, es kumm viel Übels darvan und etlich seien ganz bös. Das kann aber nit sein. Dann Gott hat alle Kunst beschaffen, dorum müssen sie all genadenreich, voll Tugend und gut sein. Dorum halt ich all Künst für gut. Ein Schwert, das scharpf und güt ist, mag das nit zum Gericht oder Mord gebraucht werden? Ist dorum das Schwert besser oder böser? Also in den Künsten. Der Mensch van guter frummer Natur würd gebessert durch viel Künst. Dann sie geben zu erkennen das Gut aus dem Bösen. Dorum halt ich für gut, daß einer sein selbs achthab, warzu er am geschicktesten sei, daß er dasselb untersteh zu lernen.

7. *Lob der Malerei*

Salus 1512

Etwas zu sagen, das mehr nütz dann schad ist und das Besser nit verhindert, das mag man horen. Dorum wer do wöll, der hör und sech, was ich mach. Dann die Begierd der Menschen mag aller zeitlichen Ding durch Überfluß also fast gesättigt werden, daß man ihr ürdritz[1] würd, allein ausgenummen viel zu wissen, des würd niemands verdrossen. Es ist uns von Natur eingegossen, daß wir geren viel weßten, dordurch zu bekennen ein rechte Wahrheit aller Ding. Aber unser blöd Gemüt kann zu solcher Vollkummenheit aller Künstn, Wahrheit und Weisheit nit kummen. Doch sind wir nit gar ausgeschlossen van aller Weisheit. Wöll wir durch Lernung unser Vernunft schärpfen und uns dorin üben, so mügen wir wohl etlich Wahrheit durch recht Weg suchen, lernen erlangen, erkennen und dorzu kummen. Wir wissen, daß ihr viel mäncherlei Künst erfahren und ihr Wahrheit angezeigt haben, das uns zugut kummt. Dorum ist es billich, daß sich der Mensch nit versäum und zu bequemer Zeit etwas leren, dorzu er sich am allergeschicktesten find. Etlich Menschen mügen van allerlei Künsten lernen, aber das ist nit einem idlichen geben. Doch ist kein vernünftig Mensch so grob, er mag etwan ein Ding lernen, dorzu ihn sein Gemüt am höchsten trägt. Deshalb etwas zu lernen ist niemand entschuldigt. Es ist not zu gemeinem Nütz, daß wir lernen und das getreulich unseren Nachkummen mitteilen, ihn nichts verbergen. Auf solchs hab ich mir fürgenummen, etwas zu beschreiben, das den Jungen nit unbegierlich würd sein zu sehen. Dann der alleredelst Sinn der Menschen ist das Gesicht. Dorum ein idlich Ding, das wir sehen, ist uns glaublicher und beständiger, weder das wir hören. So aber beede, gesehen und gehört würd, so faß wir das dest kräftiger. Dorum will ich reden und fürmachen, auf daß mans dest baß fassen und merken müg. Unser Gesicht ist in dem zu vergeleichen einem Spiegel. Dann es fürfällt unserem Gesicht[2] allerlei Gestalt, die man uns fürträgt. Also fällt in unser Gemüt durch die Augen allerlei Gestalt, die wir sehen. Aus Natur sech wir ein Gestalt und Bildnüs viel lieber dann die ander, wiewohl dorum dasselb nit allbeg dest besser oder böser ist. Wir sehen geren schöne Ding, dann es gibt uns Freud. Zu urteilen das Schön, steht glaubwirdiger in eins künstreichen Molers Sag[3] denn in der anderen.

Ein rechte Maß gibt ein gute Gestalt, und nit allein im Gemäl, sunder auch in allen Dingen, wie die fürbrocht mügen werden. Nit unbillig beschreib ich etwas zum Gemäl dienstlich. Dann die Kunst des Molens würd gebraucht im Dienst der Kirchen und dordurch angezeigt das Leiden Christi, behält auch die Gestalt der Menschen noch ihrem Absterben. Die Messung des Erdrichs, Wasser und der Stern ist verständlich worden durch das Gemäl und würd noch Menschen viel künd[4] durch Anzeigung der Gemäl. Zu der Kunst recht zu molen ist schwer zu kummen. Dorum wer sich dorzu nit geschickt find, der untersteh sich der nicht. Dann es will kummen van den öberen Eingießungen[5].

Die Kunst des Molens kann nit wohl geurteilt werden dann allein durch die, die do selbs gut Moler sind. Aber fürwahr, den anderen ist es verborgen, wie dir ein fremde Sprach. In dieser Kunst sich zu üben wär den subtilen müßigen Jungen ein edel Ding.

Die groß Kunst der Molerei ist vor viel hundert Johren bei den mächtigen Künigen in großer Achtbarkeit gewesen, dann sie machten die fürtrefflichen Künstner reich, hieltens wirdig, dann sie achteten solche Sinnreichigkeit ein geleichförmig Geschöpf noch Gott. Dann ein guter Maler ist inwendig voller Figur, und obs müglich wär, daß er ewiglich lebte, so hätt er aus den inneren Ideen, dovan Plato schreibt, allbeg etwas Neus durch die Werk auszugießen.

Vor viel hundert Johren sind etlich berühmt Moler gewesen, als mit Namen der Phidias, Praxideles, Abelles, Polteclus, Parchasias, Lisipus, Protogines und die anderen, unter denen etlich ihr Kunst beschrieben haben, und zumal künstlich angezeigt, klar an Tag bracht. Doch sind dieselben ihre löbliche Bücher uns bisher verborgen und vielleicht gar verloren, etwan geschehen durch Krieg, Austreibung der Völker oder Veränderung der Gesetz und Gelauben, das do billig zu bereuen ist van einem idlichen weisen Mann. Es geschicht oft durch die groben Kunstverdrücker, daß die edlen Ingenii[6] ausgelescht werden. Dann so sie die gezognen Figuren sehen in etlichen Linien, vermeinen sie, es sei eitel Teufelsbannung, ehren Gott mit einem Widerwärtigen. Dann menschlich zu reden, so hat Gott ein Mißfall über all Vertilger großer Meisterschaft, die mit großer Mühe, Arbeit und Zeit erfunden würd und allein van Gott verliehen ist. Ich hab oft Schmerzen, daß ich der vorbestimmten Meister Kunstbücher beraubt muß sein. Aber die Feind der Künst verachten diese Ding.

Item hör auch kein Neuen, der etwas beschrieb und aus ließ gehn, den ich zu meiner Bessrung lesen möcht. Dann ob etlich sind, so verbergens doch ihr Kunst. So schreiben etlich van den Dingen, die solchs nit künnen. Das laut dann zumal blo[7], dann ihre Wort sind am besten[8]. Wer etwas kann, der merkts gar bald. Auf solchs will ich mit göttlicher Hilf das wenig, so ich gelernt hab, anzeigen, wiewohl solchs ihr viel verachten werden. Do leit mir nit an[9]. Dann ich weiß wohl, daß ein idlich Ding ehe zu schelten dann ein bessers zu machen ist. Ich will auch sölichs auf das verständigst unverborgnlich fürbringen, so ich mag. Und wenn es müglich wär, so wollt ich geren alles das, das ich kann, klar an Tag bringen, das zulieb den geschickten Jungen, die sölche Kunst höher liebn dann Silber und

Gold. Ich ermahn auch all die etwas künnen, daß sie sölchs beschreiben. Tüt das getreulich und klar, nit beschwerend, noch führt lang um[10], die do suchen und geren weßten, auf daß Gottes Ehr und euer Lob groß werd.

8. Vom Wesen der Schönheit und Beschreibung des „Teilers“

Keiner gelaub ihm selbs zu viel. Dann viel merken mehr dann einer. Wiewohl das auch müglich ist, daß etwan einer mehr versteht denn ander hundert, so geschicht es doch selten. Der Nütz ist ein großer Teil der Schönheit. Dorum was unnütz ist am Menschen, das ist nit schön. Hüt dich vor Überfluß. Die Vergleichung eins gegen dem anderen, das ist schön. Dorum hinken ist nit schön. Es ist auch im Ungleichen ein große Vergleichung. Van den Dingen und Künsten der Malerei werden ihr noch viel schreiben. Dann ich versich mich, es werd noch herfürkummen mäncher trefflicher Mann, die all wohl und baß van dieser Kunst werden schreiben und lernen dann ich. Dann ich selbs schätz mein Kunst ganz klein. Dann ich weiß, was Mangels ich hab. Dorum ein idlicher untersteh solchen meinen Mangel zu besseren noch seinem Vermügen. Wollt Gott, wenns müglich wär, daß ich der künftigen großen Meister Werk und Künz[1] itz sehen möcht, deren die noch nit geboren sind. Dann ich vermeint mich sein zu bessern.[2] Auch wie oft siech ich große Kunst und gut Ding im Schlof, desgleichen mir wachend nit fürkummt. Aber so ich erwach, so verleurt mirs die Gedächtnüs. Keiner schäm sich zu lernen. Dann zu einem guten Werk dient wohl ein guter Rat. Aber wer do Rat in den Künsten nimmt, der nehm ihn van einem, der solcher Ding hoch verständig sei und das mit der Hand anzeig. Idoch das mag ein idlicher tan und ist gut: So du ein Werk deines Gefallens gemacht hast, so stell das für grob unverständig Leut, laß sie darüber urteilen. Dann sie ersehen gewahnlich das Allerungeschicktest, wiewohl sie das Gut nit verstehn. Finstu dann, daß sie ein Wahrheit sagen, so magstu dein Werk besseren. Solcher Ding wären noch viel zu schreiben, aber um Kürz willen unterlaß ichs und will eintreten in das Werk, zu machen die äußer Gestalt Mann und Weib.

Item die Figur soll genennt werden der Teiler[3], dann sie gibt nichts dann Zahl und Teil.

Zu Einführung und Bericht einer nachfolgeten äußerlichen menschlichen Gestalt und Gliedmaß, wie man die messen soll, will ich anzeigen einer schlechten Meinung auf das kürzest, so es ahn Abbruch erleiden mag. Dann alle Teil benenn ich mit Zahln, etlich mit Buchstaben, wie das die Notdorft erheischen würd, dardurch du solchs zu deinem Werk dest verständlicher brauchen mögest.

Erstlich so du ein Bild zu machen hast fürgenummen, magstu dich der gleichen Meinung gebrauchen. Nimm ein Richtscheit oder was dir dorzu gelegen ist, dorauf stich die Läng des Bildes mit zweien Punkten, welcher Anfang a und End b ist, und zeuch ein gerade Lini dorzwischen. Und sooft ich dir nachmals van a b sag, so versteh allbeg die ganzen Läng des Bildes, das do begriffen würd zwischen a b.

Nachfolget teil gar eigentlich die gedacht Lini a b mit Punkten van 2 bis auf 50 oder mehr, so viel dir füglich ist. Dieselben Punkten benenn und verzeichen ein idlichen mit seinen teilbarn Zahlen also $^1/_2$ $^1/_3$ $^1/_4$ $^1/_5$ $^1/_6$, als viel du den Teil geteilt hast. Und wo ich dir nochfolget würd sagen: das Glied des Manns oder Weibs sei eins solchen Teils lang oder breit, so versteh allbegen denselben also geteilten Teil aus der Läng a b. Dies behalt für ein gemeine Lehr und Grund meines ganzen Fürnehmens.

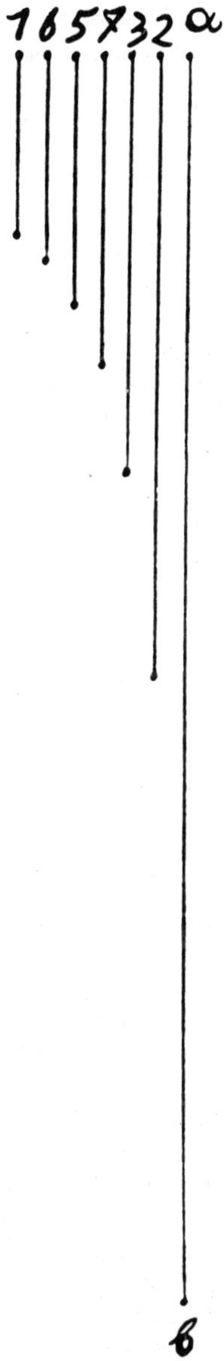

Dobei begibt sich auch oft aus Unmüglichkeit, daß man ein Ding mit eim benennten Teil aus kann messen, so setzt man etlich gleiche oder ungleiche Teil zusammen als $^1/_{12}$ und $^1/_{16}$ und $^1/_{20}$ oder $^1/_8$ und $^2/_{28}$. Ich setze auch zuzeiten van Nähe und Kürz wegen ein oder mehr Teil van einem herabgeteilten Teil in a b als $^1/_3$ van $^1/_{11}$ und desgleichen. Du magst auch das alles verkehrn, so in viel und mäncherlei Weg änderen, so viel es dir zu brauchen dienstlich würd[4].
Dir würd auch vergünnt ein idlichen Teil in a b noch weiter abzuteilen, auch dies Nachgeschrieben viel genäuer zu ersuchen und messen, dann ichs hie anzeig. Dann ich will ein liederlichen kurzen Weg gehn. Idoch wie schlecht und gering der ist, würstu dannocht viel heimlich Wunders dardurch finden, aber wohl dobei, wo du mitnehm ...

9.

Von Farben

Item so du erhabn wilt molen, so es das Gesicht betriegen söll[1], mußtu der Farben gar wohl bericht sein und im Molen fast auseinanderscheiden, also zu verstehn: Item du molst 2 Röck oder Mäntel, ein weiß, den andern rot. Und wenn du sie schättigst[2], do es sich bricht, wann an allen Dingen ist Lichts und Finsters[3], was sich aus den Augen krümmt oder beugt. Wo das nit wär, so wärs alls eben anzusehen, und in solicher Gestalt würd man nüt erkennen denn als viel sich die bloßen Farben auseinanderschieden[4]. Dorum so du den weißen Mantel schättigst, muß er nit so mit einer schwarzen Farb geschättigt sein als der rot. Wann es wär unmüglich, daß ein weiß Ding so ein finsteren Schatten geb als das rot, und würd sich beieinander nit vergleichen. Ausgenummen wo kein Tag hin mag[5], ist alle Ding schwarz, als in der Finster[6] kannstu kein Farb erkennen. Dorum, obs die Rechnung geb in einem weißen Ding, do einer mit Recht zum Schatten ganz schwarz nützet, wär nit schträflich. Doch kummt es gar selten. Auch soltu dich hüten, so du etwas von einer Farb molst, sie sei rot, blo[7], braun oder vermischt Farben, wie sie sein, daß du sie im Lichten nit zu viel licht machst, also daß sie aus ihrer Art schlach. Beispiel: ein Ungelehrter besicht dein Gemäl, unter dem ein roten Rock, spricht: „Schau, gut Fründ, wie ist der Rock auf eim Teil so schön rot und auf dem anderen hat er weiß Far[8] oder bleich Flecken." Dasselb ist sträflich, und hast ihm nit recht getan. Du mußt in solicher Gestalt molen ein rot Ding, daß es überall rot sei, desgeleichen mit allen Farben, und doch erhaben schein. Auch mit dem Schättigen desgeleichen halten, daß man nit sprech, ein schön Rot sei mit Schwarz beschissen[9]. Deshalb hab acht, daß du ein jedliche Farb schättigst mit einer Farb, die sich dorzu vergeleich. Als ich setz ein gele Farb. Soll sie in ihrer Art beleiben, so mußtu sie mit einer gelben Farb schättigen, die dunkeler sei weder die Hauptfarb ist. Wenn du sie mit Grün oder Blob[7] absetzt, so schlächts aus der Art und heißt nimmer gel, sunder es würd ein schillrete[10] Farb doraus, als man seiden Gewand findt, die van zweien Farben gebürkt[11] sind, item von Bran[12] und Blo, das ander braun und grün, etliches dunkelgel und grün, auch kesterbraun[13] und dunkelgel, item blo und ziegelrot, auch ziegelrot und veielbraun[14], und der Farben mäncherlei, das man vor Augen sicht, so man dieselben molt. Und wo es sich bricht allbeg am Abwenden, teilen sich die Farben, daß man sie voreinander erkennt. Demnoch mußt du sie molen. Aber wo sie platt aufliegen, sicht man nun[15] ein Farb. Aber nüt destminder so du ein soliche Seiden molst und mit einer Farb tuschierst[16], als ein Braun mit dem Blo, so mußtu das Blo noch mit eim sätteren Blo absetzen, wo es ihm nottut. Es kummt auch oft, daß diese Seiden in der Dunkelen ahn der braun Farb gesehen wird, als wenn einer vor dem anderen steht, der ein solichs Kleid anhat. So mußtu dasselbig Braun mit eim sätteren Braun absetzen und nit mit dem Blo. Es geh wie es woll, so muß kein Farb im Tuschieren aus ihrer Art kummen.

10. Speis der Malerknaben

Salus 1513

Dies nachfolget Büchle wird genennt ein Speis der Malerknaben.

Dem Menschen ist fast not, daß er etwas künn, van der Nutzbarkeit wegen, die doraus entspringt. Deshalb soll wir all geren lernen. Dann so wir mehr künnen, destmehr werd wir vergleicht der göttlichen Gebildnüs, der do alle Ding wohl kann. Du findest mäncherlei Künst. Nimm dir der eine für, die dir wohl zunutz mag kummen, lern sie, laß dich der Mühe nit befielen[1], bis daß du erlangt, das dich erfreuen mag. Aus Begierd künnten wir geren viel, hätten des kein Verdrieß. Dann es ist uns aus Natur eingegossen, daß wir gern alle Ding weßten, dardurch zu erkennen ein Wahrheit aller Ding. Aber unser blöds Gemüt kann zu solcher Vollkummenheit aller Kunst,Wahrheit und Weisheit nit kummen. Aber dorum sind wir nit gar ausgeschlossen van allen Künsten. Wöll wir durch Lernung unser Vernunft schärpfen und uns dorin üben, so mügen wir wohl etlich Wahrheit durch recht Weg und Mittel suchen, lernen erkennen, erlangen und darzu kummen. Dorum der do untersteht zu müßiger Zeit etwas zu lernen, darzu er sich am allergeschicktesten find, Gott zu ehrn, ihm selbs und andern zu Nutz, der tut wohl. Wir wissen, daß ihr viel mäncherlei Künst erfahren und ihr Wahrheit angezeigt haben, das uns itz zugut kummt. Dorum ist es recht, daß einer den anderen unterweis. Wer das geren tut, dem würd von Gott viel verliehen. Und von ihm hab wir alle ... vergebens. Er hab höchstes Lob. Es ist nit bös, daß der Mensch viel lern, wiewohl etlich grob dorwider sind, die do sagen, Kunst mach hoffärtig. Sollt das sein, so wär niemand hoffärtiger dann Gott, der do alle Kunst beschaffen hat. Das kann nit sein. Dann Gott ist das allerbest Gut. Dorum wer viel lernt, der würd so viel besser und gewinnt destmehr Lieb zun Künsten und allen hohen Dingen. Deshalb ist es billig, daß sich der Mensch nit versäum und zu bequemer Zeit etwas lern.

Dann man findt etlich, die nichts künnen und wöllen auch nichts lernen, verachten die Lehr, sagen, daß viel Übels aus den Künsten entsteh und etlich ganz bös sind. Darwider ist mein Meinung: Ich halt, daß keine bös sei, sunder all gut. Ein Schwert ist ein Schwert, das mag zum Mord oder Gericht gebraucht werden. Dorum sind die Künst an ihn selbs gut. Was Gott beschaffen hat, das ist gut, wiewohl sich des ihr viel mißbrauchen. Ist der kunstreich Mensch frumm und aus Natur gut, so meidt er das Bös und würkt das Gut. Darzu dienen die Künst, dann sie geben zu erkenn Guts und Böses. Etlich Menschen mügen van allerlei Künsten lernen. Aber das ist nit einem idlichen gegeben. Idoch ist kein vernünftig Mensch so grob, er mag etwan ein Ding lernen, darzu ihn sein Lieb am höchsten trägt. Aus solichen Ursachen ist niemand entschuldigt, etwas zu lernen. Nun erkenn ich, daß in unserer tewtzschen Na-

tian bei den itzigen Zeiten viel Moleren der Lernung notdörftig wären. Dann sie manglen der rechten Kunst und haben doch viel große Werk zu machen, darzu fast not wär, daß sie ihre Werk bessreten, so ihr so ein große Zohl ist. Einem idlichen, der unwissend erbet, der erbet schwerer dann der so verständlich erbet. Dorum lernt all recht verstehn. Denselben die nit viel künnen und doch geren lernen wollten, den will ich mein nochfolgete Unterweisung gutwillich mitteilen. Aber mit den Hoffärtigen, die ihn selbs zumessen, sie wissen all Ding und seien die Besten, verachten all ander Ding, will ich unbekümmert sein. Aber van den rechten Künstnern, die das mit der Hand anzeigen, begehr ich demütiglich unterwiesen zu werden mit großer Dankbarkeit. Dorum wer do wöll, der hör und sech, was ich red und mach, und leren das. Dann ich hoff, es soll Nutz bringen und die bessern Künst nit verhinderen, noch dich zwingen zu Versäumnüs besserer Ding. Diese Kunst der Maler würd fürgemacht den Augen. Dann der alleredelst Sinn der Menschen ist das Gesicht. Dorum weiß ich, daß etlichen diese Ding begierlich werden sein, die vor van solchen nie gehört noch gesehen haben in unseren Landen. Dorum wem dies Ding fürkummt, der nehm die Wahl doraus und such Bessrung dorin, wie er will, allein daß allbeg die Wohrheit dobei beleib. Ein idlich Ding, das du sichst, das ist dir gelaublicher, denn das du hörst. So aber beede, gehört und gesehen würd, fass wir das dest kräftiger und beleibt uns beständiger. Deshalb will ich das Wort und das Werk zammentan, auf daß mans dest baß merken mug.
Unserm Gesicht fällt für allerlei Gestalt, die man ihm fürbringt wie einem Spiegel, und aus Natur sech wir ein Gestalt und Bildnüs viel lieber dann die ander, wiewohl dorum dasselb nit allbeg dest besser oder böser ist. Wir sehen geren schöne Ding, dann es gibt uns Freud. Zu urteilen das Schön steht glaubwirdiger in eines künstreichen Molers Sag dann in der anderen.
Ein rechte Maß gibt ein gute Gestalt, und nit allein im Gemäl sunder auch in allen Dingen, wie die fürbracht mügen werden.
Nit unbillich beschreib ich zum Gemäl dienstlich. Dann die Künst des Molens würd gebraucht im Dienst der Kirchen und durch das angezeigt das Leiden Cristy und viel andrer guter Ebenbild, behält auch die Gestalt der Menschen nach ihrem

Absterben. Die Messung des Erdrichs, Wasser und der Stern ist verständlich worden durch Anzeigung der Gemäl und würd noch mänchem viel kund durch Anzeigung der Gemäl.
Zu der Kunst recht werklich, künstlich und schön lieblich zu molen ist schwer zu kümmen, bedarf langer Zeit und ein fast freie geübte Hand. Dorum wer sich dorzu ungeschickt find, der untersteh sich der nicht. Dann es will kummen van den obern Eingießungen. Die Kunst...

Aus den „Vier Büchern von menschlicher Proportion“

ENTWÜRFE

1. Beginn der Arbeiten für die Proportionslehre

Dann ob ich etwas anzünd, und ihr all Mehrung mit künstlicher Besserung darzu tüt, so mag mit der Zeit ein Feuer doraus geschürt werden, das durch die ganzen Welt leucht. Item vor allen andern Dingen ist uns lieblich zu sehen ein schön menschlich Bild. Dorum will ich an der menschlichen Maß anfahen zu machen. Dornoch so mir Gott Zeit verleicht, van anderen Dingen mehr schreiben und machen. Aber ich weiß wohl, daß die Neidischen ihr Gift nit bei ihnen werden behalten. Es söll mich aber nix hinderen. Dann es haben etwan die großen Mann desgeleichen müssen dulden. Wir haben mäncherlei Gestalt der Menschen, Ursach der vier Komplexen[1]. Aber so wir ein Bild söllen machen, und das in unseren Gewalt gschtellt würd, so soll wir das auf das allerschönest machen, so wir künnen, nach Gelegenheit der Sach, wie sich das geziemt. Dann es ist nit ein kleine Kunst, viel unterschiedlicher Gestalt der Menschen zu machen. Die Ungestalt will sich van ihr selbs stetigs in unser Werk flechten. Ein schön Bild zu machen kannstu van einem Menschen[2] nit abnehmen. Dann es lebt kein Mensch auf Erdrich, der alle Schön an ihn hab, er möcht allweg noch viel schöner sein. Es lebt auch kein Mensch auf Erden, der beschließlich[3] sprechen möcht, wie die allerschönest Gestalt des Menschen möcht sein. Niemands weiß das dann Gott allein. Die Schön zu urteilen, dovan ist zu ratschlagen[4]. Nach Geschicklichkeit muß man sie in ein idlich Ding bringen. Dann wir sehen in etlichen Dingen ein Ding für schön an, in eim anderen wär es nit schön. Schön und schöner ist uns nit leicht zu erkennen. Dann es ist wohl müglich, daß zwei unterschiedliche Bild gemacht werden, keins dem anderen gemäß, dicker und dünner, daß wir nit wohl urteilen künnen, welches schöner sei. Die Schönheit, was das ist, das weiß ich nit, wiewohl sie viel Dingen anhängt. Wöll wir sie in unser Werk bringen, so kummt uns das gar schwer an, müssen das weit zusammentragen, und sunderlich in der menschlichen Gschtalt durch alle Gliedmoß vorn und hinten. Man durchsucht oft zwei oder dreihundert Menschen, daß man kaum eins oder zwei schöner Ding an ihn findt, die zu brauchen sind. Dorum so tut not, wiltu ein gut Bild machen, daß du van etlichen das Haupt nehmest, van anderen die Brust, Arm, Bein, Händ und Füß, also durch alle Gliedmaß alle Art ersuchest. Dann van viel schöner Ding versammelt man etwas Guts, zu gleicher Weis wie das Hönig aus viel Blumen zusammengetragen würd. Zwischen zuviel und zuwenig ist ein recht Mittel, des fleiß dich zu treffen in all dein Werken. Etwas „schön" zu heißen, will ich hie also setzen, wie etliche „recht" gesetzt sind: also was alle Welt für recht schätz, das halten wir für recht. Also do auch, was alle Welt für schön acht, das wöllen wir auch für schön halten, und uns des fleißen zu machen.

Item die Maß, die ich beschreib, will ich nit hoch loben, wiewohl ich sie nit für die ärgest Meinung halt. Ich setz sie auch nit dorum, daß sie eben also muß sein und nit anderst. Aber durch die Mittel magstu ein besseren Weg suchen und erfinden. Dann ein idlicher soll in seinem Werk der Bessrung nochgedenken. Doch ein idlicher nehm das für gut, bis daß er mit einem Besseren wahrhaftiglich unterricht werd. Dann einer fährt der Wahrheit näher dann der ander, darnoch der Verstand höher in ihm ist und schön Perschan[5] vor ihm hat, darnach er kunterfet. Ihr viel gehnt allein ihrem Wohlgefallen nach. Die irren sich. Dorum sech ein idlicher zu ihm selbs, daß ihm die Lieb nit ein blind Urteil geb. Dann einer idlichen Mutter gefällt ihr Kind wohl. Doraus kummt, daß viel Moler machen, das ihnen geleich ist. Es ist mancherlei Unterschied und Ursach der Schöne. Wer die bewährn[6] kann, dem ist destmehr zu glauben. So viel der Gebrechlichkeit ausgeschlossen würd, so viel beleibt der Schöne destmehr im Werk. Keiner gelaub ihm selbs zu viel. Dann viel merken mehr dann einer. Wiewohl das auch müglich ist, daß etwan einer mehr versteht dann ander tausend, so geschicht es doch selten. Der Nütz ist ein Teil der Schanheit. Dorum was am Menschen unnütz ist, das ist nit schön. Hüt dich vor Überfluß. Die Vergleichung eins gegen dem anderen[7], das ist schön. Dorum Hinken ist nit schön. Es ist auch im Ungleichen ein große Vergleichung. Van

den Dingen werden ihr noch viel geschrieben. Dann ich versiech mich, es werd noch herfürkummen mäncher trefflicher Mann, die all wohl und baß van der Kunst werden schreiben und lernen dann ich eins kleinen Verstands. Wollt Gott, daß müglich wär, daß ich itz ihr gute Werk zu meiner Bessrung sehen möcht, der, die noch nit geborn sind.
Wohl tut einem ein guter Rot in eim Werk, das do gut soll werden. Dorum wer do Rat in den Künsten will nehmen, der nehm in van einem, der solcher Ding hochverständig sei und das mit der Hand anzeig. Idoch das mag ein idlicher tan und ist gut: So du ein Werk deines Gefallens gemacht hast, so stell das für grob unverständig Leut, laß sie darüber urteilen, dann sie ersehen gewahnlich das Allerungeschicktest, wiewöhl sie das Gut nit verstehn. Finstu dann, daß sie ein Wahrheit sagen, so magstu dein Werk besseren.
Solcher Ding wärn noch viel zu schreiben. Aber um Kürz willen unterlaß ichs und will eintreten in das Werk zu machen die äußer Gestalt, Mann und Weib.
Zu Einführung und Bericht der nachfolgeten Messung der Menschen will ich anzeigen einer schlechten Meinung auf das kürzest, so es ahn Abbruch erleiden mag. Dann alle Teil benenn ich mit Zahlen, etlich mit Buchstaben, wie das die Notdorft erheischen würd, dordurch du sölchs zu deinem Werk dest verständlicher brauchen mügst.

[Zeichnung des Teilers]

Erstlich so du ein Bild zu machen hast fürgenummen, magstu dich der Meinung geleichen brauchen. Nimm ein Richtscheit, oder was dir darzu gelegen ist. Dorauf stich die Läng des Bildes mit zweien Punkten, welcher Anfang a und End b ist, und zeuch ein gerade Lini darzwischen. Und so oft ich dir nachmals van a b sag, so versteh allbeg die Läng des ganzen Bilds, das do begriffen würd zwischen a b.
Nachfolget teil gar eigentlich die gedacht Linie a b mit Punkten van 2 bis auf 50 oder mehr, so viel dir füglich ist. Dieselben Punkten benenn und verzeichen ein idlichen mit seinem teibaren[8] Zahlen also $^1/_2$ $^1/_3$ $^1/_4$ $^1/_5$ $^1/_6$ $^1/_{50}$ als viel du denn Teil geteilt hast. Und wo ich dir nachfolget würd sagen, das Glied des Manns oder Weibs sei eins sölchen Teils lang oder breit, so versteh allbegen denselben also geteilten Teil aus der

Läng a b. Ditz behalt für ein gemeine Lehr und Grund meines ganzen Fürnehmens.
Dobei begibt sich auch oft aus Unmüglichkeit eins unbenenntbaren Teils in a b zween oder mehr gleiche oder ungeleiche Teil etwan beiderlei zusammengesetzt werden, als $^1/_{12}$ und $^1/_{16}$ und $^1/_{20}$, oder $^1/_8$ und $^2/_{24}$. Ich setze auch zuzeiten van Nähe und Kürz wegen ein oder mehr Teil van einem herabgeteilten Teil in a b, als $^1/_3$ van $^1/_{10}$ und desgeleichen. Du magst auch das alles verkehrn und änderen in so viel und mäncherlei Weis und Weg, so viel es dir zu brauchen dienstlich würd. Dir würd auch vergünnt ein idlichen Teil in a b noch weiter abzuteilen. Auch dies Nochgeschrieben viel genäuer zu ermessen, dann ichs hie anzeig. Dann ich will ein liederlichen kurzen Weg gehn. Idoch wie schlecht und gering der ist, würstu dannocht viel heimlichs Wunders dardurch erfinden, so dus anderst fleißig lernst zu durchsuchen. Aber wohl dobei! Wo du mit Nehmen und Geben der Maß dem Leben gemäß nit verständig bist, so würd all dein Machen vergebens, und dein Werk unlieblich erscheinen.
Aus der ersten Beschreibung folgt anfänglich das Bild zu machen bei seinem Haupt. Das magstu tan durch ein Weg, den ich dir nachmals anzeig.
Item mach ein rechte Vierung mit gleichen Winklen. Bezeichen ihre Eck mit a b c d. Und setz in sie Punkten deines Gefallens. Ich setz ihr fünf. Durch dieselben Punkten mügen aufrecht Lini gezogen werden, die man in Latein nennt perpenticulares[9]. Sie söllen auch Paral[le]la sein. Dorum will ich sie fürbaß nennen aufrecht Lini und die parallela Paarlini. Dann sie gehnt allbeg geleich nebeneinander, also daß sie nimmermehr vaneinander oder zusammen kummen.
Und wie du aufrecht Lini in der Vierung a b c d durch die Punkten 1 2 3 4 5 hast gezogen, also magstu auch durch dieselben Punkten mit Paarlinien in der Vierung a b c d überzwerch fahren.
Aus der itz gemachten Vierung entspringt zu machen der ander Grund. Geleich neben der Vierung a b c d setz eine andre Vierung van gleichen Winklen. Zeichen ihre Eck 1 2 3 4. Doch so hoch als die Vierung a b c d, aber so breit oder schmal, wie es dir gefällt. Nachmals laß die Paarlini aus der Vierung a b c d aus den Punkten 1 2 3 4 5 überzwerch gehn in die Vierung 1 2 3 4, so würd durch die Paarlini die Vierung 1 2 3 4 in geleicher Maß geteilt wie die Vierung a b c d.

Item setz ander Punkten deines Gefallens in die Vierung 1 2 3 4 und zeichen sie mit 6 7 8. Durch die Punkten zeuch aufrecht Paarlini zu geleicher Weis wie in der Vierung a b c d.
Item den zweien Gründen entspringt der dritt Grund. Setz ein Vierung van rechten Winklen, zeichen ihre Eck mit e f g h. Doch daß sie nit breiter sei dann die Vierung a b c d, und nit höher dann do breit ist die Vierung 1 2 3 4, und daß sie gleich steh unter der Vierung a b c d. So du nun die aufrechten Paarlini in der Vierung a b c d aus den Punkten 1 2 3 4 5 herabzeuchst durch die Vierung e f g h, so würd sie gleichförmig geteilt wie die Vierung a b c d.
Item den Diameter will ich hie nennen ein Ortschtrich. Wiss auch den Ortstrich für die längst Lini, die in einer rechten Vierung über Ort gezogen würd.
Item nachmals mußtu noch ein Mittel haben, dordurch du die aufrechten Paarlinien 6 7 8 in der Vierung 1 2 3 4 geleichförmig überzwerch in die Vierung e f g h bringst. Dem tu also. Mach ein rechten Winkelhaken van gleichen Seiten. Bezeichen ihn mit j k l. Also setz ihn, daß j l die aufrecht Lini sei. Und j k oben überzwerch nit breiter sei dann die Vierung 1 2 3 4. Und setz ihn gleich darunter. Dornoch zeuch ein Ortschtrich vam k zum l. Und zeuch die aufrechten Lini 6 7 8 aus der Vierung 1 2 3 4 unter sich herab durch den Winkelhaken auf die Lini k l oder Ortstrich. Der würd durch die aufrechten Paarlini 6 7 8 aus der Vierung 1 2 3 4 gleichförmig geteilt.
So nun die Vierung e f g h und der Wingelhok j k l nebeneinander in einer Höch gestellt werden, so du dann aus den Punkten im Ortstrich k l, die do worden sind aus den aufrechten Linien 6 7 8, überzwerch mit Paarlinien fährst durch die Vierung e f g h, so würd sie überzwerch gleichförmig geteilt, wie die Vierung 1 2 3 4 noch der Läng geteilt ist. Durch das würd van einer Figur in die ander getragen, was man will. Durch die obbeschrieben Fürgeben würd ein seitlich Ding in das Fürsichtig und Hinterwärtlich[10] getragen, und durch den Winkelhaken werden gemacht die niedergedrückten Gründ[11], wie dus nachmals im Machen sehen würst.
Nun heb an zu machen die ersten Perschan eines starken Manns, als obs wär der Samson oder Ercules[12]. Tu ihm also. Mach das Haupt in drei Vierung nebeneinander, die eins 8 Teils hoch sind. Dorin rührt der Kopf oben mit der Scheitel und unten mit dem Kinn an.

Item stell zuvörderst die Vierung des seitlichen Angesichts. Die ist überzwerch breit $^{2}/_{17}$ Teil. Aber die Vierung des fürsichtigen und hinterwärtlichen Kopfs ist ein idliche breit eins 11 Teils.

Nun nimm zum ersten für dich die Vierung des seitlichen Angesichts und zeichen ihr aufrecht Lini vorn mit ein a und hinten mit eim b. Vornen ist, do die Nasen ausgeht.
Item die oberst zwerch Lini zeichen mit eim x, und die unterst mit eim z. Nun teil a b mit sechs aufrechter Lini in sieben gleiche Felder und zeichen die Lini mit c d e f g h. Wiss, daß die Lini all Paarlini sind, aufrecht und überzwerch.
Item vam z übersich ein 11 Teil zeich ein zwerch Lini j.
Nun teil j z mit zweien zwerch Linien k l in drei gleiche Feld. Vam Eck, das sich schleußt van x c, zeuch ein gerade Lini schlems in das Eck, das do schleußt a l. Wo die itz gezogen Lini die zwerch Lini j durchschneidt, doselbst ist der Wirbel der Stirn. Aber in Seiten zeucht sich die Blößen der Stirn hinauf ins Halbteil zwischen x j. Aber der Wirbel hinten auf dem Kopf würd begriffen im Mitteil zwischen xj und b h. Und van dann rundiert sich das Haupt.
Item die höchst Scheitteil rührt die Lini f an der Lini x. Van dann rundiert sich das Haupt zu beeden Wirblen voren der Stiren und hinten des Haupts untersich. Aber van dem hinteren Wirbel des Haupts rundiert sich das Haupt hintersich hinab an die Lini b auf die Lini j. Zwischen j k übertrifft die Rundung des Hinten aushin ein wenig die Lini b. Aber in b k rührt die Rundung des Haupts das Eck b k. Van dann zeucht sich die Rundung hinein abwärts aufs Halbteil k l zwischen b h. Do hat das Haupt ein besunder Einbeißen. Van dan rundert sich das Haupt wiederum hinab an den Punkten, den do schleußt h l. Der Hals endt hinten an der Lini h.
Die Blößen des Antlitz auf der Seiten, dobei das Hoor anhebt, ist im Mittel zwischen e f. Und hinten wächst das Haar hinab zum Hals bis auf die zwerch Lini, die durch den Mund geht.
Item die Stirn übertritt zwiefach die schlem gezogen Lini aus dem Eck c a in das Eck a l. Zum ersten in den oberen zwei Dreiteilen zwischen j k. Dornoch im unteren Dritteil halb so weit.
Item die Nasen mit ihrer Gestalt unter der schlemen Lini, daß sie nit fürtret, werd gezogen zwischen k l. Das Nasbälle[13]

beleibt im unteren Vierteil zwischen k l. Und der Nasen End rührt hinten die Lini c.
Item zwischen a c und l z zeuch ein aufrechte Lini. In der Mitt zeichen die mit eim q. Die Lini rührt voren den obern Lebsen des Mundes. Aber q c teil mit zweien aufrechten Linien in drei gleiche Feld. Die vorder Lini rührt vorn den unteren Lebsen des Mundes und vorn das Kinn. Aber die ander Lini rührt die Hohlkehlen unter dem Lepsen auf dem Kinn.
Item die Gestalt des Mundes mach also. L z teil mit einer zwerch Lini in der Mitt vaneinander. Setz ein o. Nun l o teil aber in der Mitt vaneinander. Setz ein p. Die Lini o rührt ober das Kinn. Aber die Lini p geht mitten durch den Mund. Des Winkel endt hinten an der Lini c.
Item teil l p in drei gleiche Feld. Im unteren Feld würd begriffen die Dicken des oberen Lebsen. Aber die oberen zwei Feld beleiben zu der Läng der Hohlkehln unter der Nasen.
Item teil p o in der Mitt in zwei gleiche Feld. Im obern Halbteil ist die Dicken des unteren Lebsen und das ander Halbteil beleibt zu der Hohlkehlen dorunter ob dem Kinn.
Item mach das Ohr in die Vierung, die do schleußt g f und k l, also daß das klein Ohrläpplen beleib mit seiner Höch im untersten Vierteil zwischen k l im Halbteil g f gegen dem Kinnbacken. Van dann zeuch den Kinnbacken fürsich hinab auf die Lini j z zu dem Kinn.
Item der Hals ist unter dem Kinn dick ein 15 Teil.
Item die Augenbrauen werden gezogen auf der Lini k, also daß sie in der Mitt c d wohl über die Lini k steigen. Aber sie enden in dem Eck, das so schleußt d k.
Item die Augen werden gezogen im oberen Dritteil zwischen k l. Und der Augapfel rührt voren die Lini c. Aber das hinter Eck endt im Mittel zwischen c d. Die Eck der Augen stehnt geleich in einer Höch, daß die Lini aus eim Eck in das ander gleich den Augapfel mittendurch schneidt. Der Diameter oder Ortstrich des Augapfels ist hoch eins Fünfteils van der Höch zwischen k l. Die anderen Lini zeuch, wie du das in der folgeten Figur sichst[14].
Item das fürsichtig Angesicht mach nochfolget in sein andre Vierung und zeuch alle Höch der Glieder aus dem seitlichen Angesicht durch die Zwerchlini in das fürsichtig durch den vorbeschriebnen Unterricht[15]. Also tut nit anderst not, dann

allein zu ziehen die aufrechten Linien in dem fürsichtigen Angesicht, die do geben die Breiten der Gliednüs.
Item die Vierung des fürsichtigen Angesichts stell gleich newen das seitlich Angesicht, dann die Vierung sind in einer Höch. Aber überzwerch ist sie nit mehr breit dann ein 11 Teil.
Item bezeichen die zwu Seiten der Vierung des fürsichtigen Angesichts aufrecht mit a b und teil sie mit dreien aufrechten Linien in vier gleiche Feld. Bezeichen die Lini mit c d e. Darnach teil c e mit zweien Linien in drei gleiche Feld und zeichen die Lini mit h j. Darnach teil a b mit zweien Punkten in drei gleiche Feld. Desgleichen tu e b. Nun zeuch zwu Lini auf idlicher Seiten aus den nächsten Punkten bei a und zeichen sie f g. Also würd beschlossen durch die aufrechten und überzwerch gezogenen Paarlinien alle Höch und Breiten der Glied des Angesichts. Dornoch zeuchstu di rechten Linien der Gestalt des Angesichts ordenlich dorein also:
Die Scheitel rührt oben an die zwerch Lini x, die dann durchgeht van dem seitlichen Haupt.
Die Lini d geht mitten durch die Nasen, Scheitel, Maul und Kinn.
Und oben vam d rundiert sich auf idliche Seiten hinab das Haupt auf die zwerch Lini j an die zwu Lini a b.
Van dann rundiert sich das Haupt baß hinab auf die Zwerchlini k ob den Ohren. Do zeuch ihn hinein aufs Habteil[16] idlicher Seiten a f und g b.
Die Ohren zeuch zwischen k l auf idlicher Seiten zwischen den aufrechten Linien a f und g b. Aber die zwei Ohrläpplen beleiben und im Habteil zwischen a f und g b gegen dem Kinnbacken.
Unten van den Ohren aus den Ecken auf idlicher Seiten, die do schleußt die zwerch Lini l und die zwu aufrechten Lini f g, zeuch den Kinnbacken untersich in rechter Gesalt zu dem Kinn auf die Lini z.
Auf der Lini ist der Hals dick ein 16 Teil. Den zeuch förmlich übersich zu den Ohrn auf idlicher Seiten an die zw[u] Lini f g.
Auch zeuch das Kinn zwischen h k wohlgestalt in rechter Höch, und daß es zu idlicher Seiten hinten hinein ein wenig übertret die zwu aufrechten Lini h j, und rühr oben die zwerch Lini o. Aber den Mund zeuch recht also, daß die Eckle die zwu aufrechten Linien h j ein wenig übertreten.

Item die Nasen zeuch auch zwischen den zweien Linien h j in ihrer vorbeschrieben Höch, also daß die Nasbälle die zwu Lini h j anrühren. Aber das Vorder der Nasen ist breit ein Halbteil van der Weiten h j. Dorum zeuch sie mit aller Gestalt natürlich.
Item die Augen beleiben in ihrer Höch auf idlicher Seiten zwissen den aufrechten Linien c h und j e, so werden die Augbrauen...

2. Proportionen eines starken Mannes von 8 Kopflängen

Jhesus Maria 1512

Ich hab in dem geirrt. Der ander ist besser.
Item nachfolget ein hübsch schtark Manns Proportian.
Nimm Teil von Teilen, wie vor beschrieben ist, und mach das Haupt zum ersten.
Das ist in seiner Vierung hoch eines 8 Teils von der Manns Läng.
Mach drei Vierung nebeneinander, nebensich, fürsich und hinten[1].
Die nebensich Vierung ist breit eines 8 Teils. Aber das Fürsichtig eines 11 Teils breit. Also auch das Hinterwärtig.
Item wo sich die Nasen in der Vierung hinkehrt, heißt vorn. Dargegen hinten.
Nun heb an das nebensichtig Angesicht zu machen in sein Vierung. Und teil dorein mit aufrechten Linien alle Tiefen der Glied. Und zeichen sie mit Bustaben von Gedächtnüs wegen.
Van hinten herfür ein 9 Teil im 8 Teil setz ein a. Die Lini rührt das vorder Winkele des Augs und das letzt Teil hinten des Nasbällens.
Van hinten herfür ein 10 Teil setz ein b. Die Lini rührt das äußer Augwinkele und die Eintiefung des Kinns zuunterst.
A b teil in 6 gleiche Teil und zeuch die nächsten zwu Linien bei a b herab. Zeichen sie mit c d.
Die Lini c rührt vorn den Augapfel und die Tiefen des Mundes.
Die Lini d rührt inwendig das hinter Eck im Aug.
Von vorn hintersich ein 4 Teil vom 8 Teil setz ein e. Die Lini rührt das Äußerst der Augenbrauen.

Vorn in der Vierung zwischen 8 und 9 teil zwei gleiche Teil, setz f. Die Lini rührt oben den Wirbel der Stirn und vornen den obern Lepsen des Mundes.
Mitten durch die Vierung zeuch ein Lini g. Die scheidet das Haar und die Blößen des Angesichts vaneinander.
Von der Lini a hintersich ein 11 Teil setz ein h. Die Lini rührt hinten zu unterst den Kopf, do er sich zu dem Hals rundiert.
Und der Hals ist am Kopf breit eins 15 Teils.
Van vorn hintersich ein 14 Teil setz ein l. Die Lini scheidet das Ohr von dem Kinnbacken.
Von dem b hintersich ein 11 Teil setz ein k. Die Lini rührt den Wirbel hinten auf dem Kopf.
In der Mitt zwischen h k hat der Kopf ein bsunder Eintiefung, ehedann er herab zum Hals kummt in der Höch des Nasbällens.
Von voren hintersich ein 11 Teil setz ein j. Die Lini rührt hinten das Ohr. Aber das Ohrläpple beleibt im Halbteil bei dem Kinnbacken zwischen l j.
Also sind gemacht die aufrechten Linien. Zeuch nachfolget dorein die zwerch Lini, die alle Höch der Glied geben.
Von oben herab ein 4 Teil vom 8 Teil setz ein Lini m. Wo die geht durch Lini k, in demselben Punkten ist hinten der Wirbel auf dem Kopf.
Auch rührt sie auf der Lini g die Höch der Stiren auf der Seiten.
Von oben herab ein 3 van 8 Teil setz ein n. Die Lini rührt vorn den Wirbel auf der Stirn an der Lini f.
Von dem Wirbel der Stirn bis zuunterst der Vierung mach 3 gleiche Teil mit zweien Linien, gezeichnet mit o p.
Das unterst Feld teil in der Mitt vaneinander. Setz ein q. Auf derselben Lini endt hinten der Kopf an der Lini h ob dem Hals.
Zuunterst auf der Vierung endt das Kinn und rührt auch oben die Lini q.
Zwischen p q in der Mitt ist der Mund offen.
Der ober Lepfs beleibt im untern Dritteil zwischen der Nasen und Öffnung des Mundes.
Aber der unter Lepfs tritt von der Öffnung des Mundes herab aufs Halbteil gegen dem Kinn, dann er ist dicker weder der ober Lepfs.
Zwischen dem untern Lepfsen und oben des Kinns würd gezogen ein Hohlkehle geschickterweis.

Item wo l und j durch o p ein Vierung schließen, dorin ist das ganz Ohr begriffen.
Aber das unter Zipfel ist ein Vierteil des Ohrs Länge.
Zwischen o p im obern Dritteil würd das ganz Aug begriffen.
In der Mitt durch das Dritteil ein Lini gezogen. Die geht durch beede Eck der Augen.
Und der Augapfel steht in der Mitt dorauf. Sein Diameter ist ein 6 Teil von o p.
Das ober Auglid ist dick des halben Augapfels. Geht gar unter die Augbrauen. Sicht männisch[2]. Aber das unter Auglid ist zweimal so dick als das ober und übertritt unten sein Lini.
Die Augbrauen gehnt ein wenig über die Lini o bei der Lini d, und gehnt bei der Lini e wieder herab unter die Lini o.
Von p gegen o ein 4 Teil ist die Höch des Nasläpplens[3].
Von dem Wirbel der Stirn zeuch ein gestrackte Lini heraus an die Vierung auf die Lini p. Dorauf endt die Nasen.
Diese Lini gibt die Gestalt der Stiren und Nasen.
Zwischen n und o würd die itz gezogen Lini zweimal übertreten.
In den obern zweien Dritteilen übertritt die Stirn mit ihrer Rundierung.
Und im untern Dritteil mit dem Dübel ob den Augen.
Aber die Nasen geht unter den Augbrauen mit der gestrackten Lini herab ein Dritteil zum p.
Dornach tritt sie ein wenig hinter die gestrackten Lini und geht doch unten wieder herfür zu ihrem Spitz.
Nachfolget zeuch weislich die Gestalt des Angesichts in die Vierungen.
Heb voren bei dem Wirbel der Stirn an. Zeuch die Stirn. Dornach die Nasen und den Mund.
Der ober Lepfs rührt vorn die Lini f.
Aber der unter Lepfs tritt hinters f ein Dritteil gegen a.
Und das Kinn rührt vorn dieselb Linie.
Aber das letzt Dritteil zwischen a f rührt die Hohlkehln zwischen dem untern Lepsen und oben des Kinns.
Dornach zeuch das Kinn, Kinnbacken und Ohr.
Und heb wieder bei der Stirn an und zeuch den Kopf über sich rund hintum und ganz bis zum Hals. Wie das in der folgeten Figur ist nach der Geschrift.
Nun teil das fürsichtig Anges[ich]t mit den aufrechten Linien.

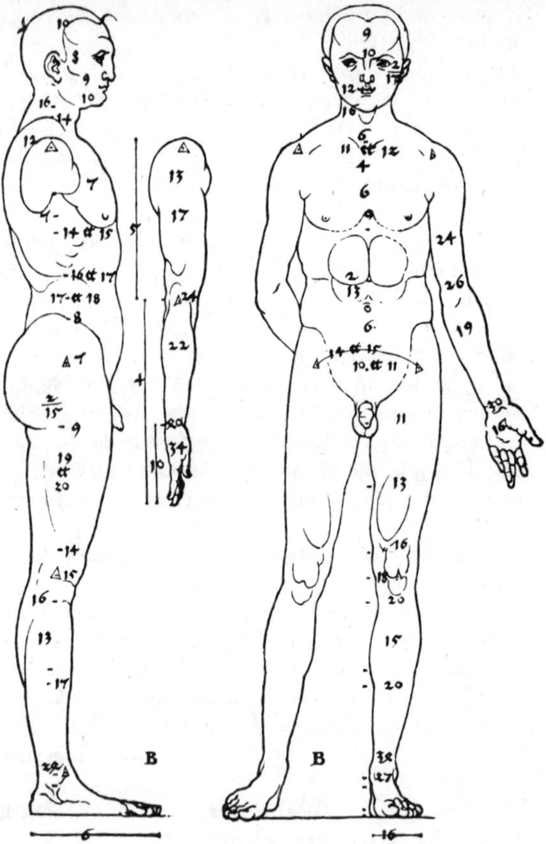

(Aus der gedruckten Fassung von 1528)

Diese Teil werden genummen aus der Breiten der Vierung des fürsichtigen Angesichts des 11 Teils.
Zeuch ein Lini mitten durch die Vierung, zeichens mit eim a. Die Lini rührt den Wirbel der Stiren, geht mitten durch Nasen, Mund und Kinn.
Van der Rechten zu der Linken, und wiederum von der Linken zu der Rechten, ist idlichs ein 12 Teil. Zeichens mit b c.

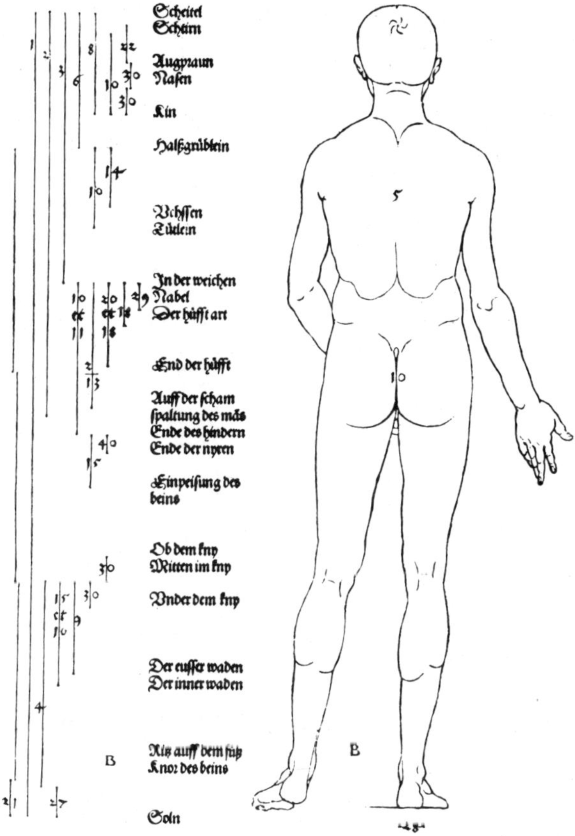

(Aus der gedruckten Fassung von 1528)

Die zwu Lini scheiden die Ohrn von den Kinnbacken und das Haar neben vom Kopf, und gibt die Höch neben der Stirn b[ei]...
Die Ohrzipfele beleiben im Halbteil ihrer Vierung bei den Kinnbacken.
Nimm $^{3}/_{6}$ Teil vam 11 Teil, setz die in die Mitt der Vierung, zeichen ihr Linie mit d e f g.

In dem mittlern 6 Teil würd begriffen die Nasen. Und der Mund übertritt so viel e f als in dem Nebensichtigen von a zum c.

Auch übertritt das Kinn auf den Seiten so viel.

Die Nasen ist zwischen den Augen dick ein Dritteil von ihrem Inhalt.

Aber unten ist sie vornen breit ein Halbteil van ihrem Inhalt.

Die Nasbälle rühren e f.

Im Drittel der Läng hat die Nasen ein schöne Zammenschmiegung und darob ein wenig ausgeladen.

Das Rinnle unter der Nasen hat ein 6 Teil des 6 Teils vom 11 Teil. Und das Grüble im Kinn ein 5 Teil van den vorbschtimmten Teilen.

Item die Eck der Augen sind zwischen d e und f g begriffen.

Zwischen b d und g c auf beeden Seiten enden die Augbrauen.

Am Dritteil gegen b c setz h i.

Der Hals ist breit ein 16 Teil. Setz k l.

Nun zeuch alle Lini des fürsichtigen Angesichts noch Ordnung, wie du das in der Figür mit Ziffern und Bustaben gezeichnet sichst. Darnach du dich gar eigentlich richten magst.

Nach dem fürsichtigen Angesicht zeuch all äußer Lini des hinterwärtigen Kopfs. Und zeuch dornach dorein die andern Inhalt.

Den Grund mit dem niedergedrückten Angesicht mach durch die Parallel des nebensichtigen und fürsichtigen Angesichts, wie das vor beschrieben ist.

Nun mach nochfolget auf drei Lini nebeneinander den Korpus des Monnes also: auf der ersten nebensich, auf der andern für sich, und auf der dritten hinterwärtlich.

Den Kopf setz an sein Statt am 8 Teil. Und teil alle Höch der Glied mit zwerch Linien über die drei aufrechten Linien durchaus.

Vom Höch[s]ten des Haupts bis unter die Gurgel ist ein 7 Teil.

Vom Höchsten des Haupts bis ins Halsgrüble ist ein 6 Teil.

Vom Höchsten des Haupts bis unter die Üchsen auf dem Rücken ist ein 4 Teil.

Vom Höchsten des Haupts bis in die Weichen ist ein 3 Teil.

Von untenauf ist der Mann gespalten halb seiner Läng.

Van dem Halsgrüble bis auf die Wärzel der Brüst ist ein 11 Teil.

Vom Halsgrüble bis vorn unter die Üchsen ist ein 14 Teil.

Vom Üchsen übersich ein 13 Teil erhöcht sich die Achsel.
Unteren Halsgrüble ein 9 Teil enden die Brüst.
Van dem Halsgrüble bis in Nabel ist ein 5 Teil.
Von der Hüft bis zu End des Ars ist ein 11 Teil.
Von der Weich untersich, do der Bauch endt, ist ein 8 Teil.
Vom Nabel bis auf den Schwanz ist ein 9 Teil. Von der Sohln bis zu Höchst des Ristes ist ein 20 Teil.
Zwischen Rist und dem Halsgrüble werden drei gleiche Teil mit zweien Linien gezogen.
Die erst Lini geht durch die Hüft. Die ander durch die Knie.
Ob der Lini des Knies ein 28 Teil.
Auch unter Mitteil des Knies ein 28 Teil würd die Gestalt geben dem ganzen Knie.
Außen am Bein vom Mitteil des Knies herab ein 8 Teil endt der Waden.
Aber innen am Bein unter dem Knie, vom 28 Teil herab, endt der inner Waden ein 9 Teil.
Das Bein ob dem Knie, inwendig von der Mitt des Manns herab ein 10 Teil, hat es ein besunder Eintiefung.
Von unten auf den Ars ein 11 Teil endt die Zwiesel im Ars.

Nachfolget mach die Läng de[s] Arms.
Van der Höch des Halsgrüblens bis in Ellbogen ist ein 5 Teil.
Mitten in dem 5 Teil endt sich das ballet[5] Fleisch der Achsel abher.
Vom Ellbogen bis zu End der Finger ist ein 4 Teil.
Die Hand van vorn hinter sich ist ein 11 Teil.
Die Hand teil in 3 gleiche Teil. Im mittlern ist die Läng des Dau[m]ens.
Vom Ellbogen herfür ein 11 Teil endt das Fleisch außen am Arm.

Also hastu die Läng der Glieder van dem Mann.

Nun teil fürbaß die Dicken und Breiten des Manns und heb an an dem seitlichen Bild auf allen itz gezognen zwerch Linien.
Auf der Lini des Halsgrüblens ist der Leib dick eins 13 Teil.
Über die Wärzel der Brüst ein 7 Teil.
Unter der Brüst ein 8 Teil.
In der Weichen ein 9 Teil.
Über den Nabel ein 9 Teil.
Über die Hüft ein 8 Teil.

Unter dem Bauch über den Ars ein 8 Teil.
Ob dem Schwanz über den Ars auch ein 8 Teil.
In der Mitt der Länge des Manns ein 9 Teil, von dem Schenkel an bis zu End des Ars.
Der Sche[n]kel unter dem Ars ist dick ein 10 Teil.
Aber im Mitteil herab zwischen Knie ein 11 Teil.
Auf dem Knie ein 15 Teil.
Mitten im Knie ein 17 Teil.
Unter dem Knie ein 19 Teil.
Mitten im Waden ein 15 Teil.
Zu End des Wadens ein 18 Teil.
Und unten ob dem Fuß ein 25 Teil.
Der Fuß ist lang zween 13 Teil.
Und im vordern Dritteil sind die Zehen begriffen.

Nun mach die Dicken des seitlichen Arms.
In der Achsel ist er dick ein 11 Teil.
Unter der Üchsen ein 16 Teil.
Mitten in der Maus ein 18 Teil.
Im Ellbogen ein 24 Teil.
Vor dem Ellbogen ein 21 Teil.
Noch baß gegen der Hand ein 30 Teil.
Bei der Hand ein 38 Teil.
Über der Hand ein 29 Teil.

3. *Proportionen einer starken Frau von 8 Kopflängen*

Jhesus Maria 1512

Nachfolget ein andre Proporzen eines hübschen starken gewachsnen Weibs.
Eh du den Leib anfächst zu machen, mach vor das Haupt in drei Vierungen nebeneinander, wie dergleichen vor beschrieben ist.
Nimm für dich zum ersten das seitlich Angesicht.[1] Des Vierung ist hoch eines 8 Teils der ganzen Frauen Läng und ist auch also breit.
Aber das fürsichtig[2] ist eines 11 Teils breit.
Heb an zu teilen alle Tiefen der Glied mit aufrechten Linien.
Bezeichen die mit Bustaben.
An der vordersten Lini setz ein a und an der hintersten ein b.

Vam a hintersich ein 9 Teil setz ein c. Die Lini rührt hinten die besunder Eintiefung des Kopfs, eh denn er unten zum Hals kummt.
Vam a hintersich ein 56 Teil setz ein d. Die Lini rührt oben den Wirbel der Stirn und vorn den untern Lepfsen des Mundes und vorn das Kinn.
Vam a hinter sich ein 48 Teil setz ein e. Die Lini rührt vorn den Augapfel und hinten des End des Nasläpplens, auch die Tiefen der Hohlkehln unter dem anderen Lepsen ob dem Kinn.
Van a hintersich ein 24 Teil setz ein f. Die Lini rührt vorn den Hals zuunterst in der Vierung.
Von der Lini f hintersich ein 16 Teil setz ein g. Die Lini rührt hinten den Hals.
Vam a hintersich ein 36 Teil setz ein h. Die Lini rührt das äußer Winkele des Augs und zuunterst die Eintiefung des Kinns.
Von der Lini e hintersich ein 20 Teil setz ein j. Die Lini scheidet das Ohr und Kinnbacken.
Van j herfür ein 18 Teil setz ein k. Die Lini rührt vorn den obern Lepsen des Mundes.
Von a hintersich ein 11 Teil setz ein l. Die Lini rührt hinten das Ohr. Aber das unter Ohrläpplen beleibt bei dem Kinnbacken im Halbteil zwischen j l.
Von a hintersich ein 28 Teil setz ein m. Die Lini rührt hinten das End der Augbrau.
Von der Lini e hintersich ein 10 Teil setz ein n. Die Lini rührt hinten den Wirbel auf dem Kopf.
Also hastu die aufrechten Linien. Nun zeuch dorein die Höch und Niedern der Glied mit zwerch Linien und zeichen sie auch mit Bustaben.
Die oberst Lini der Vierung mit eim a.
Und die unterst mit einem b.
Vam a herab ein 32 Teil setz ein c. Die Lini rührt vorn an der Lini d und hinten an der Lini n beed Wirbel vorn der Stirn und hinten des Kopfs.
Vam a herab ein 16 Teil setz ein d. Die Lini geht durch die Augbrau und rührt oben die Ohrn.
Von c herab ein 11 Teil setz ein e. Die Lini rührt unten das Kinn.
Zwischen d e im Mittel setz ein f. Die Lini rührt unten die Nasen und hinten an der Lini c die Eintiefung des Kopfs.

Von dem Wirbel der Stirn zeuch ein gerade Lini für sich herab in das unterst Eck der Vierung. In den Punkten, do sich durchschneidt a b bei der gestrackten Lini, würd gezogen die Gestalt der Stirn und Nasen.
Teil zwischen d f vier gleiche Teil. Das unterst Vierteil schneid ab mit einem Strich g. Die Lini rührt oben das Nasläpplein und unten das Ohr.
D f teil in drei gleiche Teil und am obersten Dritteil setz ein h. In dem würd begriffen das ganz Aug.
In der Mitt d h sind beede Eck der Augen.
Aber das vorder Eck der Augen endet in der Mitt der aufrechten Lini.
Der Augapfel ist hoch in der Mitt zwischen d h ein Halbteil von d h, also daß beeden Auglidern einem idlichen von d h beleibt unten und oben ein 4 Teil.
Aber die Augbrauen schtreichen über die Lini d zu ihrer Mitt. Aber an den Orten rühren sie an die Lini d.
F e teil in der Mitt voneinander. Setz ein j. Die Lini rührt oben das Kinn an der aufrechten Lini e, und hinten das End des Kopfs unten auf dem Hals der aufrechten Lini g h.
F j teil in der Mitt vaneinander. Setz ein k. Die Lini geht mitten durch den Mund.
Aber die Tiefen des Mundes beleibt zwischen den zweien aufrechten Linien e f.
Teil f k in 3 gleiche Teil. Die obern zwei Dritteil beleiben zu dem Rinnle unter der Nasen. Aber der unter Dritteil beleibt zu der Dicken des oberen Lefsen.
Der unter Lepfs ist dick eins halben Teils van k j. Und das unter Halbteil beleibt zu dem Hohlkehle zwischen dem Lepsen und dem Kinn. Nun zeuch die Gestalt des seitlichen Angesichts in die itz gezognen aufrechten und zwerch Linien, ... mit dem ... gemeldt ist, wie du das in der folgeten Figur sichst.
Mach das fürsichtig Angesicht in sein Vierung. Teil dorein die aufrechten Linien, die do alle Breiten der Glied geben, und zeichen zum ersten die zwu äußersten aufrechten Seiten zu der rechten und linken Seiten mit a b.
Teil a b mit elf aufrechten Linien in 12 gleiche Teil und zeichen sie mit a b c d e f g h j k l.
Die Lini f geht mitten durch den Wirbel der Stirn, Nasen,

Mund und Kinn. Das a scheidet das recht Ohr von dem Kinnbacken. Desgleichen tut das l auf der linken Seiten. Auch rühren die Ohrn die zwu äußeren Lini n m. Aber das unter Zipfele beleibt im Halbteil gegen Kinnbacken auf der Rechten zwischen n a und auf der Linken zwischen l m.
Beede Nasläpplen rühren die zwu Linien e g. Aber das vorder Teil ist halb so breit.
Der Mund rührt beed Lini e g. Desgleichen das Kinn.
Auch rühren die vorderen Augwinkele e g.
Aber die äußersten Augwinkel rühren die zwu Lini c j.
Die recht Augbrau endt außen zwischen b c in der Mitt auf der zwerch Lini d. Aber die link zwischen j k.
Die Weiten der Stirn rührt a l.
So geht d h mitten durch die Augöpfel.
Der Hals ist unten breit ein 17 Teil.
Nachfolget zeuch das Angesicht in die Vierungen, wie du das folget in der Figur sichst.
Den hinterwärtigen Kopf[3] zeich noch den äußern Linien des fürsichtigen. Aber den niedergedrückten Kopf[4] im Grund zeuch durch die Mittel, die vor beschrieben sind.
Also hastu das Haupt. Mach nachmals das corpus darzu g[l]eichförmig dem Kopf, nebensich[5], fürsich und hinterwärtlich. Reiß darzu 3 aufrecht Lini, so lang du das Bild wilt haben. Stell sie nebeneinander. Auf die erst mach das Seitlich, auf die ander das Nebensich[tig][6], und auf die dritt das Hinterwärtlich.
Teil durch die 3 Lini alle Hoch der Glieder mit zwerch Linien.
Der Kopf beleibt in seim 8 Teil der ganzen Frauen Läng.
Vom Höchsten des Haupts bis ins Halsgrüble ist ein 6 Teil.
Vom Halsgrüble bis ins Herzgrüble ist ein 12 Teil.
Vom Halsgrüble bis oben auf die Brüst ist ein 20 Teil.
Vom Halsgrüble bis auf die Wärzel der Brüst ist ein 11 Teil.
Vom Halsgrüblen bis unter die Brüst ist ein 9 Teil.
Vom Halsgrüble bis vorn unter die Üchsen ist ein 16 Teil.
Vorn van der Üchsen übersich bis zuhöchst der Achsel ist ein 14 Teil.
Vom Halsgrüble bis unter die Üchsen hinten ist ein 12 Teil.
Vom Halsgrüble bis in Nabel sind zween 9 Teil.
Vom Halsgrüble übersich ein 30 Teil gew[e]lbt sich das Fleisch der Schultern von Achslen zum halben Hals.

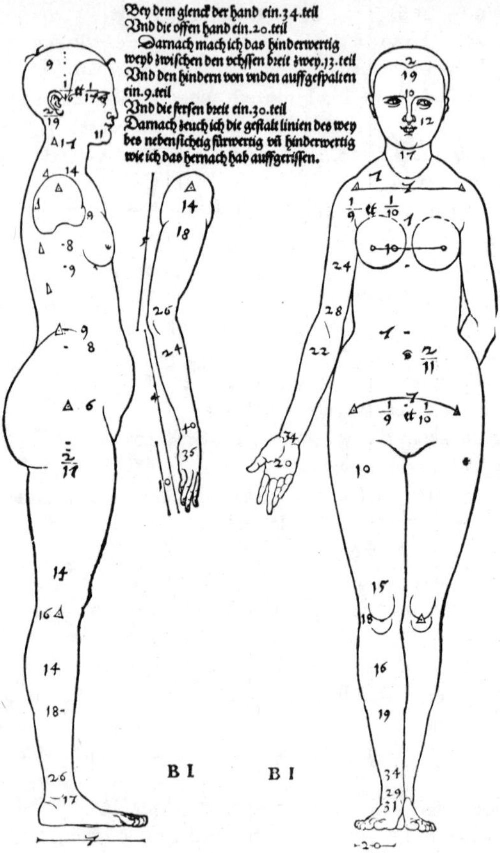

(Aus der gedruckten Fassung von 1528)

Item von der Mitt der Weibs Läng übersich ein 7 Teil ist ihr Weichen.
Von der Weichen bis zu End der Hüft ist ein 10 Teil.
Van der Weichen bis auf die Bruch der Scham ist ein 9 Teil.
Von der Weichen bis zu End des Ars ist ein 6 Teil.
Zwischen End des Ars und Mitteil der Weibs Läng in Mittel der zweier Linien endt [die Scham].

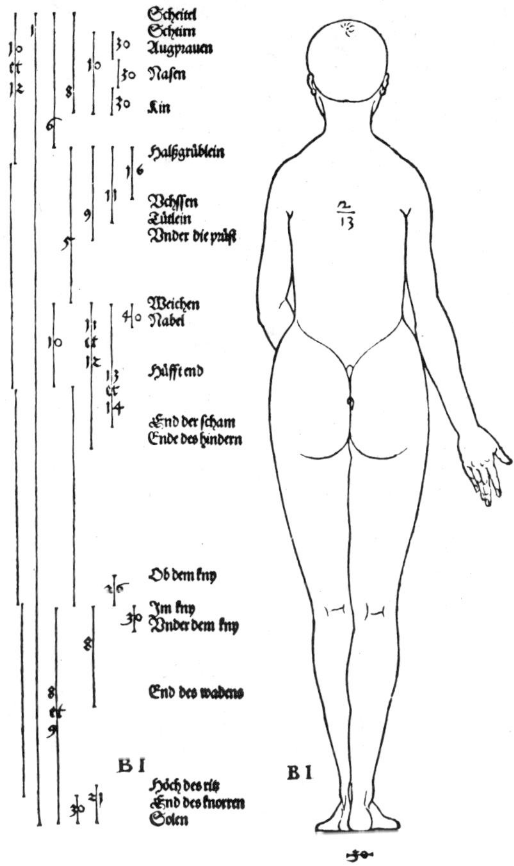

(Aus der gedruckten Fassung von 1528)

Zwischen der Sohlen und des Rists auf dem Fuß ist ein 20 Teil. Der 20 Teil würd in 4 gleiche geteilt. Im untersten Vierteil ist die groß Zehen begriffen. Aber die klein Zehen ist der großen halbe dick.

Zwischen der Hüft und Rist auf dem Fuß teil in der Mitt voneinander. Dieselb Lini geht mitten durch das Knie. Die zwei Teil zeichen mit...

Ob der Mitt des Knies ein 40 Teil endt die Kniescheiben.
Und ein 30 Teil unter der Mitt des Knies endt die unter Rundierung des Knies.
Von der Mitt des Knies herab ein 11 Teil, do ist es mitten im Waden.
Van der Mitt des Knies herab ein 8 Teil endt der Wad außen am Bein.
Von Mitt des Knies herab ein 7 Teil endt der Waden innen im Bein.
Also hastu die Läng der Glied im Leib. Mach nachmals die Läng des Arms.
Van der Höch des Halsgrüblens bis in Ellbogen ist ein 5 Teil.
Vom Ellbogen bis zuäußerst der Finger ist ein 4 Teil.
Die Hand ist lang eines 11 Teils.
Teil die Hand in 3 gleiche Teil. Im mittlern würd der Daum begriffen.
Item so nun alle Läng der Glied mit zwerch Linien gezogen sind, dorauf mach alle Dicken und Breiten der Glied.
Heb an dem seitlichen Bild erstlich an, an seiner aufrechten Lini, und mach alle Dicken der Glied.
Der Hals ist dick ein 16 Teil.
Bei dem Halsgrüble ein 14 Teil.
Ob den Brüsten ein 9 Teil.
Über die Brüst ein 8 Teil. Aber die Wärzel treffen für.
Unter den Brüsten ein 9 Teil.
In der Weichen ein 10 Teil oder ein 9 Teil.
Über den Nabel ein 9 Teil.
Über die Hüft ein $^{2}/_{13}$ Teil.
Der Bruch ein 7 Teil.
In der Mitt des Weibs Läng ein 8 Teil über dem Ars.
Unter dem Ars ist das Bein dick ein 9 Teil. Baß hinab ein 10 Teil.
Ob dem Knie ein 18 Teil. Mitten im Knie ein 15 Teil.
Unter dem Knie ein 17 Teil.
Mitten im Waden ein 18 Teil.
Unten am Waden ein 16 Teil.
Unten ob dem Fuß ein 28 Teil.
Der Fuß ist lang ein 7 Teil. Teil ihn in 3 gleiche Teil a b c.
Im vordersten Dritteil sind die Zehen begriffen.
Nachmals mach die Dicken des seitlichen Arms.
Der ist in der Achsel dick ein 14 Teil.

Unter der Üchsen ein 16 Teil.
Hinter dem Ellbogen ein 24 Teil. Im Ellbogen auch so dick.
Vor dem Ellbogen ein 21 Teil.
Halb zu der Hand ein 27 Teil.
Bei der Hand ein 38 Teil.
Über der Hand ein 29 Teil.
Also hastu die Dicken des seitlichen Weibs.
Mach nachmals die Breiten der Glied des fürsichtigen Weibs.
Den vorgemachten Kopf stell an sein Statt.
Der Hals ist breit ein 17 Teil.
Über der Achsel ein 5 Teil.
Zwischen Üchsen ein 7 Teil.
Zwischen den Wärzlen der Brüst ein 11 Teil.
In der Weichen ein 7 Teil.
Über den Nabel zween 11 Teil.
Über die Hüft ein 5 Teil.
In der Mitt des Weibs Läng auch ein 5 Teil.
Das Bein unter der Scham ein 10 Teil.
Ob dem Knie ein 16 Teil.
Mitten im Knie ein 17 Teil.
Unter dem Knie ein 19 Teil.
Mitten im Waden ein 16 Teil.
Unten bei dem kürzeren Waden ein 19 Teil.
Ob dem Fuß ein 33 Teil.
Der Fuß ist vorn breit ein 20 Teil.
Nun mach die Breiten des fürsichtigen Arms.
Unter der Üchsen herab ist er breit ein 24 Teil.
Hinter dem Ellbogen ein 26 Teil.
Vorm Ellbogen ein 20 Teil.
Bei der Hand ein 35 Teil.
Über die Hand ein 20 Teil.

Nachmals mach das hinterwärtlich Weib nach den äußeren Linien des fürsichtigen.
Auf dem Rücken ist sie breit zwischen den Üchsen ein 6 Teil.
Von unten über sich ist ihr Ars gespalten ein 11 Teil.
Und die Fersen des Fuß ist halb so breit als der Fuß vorn.

Wie man das Weib beugen soll.

Nun beug das nebensichtig Weib durch den Rücken und in der Hüft in der aufrechten Lini, die durch das Bild gezogen ist. Dann das Bild ist dornoch auf die Lini gesetzt, daß die Biegung im hintern Dritteil des Leibs gezeichnet ist bei den zwerch Linie mit a b c d e f g h, wie du das in der Figur sichst. Dann allbeg würd der Rückgrat nach der Seiten im hintern Dritteil des Leibs Dicken gebogen hintersich und fürsich auf allen zwerch Linien. Aber die Hüft beug in der Mitt bei dem j. Desgleich im Knie bei dem k und unten auf dem Fuß bei dem l.
Das fürsichtig Weib beug, wie desgleichen vor beschrieben ist, mitten durch den Rückgrat in den Hüften bei a b. Die stehnt in der Proporz ein 7 Teil weit vaneinander, als du das nachfolget in seiner Figur sichst.

[Kopf der Frau in Seiten-, Vorder- und Rückansicht]

Wiltu das Ohr an dem seitlichen Kopf baß hervornen bei dem Aug haben, so rück j l um den Halbteil hinfür.
Hie sichstu die Gestalt des Angesichts außerhalb der gestrackten Linien.

4. Proportionen einer schlanken Frau

Der Kopf bis zu End des Kinns würd teilt in 4 Teil noch der Läng. Im obersten das Hoor, im anderen die Stiren, im dritten die Nasen, im vierten bis zu End des Kinns. Noch beleibt das Tröle über.
Oder zeucht ein Eilfteil der ganzen Läng, das zum Angesicht gehört, übersich vom Kinn. Und was überbeleibt, dorin würd das Hoor begriffen oberhalb der Stiren. Auch so teilstu die drei Teil, dorin Stiren, Nasen und Kinn begriffen werden, gleich in das Eilfteil.
Item hinter dem Ohr hastu noch ein Drittel vom 8 Teil. Und das Ohr ist der Nasen lang und halb as breit vom Hals hinten bis zu End des Trölens hinter dem Kinn, do die Augbran anfohen. Auf derselben Lini ist der Wirbel im Hoor.

Das Angesicht hat ein Eilfteil in der Höch von der ganzen Läng der Person und ist erhaben höher $^1/_{14}$ Teil vom 8 Teil, dorin der ganz Kopf begriffen ist. Dorein macht man das Tröle.
Der Hals unter dem Kinn ist des halben Kopfs breit.
Item auf der Lini a b do hebt die Stiren an und endt das Kinn.
Und von der Lini a c würd begriffen die Form des Angesichts.
Dornoch von c zum d würd gformiert das unter Teil von der Nasen, das sich endt im Mittel zwischen b c.
Item vom Kinn und Augb[r]an und desgleichen herab ins Halsgrüble ist ein gleiche Läng. Und wo du sichst Strich mit eim Zeichen[1], die haben ein Läng.
Und die Achsel ist als hoch als das Kehlgrüble. Und die Höch leint sich über sich bis zu halben Hals. Und vom Höchsten der Achsel ist as lang als vom Höchsten des Haupts bis auf die Augbraun. Und die Achsel ist des Hals dick.
Als lang die Stiren ist, also lang ist vom Wärzele zu End der Brüst, do die auf den Leib steßt. Und unter der Brust ist der Leib $^1/_9$ Teil dick der ganzen Läng. Desgeleichen in der Weichen ist er dick $^1/_{10}$. Und also hat die Moß 4 gleich Läng: vom Kopf bis auf den Hals eine, vom Hals bis aufs Wärzele die ander, die dritt bis [d]er [Nab]el an[fäch]t, die viert bis zu Eind der Scham. Das sind 4 Vierung aufeinander. Und vom Höchsten des Nabels bis auf die Bruch, do die Scham anfächt, ist die Läng vom Höchsten des Hals bis zu den Augbraun. Aber über den Arsch vom vordersten Teil ist dick ein 8 Teil. Und über den Bauch ist auch ein 8 Teil dick.
Dornoch unter derselben Lini, do der Bauch auf am höchsten ist, hebt sich an der Arsch hinten aushin zu gwelben in die Ründe. Und sein Senkung übertrifft[2] $^1/_4$ vom $^1/_8$ Teil, daß der Ars hinten niedrer kummt weder voren die Scham.
Item als lang do ist vom Halsgrüble bis zu oberst auf die Scham, do die Hüff anfocht, also weit ist dornoch bis aufs Halbteil s Knies.[3] Aber das Knie ist dick eins 16 Teils. Und das Bein unter dem Ars dick $^1/_{10}$ Teil. Und verlert sich denn hinab zum Knie[4], wie du denn sichst in der Figur.
Aber der Fuß ist lang $^1/_7$ Teils der ganzen Läng, und seiner Läng eines Dritteils hoch. Und der äußer Knorr steht in der Mitt des Fuß Höch. Und die Zehen enden sich voren in eim 3 Teil des Fuß Läng. Und der Knorr der großen Zehen hat sein Dick van eim 3 Teil der Höch s Fuß[5]. Dornoch mindern

sich die Zehen, wie du denn sichst. Aber der Wad endt sich unterem Knie $^1/_8$ Teil. Und ist über Waden dick $^1/_{16}$ Teil. Und das Bein auf dem Rist ist als dick, als weit ist vom Höchsten des Hals bis unter die Nasen.

[Vermerke auf der Zeichnung]

[Rechts] Es ist als lang vom Halsgrüble in die Weich, als vom Halsgrüble bis zu Höchst der Schtiren, do das Haar anhebt.
[An der Figur. Links] Ein 14 von 8. *[Rechts]* Ein 14 Teil. Das $^1/_{15}$. Ein 14 Teil. Das mag auch dick sein $^1/_{10}$ Teil. Das $^1/_7$ Teil. Das $^1/_8$ Teil. Das $^1/_9$ Teil. Das $^1/_8$ Teil. Das $^1/_7$ Teil. Auch $^1/_7$ Teil. Das $^1/_9$ Teil. Es mag auch sein $^1/_4$ von der Hüft bis aufs Mittel im Knie. Das $^1/_{15}$ Teil. Do $^1/_{15}$ Teil.

5. *Proportionen eines starken Mannes (Samson)*

Erstlich will ich messen einen starken Mann, als ob er zu brauchen wär zu einen Samson, und stell für mich sein bezeichnete Läng, oben a und unten b. Von dieser Lini a b schneid ich oben herab mit ein Zwerchlini $^1/_8$. In dem $^1/_8$ würd das ganz Haupt begriffen. Das Haupt mach zum ersten in drei Vierung nebeneinander. Ein idliche Vierung würd $^1/_8$ hoch. Und stell sie in gleicher Höch. Und setz zuvörderst die Vierung des seitlichen Angesichts[1]. Diese Vierung mach $^1/_8$ breit, also daß sie ganz geviert sei. Dorin rührt das Haupt oben mit der Scheiteil und unten mit dem Kinn an.
Aber die Vierungen des fürsichtigen und hinterwärtlichen Haupts[2] sind überzwerch breit $^1/_{10}$.
Erstlich nimm für dich die Vierung des seitlichen Angesichts und bezeichen ihr zwu aufrecht Seiten vorn mit eim a und die hinter mit eim b.
Dornoch bezeichen ihr zwu zwerch Lini die oberst mit eim j und die unterst mit eim n.
Nun zeuch alle Höch und Niedern der Glieder im Angesicht mit zwerch Linien.
Und itz für das erst so bezeichen alle Höch und Niedern der Teil in Angesicht.
Und teil:
Vam n übersich $^1/_{10}$ setz ein Lini k. Diese geht vorn durch

den Wirbel der Stirn. Auch hinten durch den Wirbel des Hoors mitten im Haupt.
Dornoch teil k n mit zweien Linien l m in drei gleiche Feld. Die Lini l geht vorn und hinten durch die Augbrauen. Aber in der Mitt schteigen sie höcher dorüber. Auch rührt diese Lini oben die Ohrn. Die Lini m rührt unten die Nasen und unten die Ohrn.
K l werd geteil[t] mit zweien Punkten in drei gleiche Feld. Das unterst dritt Feld schneid ab mit einer Lini o. Diese Lini macht ein Beißen vorn der Schtirn ob den Augbrauen.
L m teil mit zweien Punkten in drei gleiche Feld. Das öber Dritteil schneid ab mit einer Lini p.
So zwischen l p würd begriffen das ganz Aug. Und die zwei Eck der Augen hinten und vorn enden in der Mitt zwischen l p.
Aber teil l m mit dreien Punkten in vier geleiche Feld.
Das unterst Vierteil schneid ab mit einer Lini q. Diese Lini rührt oben das Nasbälle, auch die besunder Abschneidung unten des Ohrläppleins. Auch hat auf der Lini hinten das Haupt ein besunder Einbeißen.
M n teil mit zweien Punkten in drei geleiche Feld.
Das oberst Dritteil schneid ab mit einer Lini r.
Die Lini geht mitten durch den Mund.
Dornoch teil m r mit zweien Punkten in drei gleiche Feld. Die zwei obern Teil beleiben zu der Läng des Rinnleins unter der Nasen. Aber das unter Dritteil beleibt zu der Dicken des öberen Lebsen.
Dornoch teil r n mit sieben Punkten in acht geleiche Felder. Die öbern drei Felder schneid ab mit einer Lini s. Diese Lini rührt oben das Kinn. Und dorauf endt auch hinten das Haupt auf dem Hals.
Aber r s teil mit einem Punkten in zwei gleiche Feld. In dem obern Teil ist die Dicken des untern Lebsen. Aber im untern Teil ist die Hohlkehln zwischen dem unteren Lebsen und des Kinns.
Item die Stirn erhebt sich mit ihrer Blößen auf idlicher Seitn neben dem Wirbel über die Lini k ein Sechsteil van der Höch j k.
Also hastu mit diesen zwerch Linien abgeteilt die fürnehmsten Teil des Haupts in ihrer Höch und Niedern.
Nachmals so teil die Tiefen der Ding im Haupt mit aufrechten Linien. Und die Tiefen führ ich van vorn hintersich.

Tu ihm also.
Item die zwu aufrechten Linien a b des seitlichen Haupts teil mit sechs aufrechter Linien c d e f g h in sieben gleiche Feld. Die erst Lini rührt vorn den Augapfel, das hinter Teil der Nasen und das End des Munds.
Item zeuch aus dem Winkel, den do schleußt die aufrecht Lini c und die zwerch Lini j, ein gerade Lini überort herab in den Winkel, den do schleußt die aufrecht Lini a und die zwerch Lini m. Dohin setz ein t.
Wo die itzt gemacht Lini c t durchschneidt die zwerch Lini k, doselb ist der Wirbel vorn auf der Stirn im Hoor.
Und die Schtirn zeucht sich förmlich mit ihrer Ausbiegung über die Lini c t. Aber die Nasen würd dorunter gezogen mit ihrer Gestalt.
Item zwischen den zweien zwerch Linien m n, vornen zwischen den zweien aufrechten Linien a c, in derselben Mitt, mach ein aufrechte Lini v.
Die rührt vorn den obern Lebsen des Munds. Aber v c teil zwischen den zweien zwerch Linien r n mit zweien aufrechten Linien in drei gleiche Feld.
Die vorder Lini rührt vorn den untern Lepsen und das Kinn. Aber die ander Lini rührt die Tiefen der Hohlkehln unter dem Lebsen ob dem Kinn.
Zwischen c d im Mittel zwischen den zweien Zwerchlinien l p endet das hinter Augwinkele.
Die Augbrauen werden van vorn hintersich bis an die Lini d. Do endens zwischen e f. In der Mitt schneidet sich die Stirn mit ihrer Blößen aus dem Hoor. Das geht herab bis zu der zwerch Lini p. Aber oben an der Lini d übertritt die Blößen der Stirn die Zwerchlini k ein Sechsteil van j k. Zwischen f g würd das ganz Ohr noch der Läng begriffen. Aber unten beleibt das klein Ohrläpplein im Halbteil zwischen f g gegen dem Kinnbacken. Im Mittel zwischen h b ist der Wirbel hinten mitten auf dem Haupt. Aber im Mittel zwischen h b auf der zwerch Lini q, do ist des Haupt besunder Einbeißen, die vor gemeldt ist, ehdann es herabtritt zum Hals auf die zwerch Lini s.
Der Hals rührt hinten die Lini h und voren die Lini d.
Das Haupt rührt oben die Zwerchlini j bei der aufrechten Lini f. Van dann rundiert sich das Haupt fürsich zu dem Wirbel der Stirn und hintersich zu beeden Wirblen des Haupts.

Van dem hinteren Wirbel rundiert sich das Haupt untersich hinab bis an die aufrecht Lini b bei der Zwerchlini l. Do ist das Haupt am weitesten.
Dornoch rundier das Haupt untersich hinein zum Hals mit rechter Form.
Dornoch würd der Hals aus der Vierung unter der Lini n gezogen.
Dornoch zeuch die Stirn in wohlgestickter[3] Gestalt mit ihrer Ausbiegung über die Ortlini c t, also daß die ober Rundierung in den obern zweien Dritteilen zwischen k l beleib, und die unter Rundung ob den Augen im untersten Dritteil.
Dornoch zeuch die Augen an ihr vorgemeldte Statt.
Und die Augbrauen erheben sich in der Mitt über die Lini l bis ins Halbteil zwischen o l der zweier Zwerchlini o l bei der aufrechten Lini c.
Die Nasen zeuch mit ihrer Furm unter der Lini c t.
Dornoch zeuch den Mund, Kinn und Kinnbacken, idlichs an sein vorbeschriebne Statt. Desgleichen das Ohr. Van dann zeuch den Kinnbacken herab zum Kinn.
So nun das newensichtig Haupt[1] beschrieben und gemacht ist, so mach nachmals das fürsichtig also.
Item zeuch all zwerch Linien aus der Vierung des seitlichen Angesichts durch gerad übersich durch die Vierung des fürsichtigen Angesichts, so geben sich alle Höch und Niedern.
Item fürbaß will ich b[eschr]eiben die andern Vierung des fürsichtigen Angesichts.
Und zeuch all Zwerchlinien, die alle Höch und Niedern geben in dem nebensichtigen Haupt, all durch die Vierung des fürsichtigen Angesichts. Durch diese Paarlini würd alle Höch geleich geteilt im fürsichtigen wie im seitlichen Haupt.
Also tut nit anderst not zum fürsichtigen Angesicht zu ziehen dann allein die aufrechten Paarlini, die dir geben die Breiten der Glied.
Dorum bezeichen der Vierung zwu aufrecht Seiten mit a b. Dornoch teil a b mit vier aufrechter Linien c d e f in fünf gleiche Feld. In das mittler Feld mach die Nasen und den Mund, also daß die Nasläpplein rühren die zwu Lini d e, desgeleichen die Eck des Mundes ein wenig diese Lini übertreffen.
Das Kinn mach auch zwischen d e. Aber die Breiten des Kinns übertritt diese zwu Lini hintersich weit.

D e rühren auch die innern Eck der Augen. Und c f rühren die äußern Eck der Augen.
Aber a c und f b teil mit zweien Linien g h in der Mitt vaneinander.
Dornoch teil aber a g und h b mit zweien Linien j k in der Mitt vaneinander. Zwischen a g und h b beleiben die Ohrn. Und die Ohrn übertreten oben ein wenig die 2 Lini a b. Van dann zeucht sich der Kinnback hinab zum Kinn.
Und der Hals ist auf der zwerch Lini breit $^1/_{17}$.
So nun die Aufrechten durch die zwerch Linien gezogen sind, die dir geben alle Höch und Breiten der Glied, so zeuch dann die Geschtalt des Angesichts dorein mit guter Ordnung, also daß das Haupt oben mitten in der Scheitel zwischen d e die Lini j anrühr und neben zu beeden Seitn a b bei der Zwerchlini o. Dornoch zeuch die Kinnbacken van den Ohrn herab zu ...
Und zeuch die Gestalt der Augen in ihr Statt. Auch zeuch die Augbrauen, daß sie in der Mitt zwischen den aufrechten Linien c d und e f zwischen den zweien zwerch Linien o l ins Mittel treten.
Und die Nasen zeuch vorn zwischen d e halb als breit, als sie hinten bei den Nasläpplein ist.
Und die Ohrläpplein beleiben unten gegen dem Kinnbacken zwischen den zweien Aufrechten j g und h k.
Auch rührt das Haupt auf beeden Seiten die zwu aufrechten Linien j k auf der twerch Lini q. Aber zwischen zweien Zwerchlinien k o rührt das Haupt die zwu Seiten ...
Dornoch zeuch die Gestalt der Augen, die Rundung des Haupts und was notdörftig ist.
So nun das fürsichtig Haupt auch gemacht ist, so mach nochfolget das hinterwärtlich Haupt aus den zweien vorgemachten also in sein Vierung.
Die äußern Linien des fürsichtigen Haupts beschließen geleich die äußern Linien des hinterwärtlichen. Allein zeuch den Wirbel des Haars hinten an sein Statt. Desgleichen das Haar und die Ohrn, daß sie van hinten gesehen werden.
Nochfolget mach ein niedergedrückten Grund[4] aus den zweien, dem nebensichtigen und fürsichtigen Haupt.
Dornoch mach ein niedergedrückten Grund aus den zweien vor gemachten des nebensichtigen und fürsichtigen Hauptes. Und zeuch erstlich all aufrechte Paarlinie der Vierung des seitlichen Hauptes gestracks untersich herab. Auch zeuch also all auf-

recht Paarlini gerad unter sich herab aus dem firsichtigen Haupt. Dornoch zeuch ein gerade Lini i y überzwerch durch als aufrecht Lini, und wo diese Zwerchlini i y abschneidt diese aufrechten Seiten der Vierung der zweier des seitlichen und fürsichtigen Hauptes, do setz 2 und x. Das x beleibt bei dem fürsichtigen Teil. Dornoch mach ein Ortstrich unter der Vierung des fürsichtigen Hauptes aus dem Winkel y bis an die aufrechten Lini a x.

Dohin setz ein z. Also würd ein Triangel x y z mit eim rechten Winkel. Der ist x. Und die 2 Seiten x y und x z sollen gleicher Läng sein.

Item so nun das Haupt des Manns gemacht ist, das setz im Achtteil an sein Statt. Dornoch heb an und teil die andern Glied erstlich noch der Läng also.

Item itz heb ich an den ganz Mann zu beschreiben van der Scheitel bis auf die Sohln.

Item die Scheitel sei a, die Sohln b. Dorzwischen reiß ein gerade Lini.

Vam Höchsten des Haupts bis ins Halsgrüble ist $^1/_6$.

Vam Höchsten des Haupts bis auf die Höch der Tütle ist $^1/_4$.

Vam Höchsten des Haupts bis in die Weichen ist $^1/_3$.

Item der Mann ist van unten auf bis in die Mitt seiner Läng gespalten.

Vam Halsgrüble bis in Nabel ist $^1/_5$.

Vam Halsgrüble bis vorn unter die Üchsen ist $^1/_{14}$, aber hinten $^1/_{12}$.

Van der Üchsen über sich bis zu der Hoch der Achsel ist $^1/_{12}$.

Vam Kinn bis unter die Brüst ist $^1/_7$.

Vam Halsgrüble bis zu End des Brustbeins ist $^1/_9$.

Van der Höch der Tütle bis zu End der Hüft ist $^1/_5$.

Item zwischen der Weichen und End der Hüft in der Mitt zeuch der Hüft ein besunder Art. Dann dovan würd der Leib mit einer hübschen Linien van den Schenklen geschnitten. Steht dem Mann gar wohl an, wers recht macht.

Vam Nabel bis zu End des Bauchs ist $^1/_{10}$.

Vam Nabel bis auf den Schwanz ist $^1/_9$.

Unter den Brüsten herab bis zu End der Arsbacken ist $^1/_4$.

Van der Mitt des Manns herab bis auf die besunder Einbeißung oben der Bein ist $^1/_9$.

Van der Söhln bis zu höchst des Rists auf dem Fuß ist $^1/_{18}$.

[Bestimmung der Lage des Knies mit Hilfe der stetigen Proportion]

Fürbaß ist not, die Knie in rechter Maß zu stellen[5]. Item der Leib[6] des Manns würd gemacht für das größt und stärkest Teil. Dorum ist er größer und stärker dann die andern, daß er die andern kleinern Teil bewegen soll. Dann also ist es in der Natür, daß allbeg das Stärker das Schwächer begwaltigt. Solchs ist auch sunderlich in eines Menschen Leib. Dorum geziemt sich, daß die hintern Teil der Gelied länger und dicker seient dann die vordern, van mehr Gewalts wegen die vordern dest baß zu meistern, wie wir dann das sehen in den menschlichen Armen, Händen, Fingern, Beinen, Füßen und Zehen, daß die vordern Gelied kürzer und kleiner sind dann die hintern.

Dorum will ich sunderlich die drei längsten Teil des Manns also gegeneinander vergleichen, daß auch die stärkern Teil am längsten beleiben.

Und ich will setzen für das erst und längst Teil des Manns den Leib vam Halsgrüble an bis zu End der Hüft. Dann es ist ein versammelts ganz Stück und ein vollkommne Stärke, die andern Glieder zu bewegen.

Item das ander längst Teil am Mann sind die öbern zwei Bein van End der Hüft bis mitten in das Knie. Und diese Bein sollen kü[r]zer sein dann der obbeschtimmt ganz Leib.

Aber die dritt Läng sind die zwei Schienbein zwischen dem Knie und des Fuß. Das ist bis zu End des äußern Knorrens am Schienbein. Das ist die kürzest Läng, vannot unter den dreien größten Längen. Aber die zwu minderen Läng mußtu gegen der größeren, das ist der Leib, das ober Bein und das Schienbein, vergleichen: also wie sich die erst gegen der andern, also die ander gegen der dritten halten. Ewclides setzt im ...[7]

Aus derselben Propositzen mußtu abteilen noch der ersten fürgesetzten Läng die andern zwu. Item mach ein Triangel a b c. Und a b sei die Seiten überzwerch. Und b sei ein rechter Winkel. Aber b c sei ein aufrechte Lini. Nun teil b c mit zweien Punkten d e in drei gleiche Feld und zeuch aus dem Winkel a zwu gerad Lini in die Punkten d e. Also ist der Werkzeug gemacht, daraus zu dein Vergleichung mußt nehmen.

Aber tu ihm also.

Nimm ein Richtscheit und stich mit Punkten dorauf die Läng zwischen dem Halsgrüble und des untersten Knorren außen

am Schienbein. Und bezeichen den Punkten des Halsgrüblens mit einem f und den Punkten des Endes am Schienbein mit eim h. Und zwischen f h setz die Läng des ganzen Leib von dem Halsgrüble bis zu End der Hüft mit eim Punkten g.
Dornoch nimm dein bezeichents Richtscheit und leg das mit dem Punkten g auf die Lini a d und rück das Richtscheit, also daß der Punkt f anrühr die Lini a c. Und das unter Teil h rühr die Zwerchlini a b.
Und wie das Richtscheit bewegt werd, so soll doch allbeg der Punkten g des Richtscheits auf der Lini a d beleiben. So du das getan hast, so durchschneidt die Lini a e dein Richtscheit und macht drei vergleichlich Teil mitsamt dem corpus. Und wo die Lini a e dein Richtscheit durchschneidt, do setz ein Punkten j. Also ist das vergleicht: f ist das Halsgrüble, g die Hüft, j das Knie und h das End des Knorren außen am Schienbein. Auch magstu die vier Linien aus dem Winkel a durch die Punkten c d e b so weit hinausstrecken, als du sein notdörftig würst sein. Und was sich oben ergrößern soll, das würd oben gegen dem Punkten c geleint. Was sich aber oben verkleinern und unten vergrößern soll, so man das Richtscheit das Unterst zuöberst kehren, das magstu abnehmen in der beigesetzten Figur.
Item diese Figur soll genannt werden die Vergleicherin, dann sie macht geschickt gegeneinander.

[Zeichnung der Vergleicherin]

Halsgrüble. End der Hüft. Knie. Rist.

Item so nun das Knie gestellt ist, so teil weiter die anderen Ding in die Bein also.
Van mitten des Knies untersich herab bis zu End des Knorren außen am Schienbein ist $\frac{1}{4}$.
Aus dem Knie untersich herab bis zu End des äußeren Wadens ist $\frac{1}{10}$.
Aus dem Knie untersich herab bis zu End des inneren Wadens ist $\frac{1}{8}$.
Item aus dem Knie untersich herab $\frac{1}{40}$ hat das Bein außen ein besunder Einbeißen.
Desgeleichen hat der Schenkel inwendig untersich herab $\frac{1}{26}$ auch ein besunder einbeißend Art.
Item ob dem Knie $\frac{1}{20}$ und auswendig des Beins hat der Schenkel aber ein besunder einbeißend Art.

Desgeleichen innen ob dem Knie $^1/_{30}$ hat der Schenkel auch ein einbeißend Art.
Item zwischen der Sohln und End des Knorren unten am Schienbein teil mit zweien Punkten drei gleiche Feld. Im untersten Drittel ist die Dicken der großen Zehen.

Item nun mach die Läng des Arms.

Item vam Halsgrüble bis in Ellbogen sind $^2/_{11}$.

Und in der Mitt endt sich das Achselfleisch.

Item aus dem Ellbogen bis zu End des äußeren Teils des längsten Fingers ist $^1/_4$.

Item vam längsten Finger van vornen an bis zu End der Hand ist $^1/_{10}$.

Und all diese Läng zeuch mit Zwerchlinien, dann darauf mußtu alle Dicken und Breiten der Glied des Arms ziehen.

Nun heb an die Dicken des seitlichen Manns zu ziehen.

Item auf der Lini des [Halsgrüblens] ist der Hals dick $^1/_{14}$.

Auf der Lini der Schultern Höch auch $^1/_{13}$.

Auf der Höch der Achsel $^1/_{11}$.

Über die Brust $^1/_7$.

Auf der Lini der vordern Üchsen $^1/_{11}$ und $^1/_{12}$.

Bei dem Tütle $^1/_{11}$ und $^1/_{12}$.

Unter den Brüsten $^1/_6$.

Bei End des Brustbeins $^1/_{12}$ und $^1/_{13}$.

In der Weichen $^1/_7$.

Über den Nabel $^1/_8$.

Bei der Einbeißung der Hüft $^2/_{15}$.

Bei End der Hüft $^2/_{13}$.

Bei End des Bauchs $^1/_{13}$ und $^1/_{14}$.

Auf der Lini des Schwanz $^1/_{13}$ und $^1/_{14}$. Auf dieser Lini ist das Bein mitsamt dem Ars dick $^2/_{15}$.

Desgeleichen in der Mitt der Manns Läng $^2/_{15}$.

Aber der Schwanz geht sein Weg für sich hinaus.

Item das Bein ist unter den Arsbacken dick $^2/_{17}$.

Und herab bei der besunder Einbeißung des Knies $^1/_9$.

Außen ob dem Knie $^1/_{11}$.

Innen ob dem Knie $^1/_{12}$.

Mitten im Knie $^1/_{13}$.

Außen unter dem Knie $^1/_{14}$.

Innen unter dem Knie $^1/_{14}$.

Bei End des äußeren Wadens $^1/_{12}$.

Bei End des inneren Wadens $^1/_{14}$.

Das Bein unten ob dem Rist ist dick $^1/_{20}$.
Auf der Lini des Rists $^1/_{19}$.
Bei End des Knorren $^1/_{14}$. Und also hoch geht die Ferschen über sich.
Item der Fuß ist lang $^1/_6$. Und im vordern Dritteil werden die Zehen begriffen.
Item der seitlich Arm ist über die Achsel, do er sich vam Leib schneidt, dick $^1/_{11}$.
Bei der hintern Üchsen herab $^1/_{14}$.
Mitten in der Maus $^1/_{16}$.
Im Ellbogen $^1/_{20}$.
Vorm Ellbogen im Stärksten $^1/_{19}$.
Baß hinfür $^1/_{28}$.
Vornen bei der Hand $^1/_{32}$.
Über die Dicken der Hand $^1/_{30}$.
Also hastu die Dicken des Manns noch der Seiten. Und mach nachmals die Breiten der Glieder auf den Zwerchlinien des fürsichtigen Manns bei der andern aufrechten Linien also.
Der Hals beim Kinn ist breit $^1/_{15}$.
Bei der Schultern Höch $^1/_{13}$.
Bei der Achselhöch $^2/_{11}$.
Bei dem Halsgrüble $^4/_{17}$. Und zwischen den Achselgliedern $^1/_5$.
Über die Brust $^4/_{15}$. Das ist über die Achsel.
Zwischen den Üchsen ist die Breiten $^1/_{10}$ und $^1/_{11}$.
Die Tütle stehnt vaneinander $^1/_8$.
Die Weichen ist breit $^2/_{11}$.
Bei End der Hüft $^1/_9$ und $^1/_{10}$.
Item van End der Weichen bis zum End der Hüft zeuch auf idlicher Seiten ein gerade Lini, die zeigt dir an, wie breit soll sein die Einbeißung mitten in der Hüft bei der Zwerchlini.
Item mitten in der Manns Läng ist sein Breiten $^2/_9$.
Aber das Bein oben unter dem Ars $^2/_{19}$.
Herab baß bei der besundern Einbeißung des Beins $^1/_{11}$.
Außen ob dem Knie $^1/_{13}$.
Innen ob dem Knie $^2/_{27}$.
Mitten im Knie $^1/_{15}$.
Außen unter dem Knie $^1/_{16}$.
Innen unter dem [Knie] auch $^1/_{16}$.
Mitten im Waden $^2/_{27}$.
Bei End des äußern Wadens $^1/_{14}$.

Bei End des innern Wadens $^1/_{16}$.
Und das Bein ob dem Rist $^1/_{30}$.
Aber im Rist $^1/_{24}$. Und der Fuß ist vornen über die Zehen breit $^1/_{16}$.
Item nun mach nachmals die Breiten des fürsichtigen Arms.
Item der Arm unter den Tütlen herab ist breit $^1/_{22}$.
Mitten in der Maus $^1/_{20}$.
Hervorn beim Ellbogen und hintern Ellbogen $^1/_{24}$ [?]
Und zuerst beim Ellbogen $^1/_{22}$.
Her vorm Ellbogen in der Stärk des Arms $^1/_{17}$.
Baß hinfür $^1/_{23}$.
Zuvörderst bei der Hand $^1/_{28}$.
Und die Hand ist breit $^1/_{16}$.
Item also ist beschrieben alle Länge, Dicken und Breiten der Gliedmaß des Manns, und tüt fürbaß not, daß die Gestalt des Manns mit einer rechten Art dorein gezogen werd, wie du dann das findest in seiner nochfolgeten Gestalt auf den Linien aa bb, domit ichs baß kann anzeigen, dann daß ichs dann das allein beschrieben sei.
Item so nun der seitlich und fürsichtig Mann gezogen ist, so müßtu auch den hinterwärtlichen Mann ziehen in sein Gestalt. Der würd zu geleicher Weis mit sein auswendigen Linien begriffen wie der fürsichtig. Aber van der Höch des Halsgrübleins bis hinten unter die Üchsen ist $^1/_{11}$. Und zwischen den Üchsen ist der Leib breit $^2/_{16}$ und $^2/_{17}$.
Und die Ferschen ist breit $^1/_{18}$.
Aber die Zwiesel der Arsbacken van End der Arsbacken über sich ist hoch $^1/_{11}$, wie du denn das auch in seiner folgeten Figur sichst.
Item wiltu den Mann vam Fuß niederristiger machen: Was du ihm dann nimmst, das gib zu der Läng zwischen dem Knie und der Höch der Achslen. Das würd nit übel stehn.
Item hienoch will ich die offen Hand dieses starken Manns eigentlicher und klärer beschreiben dann vor, und will sie ein wenig groß reißen.
Du bist vor bericht, daß die Hand aus dem Glenk des Arms bis zu End des längsten Fingers sei lang $^1/_{10}$ aus der ganzen Manns Läng bb cc.
Diesen 10 Teil stell aufrecht für dich und zeuch oben darüber ein Zwerchlini a. Und dorunter ein andre zwerch Paarlini b, die diese Höch des 10 Teils oben und unten anrühren.

Dorzwischen mach die Hand also, daß sie oben mit dem längsten Finger anrühr die Lini a, und unten mit dem Glenk der Hand anrühr den Arm in der Lini b.
Dornoch teil die Höch des vorgemeldten 10 Teils mit 18 Punkten in 19 geleiche Felder und bezeichen die Punkten ein idlichen mit seiner eignen Zahl. Und heb an van obnen herab zu zählen 1 2 3 etc. bis auf 18.
Dornoch zeuch ein zwerch Paarlini c aus dem Punkten 11. Diese Lini c geht mitten durch die zwei hintersten Gelied des längsten Fingers und des Zeigers, dann sie stehn geleich in einer Höch an der Hand nebeneinander.
Dornoch fahr mit einer zwerch Paarlini d aus dem Punkten 14. Diese Lini d geht mitten durch das hinterst Glied des Daumen, do er an der Hand steht.
Dornoch zeuch ein Zwerchpaarlini e aus dem Punkten 6. Diese Lini geht mitten durch das ander Glied des langen Fingers.
Dornoch setz ein aufrechte Lini zwischen a b. Und wo diese aufrecht Lini oben die zwerch Lini a anrührt, do setz ein g. Aber unten, do sie anrührt die Lini b, do setz ein h. Und wo diese Lini g h durchschneidt die zwerch Lini c, do setz ein j. Die Lini g h geht mitten durch die Hand und durch den längsten Finger.
Dornoch teil a e mit 6 Punkten in 7 geleiche Felder und schneid oben die 3 Feld ab mit einer Zwerchlini k. Die Lini k geht durch das vorderst Glied des längsten Fingers. So nun der itzig Finger noch der Läng geteilt ist, so teil den Zeiger also.
Zeuch zwischen a k ein Paarlini l aus dem Punkten 2 des vordersten Gelieds des langen Fingers, so würd die Läng des Zeigers zwischen l c begriffen.
Dorein teil seine Glied also: l c teil mit einer Zwerchlini in der Mitt vaneinander. Diese Lini m geht mitten durch das ander Glied des Zeigerfingers. Dornoch teil l m in 7 gleiche Feld. In den öbersten 3 Felden ist das vorderst Glied. Aber in den untern 4 Felden ist das ander Glied. So ist das dritt Glied zwischen m c.
So nun die Glied des Zeigers noch der Läng auch geteilt sind, so mach den Daumen fürbaß also.
Zeuch aus dem Punkten 7 ein Paarlini n. Diese Lini rührt vorn den Daumen. Dornoch teil des Daumens Läng in 7 geleiche Felder.

In die obersten 3 Feld mach das vorderste Glied. Und in die untern 4 Feld mach das hinter Glied.
Dornoch werden die zween letzern Finger außen an der Hand besunder an die Hand gesetzt.

Tu ihm also.

Nimm ein Zirkel und setz ihn mit dem ein Füß in den Punkten h und mit dem andern Fuß in den Punkten j. Das ist mitten im hintersten Glied des langen Fingers. Van dann reiß mit dem Zirkel hinter sich ein runden Riß. Auf diesem runden Riß muß der Goldfinger und der kleinste Finger an die Hand gesetzt werden, dann sie stehnt tiefer in der Hand dann der lang und der Zeigerfinger.
Item zeuch ein zwerch Paarlini o aus dem Punkten i.
Diese Lini o rührt oben den Goldfinger.
Den Goldfinger teil noch seiner Läng in 7 gleiche Feld. In die 3 untersten Feld mach das hinterst Glied. Aber die vordern 4 Feld teil in 9 gleiche Teil. In die 4 obersten Teil mach das vorderst Glied. Und in die 5 untern Teil mach das ander Glied.
Dornoch mach den kleinsten Finger außen an die Hand. Der ist nit länger dann die zwei hintersten Glied des längsten Fingers.
Dornoch teil die Läng des kurzen Fingers in 11 gleiche Feld. In die untersten 5 Feld mach das hinterst Glied. Und die obern 6 Teil, die beleiben zu den vordern zweien Gliedern. Und die zwerch Lini e geht mitten dürch das vorderst Glied.

Oder tu ihm also.

Teil die zwei vorderen Glied auch in 9 gleiche Teil. In die 4 oberen Teil mach das vorderst Glied. Und in die 5 untern Teil mach das mittler Gelied.
Item die Nägel sind auf einem idlichen Finger seines halben Gelieds lang, dorauf er steht.
So du nun die Läng der Glied hast, so mach dornoch ihr Breiten also.
Die Hand im Glenk am Arm ist breit $^1/_{28}$.
Aber im Arm unter der Hand beim Knorren ist sie breit $^1/_{29}$.
Und aber baß in Arm $^1/_{30}$.
Die Hand ist über des Daumen hintersts Glied auf der zwerch Lini d ebenso breit, als lang do ist der längst Finger.
Und die Lini g h geht an dem Ort und im Glenk der Hand gleich mitten durch die Hand, also daß auf einer Seiten die

Breiten der Hand gleich so weit ist als auf der anderen Seiten.
Aber über die Finger bis hintersich herab zu End des Zirkelriß zu äußerst der Hand ist die Hand so breit, also der Zeigerfinger lang ist.
Der lang Finger ist hinten breit van seiner Läng $^1/_5$. Aber vorn ist er eins Vierteils schmäler dann hinten.
Der Zeigerfinger ist hinten ebenso breit als der lang Finger. Aber vornen ist er schmäler dann der lang Finger vornen ist.
Der Goldfinger ist hinten van seiner Läng breit $^1/_5$ und vornen eins Vierteils schmäler.
Und der kürzst Finger ist auch van seiner eignen Läng breit $^1/_5$ und vornen eins Vierteils schmäler. Aber der Daum ist van seiner eignen Läng ein wenig minder breit dann $^1/_3$.
Item so nun die Maß alle ist aufgerissen, so zeuch dann die Gestalt der Hand mit ihren Linien wohlgestalt dorein.
Item neben dem längsten Finger auf beeden Seiten geht die Spalt[u]n[g] zwischen den Fingern bis in die Mitt der Hand Länge. Aber zwischen dem Gold- und kleinstn Finger geht die Spaltung tiefer hinab noch Geschicklichkeit der Hand, wie du dann das eigentlich in der nochfolgeten Figur aufgerissen sichst. Item merk auch, daß sich die Hand noch der Seiten zu sehen hohl macht. Dorum scheint sie dick sein. Dann der Daum und der klein Finger stehnt einwärts. Aber die Hand unter dem Daumen ist dick zween 7 van der Hand Länge. Die Finger sind auch an etlichen Orten noch der Seiten ein wenig dicker, dann sie breit sind.
Item diese obbeschriebne Hand mag durch den Verkehrer länger erstreckt oder kürzer gezogen werden.
Item so ich nun die Hand gefertigt hab, so will ich fürbaß den Fuß auch läutrer[8] beschreiben und aufreißen dann er vor angezeigt ist.
Dorum wie du vernummen hast in dem nächstvor beschriebnen Mann bb cc, daß sein Fuß sei lang $^1/_{12}$ und $^1/_{13}$ van der Manns Läng und sei überzwerch breit $^1/_{17}$. Aus dieser Länge und Breiten mach ein überlängte Vierung[9], stell sie überzwerch und bezeichen ihr oberste zwerch Lini mit eim a und die unter mit eim b.
Aber die zw[u] aufrechten Seiten sei die vörder gegen der Zehen c, und die hinter bei der Fersen d. In diese Vierung muß der Fuß gemacht werden, also daß er vorn mit der langen

Zehen die aufrecht Lini c anrühr, und rühr mit der Fersen die hinter aufrecht Lini d.
Auch rührt er innen an die ober Zwerchlini a mit dem Ballen hinter der großen Zehen. Aber mit der Fersen rührt er sie nit.
Und auswendig rührt der Fuß an die unter Zwerchlini b mit dem Ballen hinter der klein Zehen.
Und also mach den Fuß erstlich, daß er platt aufschteh in eim niedergedrückten Grund in seiner Vierung.
Dornoch heb an diese Vierung also zu teilen.
Teil dorein noch der Läng mit zweien aufrechten Paarlinien, die vorder e, die hinter f, zwischen den aufrechten Linien c d 3 gleiche Feld. Im vordersten Feld werden gemacht die Zehen des Fuß. Im mittleren Teil beleibt der Fuß bloß und endt der Rist ob dem Fuß. Und im dritten und hintersten Teil würd gemacht die Fersen und geht das Bein dorin übersich aus dem Fuß.
Dornoch teil die hinterst aufrecht Lini d zwischen den zweien Zwerchlinien a b mit 6 Punkten g h j k l m in 7 gleiche Feld und zeuch ein zwerch Paarlini aus dem Punkte g (die dann die nächst würd bei der Zwerchlini a) bis zu End der aufrechten Lini c. In der setz ein Punkten m. Und wo diese Lini g durchschneidt die aufrecht Lini f, do setz ein n.
Dornoch zeuch ein zwerch Paarlini aus dem Punkten m hinfür.
Und wo diese anrührt die aufrecht Lini f, do setz ein o.
Dornoch zeuch aber ein zwerch Paarlini aus dem Punkten h durch die aufrecht Lini f $^1/_{17}$ van der Manns Läng.
Dornoch teil die aufrecht Lini c zwischen den zweien Zwerchlinien a b mit einem Punkten q in der Mitt vaneinander.
Dornoch teil die Höch zwischen q b auf der Lini c mit zweien Punkten, der öber sei r und der unter s, in drei gleiche Feld.
Dornoch teil mit zweien Punkten t v 3 gleiche Feld auf der Zwerchlini b zwischen den zweien Aufrechten c e. Dornoch teil wieder mit zweien Punkten x y in 3 gleiche Feld die Zwerchlini a zwischen den zweien aufrechten Linien e f. Aber teil auf der Zwerchlini a zwischen den zweien aufrechten Linien f d mit zweien Punkten z ꝯ drei gleiche Feld. Merk allbeg, daß du die Bustaben vorstellst gegen der Lini c auf ihren Punkten, welche ich dann in der Schrift vor nenn, als der Punkt t steht gegen der Lini c, und der Punkt v gegen der

Lini e, so steht der Punkt x auch gegen der Lini e und das y gegen der Lini f. So steht der Punkt z auch gegen der Lini f, und das ƒ gegen der Lini d.

Dornoch zeuch ein aufrechte Paarlini herab aus dem Punkten z.

Dornoch teil auf der Zwerchlini a die Läng zwischen dem Punkten ƒ und Aufrechten d mit zweien Punkten, die vorder sei t und der hinter ω in drei gleiche Feld.

Dornoch zeich ein zwerch Paarlini aus dem Punkten l, und wo sie ein Eck schleußt mit der Aufre[ch]ten ƒ, do setz ein &.

Dornoch muß man ziehen schlem Linien also. Item zeuch ein Lini p e. Dornoch ein ander q y. Und wo diese durchschneidt die aufre[ch]t Lini e, do setz ein ꝛ.

Dornoch zeuch ein andre s f. Aber ein andre aus dem Winkel b c und n.

Dornoch zeuch noch eine t ƒ.

Dornoch zeuch ein aufrechte Lini aus dem Punkten v übersich bis an die schlem Lini t ƒ.

Dornoch nimm ein Zirkel und setz ihn mit dem einen Fuß in den Punkten ꝛ und mit dem andern Fuß in den Punkten p. Vandann reiß rund untersich herab bis auf die schlem Lini q y. Und mit demselben Riß reiß auch ab zwischen den zweien schlemen Linien s f und der Lini, gezogen aus dem Winkel c b und n.

Dornoch laß aber den Zirkel mit dem ein Fuß stehn in dem Punkten ꝛ. Aber den ein Fuß tu weiter auf und reiß aus dem Punkten q rund herab bis auf die schlem Lini s f.

Dornoch laß aber den Zirkel stehn mit dem ein Fuß in dem Punkten ꝛ und den andern Fuß setz in den Punkten v. Van dann reiß rund übersich bis an die schlem Lini des Winkels c d und n.

Dornoch nimm mit dem Zirkel die Höch p b und setz ihn mit dem ein Fuß in den Punkten x. Und mit dem andern Fuß reiß ein runden Riß hervorn zwischen den zweien schlemen Linien q y und t ƒ. Und wo dieser rund Riß durchschneidt die schlemen Linien q y und s f und die Lini des Winkel c b und n, aus denselben Punkten reiß aufrecht Linien übersich. Also weit werden die vordern vier Zehen in Fuß gespalten. Aber der Spalt der kleinen Zehen geht auf der schlemen Linien t ƒ nit weiter dann bis auf zween Dritteil zwischen den aufrechten Linien v und d.

So nun diese gestrackt Linien all also gezogen sind, so zeigen sie dir beiläuftig vor Augen an, wie der Fuß dorein soll gezogen werden.
Aber mach ihn also dorein.
Erstlich reiß das Bein in der Vierung des hintersten Dritteils auf der Fersen, wie sein Linien sollen gehn, so es abgeschnitten wär in der Lini des Rists auf dem Fuß, was das für ein Ebne gebe.
Item das Bein hinten mit der Spannadern[10] rührt die aufrecht Lini ω auf der zwerch Lini h. Auf derselben Lini herfür gegen den Zehen ist das Bein dick $^1/_3$ van des Fuß Läng.
Auch ist das Bein breit bei der aufrechten Lini z über die beed Knorren $^1/_{24}$. Aber der Knorr außen geht dorunter weiter, macht $^1/_{24}$. Und der inner Knorr rührt an oben die Zwerchlini a. Auch steht der inner baß hervorn gegen den Zehen dann der äußer. Er ist auch flächer und breiter dann der äußer Knorr. Und der äußer ist spitziger und die Hohlkehln zwischen sein und hinten der Spannadern ist tiefer dann die inner.
Auch soltu das Schienbein nit in der Mitt auf der Fersen über sich ziehen, sunder ein wenig einwärts. Dann die Fersen soll ein wenig auswärts gezogen werden, also daß sie fürtreff den äußern Knorren des Schienbeins van der Streb[11], wegen dest stärker zu tragen.
Item wiltu ein breite Fersen machen, so magstu sie innen die öber Zwerchlini lassen anrühren.
Dann so rührt die Fersen und der inner Knorr des Beins beede oben die Zwerchlini a. Dorum zeuch diese Lini des inbegriffnen Beins, wie du itz vernummen hast.
Dornoch zeuch die Fersen, daß sie hinten anrühr den Punkten j. Van dann rundiert sie sich bis an die zwerch Lini a mitten zwischen z ϕ . Dornoch zeuch sie weiter fürsich rund herab bis an die aufrecht Lini f zu dem untersten Dritteil zwischen den zweien Punkten f n.
Dornoch zeuch innen die Sohlen gar hinfür bis zu der Lini e. Do rührt der Ball hinter der großen Zehen an die Zwerchlini a. Aber die Tiefen der Sohlen rührt die Zwerchlini p g zwischen y f. Dornoch rundier die Fersen auswendig herab van dem Punkten j bis in den Winkel 𝔛. Und van dann zeuch sie mit ihrer Krümm bis in den Punkten o. Van dann zeuch die Sohln herab an die Zwerchlini b hinter der klein Zehen. Do rührt der Ball an im vordern Drittel zwischen e f. Der Fuß hat ein

besunder höhlet[12] Bein zwischen f z. Das zeuch vor dem äußeren Knorren.

Der Rist übertritt die Sohlen van ihrer Höhlen wegen und würd van dem Bein herfür gezogen.

Er[s]tlich mach die Zehen in das vorder Dritteil zwischen c e. Nit also daß die gestracks für sich stehn, als man das an groben Leuten findt. Sunder zeuch sie in die schlemen Linien, die gezogen sind, also.

Mach die groß Zehen, daß sie ein wenig aus dem Mann steh, das ist gegen der klein Zehen. Dorum zeuch sie zwischen die zwu schlemen Linien p e und q y, und daß sie vorn rühr den Zirkelriß, gezogen aus dem Punkten p. Und mach sie ebnso breit, daß sie die zwu schlemen Linien, dorzwischen sie gemacht würd, ausfüll. Dann aber mit dem Ballen übertritt sie ein wenig die schlem Lini p e. Und sie ist gar viel größer dann die andern Zehen.

Diese große Zehen hat zwei Glieder. Und sie ist $^1/_4$ lang van des Fuß Länge und steht an der Zwerchlini p g. Aber das hinter Glied ist $^1/_3$ länger dann das vorder. Und der Nagel ist des halben Gelieds lang, dorauf er steht.

Dornoch mach die andern drei mittel Zehen. Und wie lang ein idliche Zehen sein soll, das finstu also:

Nimm ein Zirkel und setz ihn mit dem ein Fuß in den Punkten f, und mit dem andern Fuß setz ihn in den Punkten, der die Läng der großen Zehen gibt, auf der Zwerchlini p g. Aus dem reiß rund unter sich herab durch die drei Felder, die zwischen den schlemen Linien q y s f Winkel c b und n und t ϯ gezogen sind. Also hastu zwischen diesen und äußern runden Rissen begriffen, wie lang der Zehen ein idliche sein soll. Auch zeigen dir an die vorbestimmten schlemen Linien, daß die drei mittel Zehen auswärts gewendt werden, das ist gegen der kleinen Zehen. Das steht wohl, ist auch träglich[13].

Dornoch mach die Größ der andern Zehen [zwischen] die zwu schlemen Lini r y und s f. Die dritt Zehen reiß zwischen die zwu schlemen Linienwinkel c b und n s f. Die viert Zehen mach zwischen die zwu Linienwinkel c b und n und t ϯ.

Und der dreier Zehen ist einer idlichen ihr hinters Glied ein wenig kürzer dann die vordern zwei. Auch mach an einer idlichen Zehen das mittler Glied $^1/_3$ kürzer dann das vorderst.

Aber die kleinest Zehen rührt voren die aufrecht Lini v und steht vorn einwärts. Sie ist kurz und steht fast dohinten.
Ihr Ball ist hinter ihr fast stark.
Also hastu beiläuftig die größten Teil des Fuß, wie er im Grund leit.
Item so du nun den Fuß im niedergedrückten Grund gemacht hast, so mach ihn dornoch aufrecht in einer andren Vierung ob dem niedergedrückten Grund also.
Item all aufrecht gestrackt Lini, die im Grund des niedergedrückten Fuß sind, die zeuch durch den Übertrag übersich, so geben dir die aufrechten Linien die Läng des Fuß der Zehen, wie lang ein idliche sein söll, wie tief gespalten, wo die Knorren am Bein sein söllen und wie das Bein auf die Fersen gezogen und gestellt soll werden. Und in summa durch den Vertrag, der durch die Paarlini über sich gezogen würd, der gibt dir alle Läng der Glieder im aufrechten Fuß.
So nun die Läng des Fuß mit seiner Inhalt zwischen den zweien aufrechten Linien c d gemacht ist, so mach dornoch die Höch der andern Gelieder dorein.
Tu ihm also.
Item so all aufrecht Paarlinien, die durch den Vertrag über sich gezogen sind, die durchzeuch mit zweien zwerch Paarlini. Die öber ist a, die unter b. Und zwischen den zweien zwerch Linien sei die Höch $^1/_{20}$ van der Manns Läng. Dies ist die Höch vor der Sohln bis zuhöchst des Rists.
So würd dir ein überlängt Vierung zwischen den Aufrechten c d und der Zwerchlinien a b. Diese Vierung steht überzwerch geleich auf der Vierung des niedergedrückten Fuß.
Aber der Fuß van der Sohln bis in Rist, das ist van der Lini b bis an die Lini a, ist $^1/_3$ hoch van des Fuß Länge. Oder mach sie $^1/_{20}$ van der Manns Läng.
Aber die andern Höch der Glieder mach dorein also.
Zeuch zwu Zwerchlini, die öber e, die unter f, die zwischen a b 3 gleiche Feld machen. Dornoch zeuch den Fuß also dorein, daß die Zwerchlini e rühr unten den äußeren Knorren des Schienbeins und oben die Fersen.
Aber ob der Fersen geht noch ein kleine Ausschweifung bis ins Halbteil zwischen die Zwerchlini a e. Dornoch geht die Spann oder Dürch aus.
Dornoch zeuch das höchlet[14] Bein unter dem Knorren des Schienbeins zwischen den Zwerchlinien e f und der Auf-

rechten z y. Aber das höchlet Bein übertritt die Zwerchlini e.
Die Sohln des Fuß beleibt eben auf der zwerch Lini b.
Der Rist rührt oben die Zwerchlini a bei seiner aufrechten Lini und geht van dann herab bis auf die Zwerchlini e fürs Mittel zwischen den aufrechten Linien e f. Van dann zeuch ihn weiter herab bis auf das unterst Vierteil zwischen den zweien Zwerchlinien e f an die aufrecht Lini e.
Dornoch zeuch den Knorren der großen Zehen ob der Zwerchlini f für die aufrecht Lini e hinaus. Und erst fall mit dem Zug nieder auf die Zwerchlini f, so du schier mitten bist zwischen den aufrechten Linien c e.
Die größ Zehen ist mit ihrm hintern Glied ob der zwerch Lini f. Aber vorn bei dem Nagel rührt sie an das oberst $^1/_4$ zwischen f b.
Item die kleinest Zehen rührt mit ihrem hintersten Glied oben das $^1/_5$ zwischen f b und hat ein starken Ballen hinter ihr van der Trag[15] wegen des Fuß. Und rührt doch nit die Lini f b. Aber vorn ist sie klein.
Dornoch zeuch die drei mittel Zehen also, daß die ander nächst noch der großen Zehen ist mit ihrem hintersten Glied ein wenig niedrer dann die groß. Die dritt ist aber niedrer. Die viert noch niedrer. Also wie in der Niedern eine noch der andern abnimmt, also mach immer die äußer kleiner dann die innern. Und die hinteren Glied der Zehen stehnt eben zwerchs für sich hinaus. Aber die vordern treten vornen nieder auf die Erd und die Bälle vornen an den Zehen sind breit. Item alle Läng der Glied der Nägel mach durch den Vertrag aus dem niedergedrückten Grund, wie vor gesagt ist. Doraus zeuch alle notdörftige Ding in den aufrechten Fuß. So nun die zween Teil des Fuß in Grund und aufzogen gemach[t] ist, so mach dornoch, wie man die Fersen hinterwärtlich sech, also.

6. Proportionen eines Kindes

So wir nun gemacht haben die Maß des Manns und des Weibs, so müssen dieselben ein Kind machen, ein solchers, wie hernoch folgt.
Item nun mach das Haupt, zum ersten zuvor das seitlich[1]. Das stell in ein rechte Vierung eins 4 Teils hoch und bezeichen die

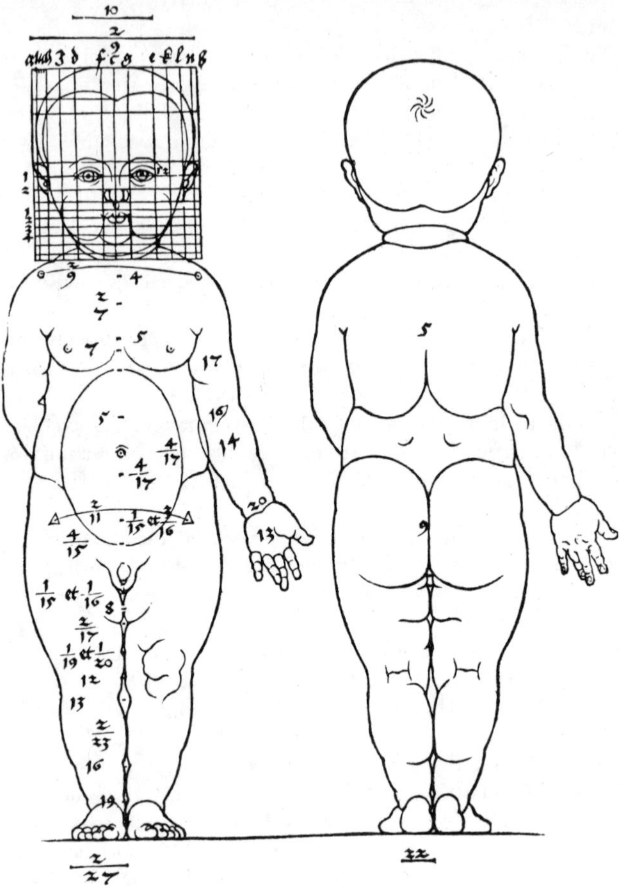

(Aus der gedruckten Fassung von 1528)

zwu aufrechten Lini, die vorder a, die hinter b. Aber die öberst zwerch Lini l und die unterst m.
Dornoch teil den nebensichtigen Kopf[1] mit aufrechten Linien alle Tiefen der Glieder.
Item a b teil mit vier Linien c d e f in 5 gleiche Feld. Die Lini

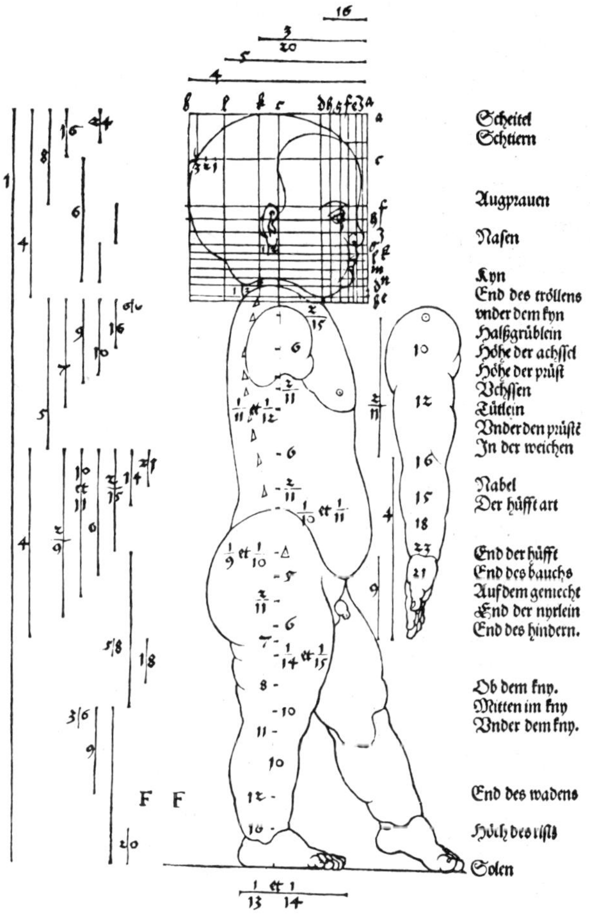

(*Aus der gedruckten Fassung von 1528*)

c rührt das hinter Augwinkele. Die Lini f rührt hinten die bsunder Einbeißung des Haupts, ehr das zum Hals tritt. Item mittn in die Vierung setz ein Lini g. Die Lini streicht dornoch durch den ganz Leib aus. Und zwischen e g ist das Ohr begriffen. In der Mitt e f tritt das Haupt auf den Hals.

Item a c teil mit dreien Linien in 4 gleiche Feld j h k, also daß die Lini j die nächst beim a steh. Die Lini j rührt vorn den Wirbel der Stirn und vorn den oberen Lebsen des Mundes. Aber die Lini h rührt hinten das Nasbälle und das End des Mündleins. Die Lini k rührt unten die Einbeißung des Kinns und geht durch den Augapfel.
Item teil b f mit dreien Punkten in 4 gleiche Feld. Der hinterst Punkt bei dem b rührt den Wirbel hinten auf dem Haupt auf der zwerch Lini, die nachmals darzu gemacht würd. Also hastu die aufrechten Lini. Nun mach die zwerch Lini, die dir alle Höch und Niedern der Glied geben.
Item vam l herab ein 16 Teil setz ein Lini o. Die rührt beed Wirbel des Haupts hinten im Punkten und voren an der aufrechten Lini j. Dornoch in der Mitt der Vierung setz ein Lini n. Die geht durch die Augbrauen. In der Mitt werden sie darüber erhaben, aber an den Orten gehnt sie darunter. Diese Lini rührt auch oben das Ohr.
Item van der Lini o herab ein 6 Teil setz ein Lini p. Die rührt unten das Kinn. Und hinten steßt das Haupt und Hals doran aufeinander.
Item teil n p mit einer Lini q in der Mitt vaneinander. Die rührt unten die Nasen und auch unten das Ohr.
Dornach teil q p mit 4 Linien r s t v in 5 gleiche Feld. Im obersten Feld würd begriffen das Rotzrinnle unter der Nasen. Im andern Feld die obern Dicken des Mundes Lepsen. Im dritten Feld würd begriffen der unter Lepfs des Mundes mitsamt dem Hohlkehle darunter. Aber in den untersten zweien Felden würd begriffen das Kinn. Die Lini s geht mitten durch den Mund. Und wo sie die aufrecht Lini f durchschneidt, doselb hat das Haupt ein bsunder Einbeißen, eh das zum Hals herabtritt, wie vor auch gemeldt ist.
Das ober Teil des Hälslens zeucht sich in der Mitt hinauf bis an die Lini v. So zeucht sich das Fleisch van Achslen hinauf bis an die Lini x.
Item zwischen p m teil mit zweien Punkten drei gleiche Feld. Und durch den unteren Punkten zeuch ein Lini z. Dorauf rührt unten das Tröle unter dem Kinn. Und zwischen z m beleibt vorn der Hals. Item die Blößen des Haupts rührt in der Seiten die Lini g. Auch beleibt dieselb Blöß in der Mitt zwischen l o. Und auf der Lini m ist der Hals dick $^1/_9$. Dornach zeuch

die Gestalt des Haupts durch die gestrack[t]en Linien, wie du das in der folgeten Figur sichst.
Dornoch mach das fürsichtig Angesicht[2] in sein Vierung und führ aus dem seitlien Angesicht durch den Vertrag alle Höch der Glied mit zwerch Linien dorein, so würd geteilt wie die erst Vierung.
Aber die Vierung des fürsichtigen Angesichts muß schmäler sein dann die seitlich. Dorum mach sie $^2/_9$ breit.
Und bezeichen die zw[u] aufrechtn Seiten mit a b. So nun diese Vierung durch den Vertrag geteilt ist mit zwerch Linien alle Höch der Glied, tut weiters nit not, dann zu teilen die Breiten der Glied mit aufrechten Linien.
Item setz zwu Lini c d $^1/_{10}$ weit vaneinander mitten zwischen a b. Diese zwu Lini rührn die äußeren Eck der Augen und an den Seiten den Hals.
Item teil c d mit zweien Linien e f in 3 gleiche Feld. Die zwu Lini rühren die innern Eck der Augen, die Nasbälle und Eck des Mundes.
Dornoch teil a c und d b mit 4 Linien, g h und j k, in 6 gleiche Feld. Die zwei Ohrn beleiben zwischen a g und k b begriffen. Aber die untern Zipfele beleiben im Halbteil zwischen g h und j k an den Linien g k. Und das Haupt rührt an den Seiten nit an den Linien a b, sunder, so man a g und k b mit 4 Punkten in 5 gleiche Feld teilt, und zeucht aus den äußersten zweien Punkten gegen a b zwu Lini l m, die rührn das Haupt am weitesten. Dornach zeuch die Linien dorein, wie du das in der folg[ete]n Figur sichst.
Item das hinterwärtlich Haupt[3] zeuchstu noch den äußern Linien des fürsichtigen Haupts.
So nun das Haupt geendt ist, so mach nachmals des Kindlens Leib, und erstlich noch der Seiten.
Item das Haupt und der Hals ist oben begriffen im ersten Vierteil.
Item vam Halsgrüble bis zu End der Hüft ist $^1/_3$.
Item vam Halsgrüble bis in die Weichen ist $^1/_5$.
Item aus der Weichen bis zu End des Ars ist $^1/_4$.
Item vam Höchsten des Haupts bis in den Nabel ist $^1/_2$.
Item vam Halsgrüble bis vorn unter die Üchsen ist $^1/_{10}$.
Item van der vordern Üchsen bis zu der Höch der Achsel ist $^1/_{12}$.
Item vam Halsgrüble bis unter die hinter Üchsen ist $^1/_9$. Auf derselben Lini sind die Tütle.

Item van Halsgrüble bis unter die Brust ist $^1/_7$.
Item van der Weichen bis zu End des Bauchs ist $^1/_6$.
Item unter der Brust $^1/_4$ ist des Kindlens Mendle.
Item unter dem Nabel $^2/_{11}$ ist das End der Hödlen.
Item so du die zwu Lini des Nabels und End der Hüft mit zweien Punkten in 3 gleiche Feld teilst und zeuchst durch den öbern Punkten ein Lini, die durchschneidt die Art der Hüft.
Item in Mitt der Sohln und End der Hüft ist das Knie.
Item van der Sohln bis zu höchst des Rists ist $^1/_{20}$.
Item van der Sohln bis zu End des Wadens ist $^1/_{12}$.
Item vam Rist bis unter das Knie ist $^1/_8$.
Item van End des Bauchs herab $^1/_{10}$, do hat das Bein inne ein besunder würschtlet[4] Einbeißen.
Item van Hödlen herab $^1/_{13}$ hebt der Furm des Knies an.
Also hastu alle Höch der Glieder. Die zeuch mit zwerch Linien und schreib sein Namen darzu, und nachmals auf denselben Linien alle Dicken der Glied.
Item zum ersten der Fuß ist lang $^1/_7$.
Item auf dem Rist ist das Bein dick $^1/_{16}$.
Zu End des Wadens $^1/_{12}$.
Mitten im Waden $^1/_{10}$.
Unter dem Knie $^1/_{12}$.
Mitten im Knie $^1/_{10}$.
Ob dem Knie $^1/_8$.
Unter dem Ars $^1/_7$.
Bei den Hödlen $^1/_6$.
Auf dem Schwänzle $^1/_{10}$ und $^1/_{11}$.
Zu End des Bauchs $^1/_{10}$ und $^1/_{11}$.
In der Hüft $^1/_5$.
In der Art der Hüft $^1/_{10}$ und $^1/_{11}$.
Im Nabel $^1/_{11}$ und $^1/_{12}$.
In der Weich $^1/_6$.
Unter der Brust $^1/_{11}$ und $^1/_{12}$.
Über die Tütle $^2/_{11}$.
Bei der Achsel $^2/_{15}$.
Dornoch zeuch die Lini der Gestalt des Kindes, wie du das in der folgeten Figur sichst.
Item nun mach den seitlichen Arm.
Van der unteren Höch der Achsel ist $^1/_5$ bis in Ellbogen.
Und aus dem Ellbogen bis zu End der Finger ist $^1/_4$.
Aber die Hand ist lang $^1/_9$ und dick $^1/_{18}$.

1. Selbstbildnis mit Eryngium, 1493, Gemälde, von Pergament auf Holz übertragen, 56,4 × 44,5 cm, Paris, Musée National du Louvre

2. Selbstbildnis mit Landschaft, 1498, Gemälde auf Holz, 52 × 41 cm, Madrid, Museo Nacional del Prado

3. Selbstbildnis im Pelzrock, 1500, Gemälde auf Lindenholz, 67 × 49 cm, München, Bayerische Staatsgemäldesammlung

4. Bildnis Albrecht Dürer d. Ä., 1497, Gemälde auf Lindenholz, 51 × 39,7 cm, London, Trustees of the National Gallery

5. Drahtziehmühle, 1490, Wasser- und Deckfarben, 28,6 mal 42,6 cm, Berlin, Staatl. Museen, Kupferstichkabinett

6. Ansicht von Innsbruck, 1494, Wasser- und Deckfarben, 12,7 × 18,7 cm, Wien, Albertina

7. Ansicht von Trient von Norden, 1495, Wasser- und Deckfarben, 23,8 × 35,6 cm, Bremen, Kunsthalle (durch Kriegsauslagerung verschollen)

8. Der Paumgärtner-Altar, 1498/1500 und 1502/04, Gemälde auf Lindenholz, Mitteltafel 155 × 126 cm, Flügel je 157 × 61 cm, München, Bayerische Staatsgemäldesammlung

9. Das Rosenkranzfest, 1506, Gemälde auf Holz, 162 × 195 cm, Prag, Národní Galerie

10. Adam, Eva, 1507, Gemälde auf Holz, 209 × 81 cm bzw. 80 cm, Madrid, Museo Nacional del Prado

11. Marter der zehntausend Christen unter König Sapor, 1508, Gemälde, von Holz auf Leinwand übertragen, 99 × 87 cm, Wien, Kunsthistorisches Museum

12. Das Allerheiligenbild, 1511, Gemälde auf Pappelholz, 135 × 13,4 cm, Wien, Kunsthistorisches Museum

13. Bildnis Kaiser Maximilian I., 1519, Gemälde auf Leinwand, 83 × 65 cm, Nürnberg, Germanisches Nationalmuseum

14. Bildnis eines jungen Mannes, 1521, Gemälde auf Eichenholz, 45,5 × 31,5 cm, Dresden, Gemäldegalerie Alte Meister

15. Die Vier Apostel, 1526, Gemälde auf Lindenholz, linke Tafel 215,5 × 76 cm, rechte Tafel 214,5 × 76 cm, München, Bayerische Staatsgemäldesammlung

16. Selbstbildnis, 1484, Silberstift, 27,5 × 19,6 cm, Wien, Albertina

17. Selbstbildnis, 1491/92, Feder, 29,3 × 20,0 cm, Erlangen, Universitätsbibliothek

18. Bildnis der Mutter, 1514, Kohle, 42,1 × 30,3 cm, Berlin, Staatliche Museen, Kupferstichkabinett

19. „Mein Agnes“, 1494, Feder, 15,6 × 9,8 cm, Wien, Albertina

20. Willibald Pirckheimer, 1524, Kupferstich, 18,1 × 11,5 cm

21. Erasmus von Rotterdam, 1526, Kupferstich, 24,9 × 19,3 cm

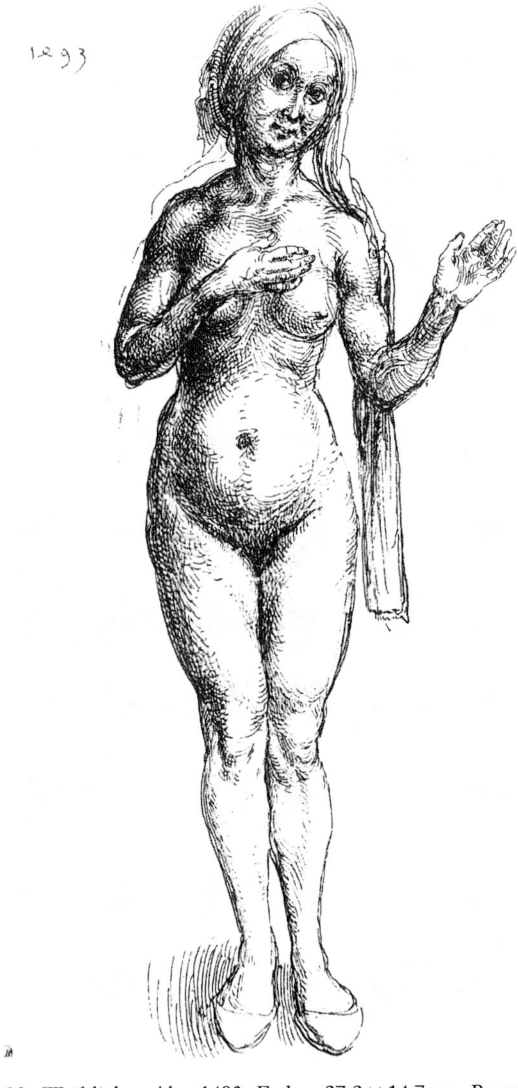

22. Weiblicher Akt, 1493, Feder, 27,2 × 14,7 cm, Bayonne, Musée Bonnat

23. Kämpfende Seekentauren, 1494, Feder, 29,2 × 38,2 cm, Wien, Albertina

24. Melencolia, 1514, Kupferstich, 24,3 × 18,7 cm

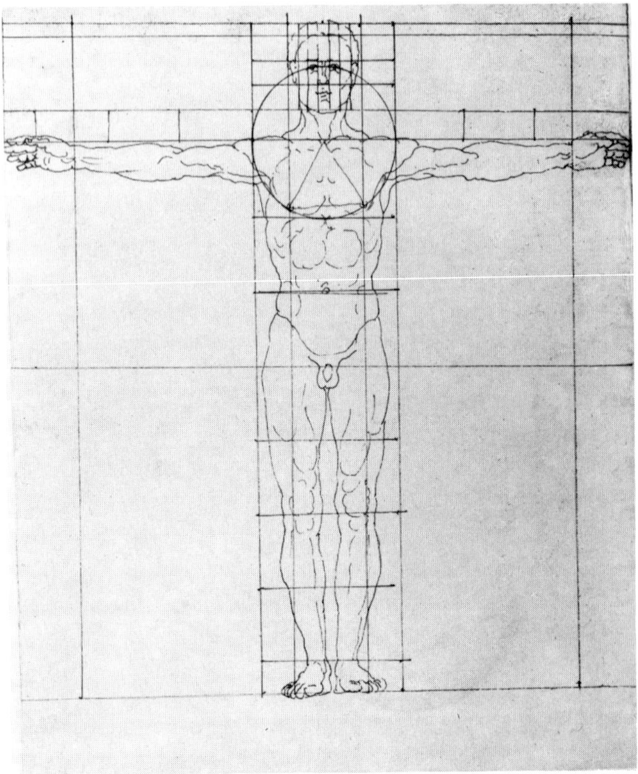

25. Männliche Proportionsfigur im Netz, 1508, Feder, Dresdener Skizzenbuch, S. 123b

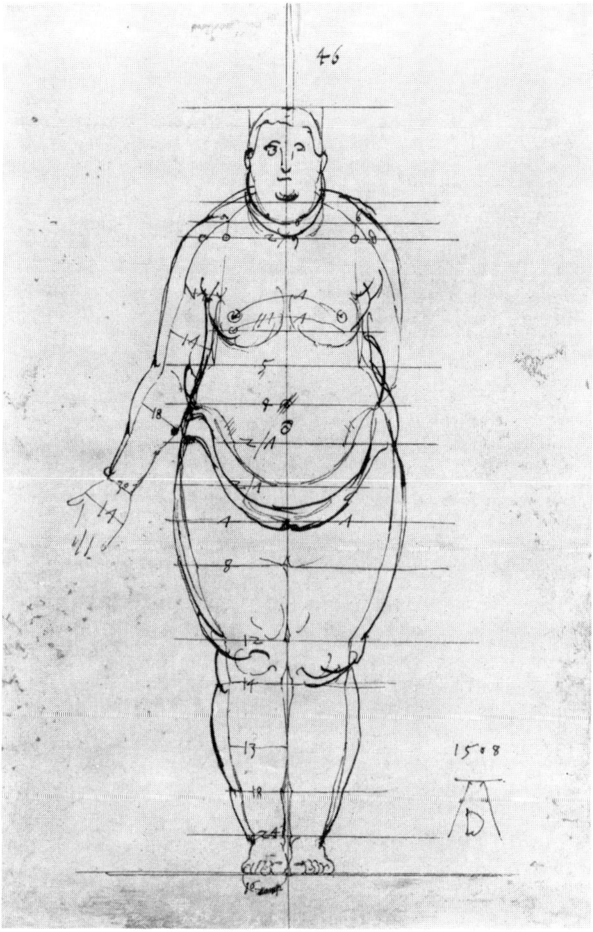

26. Dicke Frau, 1508, Feder, Dresdener Skizzenbuch S. 150 und 146

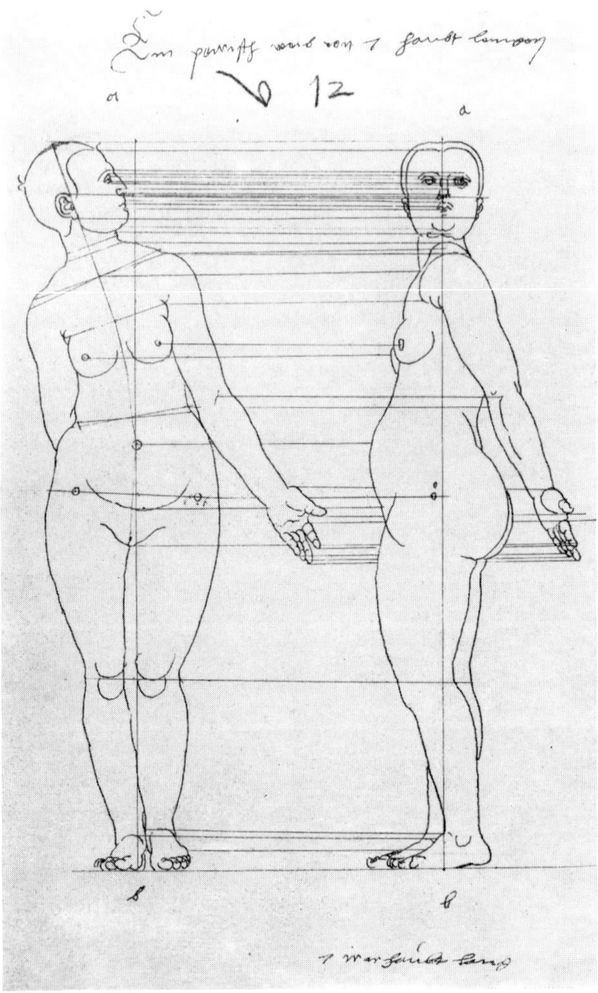

27. Weibliche Bewegungsfigur, Feder, Dresdener Skizzenbuch, S. 154b

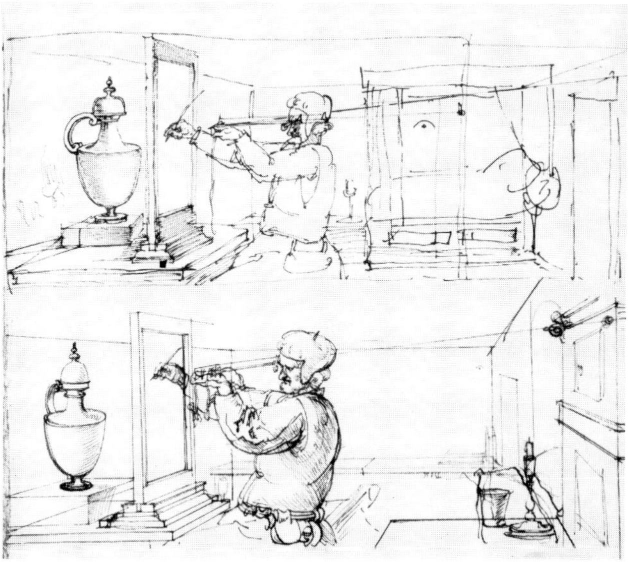

28. Mann, eine Kanne durchzeichnend, Feder, Dresdener Skizzenbuch S. 178

29. Die vier apokalyptischen Reiter, 1498, Holzschnitt, 39,9 × 28,1 cm

30. Hieronymus im Gehäus, 1514, Kupferstich, 24,8 × 19,1 cm

31. Das Scheldetor von Antwerpen (Antorff), 1520, Feder, 21,3 × 28,3 cm, Wien, Albertina

Im Glenk $^1/_{23}$.
Baß hinterhin $^1/_{18}$.
Im Dicksten vor dem Ellbogen $^1/_{14}$.
Im Ellbogen $^1/_{16}$.
Bei der Üchsen $^1/_{12}$.
In der Achsel $^1/_9$.
Dornoch zeuch den seitlichen Arm, wie du das nachfolget sichst.
So du nun hast die Gestalt des seitlichen Kindes, so mach dornoch das fürsichtig durch den Vertrag alle Läng der Glieder. Dornoch so bedarfstu nit mehr der, denn die Breiten der Glied des fürsichtigen Kindes machen also. Das vorgemacht Haupt in seim Vierteil setz an sein Statt.
Item bei der ersten Höch der Achsel ist das Kind breit $^1/_4$.
Am weitesten über die Brust $^2/_7$.
Unter den Üchsen $^1/_5$.
Zwischen den Wärzlen $^1/_7$.
In der Weichen $^1/_5$.
Uber die Hüft $^1/_4$.
In den Seiten zeuch zween gerad Riß aus der Weichen bis zu End der Hüft. Die zeigen dir an den Furm des Leibs.
Item weiter ist das Kind breit bei End des Bauchs $^4/_{15}$. Auch ist das die Breiten auf dem Schwänzle.
Item das Bein ist breit bei End der Hödle $^1/_{15}$ und $^1/_{16}$.
Bei End des Ars $^1/_8$.
In der bsunderen Einbeißung des Beins $^2/_{17}$.
Ob dem Knie $^1/_{10}$.
Mitten im Knie $^1/_{12}$.
Unter dem Knie $^1/_{13}$.
Mitten im Waden $^1/_{12}$.
Unter dem Waden $^1/_{16}$.
Ob dem Rist $^1/_{19}$.
Der Fuß ist vorn breit $^1/_{15}$.
Item der fürsichtig Arm ist unter der Üchsen breit $^1/_{17}$.
Beim Ellbogen $^1/_{18}$.
Herfür im Breitesten $^1/_{14}$.
Noch baß hinfür $^1/_{18}$.
Und im Glenk $^1/_{20}$.
Aber die Hand ist breit $^1/_{13}$ Teil.
Dornoch zeuch die Gestalt des Leibs ordenlich dorein, wie du das gar eigentlich in der folgeten Figür sichst.

Item die Gestalt zeuchstu noch den äußern Linien des fürsichtigen Kindes, allein daß es hinten zwischen den Üchsen breit ist $^4/_{17}$.
Und der Spalt des Ars ist lang $^1/_9$.
Also hastu das Kind gar.

7. *Gegensatzbegriffe, die die menschliche Gestalt verändern*

Item ob einer wollt sprechen: Du hast ein Maß eins Manns beschrieben und aufgerissen, die gefällt mir nit, dorum daß ich geren ein andre noch meinem Sinn wollt haben.
Auf das will ich dich nochfolget etlich Weg unterweisen, daß du ein idlich vorgemacht Bild magst verkehrn und anderst machen, wie du selbs wilt, und nichts bei seiner vorigen Maß lassen. Dorum hör nachfolget, wie du ihm tan solt und magst.
Erstlich mußtu vor allen Dingen wissen, welche Ding die sind, die die menschlichen Gestalt in ihren Maßen verkehrn und anderst machen.
Sölichs geschicht dürch ein widerwärtige Zusammenstellung[1].
Dann geleiche Ding sind nit leichtlich aus einander zu erkennen. Aber die ungeleichen Ding erkennt man bald.
Dorum merk nachmals, welche Ding widerwärtig in der Maß mügen sein. Das ist:

1. lang		kurt
2. breit		schmal
4. dick		dünn
3. groß	und	klein
6. hoch		nieder
5. viel		wenig
7. aufrecht		überzwerch
8. krumm		schlecht
11. eben	überort	uneben
10. ecket		rund
9. spitzig		stumpf
13. vorn	und	hinten
12. recht		link
14. jung		alt
15. feist		mager
16. härt	oder	lind
17. lachen		weinen

Item so du durch die obbeschriebnen Ding die menschlich Maß verkehrn willst, so tu den Dingen nit zuviel mit Geben und Nehmen. Bis[2] domit bescheiden, auf daß ein idlich Ding bei seinem natürlichen Wesen beleib.
Item ich will erstlich für mich nehmen lang und kurz und will dich doraus lernen, wie du den erstbeschriebnen Mann[3] vergleichlich länger oder kürzer solt machen. Und wiewohl er länger oder kürzer gemacht würd, so beleibt er doch allbeg durch das Mittel seiner Haupt achter lang, aber all seine Gelieder beleiben auf ihren zwerch Linien in der Dicken und Breiten des erstbeschriebnen Manns.
Und diese Dicken und Breiten behalten in dem verkehrten Mann nimmer die vorgenannten Zahl als $^1/_4$ $^1/_6$ $^1/_8$ und desgeleichen, dann der Mann ist erlängt oder verkürzt. Ist er länger dann vor, so ist er in seiner Maß dünner dann vor. Ist er kann kürzer dann vor, so würd er in seiner Maß dicker dann vor.
Ewclides setzt in seinem ... Buch in der ... Propositzen ...[4]
Diese Propositzen will ich für mich nehmen, den vorbeschriebnen Mann länger oder kürzer zu machen, als viel ich will. Dordurch werden sich alle Gelieder noch der Läng Vergleich einteilen, gegen dem erstbeschriebnen Mann gemäß halten. Tu ihm also.
Item nimm die Läng aa bb des anderbeschriebnen Manns. Die ist nun vorgeteilt in allen Längen der Gelied durch die zwerch Linien. Und setz sie aufrecht auf ein lange Zwerchlini c zu gleichen Winklen ...

8. Bedeutung der Proportionslehre für den Künstler

Außerhalb der Messung oder ahn einen Verstand einer guten Maß kann kein gut Bild gemacht werden, und ein gut Bild muß mit großer Mühe und Arbeit gemacht werden. Dann es geht nit unbesunnen zu. Dann die Linien, dormit man ein Bild umzeucht, kann weder mit Zirkelen noch Richtscheitlinien umzogen werden. Dorum ist not, daß man findt, wie ein Bild auf das gnäuest der Natur gmäß soll abgemessen werden. Dann durch recht Gemessens würd Künstlichs gemacht.
Erstlich will ich ein kürze Meinung meiner fürgenummen Messung anzeigen, auf das schlechtest als ich mag.

So du ein Bild fürnimmst zu machen, magstu dich der gleichen Meinung gebrauchen.
Nimm ein Richtscheit oder was dir dorzu gelegen ist, dorauf stich mit zweien Punkten die Läng des Bildes und zwischen den zweien Pu[n]kten, der ober Punkt sei a der unter b, zeuch ein gerade Lini. Und so oft ich dir nachmals sag van a b, so versteh allbeg die ganzen Läng des Bildes, das do begriffen wird zwischen a b. Nochfolget teil gar eigentlich ab diese Lini a b, dann zwischen a b ist ein ganzer und der erst Teil. Und so die Zahl klein ist, sind die Teil groß, und je größer die Zahl würd, je kleiner werden die Teil.
Dornoch teil mit eim Punkten a b in zwei gleiche Teil. Der Teil eins ist $^1/_2$. Dornoch teil vam a herab mit Punkten $^1/_3$ $^1/_4$ $^1/_5$ $^1/_6$ etc. bis auf ein $^1/_{50}$ der Linien Läng zwischen a b. Auch magstu die Lini a b noch in mehr Teil zerteiln, so du der bedarfst.
Diese zerteilt Längelinien bezeichen alle mit ihren teilbaren Zahlen als $^1/_2$ $^1/_3$ $^1/_4$ $^1/_5$ $^1/_6$ $^1/_7$ etc. Und punktier und zeuch sie all neben die Lini a b und daß allbeg die längsten Linien gegen der Lini a b gezogen werden van der Schicklichkeit wegen. Und dies Richtscheit oder Werkzeug nenn ich den „Teiler". Und wo ich nochmals würd sagen: Das Bild des Manns oder Weibs sei eines benennten Teils lang, breit oder dick, so versteh allbeg dieselb Läng, genummen aus der Läng a b, wie du dann das in der folgeten Figur sichst aufgerissen. Dies ist der Gründ meiner ersten fürgenummen Messung. Aber nochmals will ich durch ein andre Meinung messen.
In solcher Messung würd sich aus Unmüglichkeit etwen begebn, daß man ein Ding mit einer Zahl mit eim benennten Teil aus a b nit kann messen, dann es würd etwan zu viel oder zu wenig. Dorum muß man etwan mäncherlei Zahl und Teil zusammensetzen, als $^2/_7$, $^1/_{19}$ und $^1/_{20}$, $^1/_{14}$ und $^1/_{15}$ etc. Dergleichen würd sich weiter begeben, dann es mügen aus Not gleich oder ungleich, groß oder klein Teil und Zahl, viel oder wenig, zusammengesetzt werden, wie dann das der Gebrauch herheischt.
Du magst ach all diese Ding verkehren, so in viel und mäncherlei Weg veränderen, so viel es dir zu brauchen dienstlich und not würd sein. Auch magstu in deinen Teilen oder im Werk ein idlichen Teil, aus a b genummen, noch weiter abteilen dann hie steht, daß ich will hie nit all Ding noch dem

schärpfsten brauchen. Und dorum soll ein idlicher diese mein Meinung viel genäuer ersuchen dann ichs hie anzeig. Dann ich befilch einem idlichen, welcher do will, daß er die Bessrung hierin selbs such, soviel er mag. Ich geh hie ein kürzen Weg van der Jungen wegen. Idoch hoff ich, welcher diese schlechte Meinung mit Fleiß werd üben, er werd viel daus[1] finden.
So nun der Teiler, doraus ich messen will, fertig ist, will ich also mit[2] messen.
Ich stell drei aufrecht Lini des Manns Läng, den ich machen will, in gleicher Weiten nebeneinander, also daß sie Raums genug haben und auf daß die drei Linien in gleicher Höch stehn. So über- und unterzeuch die drei aufrechten Linien oben unten mit zweien zwerch Linien. Die oberst zwerch Lini sei genennt Scheitel, die unter Sohln. Dornoch mach auf der ersten aufrechten Lini den Mann noch der Seiten. Dornoch würd der fürsichtig Mann auf der anderen aufrechten Lini gemacht. Und auf der dritten aufrechten Lini würd der Mann hinterwärtlich gemacht.[3]
So nun dies Richtscheit zugericht ist, so heb an und miss mit bei der ersten aufrechten Linien den Mann noch der Seiten seiner Glieder Läng und der Art dorzwischen und punktier sie all auf der aufrechten Lini zwischen Seitel und Sohln und durchzeuch dieselben Punkten all mit gleichen zwerch Paarlinien. Und dieselben Läng der Glieder, wie sie mit ihren Zahln der Ziffer beschrieben werden, setz außerhalb des Manns mit geraden aufrechten Linien gezeichent mit ihren Zifferen, auf daß man van Stund an ein idliche Läng der Glieder finden künn.
Und der meiste Teil der zwerch Linien, die ich hie anzeig, werden die nochbenennten sein.
Die erst. Seitel
2. Stirn.
3. Augbraun.
4. Nasen.
5. Kinn.
6. Höch der Achsel.
7. Halsgrüblen.
8. Brust.
9. Vorn die Üchsen.
10. Hinten die Üchsen.
11. Tütlen.

12. Unter den Brüsten.
13. In der Weichen.
14. Im Nabel.
15. Art der Hüft.
16. End der Hüft.
17. End des Bauchs.
18. End der Arsbacken.
19. Einbeißen des Beins.
20. Außen ob dem Knie.
21. Innen ob dem Knie.
22. Mitten im Knie.
23. Außen unterm Knie.
24. Innen unterm Knie.
25. End des äußern Wadens.
26. End des innern Wadens.
27. Höch des Rists.
28. End des äußern Knorren am Schienbein.
29. Höch voren der großen Zehen.

Solch Wörter will ich schreiben bei den zwerch Linien der aufgerissnen Bilder, auf daß mein Meinung gründlich verstanden werd, würd ich mich nochfolget bei allen Bildern gebrauchen.

Item solche Meinung mügen brauchen die Maler, Steinhauer, Bildschnitzer, Gießer, Goldschmied und all ander, die sich dieser Kunst mit der Hand treiben.

Nun heb ich an und miß ein fürgnummen Mann[4] acht Haupt lang. Aus demselben werden die nochbeschriebnen Läng durch Paarlinien van der ersten aufrechten Linien des seitlichen Manns durch die anderen zwu aufrechten Linien des fürsichtigen und hinterwärtlichen Manns gezogen, wo es not ist. Dorzu will ich dir ein Figur aufreißen und derselben diesen eignen Namen geb[en] (den Übertrag). Dann durch das werden mit Paarlinien eins van dem andern ins ander getragen gewißlich

Nun merk:

Item die Scheitel und Sohln teil die aufrecht Lini mit einem Punkten in der Mitt vaneinander. Also hoch ist der Mann van unten auf gesehen.

Item van der Scheitteil bis zu End des Kinns.

Dorum mach ich den Arm noch der Seiten besunder, daß er mir den Leib nit verhinder.[5]

$^1/_{21}$, im Glenk der Hand $^1/_{36}$. Und die Hand ist dick $^1/_{34}$. Nun würd der fürsichtig Mann in seiner Breiten auf etlichen Linien also geändert.
Dies Manns Haupt würd auf der Lini breit $^1/_{10}$. Mitten durch die Stirn $^1/_{19}$ und $^1/_{18}$. Über den Augbrauen $^1/_{10}$. Über die Ohren $^1/_9$. Auf der Linie der Nasen $^1/_{12}$ und ein wenig mehr. Der Hals ist oben beim Kinn breit $^1/_{15}$. Bei der Höch des Schulterfleisch $^1/_{13}$. Auf der Lini des Halsgrübleins $^2/_9$. Über die Brust $^1/_4$. Zwischen der Üchsen $^1/_{11}$ und $^1/_{12}$. Zwischen den Tütlen $^1/_8$. Und unter der Brust ist der Leib breit $^2/_{11}$. Über den Nabel $^1/_{11}$ und $^1/_{12}$. Bei der Hüft Art $^1/_{11}$ und $^1/_{12}$. Bei End der Hüft und bei End des Bauchs auf idlicher Linie ist die Breiten $^1/_5$.

Außerhalb der Messung oder ahn einen Verstand einer guten Maß kann kein gut Bild gemacht werden, dann ein gut Bild muß mit großer Mühe und Arbeit wohlbesunnen gemacht werden. Dann es gerät uns auch nit ungefähr, dann die Linien, dormit ein Bild umzogen würd, kann weder mit Zirkeln noch Richtscheitlinien umrissen werden. Dorum ist not, daß man find, wie ein Bild auf das genäuest der Natur gmäß künn abgemessen werden, dann durch recht Gmessens würd Künstlichs gemacht.
Erstlich will ich ein kurze Meinung meiner fürgenummen Messung anzeigen auf das schlechtest als ich mag. Dorum so du ein Bild fürnimmst zu machen, magstu dich dieser meiner Meinung gebrauchen.
Zum ersten nimm ein breit lang Richtscheit oder was dir zu deiner Notdorft gelegen ist. Schtich dorauf mit zweien Punkten die Läng des Bildes und zwischen denen zeuch ein gerade Lini. Der oberst Punkt soll rühren das Höchst vam Haupt. Das will ich nennen die Scheitel. Aber der unterst Punkt rührt zuunterst die Füß. Das nenn ich die Sohln. Und so oft ich dir nachmals sag van Scheitel und Sohln, so versteh allbeg die ganzen Läng des Bildes, die do begriffen würd zwischen Scheitel und Sohln.
Nachfolget teil gar eigentlich ab die ehgedacht Lini zwischen Scheitel und Sohln, dann darzwischen ist ein ganzer und der größt Teil. Dorum heißt er eins. Und so man 1 in viel Zahl zerteilt, so würden allbeg aus den kleinern Zahln die größern Teil und aus den größern Zahln werden die kleineren Teil. Das versteh also. Teil die Lini zwischen Scheitel und Sohln, die do

eins ist, mit einem Punkten, in der Mitt vaneinander, so ist derselben Teil eins $^1/_2$ als van der Scheitel bis in die Mitt. Dornoch teil van der Scheitel herab $^1/_3$ $^1/_4$ $^1/_5$ $^1/_6$ etc. bis auf ein $^1/_{50}$, oder so viel du der darfst bis auf 100 oder mehr, der ehe gedachten Linien, doch das allbeg, daß ein Ort vam Teil den Punkten der Scheitel Höch rühr. Also werden die größern Zahl die kürzern Linien und die kleineren Zahl die längeren Linien. Du magst auch ein idlichen Teil der itz beschtimmten Teil in ihm selbs zerteilen, so oft dir das zu brauchen dienstlich ist. Auch bezeichen unten alle abgeteilte Teil mit ihren Ziffern und teilbarn Zahln, schtell sie nebeneinander, also daß allbeg die größten Teil mit der mindern Zahl gegen der Lini Scheitel und Sohln versteh. Das würd kenntlich anzusehen und ist geschickt zu brauchen. Und dies Richtscheit oder Werkzeug sei genennt der „Teiler“. Und wo ich fürbaß würd sagen, das Bild des Mann oder Weibs sei eins benennten...

9. Inhaltsangabe des ersten Buches der Proportionslehre in der Fassung von 1523

Register über dies erst Büchlen

1. Ein Vorred.
2. Wie man den Teiler soll verstehn und brauchen.
3. Ein Mann messen van sieben Haupt Längen.
4. Wie man den Vergleicher verstehn und brauchen soll.
5. Ein Weib van sieben Haupt Längen.
6. Ein Mann van achthalber[1] Haupt Länge.
7. Ein Weib van achthalber Haupt Länge.
8. Ein Mann van acht Haupt Längen.
9. Ein Weib van acht Haupt Längen.
10. Ein Mann van neun Haupt Längen.
11. Ein Weib van neun Haupt Längen.
12. Ein Mann van zehen Haupt Längen.
13. Ein Weib van zehen Haupt Längen.
14. Sunderlich ein Manns Haupt gnäuer beschrieben dann vor.
15. Den Übertrag, wie man den verstehn und brauchen soll.
16. Desgleichen ein Manns Hand.
17. Auch ein Manns Fuß.
18. Ein Frauen Haupt.
19. Wie man ein Haupt ergrößern mag.

20. Ein jungs Kind.
21. Wie lang das Weib gegem Mann und das Kind gegen der Mütter sein soll.[2]

10. Konzept zur Einleitung der Proportionslehre in der Fassung von 1523

Mein Meinung ist nit anders dann allein, daß ich dies mein gering Verständnüs, das mir Gott verliehen und durch emsige Übung erlangt hab, den Begierigen dieser Kunst, den nichts Bessers zukummt, treulich mit wöll teilen.
Item mein Meinung in diesen nochfolgeten Büchlen allein ist, ich dien der Ehr Gottes dem gemeinen Nutz zugut.
Ursach daß ich diese meine Büchle laß ausgehn: tu ich Gott zu ehrn um gemeinen Nutz der jungen Lehrknaben, den von solchen Dingen nichts zukummt, der do viel begierig in diesen Künsten sind, und mangelt ihn der Meister, der sie weist, wie mir geschehen ist.
Was das Büchlein.
Mein gering Verständnüs.
Diese meine Büchle solln auf dies Mal van nichten anders reden und lehren, dann allein van den äußerlichen Gestaltlinien und Moßen der Menschen.
Worum, daß ichs treulich mit will teln[1],
daß sie mangeln, daß ihn nichts zukummt,
daß sie gierig sind,
daß ichs den Hohen nit mach,
daß ich gehr von ihn unterwiesen werden.
Dorum ein idlicher vernehm, daß ich dies mein geringe Fürlegen mit Sorgen aus laß gehn van wegen der lützeln[2] Künst und kleinen Verständnüs hierin begriffen. Nochdann so dergleichen Bücher und Kunst mir und dem gemeinen Haufen bisher verborgen sind gewest und zu uns nichts solchs kummen, und daß uns auch van den großen Meisteren nichts an Tag gelassen, so will ich Gott zu Ehren und den kunstgierigen jungen Gesellen zu Nutz dies mein wenigs Vermügen, das mir Gott verliecht, getreulich mit einem idlichen, der des Muß hat zu lesen, mitteilen. Dann ich weiß wohl, wie schwer einem zu suchen ist, der nit Unterweisung hat. Ich habs wohl befunden. Der Mangel der Meister ist bei uns groß. Dann uns ist in

tausend Johren nichts von Kunst zukummen. Dann do Rom geschwächt ward, do gingen diese Künst all mit unter. Und diese Künst ist schier gar erloschen gewest. Dann was sie in anderthalb hundert Johren wieder ins Licht kummen.[3]
Aber den hohen Künstnern und Meisteren will ich mich nit unterstehn, ihn Unterrichtung zu geben, sondern flehlich van ihn bitten, mich gütlich zu unterweisen, meinen Irrtum und Fehl anzuzeigen aus ihren wohlgeübten Händen mit beweislicher Vernunft und Kunst. Das will ich van ihn zu großem untertänigem Dank annehmen und ihnen fleißig nochfolgen, so viel mich die Grobheit meiner Natur nit irrt, mich mit steter Übung solcher ihrer Besserung anhängen, auch die Wirdigkeit ihrer Kunst helfen preisen und ihr Los ausbreitn.
Ich bitt sie auch ganz untertäniglich, welcher unter euch sei, der etwas Nötigs oder Guts von dergleichen oder ander Künst, das dorzu gebräuchlich, versammelt hätt, wöll solchs an Tag geben, Gott und dem gemeinen Nutz mit dienen und nit heimlich niederdrücken, sunder mildiglich austeilen.
Aber ehr daß ich anfach, mein Fürnehmen anzugreifen, so bitt ich ein idlichen Leser, er wöll mir mein Eifalt nit verargen, sunder mich treulich beschützen. Dann ich schreib hie nit dorum, daß ich Kunst in der Red oder die Welt zu messen woll anzeigen, des ich nie gelehrt hab, sunder allein gib ich, das ich mit Gotts Hilf durch sauer Übung erlangt hab.
Und dorum bitt ich euch ihr jungen Gesellen, solchs mit guten Herzen van mir anzunehmen und sich hiemit von mir benügen zu lassen, bis daß ihr van eim anderen eines Besseren bericht werden. Auch will ich in diesen Dingen nit das Molen unterrichten, sünder allein Anzeigung geben, wie die Bilder gemessen mügen werden, daß dann allen Handwerkeren, den die Bild zukummen zu machen, sich des gebrauchen mügen, als do sind die Moler, Golschmied, Bildhauer, Steinmetzen, Metallgießer, Seideschticker, Hafner und dergleichen.

Niemand acht, daß ich so vermessen sei, daß ich meinte, ich wöllte hie ein wunderköstlich Buch machen oder mich über ander erhebn. Das sei weit van mir. Dann ich weiß das wohl, daß kleiner Verstand und geringe Kunst in diesen meinen nachfolgete[n] Büchlen erfunden würd. Ich weiß auch der Vollkummenheit nit bei mir, daß ich ein solch Ding machte, do nit etwas Sträflichs in erfunden möcht werden. Nochdann, wiewohl ich mich besorg van etlichen einer klein Ungunst, dannocht hab ich mich unterwünden, dies mein wenigs Vermügen, so viel mir Gott verleicht, getreulich aus gutem Herz einem idlichen Leser mitzuteilen, und sunderlich den jungen kunstbegierigen Geselln zu nütz. Dorum bitt ich dieselben, sie wollen solche einfältige Unterricht gutwillig van mir annehmen und sich hiemit van mir benügen lassen, bis daß sie van eim anderen eins Besseren bericht werden. Dann man weiß, daß diese Kunst, die Menschen zu messen, ist verlorn worden und lang Zeit nit im Brauch gewest, dann was sich in anderthalb hundert Johrn wieder angefangen hat. Aber die solchs wieder angefangen, haben uns noch nichts aufgerissen und schriftlich an Tag gebrocht. Dorum ist der Mangel der Lehrmeister groß bei uns, und dorum ist schwer einem idlichen aus Vernunft und eigner Übung solchs zu suchen und finden. Ich weiß wohl, wie schwer es ankummt. Und dorum bitt ich dieselben großen Meister[4] untertäniglich, so doch vor der itzigen Wiedererwachsung[5] in tausend Johren nix erfunden ist, das uns zukummen sei, dordurch solche Kunst gar erloschen ist, sie wöllen ihr Gab, die sie van Gott entpfangen haben, uns mitteilen. Dorum bitt ich dieselbigen, welcher unter euch sei, der sölche nützlich gute Kunst bei ihm verborgen hab, der geb sölchs an Tag und teils mildiglich den anderen mit. Dann ich hoff hiemit dieselben großen Meister zu reizen, so sie sehen, daß ich ein gering Ding tar[6] lassen ausgehn, daß sie dann mit großen Ehren mit ihrer großen Kunst herfürwischen. Denn will ich dann, wo sie mich meisterln . . .

AUSZÜGE AUS DER GEDRUCKTEN FASSUNG VON 1528

1. Widmung

Dem ehrberen und wohlgeachten Herrn Wilibald Pirckeymer, kaiserlicher Majestät Rat etc., meinem gönstigen lieben Herrn und großersprießlichen Freund, embeut ich, Albrecht Dürer, mein willig Dienst.

Wiewohl ich, gönstiger Herr und Freund, nit zweifel, sich werden etlich dies mein Fürnehmen zu strafen unterstehn,

darum daß ich als ein Ungelehrter, kleins Verstands und mit wenig Kunst begabt, schreiben und lehren tar[1] das, so ich selb nie gelernt hab, oder von jemand anders unterwiesen bin worden; nochdann, dieweil Ihr mir zu mehrem Mal angehalten, auch zum Teil gedrungen habt, daß ich diese meine Bücher an Tag geb, hab ich mich viel ehr in die Gefährd der Nachred geben wöllen, dann Euch Eur Bitt versagen. Wiewohl ich hoff, mir werd niemands, der mit Tugenden und Verstand begabt ist, zu Argem auslegen, daß ich das, so ich mit hohem Fleiß, steter Mühe und Arbeit, auch nit mit kleiner Versäumung zeitlicher Hab, so mildiglich und zu gemeinem Nutz aller Künstner an das Licht kommen laß, sonder männiglich werd mein Gutwilligkeit und geneigten Willen loben und den im allerbesten verstehn.
Dieweil ich nun in keinen Zweifel setz, ich werde allen Kunstliebhabenden und denen, so zu lehren Begierd haben, hierin ein Gefallen tun, muß ich dem Neid, so nichts ungestraft läßt, seinen gewöhnlichen Gang lassen und antworten, daß gar viel leichter sei, ein Ding zu tadeln, dann selbs zu erfinden. Und ist wohl nit ahn, wo die Bücher der Alten[2], so von den Künsten des Malens geschrieben haben, noch vor Augen wären, so möcht mir dies mein Vorhaben, als vermeint ich ein Bessers zu finden, zu Arg ausgelegt werden. Dieweil aber solche Bücher durch Läng der Zeit ganz verloren sind worden, so kann mir mit keiner Billigkeit verwiesen werden, ob ich, wie auch die Alten geton haben, mein Meinung und Erfindung schriftlich aus lasse gehn, damit auch anderen Verständigen, dergleichen zu tun, Ursach gegeben werd, und unser Nachkommen haben, das sie mehren und besseren mögen, damit die Kunst der Malerei mit der Zeit wieder zu ihr Vollkommenheit reichen und kommen mög.
Doch ist niemand gezwungen, dieser meiner Lehr, als sei die ganz vollkommen, an allen Orten nachzugehn, dann die menschlich Natur hat noch nit also abgenommen, daß ein ander nit auch etwas Bessers erfinden möge. Derhalb mag sich ein jeglicher dieser meiner Unterrichtung, so lang ihme geliebt, oder er ein Bessers erfindet, gebrauchen. Wo nit, mag er wohl dafür achten, diese Lehr sei nit ihme, sonder anderen, so die anzunehmen begehren, beschrieben. Dann es muß ein gar spröder Verstand sein, der ihme nit trauet, auch etwas weiters zu erfinden, sonder liegt allwegen auf der alten Bahn, folgt

allein anderen nach und untersteht sich nichten, weiter nachzudenken. Derhalb gebührt einem jeglichen Verständigen, also einem anderen nachzufolgen, daß er nit verzweifel, daß er mit der Zeit auch ein Bessers erfinden mög. Dann so das geschicht, darf es keinen Zweifel, daß diese Kunst mit der Zeit wieder wie vor alter ihr Vollkommenheit erlangen mög, dann offenbar ist, daß die teutschen Maler mit ihr Hand und Brauch der Farben nit wenig geschickt sind, wiewohl sie bisher an der Kunst der Messung, auch Perspectiva und anderem dergleichen, Mangel gehabt haben. Darum wohl zu hoffen, wo sie die auch erlangen und also den Brauch und Kunst miteinander überkommen, sie werden mit der Zeit keiner anderen Nation den Preis von ihnen lassen. Aber ahn rechte Proportion kann je kein Bild vollkommen sein, ob es auch so fleißig als das immer möglich ist, gemacht wirdet, wiewohl ohn Not[3], alle, und zuvor gar kleine Bild nach der Maß zu machen, dann solchs zuviel Mühe würd brauchen. So man aber der Maß recht unterricht ist und die in Gewohnheit bringt, kann nachfolgend dest leichter auch ohn die Maßen jeglich Bild gemacht werden.
Damit auch dies mein Unterrichtung dest baß verstanden mög werden, hab ich hievor ein Buch der Messung, als nämlich Linien, Ebnen, Korpor etc. betreffend, aus lassen gehn, ohn welche diese mein Lehr nit gründlich verstanden mag werden. Darum tut einem iglichen, der sich dieser Kunst unterstehn will, not, daß er zuvor der Messung wohl unterricht sei und einen Verstand überkomme, wie alle Ding in Grund gelegt und aufgezogen sollen werden, wie dann die künstlichen Steinmetzen in täglichem Gebrauch haben. Dann ohn das wirdet er mein Unterrichtung nit vollkommenlich vernehmen mögen. Sich soll auch niemand abweisen lassen, ob er nit alsbald alle Ding versteht, dann was ganz leicht ist, kann nit sehr künstlich sein, was aber künstlich ist, das will Fleiß, Mühe und Arbeit haben, bis das überkommen und gelernet mag werden. Ist je ein vergebne Arbeit, wo viel Mühe und Fleiß auf ein falsch Ding gelegt wirdet; so es aber sein rechte Maß hat, kann das von niemand getadelt werden, ob es auch ganz schlecht gemacht ist.
Ich will auch mit dieser meiner Unterricht allein von den äußeren Linien der Form und Bilder, und wie die von Punkt zu Punkt gezogen sollen werden, schreiben, aber von den innerlichen Dingen[4] gar nit.

Wie alt nun diese Kunst sei, wer sie erstlich erfunden hab, in was Ansehen und Wirden sie etwan bei den Griechen und Römern gewest sei, wie auch ein guter Maler oder Werkmann geschickt soll sein, davon ist jetz ohn Not zu schreiben. Wer aber des Wissen zu haben begehrt, der lese Plinium und Vitruvium[5], so wirdet er derhalb gnugsame Unterricht empfahen.

Damit aber diese meine Bücher einen Beschirmer vor Nachred überkommen möchten, ich auch meinen geneigten Willen, so ich zu Eur Herrschaft trag, um mancherlei Lieb, Freundschaft und Gutheit willen, so Ihr mir lange Zeit und in viel Weg bewiesen habt, mit dem Gemüt, so ich mit dem Werk nit kann, erzeigen möcht, hab ich die Eur Herrlichkeit zugeschrieben mit Bitt, Ihr wöllet dies mein Fürnehmen im besten verstehn und wie Ihr allweg geton habt, mein gönstiger Herr und Förderer sein. Des will ich mich gänzlich vertrösten, und wie ich kann, zu verdienen geflissen sein.

2. Der „Große ästhetische Exkurs“

Welcher nun fürbaß will, der mag ein jedlich vorbeschrieben Maß der Bild, die da verkehrt sind worden, es sei durch den Verkehrer, Wähler, Zwilling, Zeiger oder Fälscher abermalen anderst verkehrn, in sunderlichen Teilen oder ganz, du magst auch alle vorgemachte Bilder durcheinander mengen aus ihren Maßen, wie das am geschicktesten geschehen mag, bis daß du dir und andern etwas Gefälligs findest. Aber solche Vermischung gibt seltsame Ding, und sunderlich merk eben, so du die Gestalt eines jedlichen Bildes mit seinen Linien wilt einziehen, auf allen gestrackten Teillinien und darzwischen, so mußtu gar eben achthaben, daß du kein Ungestalt machest. Dann zwischen außen herum den zwerch Linien wirdet angezeigt die Läng der Glied und Art, und auf ihnen wirdet angezeigt die Dicke und Breiten desselben Orts, doselb ist dem Schreiben nach nit zu fehlen. Aber zwischen den zwerch Linien fehlt man leichtlich, dann etwan zeucht man die Ding zu viel hinein oder heraus, so werden dann dieselben Ding daselbst zu dick, dünn, breit oder schmal. Dann diese Ding sind hie um Kürz willen nit so ganz gnau beschrieben, das so gar merklich wär, als daß mans eim von der Hand wies[1], wie es zugehn sollt.

Deshalb gedenk ich mir, es wirdet noch mancher, der im Aufreißen ungeschickt ist, so er nach meinem Fürschreiben macht und verderbts, mir die Schuld auflegen und sagen, ich hab solichs übel beschrieben. Darum welicher nach diesen Büchlein Bilder wirdet aufreißen und der Sachen nit wohl bericht ist, den wirdet erstlich die Sach schwer ankummen. Aber derselb stell alsdann ein Menschen für sich, der zu derselben Maß beiläuftig tüglich sein. Darnach ziech er dann die äußern Linien, so viel er kann und versteht, dann das ist gut geacht, so einer genau dem Leben mit Abmachen nachkummt, daß es ihm gleich sech, und der Natur ähnlich wirdet, und sunderlich, wenn das abgemacht wirdet, hübsch ist, so wirdet es künstlich gehalten und als es wert ist, wohl gelobt. Aber fürbaß steht in eins jedlichen Willen, ob oder wie er alle vorbeschriebene Wörter der Unterschied wöll brauchen. Dann einer mag, ob er will lernen, mit der Kunst, darin die Wahrheit ist, arbeiten, oder ahn Kunst, dardurch in derselben Freiheit ein jedlich Ding verführt wirdet, und sein Mühe den Verständigen ein Gespött, ahn anzusehen[2], dann wohlgetane Arbeit ist Gott ehrlich, dem Menschen nutz, gut und lieblich. Aber verächtlich Arbeit zu ton in Künsten ist sträflich und schadt und wirdet verhaßt in kleinen als in großen Werken. Und darum tut not, daß ein jedlicher Bescheidenheit in seinem Werk brauch, das an das Licht kummen soll; daraus kummt, wer etwas Rechts will machen, daß er der Natur nichts abbrech und leg ihr nichts Unträglichs auf. Aber etlich wöllen der Verändrung so gar wenig ton, daß mans nicht wohl merken kann, solchs soll nichts[3], so mans nit prüfen kann, und zu viel taug auch nichts, ein recht Mittel ist das best. Aber daß ich in diesem Büchlein hievorn so weit voneinander gefahrn bin[4], hab ich darum getan, daß mans in kleinen Dingen dest baß spüren mög, wer aber mit in ein Größe fahrn will, der folg dieser meiner Härtigkeit nit nach, sunder mach sein Ding linder[5], auf daß es nit tierisch werde, sunder daß es künstlich zu sehen sei, dann die Unterschieden sind nit gut zu sehen, wenn sie unrechte und nit meisterlich gebraucht werden. Es ist auch kein Wunder, daß ein künstlicher Meister mancherlei Unterschieden der Gestalt betracht, die er all künnt machen, so er Zeit gnug darzu hätt, derhalb er solchs stehn muß lassen, dann solch Zufäll[6] sind bei den Künstnern unzählig viel und ihr Gemüt voller Bildnüs, das ihn müglich zu machen wär, derhalb, so eim

Menschen viel hundert Jahr zu leben verliehen wirdet, der sich solcher Kunst schickerlich[7] brauchte und darzu genaturt[8], der wirdet durch die Kraft, die Gott dem Menschen geben hat, alle Tag viel neuer Gestalt der Menschen und andrer Kreaturen auszugießen und zu machen haben, daß man vor nit gesehen noch ein ander gedacht hätt.
Darum gibt Gott den künstreichen Menschen in solchem und andern viel Gewalts, und wiewohl viel von Unterschied geredt, so weiß man doch wohl, daß alle Ding, die ein Mensch ton kann, sich von ihn selbs voneinander unterscheiden. Also daß kein Künstner lebt, der so gwiß sei, der da zwei Ding so gleich aneinander künn machen, daß sie nit voreinander zu erkennen wären, dann all unser Ton ist keins dem andern recht und ganz gleich. Dies mög wir nit fürkummen[9], dann wir sehen, so wir zween Drück von einem gestochnen Kupfer tun, oder zwei Bild in ein Model gießen, daß man von Stund an Unterschied findt, daraus sie voreinander zu erkennen sind vieler Ursach halben. So es nun in den allergwißten Dingen sich also findt, viel mehr in andern Dingen, das da von freier Hand gemacht würde.
Dies ist aber nit die Unterschied, von der ich hie red, dann ich sag von der Unterschied, die ein Mensch sunderlich fürnimmt, und das in seinem Willen steht, davon ich dann für und für geredt hab. Und so dem Menschen zu Sinn fällt, er wöll dies oder das machen, so nimmt er ihm etwas für aus den unterschiedlichen Dingen. Aber nit die obbemeldt Unterschied, die wir nit von unserem Werk scheiden mögen, sunder ein solch Unterschied, die da hübsch und häßlich macht. Die man durch die Wörter der Unterschied, vorn im Büchlein beschrieben, zuwegen bringt. So man dann solches in das Werk zeucht, das würde durch eins jedlichen Gesicht im Gemüt nach seinem Gedünken geurteilt, diese Urteil vergleichen sich selten miteinander. Und darum will ich all mein vorbeschrieben Ding, auch das ich verändert hab, einem jedlichen so ganz frei setzen, ob man will, daß man kein Ding laß, wie es angezeigt ist; zu solchem will ich hienach Unterricht geben, durch was Weg man das ton mög. Doch hüt sich ein jedlicher, daß er nichts Unmüglichs mach, das die Natur nit leiden künn, es wär dann Sach, daß einer Traumwerk[10] wollt machen, in solchem mag einer allerlei Kreatur untereinander mischen. Aber daß wir zum Werk kummen: So wöll wir zum ersten für uns nehmen ein Bild, wie es durch die zwerch Linien in seiner Läng geteilt

ist. Dieselben Linien haben in allen vorbeschriebnen Bilden ihr eigen Zahl, wer dann will, der mag solcher zwerch Linien mehr oder minder machen. Aber mehr zwerch Linien zu machen, dient zu einer genäuern Ermessung, dardurch ein Weiters zu ersuchen, dann ich vorn angezeigt und gesetzt hab, und das ist einem fleißigen Meister vonnöten, und ob einer so gewiß wär[11], dörft er nit gestrackt Linien machen, sunder er setze Punkten, ist genug, so ers merken kann. Welicher aber weniger zwerch Linien macht, dann ich vorn gesetzt hab, der darf minder Mühe haben, er würdet aber auch minder ausrichten, das ist ein Unterschied der Linien halben. Die ander Unterschied, mit den zwerch Linien zu handlen durch den Leib, geht eben zu wie hievorn in den verkehrten Angesichten. Also daß du durch den ganzen Leib all zwerch Linien von ihrer Statt verrücken magst von- oder zueinander. Rückt man die Linien nahent zusammen, so werden dieselben Teil darzwischen kurz, wo man sie aber weit voneinander rückt, darzwischen werden lange Teil, dies alles trifft das Wort lang und kurz an.

Nun wöll wir an die Dicke und Breiten. Diese Änderung geschicht auf allen zwerch Linien und auch dorzwischen. Welcher du denn zugibst, auf derselben Lini würdet dasselb Bild an demselben Ort vorn breiter, nach der Seiten dicker. Nimmstu ihr aber, so würdet das Bild an demselben End schmäler und dünner. Als geschicht ihm auch zwischen allen zwerch Linien, daß man alle Ding am Bild größer oder kleiner machen kann. Doch soltu kein Ding gar zu lang, kurz, dick, dünn, breit oder schmal machen, und ohn Zweifel, bistu geschickt, so magstu durch diese obbeschriebne Ding wunderbarlich Veränderung der Gestalt machen, und große Ungleichheit gegeneinander führn, daraus findt sich dann, daß etlich gewinnen breit Schultern, dünn Weichen, schmal Hüft, und diesem widerwärtig. So gewinnen etlich kurz Leib, lange Bein, und aber dem widersinns[12], so haben etlich schlechte Leib, Arm und Bein, die andern krumme, also kummt aus der Messung, daß die Natur aus der Gestalt des Menschen kundlich wirdet, und aus solchen obgemeldten Dingen kummt dann Ursach zu nehmen, wie man lieblich und häßlich Ding mög machen. Darum welcher zu einem solchen Werk will greifen, der soll in seinem Fürnehmen wissen, was er machen will, deshalb ich dies obbeschriebnen angezeigt, daß einer vor seinem Werk fürnehmlich bedacht sei. Darum ist not, welcher sich in seiner Kunst sehen will lassen, daß er dann das Best fürwend, so ers kann, das zu demselben Werk tüglich ist. Aber darbei ist zu melden, daß ein verständiger, geübter Künstner in grober bäurischer Gestalt sein großen Gwalt und Kunst mehr erzeigen kann, etwan in geringen Dingen, dann mancher in seinem großen Werk. Diese seltsame Red werden allein die gwaltsamen[13] Künstner mögen vernehmen, daß ich wahr red.

Daraus kummt, daß manicher etwas mit der Federn in eim Tag auf ein halben Bogen Papier reißt, oder mit seim Eiselein etwas in ein klein Hölzlein versticht[14], das würd künstlicher und besser dann eins andern großes Werk, daran derselb ein ganz Jahr mit höchsten Fleiß macht, und diese Gab ist wunderlich, dann Gott gibt oft einen zu lernen und Verstand, etwas Guts zu machen, desgleichen ihm zu seinen Zeiten keiner gleich erfunden wirdet, und etwan lang keiner vor ihm gewest und nach ihm nit bald einer kummt. Des sehen wir Exempel bei der Römer Zeiten, da sie in ihrem Pracht waren, was bei ihnen gemacht ist worden, der Trümmer wir noch sehen, dergleichen von Kunst in unsern Werken jetz wenig erfunden wirdet. So wir aber fragen, wie wir ein schön Bild sollen machen, werden etlich sprechen, nach der menschlich Urteil, so werdens dann die andern nit nachgeben[15], und ich auch nit, ahn ein recht Wissen, wer will uns dann des gewiß machen? Dann ich glaub, daß kein Mensch leb, der da in der minsten lebendigen Kreatur sein schönstes End möcht bedenken, ich geschweig dann in einem Menschen, der da ein besunder Geschöpf Gottes ist, dem ander Kreaturen unterworfen sind. Das gib ich nach, daß einer ein hübschers Bild betracht und mach und des Gut natürlich Ursach anzeigen der Vernunft einfällig dann der ander, aber nit bis zu dem Ende, daß es nit noch hübscher möcht sein, dann solchs steigt nit in des Menschen Gemüt. Aber Gott weiß solichs allein, wem ers offenbarte, der weßt es auch. Die Wahrheit hält allein innen, welch der Menschen schönste Gestalt und Maß kinnte sein und kein andre.

Nach solchen Dingen ratschlagen die Menschen und haben unzählich viel unterschiedlicher Urteil und suchen manicherlei Weg darnach, wiewohl man das Häßlich eher bekummt dann das Hübsch. In solichem Irrtum, den wir jetz zumal bei uns

haben, weiß ich nit statthaft zu beschreiben, endlich was Maß sich zu des rechten Hübsche nachnenn möcht[16]. Aber gern wollt ich helfen, so viel ich künnt, daß die grobe Ungestalt unsers Werks abgeschnitten und vermieden blieb, es wär dann Sach, daß einer mit sunderm Fleiß ungestalt Ding wollt machen. Nun kummen wir wie vorgemeldt wieder zu der Menschen Urteil. Die achten etwan zu einer Zeit ein Gestalt hübsch, zu der andern Zeit erwählen sie ein andre darfür. So nun dieselben bei den Meistern ein Werk erforderen, so soll der Meister so viel künnen, daß er ihr Begierd sättige, so ist er zu rühmen. Darzu muß er ein gewaltigen Brauch haben[17], soll er ihren Willen leisten, ihm wär darzu nutz, so er im Gemüt verstünd, weliches die recht Maß wär und kein andre, daß er auch dasselb mit dem Werk wirdet künnen anzeigen.
Aber unmöglich bedünkt mich, so einer spricht, er wisse die beste Maß in menschlicher Gestalt anzuzeigen, dann die Lügen ist in unsrer Erkenntnüs, und steckt die Finsternüs so hart in uns, daß auch unser Nachtappen fehlt, welcher aber durch die Geometria sein Ding beweist und die gründlichen Wahrheit anzeigt, dem soll alle Welt glauben, dann da ist man gefangen, und ist billich ein solicher als von Gott begabt für ein Meister in solchem zu halten, und derselben Ursachen ihrer Beweisung sind mit Begierden zu hören, und noch fröhlicher ihre Werk zu sehen. So wir nun zu dem Allerbesten nit kummen mögen, soll wir nun gar von unser Lernung lassen — den viehischen Gedanken nehm wir nit an, dann die Menschen haben Args und Guts vor ihn, darum ziemt sich eim vernünftigen Menschen, das Besser fürzunehmen. Und daß wir wieder kummen, wie ein besser Bild gemacht werd, so müß wir erstlich das ganz Bild wohl und herrlich ordnen mit allen Gliedmaßen, und daß darnach ein jedlichs Glied sunderlich wohlbeträchtlich geschickt gemacht wirdet, in den allerkleinsten Dingen als in den größten, ob wir des Schönen, das uns geben wirdet, herausziehen möchten, auf daß wir dest näher zum rechten Ziel kummen. Sodann wie vorgemeldt ein Mensch ein Stück ist, das von vielerlei Teil zusammengesammelt ist, und wie ein jedlicher derselben sein sunder Art hat, so muß man gar fleißlich aller solcher Ding eben achtnehmen, womit sie verderbt mögen werden, daß man dasselb fliech, und daß man der rechten natürlichen Eigenschaft gar fleißig anhäng, nicht darvon weich nach unserm Vermügen. Das löblich machen zu sehen,

darzu gehört mit hoher Aufmerkung großer Fleiß, dann so man das Haupt erstlich fürnimmt, wie dann das in den andern Büchlein vorn beschrieben ist, was seltsamer Rundung es hab, desgleichen die andern Ding, was seltsamer Linien all Ding bedarf, die man durch kein Regel ziehen kann, allein von Punkten zu Punkten gezogen muß werden, und also fleißig soll die Stirn, Backen, Nasen, Augen, Mund und Kinn mit ihrem Ein- und Ausbiegen und sunderlichen Gestalten gezogen werden, auf daß das allerminst Dinglein nit hingelassen werde, das da nit sunderlich fleißig wohlbetracht gemacht würde, und so ein jedlichs für sich selbs wohlgeschickt gut soll sein, also soll es sich in seiner ganzen Versammlung wohl zusammen vergleichen. Darnach soll der Hals sich wohl zum Haupt reimen, weder zu kurz noch zu lang noch zu dick oder dünn sein. Also hab man weiter acht, daß man fleißig einziech die Brust, Bauch, den Rücken und Hintern, die Bein, Füß, Arm und Händ mit allem ihrem Inhalt, auf daß die allerkleinsten Dinglein wohlgeschickt und auf das best gemacht werden. Und diese Ding sollen auch im Werk auf das allerreinest und fleißigst ausgemacht werden, und die allerkleinsten Runzelein und Ertlein[18] nit ausgelassen, soviel als das müglich ist, dann es gilt nit, daß man oben hinauf und überrumpel ein Ding, es wär dann Sach, daß man ein Bild ganz behend müßt haben, so müßt man sich benügen lassen, aber doch, daß man darin Anzeigung geb eins rechten Verstands, und daß bei der Eil erkannt werde ein rechte Meinung, und daß die Art durch den ganzen Leib gleichförmig wär, auch in allen Bilden, es sei in härter oder linder Art, fleischächtig oder mager, nit daß ein Teil feist, der ander dürr sei, als ob du machtest feiste Bein und mager Arm, und widersinns, oder vorn feist, hinten mager, und wiederum. Auf daß sich all Ding vergleichlich reimen und nit fälschlich zusammen versammelt werden, dann vergleichliche Ding acht man hüchsch. Deshalb soll auch in einem jedlichen Bild in all seinen Teiln der Glieder ein gleichmäßig Alter angezeigt werden, und nit, daß das Haupt von eim Jungen, die Brust von eim Alten, und Händ und Füß von eim mittelmäßigen Alten abgemacht werde, und daß das Bild nicht vorn jung, hinten alt, und auch dem widersinns gemacht wirdet. Dann so es der Natur entgegen ist, so ist es bös. Darum gebührt sich, daß ein jedlich Bild durchaus von einer gleichen Art sei, eintweders jung, alt oder mittelmäßig, mager oder feist, lind oder hört. Also finstu die erwachsen Jugend glatt, eben und volls Leibs, aber das Alter ist uneben, knorret, gerumpfen[19], und das Fleisch verzehrt. Solichs erstlich anzuzeigen dient wohl, ehe man in das Werk greifet, daß man solichs, als wie mans haben will, vor mit Linien aufreiß, auf daß man vor die Gestalt sech, ob etwas darin zu bessern wär. Tustu solichs mit Fleiß und Wohlbetracht, so reut dich darnach nicht leichtlich, was du gemacht hast. Darum ist eim jedlichen Künstner not, daß er wohl reißen lern, dann es dient über die Maß zu viel Künsten und leit viel daran. Und ob einer gleich ein gute Maß vor ihm beschrieben hat, und macht sie einer ab, der nit reißen kann, und fährt daher mit seiner ungeschickten Hand durch die Läng, Dicke und Breiten des Bildes, der hat gar bald verderbt, was er machen soll. Wo aber einer, der ein Verstand im Reißen hat, und ein wohlbeschrieben Bild fürnimmt, so kann er ihm im Aufreißen helfen, daß es noch besser wirdet. Und daß wir aber zu einer guten Maß möchten kummen, dardurch die Hübschheit eins Teils in unser Werk bringen. Darzu bedünkt mich am allerdienstlichsten sein, daß du von viel lebendiger Menschen dein Maß nehmest, aber such Leut darzu, die da hübsch geacht sind, und der Art mach mit allem Fleiß ab. Dann aus viel manicherlei Menschen mag durch ein Verständigen etwas Guts zusammengelesen werden durch alle Teil der Glieder. Dann selten findt man ein Menschen, der da alle Gliedmaß gut hab, dann ein jedlicher hat ein Mangel, und wiewohl man von vielerlei Menschen zusammen versammlen soll, so soll man doch von einerlei Art der Menschen zu einem Bild brauchen, und wie vor gemeldt ist der Gleichheit halben, so brauch im Abmachen zu einem jungen Bild eitel jung Menschen, zu eim alten alte, zu eim mittelmäßigen mittelmäßig Menschen. Desgleichen tu mit magern, feisten, linden und härten Menschen, stark oder schwach, ein jedliche Art brauch besunder in sundern Bildern. Und welicher sich in diesen Dingen fleißt, eigentlich ein jedlichen Teil im Menschen sunderlich zu durchsuchen, der wirdet alle Notdurft zu seinem Werk finden, mehr dann er ausrichten kann. Und der Verstand der Menschen kann selten fassen, das Schön in Kreaturn recht abzumachen, und obgleichwohl wir nit sagen künnen von der größten Schönheit einer leiblichen Kreatur, so find wir doch in den sichtigen[20] Kreaturen ein soliche übermäßige Schönheit unserm Verstand,

also daß soliche unser keiner kann vollkummen in sein Werk brinden[21].
Item zu manicherlei Bilder gehörn manicherlei Menschen abzumachen. Darzu finstu zweierlei Geschlecht der Menschen als Weiß und Mohrn. Aus denen ist ein Unterschied zu merken, der Art halben, der zwischen ihn und uns ist. Der Mohrn Angesicht sind selten hübsch, der pflechsten[22] Nasen und dicke Mäuler halben, desgleichen ihre Schienbein mit dem Knie und Füß sind zu knorret, nit so gut zu sehen als der Weißen, desgleichen ihr Händ. Aber ich hab ihr etlich gesehen, die da sunst von dem ganzen Leib so wohlgeschickt und ärtig sind gewest, daß ichs nicht baßgestalter gesehen noch erdenken kann, so von ganz guter Art von Armen und allen Dingen, wie sie besser möchten sein. Also findt man unter den Geschlechten der Menschen allerlei Art, die zu manicherlei Bilden nütz zu brauchen sind. Nach der Komplexion[23] anzusehen, also haben die starken Härten Gebrech in ihrem Leib wie die Lewen, aber die Schwachen sind linders Gebrechs und nit so quallet[24] als die Starken. Darum ziemt sich nit, eim ganz starken Bild ein ganz lind Gebrech zu machen oder eim schwanklen[25] Bild ganz hörte Gebrech, wiewohl man der Mägeren und Feisten in Bildern etwas nach muß geben, doch mag ziemlich in allerlei Unterschieden der Bilder lind und hört gebraucht werden, wo er will. Aber das Leben in der Natur gibt zu erkennen die Wahrheit dieser Ding, darum siech sie fleißig an, richt dich darnach, und geh nit von der Natur in dein gut Gedünken, daß du wöllest meinen, das Besser von dir selbs zu finden, dann du wirdest verführt. Dann wahrhaftig steckt die Kunst in der Natur, wer sie heraus kann reißen, der hat sie, überkumstu sie, so wirdet sie dir viel Fehls nehmen in deinem Werk, und durch die Geometria magstu deins Werks viel beweisen, was wir aber nit beweisen künnen, das müssen wir bei guter Meinung und der Menschen Urteil bleiben lassen, doch tut die Erfahrung viel in diesen Dingen. Aber je genäuer dein Werk dem Leben gemäß ist in seiner Gestalt, je besser dein Werk erscheint, und dies ist wahr, darum nimm dir nimmermehr für, daß du etwas besser mügest oder wellest machen, dann es Gott seiner erschaffnen Natur zu würken Kraft geben hat, dann dein Vermügen ist kraftlas gegen Gottes Geschöff. Daraus ist beschlossen, daß kein Mensch aus eignen Sinnen nimmermehr kein schön Bildnüs

künn machen, es sei dann Sach, daß er solchs aus viel Abmachen sein Gemüt voll gefaßt, das ist dann nit mehr Eigens genannt, sunder überkummen und gelernte Kunst worden, die sich besamt erwächst und seines Geschlechts Frücht bringt[26] Daraus wirdet der versammlet heimlich Schatz des Herzen offenbar durch das Werk, und die neue Kreatur, die einer in seinem Herzen schöpft in der Gestalt eins Dings. Das ist die Ursach, daß ein wohlgeübter Künstner nit zu einem jedlichem Bild darf lebendiger Bilder abmachen, dann er geußt gnugsam heraus, was er lang Zeit von außen hineingesammlet hat, solicher hat gut machen in seinem Werk, aber gar wenig kummen zu diesem Verstand, aber der sind viel, die da mit großer Mühe viel Unrechts machen. Darum welicher aus rechtem Verstand ein guten Gebrauch erlangt hat, dem ist wohl müglich, ahn allen Gegenwurf[27] etwas Guts zu machen, soviel unser Vermügen ist, doch wirdet es allweg besser, so er sich des Lebens im Abmachen gebrauchet, aber den Ungeübten ist es unmüglich, dann diese Ding geraten nit ungefähr[28]. Es geschicht auch, aber selten, daß einer durch groß Erfahrung und lange Zeit in fleißiger Übung so gwiß werd, daß er aus eignem Verstand, den er mit großer Mühe erlangt hat, außerhalb eines Gegengesichts[29], das er abmachen mög, etwas Bessers zu Werk ziechen, dann der ander, der da viel lebendiger Menschen zu Abmachen für sich stellt, aus der Ursach, daß es ihm am Verstand mangelt. Darum müssen wir gar mit großer Acht wahrnehmen und fürkummen[30], daß sich die Ungestalt und Unschicklichkeit nit in unser Werk flecht, deshalb soll wir die unnützen Ding in Bildern zu machen, was anderst hübsch soll sein, vermeiden, dann dies ist der Übelstand. Nimm ein Gleichnüs bei den blinden, lahmen und verdorrten Krüppelen und Hinkenden dergleichen, solichs ist alles häßlich von des Mangels wegen, also ist auch zu fliehen der Überfluß, als daß man einem drei Augen, drei Händ und Füß wollt machen. Aber je mehr man alle Häßlichkeit der obgemeldten Ding ausläßt, und macht dargegen gerade starke, helle, notdürftige Ding, die alle Menschen gewöhnlichen lieben, so besser wirdet dasselb Werk, dann solchs acht man nun hübsch. Aber die Hübschheit ist also im Menschen verfaßt, und unser Urteil so zweifelhaftig dorin, so wir etwan finden zween Menschen, beede fast schön und lieblich, und ist doch keiner dem andern gleich in keim einigen Stück oder Teil, weder in Maß nach Art. Wir verstehnt auch nit, welcher schöner ist, so blind ist unser Erkenntnüs, deshalb so wir darüber Urteil geben, ist es ungewiß. Aber in etlichen Teilen mag dannacht einer den andern übertreffen, und obs uns gleich unkenntlich ist.

Aus solchem folgt, daß sich kein gewaltiger Künstner auf ein Art allein geben soll, sunder daß er in vielerlei Weg und zu allerlei Art geübt und darin verständig sei, daraus kummt dann, daß er machen würdet welcherlei Geschlecht der Bild, die man von ihm begehrt, und alsdann aus den obgemeldten Meinungen mag einer zornig, gütig und allerlei Gestalt wissen zu machen, und ein jedliche Gestalt kann für sich selbs gut gemacht werden. So dann einer zu dir kummt und will von dir haben ein untreus saturninisch oder martialisch Bild, oder eins, das Venerem anzeigt, das lieblich holdselig soll sehen, so würdestu aus den vorgemeldten Lehren, so du der geübt bist, leichtlich wissen, was Maß und Art du darzu brauchen sollt. Also ist durch die Maß von außen allerlei Geschlecht der Menschen anzuzeigen, welche feurig, lüftig, wässrig oder irdischer Natur sind[31], dann der Gewalt der Kunst, wie vor geredt, meistert alle Werk. Und die rechten Künstner erkennen im Augenblick, welchs ein gewaltsam Werk ist, und sich gebiert ein große Lieb daraus dem, ders versteht. Dies wissen die rechten Gesellen wohl, und wissen, was in dem ein rechter Brauch ist, dann das Wissen ist wahrhaft, aber die Meinung betreugt oft. Darum glaub ihm keiner selbs zu viel, auf daß er nit irrig in seinem Werk werd und verfehl. Deshalb ist fast nütz dem, der mit solchem umgeht, daß er mancherlei guter Bild sech, und oft die von den berühmten guten Meistern gemacht sind worden, und daß man auch dieselbigen darvon hör reden. Aber jedoch, daß du allweg ihrer Fehl wahrnehmst, und der Besserung nachdenkest, und laß dich nit, wie obgeredt, allein zu einer Art reden[32], die ein Meister führt, dann ein jedlicher macht geren ihm geleich, was ihm wohlgefällt. Aber so du ihr viel vernimmst, so nimm das Best heraus zu deinem Brauch, dann die Irrung ist schier in allen Meinungen, darum wie gut wir ein Werk machen, noch möcht es allweg besser gemacht werden, gleichwie mit den Menschen, wie hübsch man ein findt, so mag noch ein schöner gefunden werden. Aber ein jeder nehm das gewisser an, er lerns von einem, oder daß er das selbs aus dem Leben erfindt. Doch hüt sich ein jedlicher von denen zu lernen, die da wohl von der Sach reden und darneben mit ihren Händen allweg sträfliche, untüchtige Werk gemacht haben, der ich viel gesehen hab, denn wenn du ihn folgest, so verführen sie dich, des bezeugt ihr Werk und ihr Unkunst. Dann es ist eins ein große Unterscheid, von einem Ding zu reden oder dasselb zu machen. Darum ist aber nit verworfen, so einem ein Unverständiger ein Wahrheit sag, daß mans darum nit glauben sollt, dann es ist müglich, es sag dir ein Bauer den Irrtum deines Werks, aber er kann dich darum nit berichten und lernen, wie du denselben bessern sollst.

Ein jedlicher, der in dieser Kunst vor nie nichts gelernt hat, und will aus diesen Büchlein ein Anfang schöpfen, der muß dies mit Fleiß lesen und lernen verstehn, was er liest und dest weniger für sich nehmen, und sich in denselbigen wohl üben, auf daß ers künn machen, und alsdann erst ein anders anfahen zu machen. Dann der Verstand muß mit dem Gebrauch anfahen zu wachsen, also daß die Hand künn ton, was der Will im Verstand haben will. Aus solchem wächst mit der Zeit die Gewißheit der Kunst und des Gebrauchs. Dann diese zwei müssen beieinander sein, dann eins ohn das ander soll nichts. Man soll auch merken, wie wohl ein gemeiner Mann das Besser vor dem Schlechtern erkennt, nochdann versteht niemand vollkummlicher ein Werk zu urteiln, dann ein verständiger Künstner, der da solchs durch sein Werk oft bewiesen hat.

Nun möcht man sprechen, wer will allwegen die Mühe und Arbeit haben mit Verzehrung langer Zeit, bis daß er allein ein einig Bild also meß, darauf viel Mühe lege, so es doch oft darzu kummt, daß einer in kurzer Zeit etwan zweinzig oder dreißig unterschiedliche Bild muß machen. In solchem ist mein Meinung nit, daß einer zu allen Zeiten all sein Ding soll messen. Aber so du wohl messen hast gelernt, und den Verstand mitsamt dem Brauch überkummen, also daß du ein Ding aus freier Gewißheit kannst machen, und weißt einem jedlichen Ding recht zu ton, alsdann ist nit allweg not, ein idlich Ding allweg zu messen, dann dein überkummne Kunst macht dir ein gute Augenmaß, alsdann ist die geübte Hand gehorsam, dann so vertreibt der Gewalt der Kunst den Irrtum von deinem Werk und wehret dir die Falschheit zu machen, dann du kannst sie und würdest durch dein Wissen unverzagt und ganz fertig deines Werks, also daß du keinen vergebnen Strich oder Schlag tust, und diese Behendigkeit macht, daß du dich nit lang bedenken darfst, so dir der Kopf voll Kunst steckt. Und durch solichs erscheint dein Werk künstlich, lieblich, gewaltig, frei und gut, wirdet löblich von männiglich[33], dann die Gerechtigkeit ist mit eingemischt.

Aber so du kein rechten Grund hast, so ist es nit müglich, daß du etwas Gerechts und Guts machst, und ob du gleich den größten Gebrauch der Welt hättest in Freiheit der Hand, dann es ist mehr ein Gefängnüs, so sie dich verführt, darum soll kein Freiheit ohn Kunst, so ist die Kunst verborgen ohn den Gebrauch. Darum muß es beieinander sein wie oben gesagt. Darum ist vonnöten, daß man recht künstlich messen lern, wer das wohl kann, der macht wunderberlich Ding. Dann die menschlich Gestalt kann nit mit Richtscheiten oder Zirkelen umzogen werden, aber von Punkten zu Punkten werde die gezogen wie vorgemeldt, und außerhalb rechter Maß werde keiner nichts Guts machen.

Nun mag sich begeben, so etlich diese vorbeschriebne Maß der Bilder in ein groß Werk werden ziehen, daß ihn mißrät durch ihr Unschicklichkeit, mir dann die Schuld auflegen und sagen, in kleinen Dingen tut mein Aufreißen recht, aber in großen Werken sei es verführlich.

Solchs kann nit sein, dann eintweders das Klein recht und das Groß gut, oder das Klein bös und das Groß soll gar nichts, deshalb läßt sich die Red in diesem nit teilen, dann ein Zirkelriß bleibt rund, er sei klein oder groß, desgleichen tut ein Quadrat. Darum hält sich ein jedliche Proporz gleich zu ihr selbs, sie sei groß oder klein, zu gleicher Weis, wie sich im Gsang ein Oktav zu der andern hält, eine hoch, die ander nieder, und ist doch ein Ton.

Noch ist zu merken, daß ein vorgemacht Bild gar in viel Weis und Weg zu verstellen ist, daß mans nit mehr kennt, und würdet doch darmit der Maß weder geben noch genummen.

End des dritten Buchs.

3. Nachwort von Willibald Pirckheimer

Wiewohl der frumm und kunstreich Albrecht Dürer diese vier Bücher geschrieben, so hat er doch nur das erst wieder übersehen und korrigiert, dann ehe er an die anderen drei kommen ist, hat ihne die Schnellheit des Todes übereilt, daß er die nit wieder übersehen hat mögen. Ist wohl müglich, wo er Zeit gehabt, er möcht etlich Ding geändert, gemehret oder gemindert haben. Nichtsdestminder haben sein gut Freund für nützer angesehen, daß die andern drei Bücher auch unkorrigiert ausgehnt, dann da sie ungedruckt sollten beleiben, unangesehen ob auch was (darfür sie es doch nit achten) darin zu besseren sein sollt. Wo ihme auch Gott sein Leben länger gefristet hätt, würd er noch gar viel wunderlichs, seltsams und künstlichs Ding an Tag gebracht und geben haben, zuvor der Kunst des Malens, Landschaft, Farben und dergleichen dienstlich; hat auch insonders vorgehabt ein längere und klärere Perspectiv, dann er vor getan hat, zu beschreiben und ausgehn lassen. Aber Gott, der alle Ding zum besten verordnet, hat solchs nit ahn Ursach unterkommen. Sein Namen sei gelobt und geehrt ewiglich.

Aus der „Unterweisung der Messung“

ENTWÜRFE

1. Vitruv als Vorbild

Welchem berühmten Baumeister mag verborgen sein, so man van künstlichem Bauwerk und Zierlichkeit desselben reden will, daß er dem Fitrufium als dem ältesten Römer und besten über alle ander Werkleut, die bisher van solchem geschrieben haben, berühmen wollt und dorum ihm billich nachfolgen.
Ich aber weiß das Gemüt der tewtzschen Natian, daß ein idlicher, der do etwas Neus anfacht zu machen, auch geren ein neue Fatzan[1] hätt, die vor nie gesehen wär. Demnoch so will ich folget etlich ein Säuln oder zwo [?] aufreißen, dieselben dermaßen anzeigen zu machen, daß ein idlicher doraus nehm, wie es ihm gefall. Will dorneben anzeigen, waraus die Zierd des Hobels oder Drehwerks, das ist durch die Geräden oder Runden, gemacht mügen werden. Aber mein Fürnehmen ist nit etwas Bessers dann vor angezeigt zu machen, sunder etwas anders. Nun mach ich ein Säuln also.
Nun merk: ich will etlich Kaptell zu dieser Säuln und andern aufreißen, erstlich nun durch die Feder anzeigen, auf daß mans erstlich in Stein und Holz zu müg hauen.

2. Perspectiva naturalis nach Euklid

Die erst Fürnehmung oder Supositz ist, daß all die Lini, die vom Aug ausgehnt, die gehnt durch gerad Lini, die ein Unterschied voneinander haben[1], und unter demselben Gesicht wird begriffen ein Conus[2], der sich mit seiner Scheitel oder Spitz ins Aug wirft.
Die ander Supositz:
Item allein die Ding siech man, do das Gesicht hinkummt oder mag.
Die dritt Supositz:

Item do das Gesicht nit hinkummt, das siech man nit.
Die viert Supositz:
Item Ding, die man sicht unter einem größeren Winkel, das scheint größer.
Die fünft Supositz:
Item unter dem kleineren Winkel werden sie kleiner gesehen.
Die sechst Supositz:
Item die Ding, die unter ein gleichen Winkel werden gsehen, die werden gleich.
Die siebent Supositz:
Item was unter hohen Radi gesehen wird, das scheint höher.
Die acht Supositz:
Item [was] man unter niederen Schtreimen[3] oder Radi sicht, das scheint niedrer.
Die neunt Supositz:
Item all Radi, die auf die rechten Seiten gehnt, die scheinen auf der rechten Seiten.
Die zehet Supositz:
Item all Radi, die auf die linken Seiten gehnt, scheinen auf der linken Seiten.
Die elft Supositz:
Item all Ding, die gesehen werden unter mehr Winkel, werden bereit gsehen.
Die erste Theorema[4]:
Item all Ding, das unter dem Gesicht ist, mag auf einmol ganz miteinander nit gesehen werden, als b kann a d nit auf einmol vollkummlich gesehen werden, es lauf vorüber c k, wiebohl es schnell geschehen mag von Wendung des Gesichts.
Das ander Theorem:
Gleich Größ unterschiedlich gesetzt[5], die näher stehnen, scheinen größer als voren die Figur k l c d.
Die dritt Theorem:
Der Ding, die man sicht, hat ein idlichs ein Läng einer Unterschied, und so die hinzukummt, so sicht mans nimmer, als in meinem Buch das lang Aug[6].
Das viert Theorem:
Item wenn gleich Unterscheid sind in einer gleichen Lini, die man am weitesten sicht, scheinen am kleinsten.
Das fünft Theorem:
Item gleich Größ ungeleich gesetzt erscheinen auch ungeleich, und die am nächsten beim Aug ist, scheint am größten.

Das sechst Theorem:
Item paralla Lini, die man unterschiedlich von weiten sicht, die dünken ein ungeleiche Breiten oder ungeleich voneinander.
Die siebent Theorema:
Item wenn drei gleich Größ in ein rechte Lini gesetzt werden, die am weitesten sind, gedünken ungeleich.
Das acht Theorem:
Gleich Größ ungleich gsetzt mit proportionierlichen Unterscheiden künnen nit gesehen werden.
Die neunt Theorema:
Item die Größ, die recht Winkel haben, scheinen von weitem, daß sie schier rund gedünken.
Die zehent Theorema:
Item die Plani[7], die unters Aug gesetzt werden, gedünken hinten höher denn vorn.
Item die eilft:
Item die Plani, die übers Auch gsetzt werden, gedünken hinten niederer sein denn voren.
Die 12. Theorema:
Item zwu Läng, die dir entgegen gahnt, die van der rechten Seiten gedünken in die Weiten, sie gehnt der linken zu[8], desgleichen von der linken Seiten.
Die 13. Theorema:
Item gleich Größ, die man unters Aug setzt, gedünken höher stehn in der Weit denn hervoren.
Das 14. Theorem:
Item geleich Größ, die in der Weiten übers Aug gesetzt werden, die weitesten gedünken niedrer.
Das 15. Theorem:
Item was unters Aug gesetzt wird, do eins größer ist weder das ander, wenns auch nohet[9] dobei ist, das Kleiner, so man herabsicht, so scheint es am größten, und so man in die Weit sicht, do dünket dich das Kleiner kleiner.
Das 16. Theorem:
[Das Unter] ist geleich übersich als das Öber untersich zu sehen.
Das 17. Theorem:
Die Ding, die aneinander übertreffen, so man das Aug setzt auf ein rechte Lini, wo die kleiner Größ ist, es kumm das Aug nohet oder fer darzu. Demgeleichen allwegen das, so oben herab gesehen wird, das dünkt, daß es am minsten übertreff.

Das 18. Theorem:
Item ein fürgebne Höch, die zu erkennen, wie groß sie sein mag.
Item das 19. Theorem:
Item so die Sunn nit scheint, ein fürgebne Höch zu erkennen.
Item 20. Theorem:
Item ein Tief zu erkennen, wie sie sei.
Item das 21. Theorem:
Item ein fürgelegte Läng zu erkennen.
Item das 22. Theorem:
Item so auf den Plan, do das Aug steht, gsetzt wird ein Circumfereit[10], so dünkt dich der Umschweif ein rechte Lini.
Die 23. Theorema:
Item man sech ein Zirkel[11] an, wie man will, mit einem Auch, so sicht m[a]n niender weder die halb Sphär[12] ist, und das man sicht, das bedünk, daß es begriffen sei unter dem Zirkel der Kugel[13].
Item das 24. Theorem:
Item je näher du zu dem Kugel kummst, je größer sie dich bedünkt, und sichst doch minder doran.
Item das 25. Theorem:
Item wenn du ein Kugel sichst mit beeden Augen, der, der die Sphär abmißt, gleich ist der rechten Lini, die vom Aug dannen ist[14], so sicht er den halben Zirkel.
Item die 26. Theorema:
Wenn dein Augen weiter voneinander sind weder ein Kugel, die du sichst, so sichstu mehr weder die halb Kugel.
Item die 27. Theorema:
Wenn die Augen näher beieinander sind dann die Kugel groß ist, so sichstu mind[er] weder den halb Teil.
Das 28. Theorem:
Ein Cilintren[15], wo dun ansichst mit eim Aug, so magstu ihn nit halb sehen.
Das 29.:
Wenn dus Aug nähet zum Cilintro tust, so gedünkts dich größer und sichst doch minder weder in der Weiten.
Das 30.:
Wenn du ein Conus mit eim Aug ansichst, so kannstu den halben Conus nit sehen.
Das 31.:
Wenn das Aug näher gesetzt wird in dem eingen Plano, so wird

das Teil, das das Gesicht begreift, minder und scheint doch größer.

Das 32.:

Wenn ein Conus ein Zirkel im Grund hat, und wo die Radi, die von dem Aug in des Conus Grund fallen und aneinander stoßen, von dannen recht Lini zogen werden durch die Superfici[16] des Coni bis zu dem Gipfel und durch die geführten Lini und von den, die von dem Aug in den Grund des Coni falln, plana ausgezogen werden, und das Aug gsetzt wird in der gmeinen Voneinanderteilung der Plani, das man von Cono sicht, das wird überall gleich gsehen. Dann das Gesicht steht in dem fürgsetten Plano[17].

33.:

Wenn das Aug allbegen gleich weit ist von dem Cono, was höher steht denn das Aug, das kann man am minsten am Cono sehen, und was hernieden steht, am meisten.

34.:

Wenn in ein Zirkel von dem Zentro zu den rechten Winken ein rechte Lini gführt wird in den Plano des Zirkels[18] und doselb das Aug gesetzt würd, so scheinen des Zirkels Ummessung gleich sein.

Das ist, so das Aug mitten im Quar[19] auf einer rechten Linie herdangführt wird.

35.:

Und wenn, die aus dem Zentro gezogen wird, nit kummt zu den rechten Winkelen in dem Plano, und ist doch der geleich, die aus dem Zentro kummt, so scheinen die Metzientes[20] auch ihm gleich sein.

Das ist, als wenns ein überlängts Quar wär und doch der Zentro in der Mitt steht, dovon das auch geleich herdannzogen wird.

36.:

Wenn aber die vom Aug fällt zu dem Zentro des Zirkels, wird nit sein zu seinen rechten Winkelen in dem Plano des Zirkels, und der auch nit gleich ist, die aus dem Zentro kummt und begreift auch nit gleich Winkel mit den vom Zentro, sunder ist größer oder kleiner dann die aus dem Zentro kummt, so scheinen die Diametri ungleich sein.

Das ist, so das Aug verrückt wird auf ungerad Lini, so scheinen die Winkel ungeleich.

37.:

Wenn aber b a kleiner ist a k, so dünkt d k größer dann c f.

38.:
Daß aber f b den d e gleich sei mit den rechten Winkelen, das zeig wir also an.
39.:
Dorum hinwieder b f dem e f d ist dem Dimetienti zu rechten Winkeln.
40.:
Aber die Lini, die von dem Aug kummt und ist dem Zentro angheft, soll nit größer sein der, die aus dem Zentro ist, sunder kleiner. So ist es itzund ganz widerwärtig und die Diametros, dann ihr Dimetienten der größer scheint kleiner und der kleiner größer.

AUSZÜGE AUS DER GEDRUCKTEN FASSUNG VON 1525

Underweyſung der meſſung/ mit dem zirckel vñ richtſcheyt/ in Linien ebnen vnnd gantzen corporen/ durch Albrecht Dürer zů ſamen getzogẽ/ vnd zů nutz allẽ kunſtlieb habenden mit zů gehörigen figuren / in truck gebracht/ im jar.
M. D. X X v.

Mit begnadung Kayſerlicher im end eyngeleibter Freyheyt damit ſich ein yglicher vor ſchaden zů hůten wyß ꝛc.

1. Widmung

Meinem insonders lieben Herren und Freund Herrn Wilbolden Pirckheymer wünsch ich, Albrecht Dürer, Heil und Seligkeit. Günstiger Herr und Freund, man hat bisher in unsern deutzschen Landen viel geschickter Jungen zu der Kunst der Malerei geton, die man ahn allen Grund und allein aus einem täglichen Brauch gelehrt hat; sind dieselben also im Unverstand wie ein wilder unbeschnittener Baum auferwachsen. Wiewohl etlich aus ihnen durch stetig Übung ein freie Hand erlangt, also daß sie ihre Werk gewaltiglich aber unbedächtlich, und allein nach ihrem Wohlgefalle gemacht haben. So aber die verständigen Maler und rechte Künstner solchs unbesunnen Werk gesehen, haben sie und nit unbillich dieser Leut Blindheit gelacht, dieweil einem rechten Verstand nichts unangenehmer zu sehen ist, dann Falschheit im Gemäl, unangesehen ob auch das mit allem Fleiß gemalt wirdet. Daß aber solche Maler Wohlgefallen in ihren Irrtumen gehabt, ist allein Ursach gewest, daß sie die Kunst der Messung[1] nit gelernet haben, ahn die kein rechter Werkmann werden oder sein kann. Das aber ihr Meister Schuld gewest, die solche Kunst selbs nit gekünnt haben. Dieweil aber die der recht Grund ist aller Malerei, hab ich mir fürgenommen, allen künstbegierigen Jungen ein Anfang zu stellen und Ursach zu geben, damit sie sich der Messunge Zirkels und Richtscheit unterwinden und daraus die rechten Wahrheit erkennen und vor Augen sehen mögen, damit sie nit allein zu Künsten begierig werden, sonder auch zu einem rechten und größeren Verstand kommen mögen. Unangesehen, daß itzt bei uns und in unseren Zeiten die Künst der Malerei durch etliche sehr veracht und gesagt will werden, die diene zu Abgötterei[2], dann ein jeglich Christenmensch wirdet durch Gemäl oder Bildnüs als wenig zu einem Afterglauben gezogen als ein frummer Mann zu einem Mord, darum daß er ein Waffen an seiner Seiten trägt; müßt wahrlich ein unverständig Mensch sein, der Gemäl, Holz oder Stein anbeten wöllt. Darum Gemäl mehr Besserung dann Ärgernüs bringt, so das ehrberlich künstlich und wohl gemacht ist. In was Ehren und Wirden aber diese Künst bei den Kriechen und Römern gewest ist, zeigen die alten Bücher gnugsam an. Wiewohl sie nachfolgend gar verloren und ob tausend Jahren verborgen gewest, und erst in zweihundert Jahren[3] wieder durch die Walhen[4] an Tag gebracht ist worden. Dann gar leichtiglich verlieren sich die Künst, aber schwerlich und durch lange Zeit werden sie wieder erfunden. Demnach hoff ich, dies mein Fürnehmen und Unterweisung werde kein Verständiger tadelen, dieweil es aus einer guten Meinung und allen Künstbegierigen zugut geschicht, und auch nicht allein den Maleren, sonder Goldschmieden, Bildhaueren, Steinmetzen, Schreineren und allen den, so sich des Maß gebrauchen, dienstlich sein mag; ist niemand gezwungen, sich dieser meiner Lehr zu brauchen, ich weiß aber wohl, wer sich der unterstehn, wirdet nit allein einen gründlichen Anfang daraus fassen, sonder durch den täglichen Brauch zu einem größeren Verstand reichen, weiter suchen und gar viel mehr, dann ich itzt anzeig, erfinden. Dieweil ich aber, günstiger Herr und Freund, weiß, daß Ihr ein Liebhaber aller Künst seid, hab ich Euch dieses Büchlein aus sonderer Zuneigung und freundlichen Willen zugeschrieben, nit darum, daß ich vermeint, ich hätt Euch was Groß oder Fürtrefflichs damit bewiesen. Sonder daß Ihr daraus meinen geneigten und guten Willen verstehn und ermessen möcht, ob ich Euch gleichwohl mit meinem Werken nit sonders erschießlich sein mag, daß dannoch mein Gemüt allzeit bereit wäre, Euch Euer Gunst und Lieb, so Ihr zu mir tragt, mit gleichen Widerlegung zu bezahlen.

2. Von den Säulen (Auszüge)

Ob man aber von dem ganzen Bauwerk oder seinen Teilen reden will, acht ich, es sei keinem berühmten Baumeister oder Werkmann verborgen, wie künstlich und meisterlich der alt Römer Vitruuius in seinen Bücheren von der Bständigkeit, Nutzbarkeit und Zierden der Gebau geschrieben hab, derhalb ihme auch vor anderen zu folgen und sich seiner Lehr zu brauchen ist.

So ich aber itzo fürnimm, ein Säulen oder zwo, lehren zu machen für die jungen Gesellen, sich darin zu üben, so bedenk ich der Deutschen Gemüt, dann gewöhnlich alle, die etwas Neues bauen wöllen, wollen auch geren ein neue Fatzon[1] darzu haben, die vor nie gesehen wär. Darum will ich etwas anders machen, daraus nehm ein idlicher, was ihm gefall, und mach nach seinem Willen. Ich will auch anzeigen, waraus die Zierd des Hobels und Drehwerks gemacht mügen werden, und Ursachen weisen, wo man sie größer und kleiner brauchen soll, diese Zierden treffen die geraden und runden oder krumme Ding an.

[Folgt die Anweisung für die richtig proportionierte Zeichnung einer Säule]

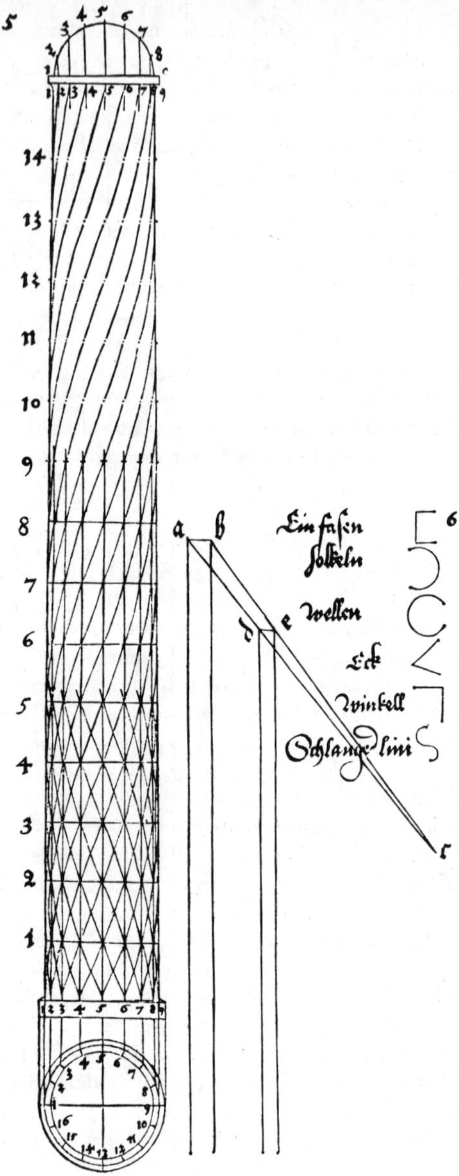

5
6
a
b
d
e
c
Ein fasen
Holkeln
Wellen
Eck
Winkell
Schlange lini

Summa, diese Ding magst du ein idlichs sunderlich allein brauchen, oder eins Teils, oder alle miteinander, und man brauch die zwerch Linien oder nicht, so mag man viel seltsams Dings aus diesen Dingen schneiden und hauen, wer es unter die Hand nimmt, der wird es wohl finden. Zu dieser Säulen mach ein Kaptell, verkehrt auf sechserlei Weis, wie das durch hunderterlei Weg allweg anders mag verkehrt werden ... Aber wer soliche Ding änderen will, der mag dem vorigen allweg ein Widerwärtigs machen, das merk also ... solicher Ändrung ist fast viel. Diese Ding setz ich nit darum daher, daß man sie also muß machen, sunder daß etwas daraus genummen und ein idlicher vermahnt mag werden, was Weiters und Fremdes zu finden; dann in den Teilen ist nit ein Ding allein gut, sunder viel Ding sind gut, wer sie weiß zu machen, darum muß man darnach suchen, wie dann der hochberühmt Vitruuius und ander gesucht haben, und gut Ding gefunden, aber darmit ist nie aufgehaden[2], daß nit anders, das auch gut sei, gefunden müg werden, und sunderlich in den Dingen, die nit bewiesen mügen werden, daß sie aufs best gemacht sind. Nun will ich das Kaptell auf das schlechtest beschreiben, und mich in viel Dingen bloß der Vierung gebrauchen ahn alle Zierd, doch müssen darnach die Zierd darein gemacht werden, sunderlich so ein Werk groß ist, mag man ein fassen hohlkehlen Stab und alle andre Ding idlichs sunderlich zieren, und etwas Hübsch daraufsetzen oder darein schneiden, tu ihm also.

Nun gehört diese Säulen auf ein Posament zu stellen, das mach also. Erstlich mach ein ablange Vierung eins Vierteils lang von der ganzen Säulen mit ihrem Kaptell und Fuß, und machs so breit als die unterst Vierung am Fuß der Säulen ist; dieses Posament soll geviert in Grund gelegt werden ... dies Posament mag manicherlei Weis geziert werden, aber wie ob geschrieben, hab ich solichs hernach gerissen mit seinen Gründen, und daß du wissest, was die Zierd sei, die man mit dem Hobel oder Drehwerk machen kann, so merk, daß sechserlei sunderlicher Ding sind, daraus man solichs erbet. Das erst ist ein platte Fassen, das ander ein Hohlkehlen, das dritt ein ausbogne Wellen, das viert ein Eck, das fünft ein Winkel, das sechst ist die Schlangenlini, die man mag ziehen wie man will. Diese Ding alle mag man alle zusammen brauchen oder eins Teils, man mag sie seicht oder tief machen, flach oder erhaben, weit oder eng, spitz oder stumpf, groß oder klein gegeneinander, breit oder schmal, wie man will. Aber die Bescheidenheit soll ein idlicher Erbeter brauchen, das er an die großen Ding die Zier von größeren Dingen, und an die kleinen Ding kleiner mache, dies will ich hernach mit zweien Fassen, einer langen und kurzen, nebeneinander anzeigen, dann eins idlichen Menschen Vernunft begreift bald, daß ein lang Ding billich dicker sein soll dann ein kürzers seins Geschlechts[3]. Darum so ein Baumann Gesimswerk oder Türgestell und dergleichen machen will, so soll er die äußeren Ding, die weiterlaufen, von größeren Dingen machen, dann die inneren kürzeren; was dem entgegen gemacht wird, steht übel; das versteh also, mach ein aufrechte Fassen zwischen zweien Linien begriffen, die schneid oben mit einer zwerch Lini ab und bezeichen oben ihre Eck mit a b. Darnach setz auf die Seiten ein Punkten c ungefähr zu Mittel der Fassen, und reiß zwo Streimlini[4] a c b c. Darnach

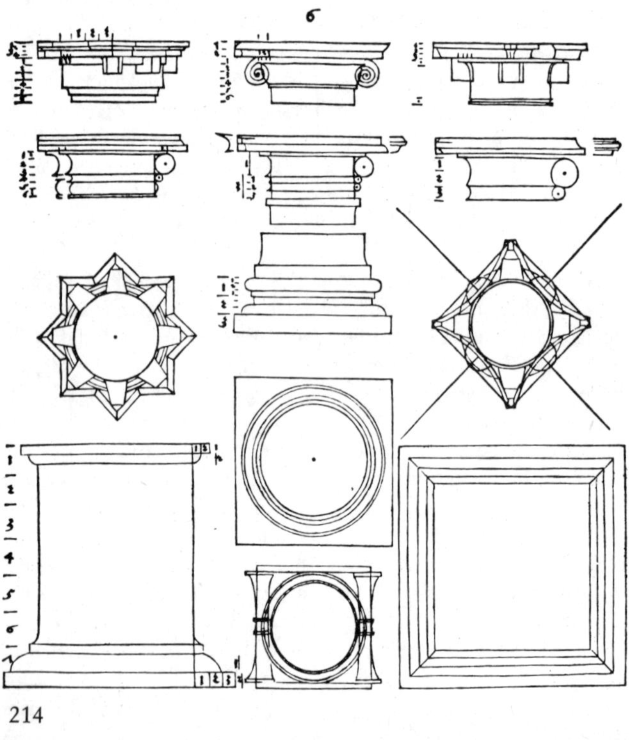

setz die inner Fassen, die kürzer soll werden, mit einer aufrechten Lini neben a b so weit voneinander, als breit du die Leisten wilt haben, und wo sie die Streimlini c a anrührt, do setz ein d. Von dann fahr mit einer zwerch Lini an die anderen Streimlini c b. Da sie rührt, setz ein e. Aus dem c fahr aufrecht herab mit einer Lini, so wird d e recht proportioniert gegen a b, wie das mitsamt den obgemeldten sechs Dingen, die zu den Zierden gehören, auch die Säulen, Kaptell, Füß und Posament, alles hernach ist aufgerissen, und zu gleicher Weis, wie man ihm mit der Fassen tut, also tut man auch mit den anderen vorgemeldten Dingen.

. . .

Es begibt sich oft, so man in Schlachten ein Feld erobert, daß man dann ein Gedächtnüs oder Säulen an der Statt, da man die Feind erlegt hat, aufricht zu einer Gedächtnüs, was das für Leut sind gewesen, die man überwunden hat; sind das mächtig Leut gewest, mag man von ihrem Zeug, den man erobert hat, ein soliche Säulen machen und aufrichten.

. . .

Welicher ein Victoria aufrichten wollt, darum daß er die aufrührischen Bauren überwunden hätt, der möcht sich eins solichen Gezeugs darzu gebrauchen, wie ich hernach lehren will. Erstlich setz ein gevierten Stein, zehen Schuch ein Seiten lang und vier Schuch hoch, der steh noch auf einer gevierten Platten, zweinzig Schuch ein Seiten lang und eins hoch, und auf einen Bühel[5] auf die vier Örter leg gebunden Kühe, Schaf, Schwein und allerlei. Aber auf den öbersten gevierten Stein setz vier Körb auf die vier Ort mit Käs, Butter, Eier, Zwiefel[6] und Kräuter oder was dir zufällt. Darnach leg noch mitten auf diesen Stein ein anderen gevierten Stein, ein Seiten sieben Schuch lang und eines Schuchs hoch, mitten auf diesen Stein

·16·

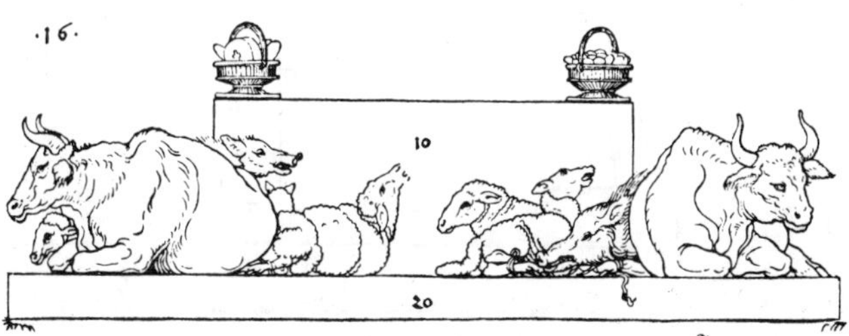

3

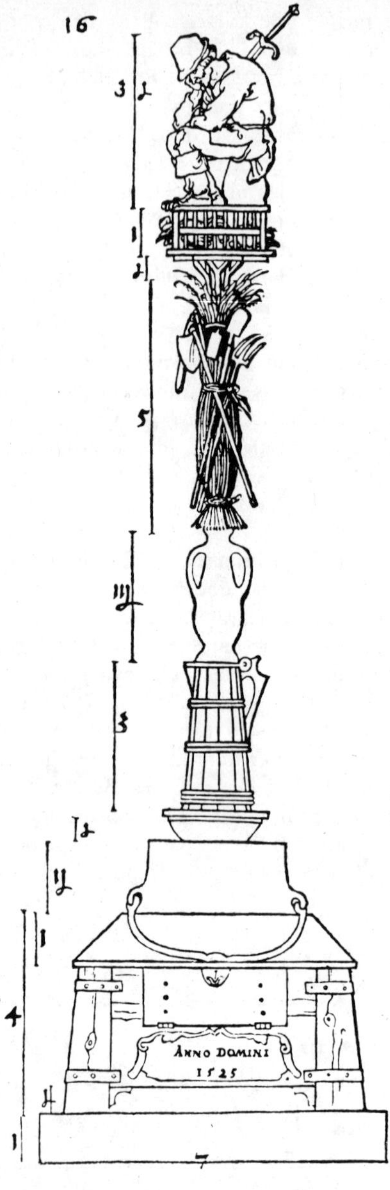
16
ANNO DOMINI
1525

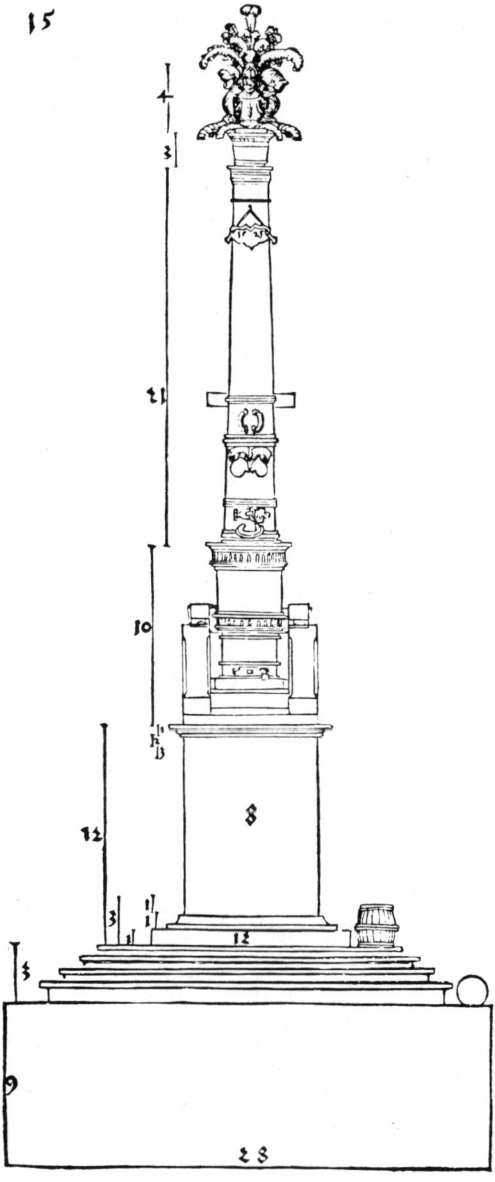

setz ein Haberkasten[7], vier Schuch hoch, unten ein Seiten sechs Schuch und ein halben lang, aber oben bei dem Schloß sechs Schuch lang, und zuoberst auf die Deck 4 Schuch lang, darauf stürz ein Kessel vierthalbe Schuch weit, aber im Boden nun drei Schuch, mitten auf des Kessels Boden setz ein Käsnapf eins halben Schuchs hoch, oben zweier Schuch weit, aber am Boden nit mehr dann anderhalben, den deck zu mit einem dicken Teller, daß wohl überschieß[8], mitten auf das Teller setz ein Butterfaß, drei Schuch hoch, unten am Boden anderhalben Schuchs breit, aber oben nur eines Schuchs weit, doch die Schnaupen, daraus man geußt, soll fürtreffen[9]; mitten auf dies Butterfaß setz ein wohlgeschickten Milichkrug, dritthalbe Schuchs hoch, im Bauch eines Schuchs weit, aber oben eins halben, aber den Fuß mach unten weiter, und im Milichkrug richt auf vier Scharren, damit man das Kot zusammenraspt, die zeuch über sich fünf Schuch und ein halben, darum bind ein Garben, fünf Schuch hoch, also daß die Scharren ein halben fürtreffen, und häng daran der Baueren Werkzeug, Hauen, Schauflen, Hacken, Mistgabel, Drischflegel und dergleichen; darnach setz zuöberst auf die Scharren ein Hühnerkörble und stürz darauf ein Schmalzhafen, und setz ein traureten Bauren darauf, der mit einem Schwert durchstochen sei. Wie ich das hernach hab aufgerissen.

[Siehe Abbildungen auf Seiten 216 und 217]

......

So ich voren von den längleten Körperen ein wenig angezeigt hab, will ich nun ein festen runden Turen lehren machen, allein das bloß Corpus ohn alle Zierd. Welicher aber einen solichen Turen bauen wölle, der ziere ihn nach seinem Gefallen. Dieser Turen soll gemacht werden in einer Stadt an dem allergelegesten Ort und mitten auf einen Markt gestellt, auf daß man über die ganzen Stadt daraus sehe, und daß sich die Fremden in allen Gassen nach diesem Turen wissen zu richten. Dieser Markt soll auf das allerwenigst so weit sein, daß ein Seiten von seiner Vierung fünfhundert Schuch erlang.

Auf diesen Platz stell in der Mitt ein runde Stiegen zehen Schuch von achtzehen Staffelen[10], und ein jedliche Staffel mach eins Schuchs breit, so wird der Tritt sanft. Und den Diameter oder Ortstrich durch die untersten Staffel, do die Stiegen am breitesten ist, mach hundert Schuch lang, so behält der

18

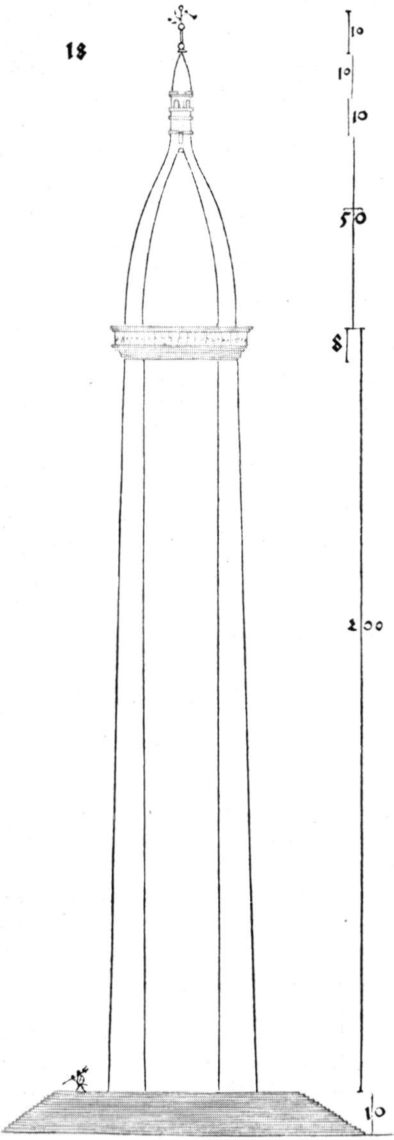

Diameter der öbersten Staffel sechshundert und einundvierzig Schuch. Die Stiegen dient, daß man darauf sehen mag, was an dem ganzen Markt geschicht und was man darauf feil hab. Darnach stell mitten auf diese Stiegen den Turen und mach ihn unten vierzig Schuch weit mitsamt der Mauren. Die mach unten dick zehen Schuch, so beleibt der Turen inwendig hohl zweinzig Schuch durch den Diameter. Dieselbig Weiten führ inwendig gerad inauf, daß sie ganz aufrecht steh bis zum Gang, der gemacht soll werden, daselb mach die Mauer fünf Schuch dick, so leint sich die Mauer außen und oben hinein, und wird der Turen oben eins Vierteils schmäler dann unten, das steht ihm wohl an und trägt stark. Darnach mach den Turen von unten auf bis unter die Dachung zweihundert Schuch hoch, so wird er seiner untersten Weite fünfer hoch. Und inwendig im Turen mach an der Maueren zuring herum[11] ein flache Schneckenstiegen bis zum Gang hinauf, dermaßen, wenn es not tät; daß man sie auch reiten möcht. Zu dieser Stiegen brauch die Schneckenlini, die im ersten Büchlein in der 17. Figur anzeigt ist. Darnach mach ein schmalen Umgang um den Turen, der Mauren Höhe gleich, der mit dem Gesims und allem nit weiter herabtret dann acht Schuch und lad ihn drei Schuch weit aus. Doch magst du das ober Gesims weiter lassen fürtreten. Darnach setz auf die Turenmaur ein gemauerten Dachung, und zeuch den äußeren Form durch die Lini des ersten Büchleins in der 30. Figur, aber innen hinauf zeuch die Lini mit einem Zirkel, so wird die Dachmauer oben dünner dann unten. Und diese Dachung mach fünfzig Schuch hoch bis unter das Glockhaus. Aber das Glockenhäuslein mach fünf Schuch breit und zehen hoch, und das ober Halbteil machen offen zwischen den Gsimsen mit Säulen versetzt, und die Dachung darauf mach auch zehen Schuch hoch. Und die Gestalt des Dachs wird mit zweien ausbogen Zirkellinien oben zusammengezogen. Darnach mach die Stangenknopf und Fahnen auch zehen Schuch hoch. Des Turners Wohnung soll in der Dachung sein, daß er auf Sech[12] Zeichen geb und die Ohr[13] richt. Dieser Turen ist hernach aufgerissen.

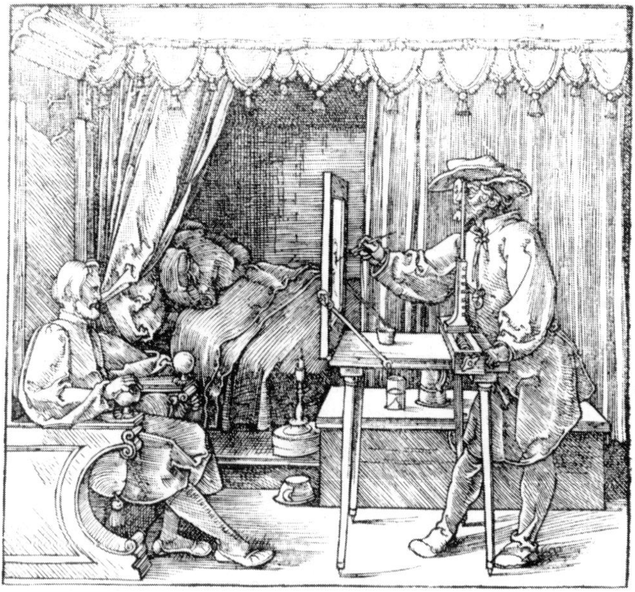

Ein Mann zeichnet durch einen Dipter auf eine Glasscheibe einen sitzenden Mann (aus der gedruckten Fassung von 1525)

3. *Perspektivische Konstruktionen (Auszug)*

Durch drei Fäden magst du ein jedlich Ding, das du mit erreichen kannst, in ein Gemäl bringen, auf ein Tafel zu verzeichnen, dem tu also.
Bist du in einem Saal, so schlag ein große Nadel mit einem weiten Öhr, die darzu gemacht ist, in ein Wand, und setz das für ein Aug. Dardurch zeuch einen starken Faden und häng unten ein Bleigewicht daran. Darnach setz einen Tisch oder Tafel so weit von dem Nadelöhr, darin der Faden ist, als du wilt. Darauf stell stet ein aufrechte Rahm zwerchs gegen dem Nadelöhr, hoch oder nieder, auf weliche Seiten du wilt, die ein Türlein hab, das man auf und zu müg tan. Dies Türlein sei dein Tafel, darauf du malen wilt. Darnach nagel zween Fäden, die als lang sind als die aufrecht Rahm lang und breit ist, oben und mitten in die Rahm, und den anderen auf einer Seiten auch mitten

in die Rahm und laß sie hängen. Darnach mach ein eisnen langen Steft, der zuvörderst am Spitz ein Nadelöhr hab, darein fäden den langen Faden, der durch das Nadelöhr an der Wand gezogen ist, und fahr mit der Nadel und langen Faden durch die Rahm hinaus, und gib sie einem anderen in die Hand, und wart du der anderen zweier Fäden, die an der Rahm hängen. Nun brauch dies also: Leg ein Lauten oder was dir sunst gefällt, so fern von der Rahm als du wilt, und daß sie unverrückt beleib solang du ihr bedarfst, und laß deinen Gesellen die Nadel mit dem Faden hinausstrecken auf die nötigisten Punkten der Lauten, und so oft er auf einem stillhält und den langen Faden anstreckt[1], so schlag allweg die zween Fäden an der Rahm kreuzweis gestrackes an den langen Faden, und kleb sie zu beeden Orten mit einem Wachs an die Rahm, und heiß deinen Gesellen seinen langen Faden nachlassen. Darnach schlag die Türlein zu und zeichen denselben Punkten, da die Fäden kreuzweis übereinander gehn, auf die Tafel, darnach tu das Türlein wieder auf und tu mit einem anderen Punkten aber, also bis daß du die ganzen Lauten gar an die Tafel punktierst, dann zeuch all Punkten, die auf der Tafel von der Lauten worden sind, mit Linien zusammen, so sichst du, was

Ein Mann zeichnet eine Laute (aus der gedruckten Fassung von 1525)

daraus wird. Also magst du ander Ding auch abzeichnen. Diese Meinung hab ich hernach aufgerissen.
Und damit, günstiger lieber Herr, will ich meinem Schreiben End geben, und so mir Gott Gnad verleicht, die Bücher, so ich von menschlicher Proportion und anderen darzu gehörend geschrieben hab, mit der Zeit in Druck bringen und darbei männiglich gewarnet haben, ob sich jemand unterstehn würd, mir dies ausgangen Büchlein wieder nachzudrucken, daß ich dasselb auch wieder drucken will und aus lassen gehn mit mehren und größerem Zusatz, dann ietz beschehen ist, darnach mag sich ein jedlicher richten. Gott dem Herren sei Lob und Ehr ewiglich.

Gedruckt zu Nüremberg.
Im 1525. Jahr.

Auszüge aus der „Befestigungslehre“, 1527

1. Der Bau von Befestigungen (Auszug)

Nachdem sich ietz bei unsern Zeiten viel fremder Sach begeben, gedünkt mich vonnöten sein zu bedenken, wie Befestigung gebaut, daraus sich Künig, Fürsten, Herrn und Städt verwahren möchten, nit allein, daß ein Christ vor dem andern beschützet, sonder auch die Länder, so dem Türcken gelegen sind, sich vor desselben Gewalt und Geschoß erretten möchten. Hab ich mir fürgenommen, ein kleine Anzeigung zu ton, wie ein solch Gebäu aufzurichten wäre, doch auf Verbesserung der Verständigen, die sich auch der Krieg gebraucht, und der so viel gesehen und erfahren haben.

Erstlich ist mein gut Bedünken, daß man kein Gebäu, darauf man starke Geschoß lägeren will, mit gestrackten oder aufrechten Mauren soll aufführen. Dann so man ein Stück Büchsen sechse, achte oder zehne daran läßt gehn, schlahen sich die Mauer in der Mitte ein, sie seien als dick sie wöllen, so man dann zum anderen und dritten Mal herwieder kommt und anklopft, fällt der Last oben heraus, und je schwerer der Bau und Last ist, je ehe das geschicht.

An etlichen Orten, do die Leut nit bei Geld sind oder die Eil und Not das ereischt, machen sie große Schütten, verschränken und vergraben[1] die und wehren sich kecklich daraus, das ist fast gut. Davon will ich aber hie nit schreiben, dann die Kriegsleut wissen solchs wohl zu machen, auch erlernen es die täglich, so die Kriegsnot darzu dringt; wann man aber solcher Gebäu nit mehr bedarf, läßt man die gewöhnlich zerreitern[2], dann niemand hat darnach acht darauf.

Aber in einer trefflichen Stadt oder achtbarem Schloß, do die Mauren, Türn, und ob das sein mag, gefüttert[3] Gräben um sich haben, da soll man solche Befestigung auch mauren und dem anderen Gebäu gemäß machen, auf daß, so man der zu seiner Zeit nit bedarf, daß die dannoch wehrhaft beleiben bis zu einer andern Zeit, darum müssen solche Mauren fest gebaut werden. Und ob man sagen wollt, es würde viel kosten, so gedenkt man an die Künig in Egipten, welche große Kosten an die Pyramides gelegt haben, der doch nicht nütz gewest ist, so doch dieser Kosten sehr nütz ist. Haben die Herrn viel armer Leut, die man sunst mit dem Almusen erhalten müss, den geb man Taglohn für ihr Arbeit, so dörfen sie nit betteln und werden destminder zu Aufruhr bewegt. Es ist auch besser, ein Herr verbau ein groß Geld, auf daß er beleiben müge, dann daß er in einer Gähe von seinem Feind übereilet und aus seinem Land vertrieben würde, wie das ein ieglicher geringes Verstandes leichtlich abzunehmen hat.

Ob aber etlich sagen wollten, es wäre nit not, solch dick Gemäuer zu machen, wie solchs hernach angezeigt ist, und geringere Gebäu mit weniger Kostung gleich so fest bauen; wer solchs wahrhaftig anzeigt, dem mag man folgen. Ich sag aber, wer für Sorg und Einfallen bauen will, der soll noch stärker Gebäu machen, dann ich hernach anzeig, dann es tut bei diesem härten Anklopfen, das ietz in Kriegsläuften vor Augen ist, alles not. Ich will mich auch mit dieser Schrift nit so künstlich machen, daß ich die hochgeachten Werkleut und die es vor können bauen, woll lehren. Aber die, so solcher Gebäu nit gnugsam unterricht sind und doch zu Zeiten zu bauen überkummen, will ich ermahnen, daß sie ihre Gebäu im Aufreißen wohl betrachten. Doch ist keiner verbunden, mir zu folgen, sonder er mag sich seines gut Bedünkens und Gefallens brauchen.

Wer nun bauen will, der betracht erstlich die gelegne Örter der Stadtmauren, daraus sich am füglichsten zu wehren ist, so man dann an derselben Statt mehr dann ein Bastei bedarf. Auf daß man mit dem Geschoß zusammen reichen müge, setz man sie an die Ort, da man am minsten beschossen mag werden. Und der Bau werd gesetzt auf festen Grund, es sei auf Fels, lebendig Erdrich oder Pfähl. Und vor der Bastei herum werde der gefüttert Stadtgraben erweitert, daß auf das wenigest zweihundert Schuch weit zwischen demselben und Bastei unten in dem Grund sei, sofer es anders die Gelegenheit desselben Ortes leiden will, und man mach ihn fünfundfünzig Schuch tief. In diesen Graben mach man noch ein kleinen gefütterten Graben, achtzehen Schuch weit und zwelf Schuch tief zunächst unten an der Bastei, vor den Streichwehren zuringsherum von einer Seiten der Stadtmaur an die anderen. Auf daß, so man in den Graben fiel, nit so bald zu den Schießlöchern köme. Aber die Bastei soll vor der Stadtmauren ein ziemliche Weiten hinaus in den Stadtgraben treten, wie hernach folgt. Auch werd die Bastei also gesetzt, daß man sich zu beiden Seiten so wohl wehren möge als für sich, kann man sie auch machen, hinter sich daraus zu wehren, ist dest besser. Ich red itz von trucknen Stadtgräben, wo man aber tiefe Wassergräben mag haben, ist vorteilhaftiger.

[Folgt die Beschreibung für die Anlage der Befestigung]

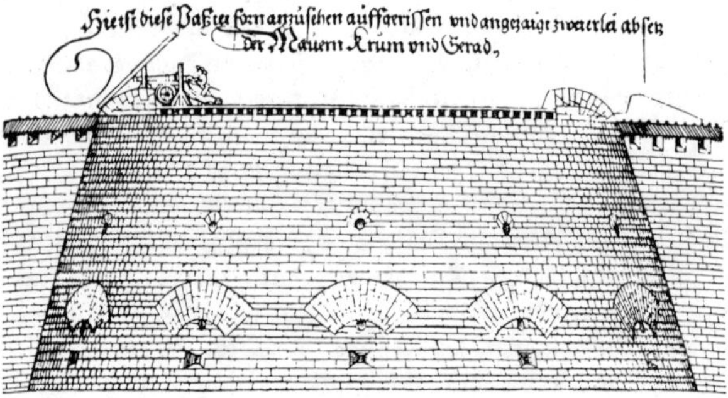

2. Plan einer Idealstadt

So ein Herr weite und wohlgelegne Land und die Wahl hat, nach seinem Willen ein fest Schloß zu bauen, daraus man sich in der Not der Feind erwehren und aufenthalten möge, der soll zu solchem ein gelegen Ort suchen lassen, wie hernach folgt. Erstlich soll ein eben fruchtbar Land darzu erwählt werden, und diese Ebne soll gegen Mitternacht ein hoch Holzgebirg haben, auf daß zu dem Bau weder an Holz noch Stein kein Mangel sei, auf dies Gebirg soll man etliche festen Warten setzen, und also machen, daß die Feind schwerlich darzu steigen mögen, und zu den Warten sollen heimliche verborgene Ein- und Ausgänge sein. Auf diesen Warten kann man allenthalben in die Weiten sehen, also daß sich nichts regen möge, des man nit innen werd, auch mögen Löß darauf gegeben werden mit aufgereckten Körben, Räuchen und Büchsenschützen oder Feuer. Und dies Schloß soll gesetzt werden eine kleine Meil weit von dem Gebirg auf der Ebne gegen Mittag. Auch soll dies erwählt Ort ein stark fließend Wasser vor dem

Schloß gegen Mittag fürfließen haben, das nit abgegraben mag werden, und wo es müglich, soll dies Wasser durch alle Gräben mit einem Lauf um das ganze Schloß geleitet werden, darin mag man Fisch ziehen. So man aber die Gräben trucken will lassen, so mag man Kürzweil darein richten, als Bogen-, Armbrust- und Büchsenschießen, Ballnschlahen, Tier- und Baumgärten etc. Dies Schloß soll ganz in die Vierung gebaut werden, doch sollen die äußersten Eck idlichs mit einer Lini, sechshundert Schuch lang, in Form eines Diameters abgenummen werden, und auch ein idlichs inners Gebäu nach seiner Gebühr mehr oder minder. Diese Vierung soll ein große Weiten haben, von wegen der äußern Wöhren, die viel für sich nehmen, darum soll ein Seiten von dieser äußersten Vierung, wo die Eck nicht abgeschnitten werden, ungefährlich bis in viertausend dreihundert Schuch Länge haben.

Diese Vierung des Schloß soll über Ort gesetzt werden, von der vier Wind Stärk wegen, auf daß sich die an den Ecken leichtlich abstoßen. Nämlich also: von den ersten zweien Ecken soll das eine gegen dem Aufgang, das ander gegen dem Niedergang gesetzt werden, darnach kummen die andern zwei Ort, das eine gegen Mittag, das ander zur Mitternacht. Darnach werd bezeichent der Aufgang und Niedergang mit a b, desgleichen Mittag und Mittnacht c d. Vor diesem Schloß herum soll man auf ein kleine Meils Wegs oder so weit man mit einer Schlangen[1] reichen mag, kein fest noch hoch Haus lassen aufbauen, noch Gräben oder ander wöhrlich Ding darum führen. Dies Schloß soll nur ein groß Tor, das hoch und weit sei, haben, von minder Sorg und weniger Hüt wegen. Solchs Tor soll mitten zwischen a c gestellt werden, doch soll der Herr ein heimlichen verborgnen Ausgang haben, auf daß er seins Gefallens aus- und einfahren, auch -reiten möge. Solcher heimlicher Gang soll fleißig zu aller Zeit sauber und in Bau gehalten werden. Aber noch ein kleiner Tor soll gemacht werden zwischen D B, auf daß man aus- und einfahren, auch -reiten möge. Zu den Wöhren dieses Schloß sollen zwiefach Schütten mit zwiefachen Gräben zuring herumgeführt und ausgefüttert werden. Die Tor, so voreinander stehnt, sollen nach Vorteil abgesetzt und verrückt werden, auf daß, ob etwan in einer Schnelle eines abgeloffen wurde, die innern ungewunnen belieben. Wie das aber meisterlich soll zugericht werden, ist den Künstnern wissend, und darum ahn Not dovon

zu schreiben. Ob den Toren sollen die Schütten frei beleiben, daß man darüberfahren mög, auch soll alles Wasser und Ausgießen durch die Schütt an den vier Seiten, stark vorgewelbt, ausgeleit werden, und wo das Wasser in die Gräben ausläuft, da soll es mit Brettern verwahrt sein, und die Unreinigkeit oft geräumt werden, wie auch einer idlichen trefflichen Stadt solichs zu bedenken nutz ist.
Aber die Teilung inwendig des Schloß soll also gemacht werden: In der Mitt soll das herrlich Haus des Künigs auf einen gevürten Platz gestellt werden, des ein Seiten achthundert Schuch lang sei, und kein Eck soll an dieser Vierung abgeschnitten werden. Wie aber ein solich küniglich Haus gebaut soll werden, schreibt Vitruvius, der alt Römer, klar. Dieser Platz sei bezeichnet mit einen e. Außerhalb dieser Vierung werde ein Zwinger[2] herumgeführt, sechzig Schuch dick und vierzig Schuch hoch, sein Zeichen sei ein f. Außerhalb des Zwingers werd gemacht ein Graben, fünfzig Schuch tief und sechzig weit, sein Zeichen sei ein g. Aber der Zwinger des küniglichen Haus soll vier Tor haben mit vier Schlagbrücken, ein idlichs auf allen Seiten in die Mitte der Mauren gesetzt, damit er bald, wenn er will, auf allen Seiten heraus zu seinem Volk mög kummen. Ob den vier Toren mögen gemacht werden vier runde Türn, die heraus in den Graben treten, unten im Grund durch den Diameter hundert Schuch weit und oben siebenzig, auch sollen ihre Maueren unten noch als dick sein als oben, darin mag man hübsche Wohnung bauen. Aber das Gemäur dieser Türn soll vom Grund auf hundertundfünfunddreißig Schuch hoch gemacht werden, mit einem niedern Dach. Aber in dem Eck a soll ein Turn gemacht werden, zweihundert Schuch hoch, oben halb so weit als unten, davon man weit aus mag sehen, und ein Schlagglocken darauf richten. Es soll auch dieser Turn zu einem Chor genummen und ein Kapellen innen daran gebaut werden.

So nun des Künigs Haus nach der Lehr Vitruvii oder ander verständiger Werkleut gemacht ist, denn mach man außerhalb desselben Grabens ein gevierten Platz, zuring herum sechshundert Schuch breit, sein Zeichen sei ein h. Auf diesen Platz sollen wohnen des Künigs Räte, Diener und Handwerker, der soll auch mit Brunnen oder Zisternen, wie sich das schicket, wohl versorget werden. Außerhalb des umgehenden gemeinen

Platzes soll gemacht werden die erste gemauert Schütte, sechzig Schuch hoch ob dem Erdrich, und oben hundert Schuch breit, aber unten in der Tiefen hundertundfünfzig Schuch breit, fast ausgeleinet, auf daß die Mauren in die Streb hahen, dieser Schütt Zeichen sei ein i.

Außerhalb dieser Schütten werd gemacht ein Graben, fünzig Schuch tief und oben fünfzig Schuch weit. Aber die äußer Grabenmauer soll gerad aufgeführt werden, des Zeichen sei k.

Darnach werd gemacht außerhalb des Grabens ein gepflasterter Weg, hundertundfünfzig Schuch breit, auf daß man Weitdorft genug möge haben, darauf etwas zu handlen, auch Häuser darauf setzen, sein Zeichen sei ein l.

Außerhalb dieses Platzes setz man wieder ein gemauerte Schütten in aller Maßen, wie die innere gemacht ist, allein soll sie oben zehen Schuch niederer sein, dann die inner ist, der Zeichen sei das m.

In diese zwo Schütten sollen in den Graben k acht Streichwöhre gemacht werden, die von der Bastei I an die andern aufrechten Mauren des Grabens rühren, ein idliche hundert Schuch breit, die vier sollen an den vier Ecken nach dem Diameter gestellt werden, und die andern vier kreuzweis zu gleichen Winkeln, mitten zwischen die vorgemeldten vier Streichwöhren.

Darnach werden in den äußern Graben n an die Bastei m zwelf Streichwöhren gemacht, der eine hundert Schuch lang in den Graben tritt und hundert Schuch breit sei, von Weitdorft wegen, die sie bedürfen, auf drei Ort sich aus einer idlichen zu wöhren, der soll man auf idlicher Seiten zu gleichen Winklen drei stellen, nämlich allweg auf zwei Eck nebeneinander zwo, und darnach eine in die Mitt einer idlichen Seiten. Damit aber diese Örter im Aufreißen erkennt mögen werden, hab ich sie alle bezeichent mit kleinen Kreuzlein, nämlich also †.

Aber zwischen diesen austretenden Streichwöhren sollen in den zweien Schütten i und m Streichwöhr gemacht werden, wie die in der vordern Bastei geschrieben sind, und daß allweg zwischen zweien Schießlöchern fünfzig Schuch Weit sei. Alle Gewelb, die unter die Erden gemacht werden, sollen Luftlöcher haben.

Vor dieser gemauerten Schütt mach man aber ein Graben, hundertundfünfzig Schuch weit und fünfziger tief, sein Zeichen sei n. Über diese Gräben soll man wohl verwahrete Brücken machen und mit den Fallbrücken recht versehen, und die Ausfahrt durch die Schütt sollen vergwelbt werden mit Bogen, der einer zwelf Schuch dick sei. Auf diese zwo Schütt sollen innen an einer idlichen Seiten gleich eingeteilt drei Stiegen aufgeführt werden, eine fünfundzweinzig Schuch breit. Auf diesen Schütten kann man ungehindert zuring herum um das ganz Schloß kummen. Auch sollen an gelegnen Orten der äußern Bastei den Wächtern niedere Häuslein für Ungewitter gebaut werden.

Außerhalb des weiten Grabens werd gemacht ein platte Ebne, hundertundfünfzig Schuch breit, der Zeichen sei ein o. Außerhalb dieser Ebnen werf man einen tiefen und fast weiten ungemauerten Graben auf und schütte das Erdrich gegen dem Schloß, doch daß man diesen Wall nicht zu fast hoch mach. Auf diesen Wall mag man auch Windmühl oder Roßmühl zurichten, so man am Wasser nicht mahlen kann. Darauf werd ein licht Zaun gesteckt, oder man mach ein Mäurlein quadersdick darauf als ein Brustwöhr, sieben Schuch hoch, innen mit Staffeln[3], daß man darüberheraus sehen mög, und auswendig soll dieser Graben kein Höhe von Erdrich gegen dem Land haben, sein Zeichen sei ein p. Aber die Brücken soll innen zwischen der Schütt ein stark Torhaus haben, wohl verwahrt. Wie man aber das Steinwerk alles mauren soll und hahend machen, ist hievor in der Bastei angezeigt. Auch was man von Erdrich ausgräbt, das soll in die Schütten geworfen werden, auf daß man kein Erdrich hinwegführen dürf, so wird großer Unkosten ersparet.

Man mag auch vor den äußersten Brücken noch ein kleine Wöhr um die Brücken führen und ein Fallbrücken darüberwerfen, so man die aufzeucht, daß niemand aus noch ein mag kummen, als wenn man zu Tisch sitzt, oder etwas anders fürfällt.

Wie sich aber ein großmächtiger Herr mit groß und kleinem Geschoß, desgleichen mit Schutz und Schirm und all anderer Notdorft rüsten und versehen mög, werden ihme erfahrne Kriegsleut, die solches täglich brauchen, wohl Unterricht geben. Desgleichen soll der Herr trachten nach aller Pravant[4], Zeug und Notdorft, auf daß ihm an nichten gebreche. Die Stallung aber soll man machen innen an der äußern gemauerten Schütt, auf dem Platz l. Da mag man ohn Hinderung zweitausend Pferd stellen und mit aller Notdorft versehen.

Auch mag man außerhalb des weiten gefütterten Grabens auf der Ebne o hinter dem licht Zaun ein große Summa Kriegsvolk zu Fuß lägern, so man denen Hütten aufsch[l]ächt, die täglich gegen den Feinden scharmitzeln und auf die Beut laufen. Wo dann des Herrn Städt dem Schloß nit zu weit liegen, so mag man täglich Hilf und Rat schicken mit Volk und anderer Notdorft. Die Wirtes Häuser aber sollen vor den Toren zu beeden Seiten am äußersten Graben niederträchtig von Holzwerk aufgebaut werden, die sollen kein Stärk haben, auf daß, so die Feind darein laufen, nicht Schutz darin hätten und kein Schaden daraus täten.
Welcher sich nun in einem solichen Bau, so der mit Notdorft verwahret wäre, nicht wöhren wollte, der müßt niemand dann ihm selbs die Schuld geben, dann soliche zwiefache Wöhre ist schwerlich zu gewinnen, und ob gleich die äußer gemaurte Schütten mit großem Volk und gewaltigen Sturm gewinnen wurde, so ist doch die inner Schütt höher dann die äußer und ist noch geruhet. Darum mögen die innern, wo sie männlich sind, die Feind mit Gwalt wieder abtreiben, dann sie haben ein große Blößen und tiefe Graben zwischen ihnen. Man soll auch Löcher auf der äußersten Schütt haben, wo man benötigt würde, daß man die Büchsen darein möcht werfen, auf daß der Herr nicht mit seiner eignen Wöhr beschädiget würd. Der Künig soll nicht unnütze Leut in diesem Schloß wohnen lassen, sunder geschickte, frumme, weise, männliche, erfahrne, künstreiche Männer, gute Handwerksleut, die zum Schloß tüglich sind, Büchsengießer und gute Schützen. In das küniglich Schloß soll niemand gelassen werden, dann dem der König vertraut oder das vergünnt. Der Künig soll keinen toten Körper innerhalb der Gräben begraben lassen, sunder ein Kirchhof machen zunächst am Gebürg gegen dem Aufgang, so wirdet der Braden durch den Westwind, der durchs Jahr zu feuchter Zeit am meisten weht, hinweggetrieben. Wie aber das alles gestalt sein soll, will ich hernach aufreißen.
So man nun innen auf den gevierten Platz h zwischen der innern Schütt und außerhalb des Künigs Graben Häuser setzen will, soll man vor ordentlich betrachten, wie die zu allerlei Notdurft nützlich eingeteilt werden. Nun werd gesetzt an die vier Ort dieses Platzes h die vier Buchstaben A B C D zu gleicher Weis wie an dem vorigen Aufreißen des äußersten Grabens, auf daß man dabei die vier Örter des

Aufgangs, Mittags und ihre Gegenteil kenne. Nun ist dieser Platz h, wie vorgemeldt, sechshundert Schuch breit, und ein Seiten an des Künigs Graben ist beiläufig außen auf einer Seiten lang tausendundzwölf Schuch. Um diesen Graben soll man vier frei Gassen lassen bleiben, ein idliche fünfzig Schuch breit. Und dieselben vier Gassen sollen sich vollend an acht Orten hinausstrecken bis an die vier Seiten der Schütten, also, so einer an diesem Graben steht, daß er zu beeden Seiten an die Schütten ungehindert sehen möge. Darnach soll man noch vier Gassen in vorgemeldter Breiten von den vier Toren des Künigs Grabens führen, bis an die vier Seiten der Schütten. An diesen Gassen enden die Stöck oder Plätz, darauf die Häuser gesetzt werden, und allenthalben, do diese breite Gassen an die innern Schütten rühren, soll man Stiegen hinauf machen, eine vierzig Schuch breit oder als breit, wie hievornen steht. Aber do die Tor stehnt, soll man kein Stiegen auf die Schütten machen. Diese Seiten zwischen A C nehm man zum ersten für, und stell das Tor mitten in die Schütt gegen des Künigs Tor über.

Und erstlich werde gesetzt die Kirchen, und was darzu gehört, in den Winkel A, also daß zwischen der Schütt und diesem Stock ein Gassen beleib, fünfundzweinzig Schuch breit, so gewinnet der Chor vornen zwei Eck und zwo aufleinend Linien. Von denselben äußern Enden der zweien Linien mach man hinter sich ein rechte Vierung, zweihundert Schuch ein idliche Seiten lang, also hat die Kirchen ihren Form. Dann mach man zuhinterst mitten an der Kirchen ein gevierten starken niederträchtigen Glockenturn, ein Seiten von sechzig Schuch lang, das Halbteil steh in der Kirchen auf zweien starken Pfeilern, und der ander Halbteil heraußen. In diesem Turn halten die haus, die der Kirchenglocken und Horen[5] warten. Dieser Turn soll ein groß Portal haben, und doneben soll die Kirchen auf idlicher Seiten noch ein Tür haben. Auch soll die Kirchen zu der linken Hand, so man unten hineingeht, noch ein Tür haben in der Mitt derselben Seitenmauer. Es soll auch auf dieser Seiten die Sakristei unter dem Chor heraus gemacht werden, fünfundzweinzig Schuch weit, und mitsamt dem Spitz, den sie gegen dem Chor gewinnt, achtzig Schuch lang, darin mögen die Kirchenzier wohl behalten werden. Darnach setz man den Pfarrhof an die rechten Seiten, so man unten in die Kirchen geht. Aus demselben untersten Eck fahr man mit

einer Lini sechzig Schuch lang hinaus, die parallel mit der Schütt sei, aus diesem End ziech man ein winkelrechte Lini gegen der Schütt bis auf fünfundzweinzig Schuch weit dazwischen. Dann ziech man aber ein winkelrechte Lini bis an das Eck des Chores, so beleibt zwischen der Schüttkirchen und Pfarrhof ein gerade Gassen, fünfundzweinzig Schuch breit, wie vor gemeldt. Aber auf der itz gezognen Lini soll man von dem äußersten Eck hundertsechsundzweinzig Schuch weit einen Punkten setzen und daraus ein winkelrechte Lini bis an die Kirchenmauer ziehen, so beleibt zwischen der Kirchen und des Pfarrhofs ein Triangel über, das soll des Pfarrherrs Garten sein, das ander sei sein Haus. Darnach führ man ein Triangel mit einem rechten Winkel auf der licken Seiten gegen der Schütt, das werde aber ein Garten für den Pfarrherr, so ist auch die Sakristei verwahrt, also hat er herrlich zu wohnen. Und so ich die Ding hernach aufreiße, damit alle Ding bekannt werden, will ich einem idlichen sein besunder Zeichen geben, und wie dem, also allen andern. Der Chor hat sein Zeichen 1, die Kirch 2, der Turn 3, die Sakristei 4, der Pfarrhof 5, das klein Gärtlein 6, der größer Gart 7.
Nun soll man vor allen Dingen Gießhütten ordnen, in den große, kleine und allerlei Rotschmiedwerk gegossen mögen werden, damit alle, die in diesem Schloß etwas von Messing oder Kupfer zu gießen haben, sie seien, was Handwerks sie wöllen, in dieser Hütten einer ton mögen, und man soll ihnen an keinen andern Ort Hütten gestatten. Solicher Hütten mach man vier, da ein Seiten derselben hundert Schuch lang, sei in den Winkel C, von der Wind wegen, die die Räuch, so giftig sind, hinwegtreiben, dann durch das ganz Jahre geht der Wind am meisten von dem Niedergang und Mittnacht, und so gleich der Ostwind geht, so treibt er den Rauch vom Schloß, allein der Mittagwind, der da selten geht, mag diesen Rauch in das Schloß führen. Darum bedünkt mich diese Statt an dem Ort zu den Hütten am bequemsten sein. Aber diese vier Hütten stell man allweg zwo aneinander und gegen einander über, also daß ein Gassen zwischen ihnen beleib, fünfzig Schuch breit, doch daß sie die Schütten nicht anrühren. Darum laß man am Eck zuring ein Gassen darzwischen, fünfundzweinzig Schuch breit, und die Läng der Zusammstoßung der zweier Hütten sei parallel gegen der Lini A C. Dieser vier Hütten Zeichen sei 8, 9 10, 11.

Darnach werde geordnet der Mark für des Künigs Tor, das gegen der Schütten Tor steht zwischen A C, des Zeichen sei 12. Und man mach ihn zweihundert Schuch breit und dreihundert Schuch lang. Nach dem setz man zween Stöck zu Häusern auf idliche Seiten des Marks, do einer zweihundert Schuch breit und auf vierhundertundsechs Schuch lang sei, und den Stock, so auf der rechten Hand, wann man van außen in das Schloß geht, liegt, den teil man erstlich in der Mitt voneinander. Aus dem einem Teil gegen dem Markt mach man ein Rathaus, in der Mitt ein gevierten Hof, des Seiten eine fünfzig Schuch lang sei, und, so man will, mitten in dem einen Brunnen, aber man mach keinen Kram unter das Rathaus, sunder laß es frei beleiben, des Rathaus Zeichen sei 13. Die Gefängnüs der Übeltäter soll unter dem Rathaus sein. Aber das Halbteil hinter dem Rathaus teil man in vier gleiche Häuser, und mach ihnen allen ein überort gevierten Hof, so beleibet einem idlichen Haus ein driecket Höflein, gibt ihn Lichts genug. Den andern Stock gegen dem Rathaus über teil man in acht gleiche Häuser, den macht man allen Höfe zum Licht, wie den vier Häusern hinter dem Rathaus, dieses Stocks Zeichen sei ein X.

Darnach werde zwischen diesen zweien Stöcken und der Schütten A C noch vier Stöck gemacht, und man setz sie, auf daß sie idlicher Seiten die zwo Straßen, die von des Künigs Graben bis an die Schütt gehnt, rühren, so haben sie auch ihre mittel Teilung, von der Straßen der Schüttor, die bis an den Markt geht. Es sollen auch diese vier Stöck also gesetzt werden, daß ein freie Straß, fünfzig Schuch breit, zwischen der Schütt und der itzt gesetzten Stöck beleibe. So soll auch ein solche breite Straß beleiben zwischen des Rathaus Stock und des andern dargegen über, und solich Straßen sollen zu beeden Seiten an die Schütten reichen zwischen A D und C B. Durch diese vier Stöck soll nach längs ein Gassen, fünfundzweinzig Schuch breit, gezogen werden, aber außen herum liegen diese sechs Stöck mit freien breiten Straßen umfangen, wie sich bei oder um einen Markt wohl geziemet, dieser vier Stöck Zeichen ist der nächst bei dem X 17, und der ander, der nächst bei dem Stock 13, ist 18, und der nächst bei dem Stock 18 ist 16, und der nächst bei dem Stock 17 ist 15. Diese zween Stück 17 und 18 soll man einen in zweinzig gleiche Häuser teilen. Aber die zween Stück 15 und 16 soll man ein idlichen in vierzig gleiche

Häuser teilen. Nur sind noch die zwei Ort gegen A C zu erfüllen mit Häusern, bei der Kirchen und Gießhütten, die mach man also: Neben den zweien Stöcken X und 13 setz man auf idliche Seiten vier Stöck, allweg zween Stöck mit einer Gassen, fünfundzweinzig Schuch breit unterzogen, die gegen den beeden Seiten der Schütten zwischen A D und C B durchstreich. Dieser vier Stöck einer wirdet lang fünfhundertundfünfundzweinzig Schuch, aber breit achthalbenundachtzig Schuch, ihr Zeichen sind: der nächst bei der Gießhütten 22, der ander nächst dabei 23.

Darnach sei der nächsten zweier Stöck Zeichen gegen dem Stock 13 über des nächsten bei der Kirchen 19, des andern 20. Der idlichen teil man den Halbteil gegen den weiten Straßen in eilf gleiche Häuser. Aber in der engen Gassen gegeneinander überteil man ein jeden halben Stock in zweiundzweinzig Häuser.

Noch beleiben zween Plätz über, darauf man Häuser setzen soll, einer bei der Kirchen, der ander bei der Gießhütten. Bei dem Pfarrhof setz man mit den Ecken einen Stock an die beede breiten Straßen, der als lang sei so breit die beede Stöck 16 und 18 sind, und mach ihn breit hundertundsiebenzig Schuch, sein Zeichen sei 21. Und teil diesen Stock zum ersten in zwelf gleiche Häuser. Darnach zerteil man die zwei Häuser an den vier Ecken ein idlichs in der Mitt voneinander, so gewinnt dieser Stock sechzehen Häuser, also beleibt ein herrlicher Platz vor der Kirchen, und was zu der Kirchen gehört, das steht frei.

Auf der andern Seiten der Gießhütten neben den zweien Stöcken, der Zeichen 15 und 17, über dieselbig Straß stell man zween Stöck, idlichen so breit als die vorgemeldten Stöck sind, und den nächsten bei der Schütt mach man zweihundert Schuch lang, und teil den in zehen gleiche Häuser. Aber den andern gegen dem Stock des Zeichens 17 über mach man dritthalbhundert Schuch lang und teil ihn in zwelf gleiche Häuser, so beleibt ein große Weitdorft zuring um die Gießhütten, auf daß man Raums genug hab, mit dem großen Geschoß auf beeden Seiten vor den Hütten zu handeln. Und dieser zweier Stöck Zeichen sind diese: der nächst bei der Schütt hat 24, der ander 25.

Nun soll man diese Häuser auf dem Platz also besetzen: Hinten an dem Rathaus sind vier Häuser, und in dem Stock X gegen dem Rathaus über acht Häuser, das sind die Herrnhäuser. Darnach setz man in die Häuser der zweier Stöck des Zeichens 17 und 18 die Edelleut, aber in die Häuser der zweier Stöck 15 und 16 setz man die Hauptleut, Fähndrich, Weibel und die fürnehmsten der Kriegsknecht, auf daß das Tor mit ihnen verwahrt werd und allzeit zum Ausziehen gerüst seien, und darum so diese nit Handel treiben, bedörfen sie nit weite Häuser.

Um die Kirchen in die Häuser 19, 20, 21 setz man die Leut, die mit ihrem Handel ein stilles Leben führen. Aber um die Gießhütten setz man in die Häuser der vier Stöck 22, 23, 24, 25 die Rotschmiedformer, ihre Drechsel und allerlei Schmiedhandwerker, die zu der Hütten und ihren Werken dienstlich sind. Also ist dieser Platz vom A zum C besetzt, wie er stehn soll.

Nun mach man die ander Seiten zwischen C B, was noch überbeleibt, also: Erstlich stell man acht Stöck, so lang der küniglich Graben ist, zwischen den dreien Straßen gegen der Schütt Seiten C B. Zwischen diesen Stöcken und der Schütten mach man vier Gassen, eine fünfundzweinzig Schuch breit, dieser acht Stöck Zeichen sei, gegen der Schütt angefangen: 26, 27, 28, 29, 30, 31, 32, 33. Aber zwischen den nächsten zweien Stöcken bei der Schütt mit ihren Zeichen 26 und 30 laß man einen Platz hundert Schuch breit, von des Raums wegen, den sie beede bedorfen. Daraus mach der Künig zwei große Zeughäuser, darin das Geschoß steh, auch allerlei Wöhrezeug und Notdurft in guter Rüstung. Diese zwei Häuser sollen durchaus fast stark gewelbt sein, desgleichen auch unter der Erden soll man gute Keller machen, darin das Getränk wohl versehen sei. Die zwei Häuser sollen nit fast hoch vom Gemäur sein, aber man soll rösche[6] Dachung auf sie setzen und Kornböden darein machen, auf daß der Künig mit Getreid versorgt sei. Es ist auch dabei zu gedenken, daß ein jeder Einwohner in seinem Haus mit allerlei Speis auf ein Jahr versehen sei. Diese Zeughäuser sollen unten wenig und kleine Fenster haben, mit eisnen Läden wohl versehen und fleißig in Hut gehalten werden. Die andern sechs Stöck, nämlich die nächsten zween bei dem Graben, der Zahl 29 und 33, teil man ein idlichen in zweinzig gleiche Häuser, zwischen den zweien Stöcken, der Zeichen 28 und 32, mach man zwei Bad gegen einander über, ein idlichs, daß sie zwei freie Eck haben, der

Mann Bad Zeichen sei ein m, der Frauen ein f. Die zween Stöck hinter den Bädern teil man ein idlichen in sechsunddreißig gleiche Häuser. Die zween Stöck der Zahl 27 und 31 teil man ein idlichen [in] vierzig gleiche Häuser, darein setz man Werkleut, die von Holz und bäulicher Arbeit machen. Darnach setz man ein Zeughaus, in dem von Holz, als Zimmerwerk und anders macherlei Dings innen gearbeitet werd, darinnen auch Holzbretter und allerlei Werks behalten werd, nämlich in dem Winkel B und mach das vierecket und zweihundert Schuch breit, und nach der Läng gegen dem Stock des Zeichens 30 vierhundert Schuch lang, aber das Eck gegen der Schütt werde nach Ordnung ein wenig abgeschnitten. In dies Haus mach man einen Hof, zweihundert Schuch lang und fünfzig breit, dieses Haus Zeichen sei 34. Es ist auch zu merken, daß zuring an der Schütt herum ein freie Gassen soll beleiben, fünfundzweinzig Schuch breit, ausgenummen die Gass bei dem Tor zwischen A C, welche vor beschrieben ist, wie breit sie sein soll. An dies Werkhaus setz man ein Stock, hundert Schuch breit, der bis an die Straß reiche gegen dem Haus der Zahl 30. Den teil man in sechs gleiche Häuser, darein setz man die Werkleut, die stetigs im Zeughaus sein müssen und darin arbeiten, ihres Stocks Zeichen sei 35. Darnach setz man vier Stöck neben dies Werkhaus, doch daß darzwischen nach Läng des Haus ein Gassen, fünfundzweinzig Schuch breit, beleib, und diese Stöck sollen die Straßen erreichen, die von des Künigs Graben bis an die Schütt der Seiten B D geht. So begeben sich zwischen diesen vier Stöcken drei Gassen, ein idliche fünfundzweinzig Schuch breit, und dieser vier Stöck Zeichen sei des nächsten bei der Schütten 36, darnach 37, 38, 39, also beleibet vor dem Zeughaus ein weiter Platz, darauf man wohl etwas schaffen kann. Nachfolgend teil man die drei Stöck der Zahl 36, 37, 38 einen idlichen in sechzehen gleiche Häuser, aber den Stock der Zahl 39 mach man in den Halbteil gegen dem Stock der Zahl 38 drei lange Häuser, und in das vorder Halbteil mach man acht gleiche Häuser. Und setz in den Stock der Zahl 36 in die Häuser gegen der Schütt die Wagner, so künnen sie ihre Stangen und Holz an die Schütten leinen. An die ander Seiten des Stocks setz man die Sattler und dergleichen Handwerker. In den Stock 37 gegen den Sattlern über setz man die Zaummacher und ihrs geleichen, auf der andern Seiten in diesem Stock setz man die Panzermacher und die von solchen Dingen allerlei machen. In den dritten Stock 38 gegen den Panzermacher über setz man die Sporen und kleine Handwerker, auf der andern Seiten in diesem Stock setz man die Waffenmacher, als Spieß, Hellenbarden, Schwert und Degen. Item in den Stock der Zahl 39 setz man in die drei langen Häuser die Schreiner, die müssen Weitdorft haben zu ihren Brettern, und in das vorder Teil in die Häuser dieses Stocks setz man die Holzdrechsel und die künstlich mit Muster zu machen sind. Item die Steinmetzen söllen zu friedlichen Zeiten ihr Steinhütten außerhalb des Schloß haben.

In die vier Stöck der Zahl 28, 29, 32 und 33 setz der Künig, die ihm darzu gefallen, also ist die Seiten C B auch geordnet. Was nun auf der Seiten vor des Künigs Graben gegen der Schütt Seiten D B überbeleibt, das werde also geteilt: Zwischen den dreien Straßen, die von des Künigs Graben und Tor an die Schütt zwischen D B gehnt, setz man noch acht Stöck und laß die geraden Gassen, die von dem Werkhaus der Zahl 34 gehn, in gleicher Breiten durchstreichen, dieser acht Stöck Zeichen sind diese: der nächst bei des Künigs Graben gegen dem Stock über der Zahl 39 der sei 40, darnach hinab gegen der Schütt bei 41, 42, 43, darnach dargegen herüber der Stock bei des Künigs Graben sei 44, darnach 45, 46, 47. Diese acht Stöck teil man einen idlichen in vierundzweinzig gleiche Häuser, nun besetz man die acht Stöck also: In den Stock 43 gegen der Schütt setz man Kürschner, aber in den Stock 47, auch gegen der Schütt, setz man die Schuchster, und auf der andern Seiten in diesem Stock setz man die Pfragner[7], aber an die Kürßner setz man, die do allerlei Lederwerk arbeiten. Item den Stock 42 in die Häuser gegen dem Stock 43 über setz man die Seiler, daß sie nit weit auf die Schütt haben, ihr Seil daselbst zu spinnen, und an sie setz man die Schneider.

Item gegen den Pfragnern über in den Stock der Zahl 46 setz man auch Pfragner hin, also daß ihr auf beiden Seiten ein ganz Gassen voll seien, dann man bedarf ihr in diesem Schloß wohl, allerlei von ihnen zu kaufen. Und hinten an sie setz man Leiniweber, die Tuch würken, und Zeltmacher. Aber in die vier Stöck der Zahl 40, 41, 44, 45 setz der Künig nach Nutz, wen er wöll, und gefällt es dem Künig, so mag er diese Häuser auch kleiner einteilen oder auch größer machen. In die zwelf Eck, die nächsten bei des Künigs Graben der sechs Stöck 29, 33, 40, 44, 54, 53 setz man zwelf Weinschenken. Noch beleibt ein gevierter Platz über sechshundert Schuch lang und breit an der Seiten der Schütt zwischen D B. Darauf setz man fünf Stöck, die ersten vier Stöck setz man über die Straß, die von des Künigs Graben an die Schütt geht zwischen D B, gegen den vier vorgemachten Stöcken über, der Zeichen 44, 45, 46, 47, denselben an der Breiten ganz gleich, auch darum, auf daß die geraden Gassen von den andern, die da fünfundzweinzig Schuch breit sind, frei durchstreichen, und man mach diese vier Stöck ein idlichen vierhundert Schuch lang, ihr Zeichen sei dem nächsten bei der Schütt 51, darnach der andern 50, 49, 48. Aber auf den Platz, so überbleibt, sechshundert Schuch lang und hundertundfünfzig Schuch breit, setz man ein Stock, vierhundertfünfundsiebenzig Schuch lang und hundert Schuch breit, des Zeichen sei 52. Also wirdet dieser Stock ein freie Gassen um sich haben, fünfundzweinzig Schuch breit, auf der er frei steht. Aus diesem Stock mach man ein Speishaus mit einem starken niederträchtigen Gemäuer, durchaus gewelbet und so lang das Haus ist, einen festen Keller darunter. In diesem Haus soll Schmalz, Salz, dürr Fleisch und allerlei Speis behalten werden, es soll auch im Dach Böden haben, die man beschütt mit Korn, Habern, Gersten, Weizen, Hirs, Erbes, Linsen und dergleichen. Darnach teil man die vier Stöck der Zahl 48, 49, 50, 51 ein idlichen in zweinzig gleiche Häuser. In den Stock 51 setz man eitel Plattner[8], Haubenschmied, ihre Schleif- und Poliermühl richt man an das Wasser vor dem Schloß gegen ihnen über. In den Stock 50 setz man Schlosser, Renn- und Stechzeugmacher, und was dem Adel zu Schimpf und Ernst dienet. Auf der andern Seiten dieses Stockes setz man die Pfannschmied, Kessler und Beckschlaher[9]. In den Stock 49 gegen den Beckschlahern über setz man die Zinngießer, und auf der andern Seiten dieses Stockes setz man Geschmeidmacher, Nadler und die mancher Handarbeit von Metall machen. Item des Künigs Goldschmied, Maler, Bildhauer, Seidensticker und die Steinmetzen setz man in die Häuser des Stocks 48. Darnach hat man noch den Platz zwischen des Künigs Graben und der Schütt Seiten A D mit Stöcken und Häusern zu besetzen. Auf diesen Platz setz man acht Stöck in gleicher Form wie die acht Stöck sind der Zahl 40, 41, 42, 43, 44, 45, 46, 47, so beleibt vor dem Speishaus ein freier Platz hundert Schuch breit und hundertundfünfzig Schuch lang, also daß man Raums genug vor diesem Haus hat, allerlei zu handelen. Und der Keller dieses Hauses soll ein Ein- und Ausfahrt haben. Die vier Stöck der Zahl 55, 54, 59, 60 der teile man ein idlichen in zweinzig gleiche Häuser, aber die zween Stöck der Zahl 55, 56 in die setz man Metzgerbänk, darin man Fleisch feil hab, daß sie gerad gegen einander über stehnt, so gewinnt ihr idliche zwei freie Eck gegen der Straßen, ihr Zeichen sei ein Barten[10].

Darnach teil man beede Stöck hinter beeder Metzgerbänk einen idlichen in sechsunddreißig kleine gleiche Häuser. Auch teil man die halben zween Stöck der Zahl 57 und 58 gegen den Stöcken der Metzgerbänk über idlichen in zweinzig gleiche Häuser. Item der Fleischhacker Schlachhaus soll man außerhalb des Schloß unten an das Wasser setzen, und ihre Häuser sollen im Schloß an der Bierbräuer Häuser sein, wie hernach folgt. Aber der Bierbräuer Häuser setz man an die zween Stöck der Zahl 59 und 60 gegen der Schütt, auf daß sie ihre Keller und Schenkstatt da haben. Aber ihre Bräuhäuser sollen sie innerhalb des äußersten aufgeschütten Graben haben in dem Winkel D und ihre Fässer daselbst pichen. Die Bäcken sollen ihre Häuser haben in den zweien Stöcken der Zahl 57 und 58 gegen den Metzgern über. Item die Leut, der man nötig bedarf und noch ungenannt sind und doch in ihrem Handel nit weiter Häuser bedörfen, soll man in die überigen Häuser setzen, doch die herrlichsten Leut zunächst gegen des Künigs Schloß. Aber die am Graben sitzen, sollen Kröm[11] unter ihre Häuser bauen und alle Gewelben den Händlern verlassen. Die Kröm von den reichesten als die Wechsler, die Gold und Silber haben, Spezerei, allerlei Leiwatt[12], sei denn Werkarbeitgewand und dergleichen, auch ein herrliche Apotheken, die sollen an des Künigs Graben die besten Örter innen haben. Darnach soll man die andern Krömer, die von allerlei Gattung kleiner Pfennwert[13] feil haben, einteilen, und ihnen auch kleinere Kröm machen, dann die herrlichen Güter bedörfen, und an die minderen Ort setzen. Die Barbierer soll man auch auf den vier Seiten gleich einteilen. Die Brotbänk setz man an die Straß, eine hinter dem Rathaus gegen den zweien Stöcken über der Zahl 19 und 20, die andern setz man hinten in den Stock X gegen dem Rathaus über an die Straß gegen den zweien Stöcken der Zahl 22 und 23. Aber diese Häuser sollen alle von Stein gebauen werden und mit guten Mauren unterschieden, auf daß der Künig und sein Volk dester sicherer vor Feur sein.

Die Licht in die Häuser wissen die Werkmeister wohl zu ordnen. Diese Häuser sind in einem Schloß, da man nit weite Plätz mag haben, für alle Einwohner groß genug, dann sie haben nach der längern Seiten fünfzig Schuch und schier geviert, aber der weniger Teil sind unter Augen breit fünfundzweinzig Schuch. So man aber mehr kleiner Häuser bedarf, so möcht man in einem Stock die Häuser spalten und aus einem zwei machen, die ihr Läng behielten, und ein idlich fünfundzweinzig Schuch breit beliebe, wär auch Wohnung genug, wie ich das im Aufreißen in etlichen Stöcken hab angezeigt. Was aber noch nötig zu betrachten ist, das will ich andern auch zu bedenken geben, wie man die Brunnen setzen soll, will ich in dem Aufreißen dieses Grundes mit Ringlein und Pünktlein darinnen anzeigen, also sicht man mein Meinung hernach aufgerissen.

Anhang

NACHWORT

„Ao 1524. Nach Weihnachten in Nürnberg.
Ich, Albrecht Dürer der jünger, hab zusammengetragen aus meines Vatters schriften, von wannen er gewesen sei, wie er herkummen und blieben und geendet seeliglich."

So beginnt einer der größten deutschen Künstler in den letzten Tagen des Jahres 1523 – in Nürnberg zählte man das neue Jahr vom 25. Dezember an – die Aufzeichnungen seiner Familienchronik. Das vom Vater Begonnene führte der Sohn weiter, ja er übernahm gelegentlich des Vaters Worte: „Daß sez ich, wie er daß in seim buch geschrieben hat." Dürer gab sich Rechenschaft über Herkunft und Lebensweg und aus diesem Nachsinnen entstand eines der wertvollsten Dokumente der deutschen Kunstgeschichte.

Der Künstler trat nun mit seiner ganzen Persönlichkeit in das Licht der Geschichte; das Dunkel, das mittelalterliche Anonymität um seine Person gelegt hatte, wurde durchbrochen. Bedenkt man, wie viele von Dürers Zeitgenossen nur durch ihr Werk bekannt sind, dann wird deutlich, welchen Wandel dieses Tun des großen Nürnbergers bezeichnet; ein neues Zeitalter ist angebrochen.

Schon der Dreißigjährige hatte sich Bemerkenswertes in seinem „Gedenkbuch" notiert, in dem „andern Buch", von dem in der Familienchronik die Rede ist.

Er berichtete vom Tod der Eltern und von besonderen Erlebnissen, auch Reflexionen über sein Leben hat er niedergeschrieben. Auf seinen Reisen führte er ein Tagebuch; die Aufzeichnungen von der niederländischen Reise sind uns überliefert. Schließlich rundet ein für seine Zeit reicher Briefwechsel das Bild von Leben und Persönlichkeit.

So wie sich Dürer Gedanken über sein Leben machte, so dachte er auch immer wieder über seine Kunst nach. Aus diesen Studien gingen seine kunsttheoretischen Bücher hervor.

Albrecht Dürer stammt von deutschen Bauern aus der Umgebung von Groß Wardein in Ungarn ab. Der Großvater, Anthoni Dürer, hatte das Goldschmiedehandwerk erlernt. Auch sein ältester Sohn, Albrecht Dürer d. Ä. (1427–1502), wurde

Goldschmied. Im Jahre 1444 begegnet sein Name zum ersten Male in einer Nürnberger Liste von Armbrust- und Bogenschützen in einer Fehde gegen die Ritter von Waldenfels. Albrecht Dürer d.Ä. war zu dieser Zeit wohl in der Werkstatt des Nürnberger Goldschmiedes Hieronymus Holper tätig, in die er nach seiner Wanderschaft im Jahre 1455 zurückkehrte; 1467 heiratete er Holpers Tochter Barbara (1452–1415), erwarb Nürnberger Bürgerrecht und wurde im nachfolgenden Jahr Meister.

Städtische und Zunftämter zeugen für das Ansehen bei Mitbürgern und Zunftgenossen.

1489 arbeitete er für Kaiser Friedrich III. und 1492 weilte er an dessen Hof in Linz, um ihm seine „Pilder" zu zeigen. „Do het sein genad fast ain gefalen dar an", schrieb er am 24. August seiner Ehefrau Barbara.

Unter dem 21. Mai des Jahres 1471 trug der ältere Dürer die Geburt des dritten seiner achtzehn Kinder in seine Chronik ein. Anton Koberger, der Pate des jungen Albrecht, und dessen Verbindung zu Michael Wolgemut sollten nicht ohne Einfluß auf das Leben des Goldschmiedesohnes bleiben.

Albrecht muß die besondere Zuneigung des Vaters besessen haben; dieser ließ ihn die öffentliche Lateinschule besuchen, ehe er ihn, dem Brauch der Zeit folgend, in seine Werkstatt in die Lehre nahm. Doch der Knabe muß schon früh von einer unbändigen Liebe zur Kunst erfüllt gewesen sein. Aus jenen Jahren, von 1484, haben wir das erste künstlerische Zeugnis von seiner Hand: das Selbstbildnis einer Silberstiftzeichnung. Später hat Dürer auf das Blatt geschrieben: „Daz hab jch aws einm spigell nach mir selbs kunterfet jm 1484 jahr, do ich noch ein kint was." Der Vater gab ihn schließlich in die Lehre zu Wolgemut.

Doch allein aus der Wolgemut-Werkstatt ist die Kunst des jungen Dürer nicht zu begreifen. Einflüsse anderer Künstler kamen hinzu, deren künstlerische Ideen durch graphische Blätter weit verbreitet waren. Christoph Scheurl berichtet in der 1515 erschienenen Vita des Anton Kress von Dürers Besuch bei den Brüdern Martin Schongauers 1492 in Colmar. Dürer hatte den Meister selbst anzutreffen gehofft, doch dieser war bereits 1491 in Breisach gestorben.

Über seine Wanderjahre schweigt Dürer, doch wir können aus anderen Quellen seine wichtigsten Reisestationen erfahren.

Ein Holzstock mit dem Schnitt des hl. Hieronymus (Basel, Kunstsammlung) trägt die Aufschrift: „Albrecht Dürer von Nörmergk". Dürer hielt sich längere Zeit in Basel auf und riß dort Holzschnitte für Buchillustrationen zum „Ritter von Turn", Sebastian Brants „Narrenschiff" und Komödien des Terenz. Christoph Scheurl bezeugte den Aufenthalt in Colmar, und das Verzeichnis der Kunstsammlung des Willibald Imhoff d. Ä. nennt zwei Bilder Dürers als „zu Straspurg. 1494" gemalt.

Als Dürer im Mai 1494 nach Nürnberg zurückkehrte, hatte sein Vater ihm eine Braut ausgewählt. Die Ehe sollte nicht besonders glücklich werden. Wiederholt klingt etwas davon in den Briefen an Pirckheimer an, und der Freund schrieb später an Johann Tscherte über Dürers „hausfrawen ... die im seyn hertz eyngenaget vnd der maß gepeyniget hat, das er sich dest schneller von hinen gemacht hat, ... zu dem hat sy ime dag vnd nacht angelegen, zu der arbeyt hertiglich gedrungen, alleyn darumb, das er gelt verdienet vnd ir das ließ, so er stürb, dann sy alleweg verderben hat wollen, wie sy dann noch thuet, vnangesehen das ihr Albrecht pis in die sex tausent gulden wert gelassen; ..." Kurz nach der Hochzeit ist der junge Meister, der sich gerade seine eigene Werkstatt eingerichtet hatte, wieder auf Reisen. Die Familienchronik schweigt, aber in einem Brief aus Venedig vom 7. Februar 1506 schreibt Dürer an Pirckheimer: „Und das Ding, das mir vor eilf Johren so wohl hat gefallen, das gefällt mir itzt nüt mehr." Dürer muß also 1495 in Venedig gewesen sein. Die Landschaftsaquarelle der Jahre 1494/95 lassen uns seinen Reiseweg über Innsbruck, Klausen und Trient nachverfolgen.

Wieder in Nürnberg, stürzt sich Albrecht in die Arbeit. Um das Jahr 1496 malt er für den sächsischen Kurfürsten, Friedrich den Weisen, den sogenannten Dresdener Altar.

Um 1498 begann Dürer die Arbeit am Paumgartner-Altar (München) mit den beiden Flügeln, auf denen die Stifter als Heilige dargestellt sind, Stephan Paumgartner als hl. Georg, Jakob Paumgartner als hl. Eustachius. Erst 1503/04 entstand dann die Mitteltafel mit der Darstellung der Geburt Christi. In der gleichen Zeit malte Dürer auch die Anbetung der Könige (Florenz). Neben den Gemälden begann Dürer seine großen Holzschnittfolgen. 1498 konnte er die 14 Folioblätter zur Apokalypse herausgeben. Zur großen Holzschnittpassion riß er die ersten Blätter. Im Kupferstich erschienen Blätter mit Madonnen. Vielteiligkeit, Detailreichtum kennzeichnen die Blätter, das religiöse Thema wurde zum Vorwand, um bestimmte künstlerische Probleme anzupacken. Im Stich mit dem hl. Eustachius (1500/01, B. 57) trat das Geschehen der Legende in den Hintergrund, den Künstler fesselten das Pferd, die Hunde, die Landschaft. Schon auf seiner Wanderschaft hatte Dürer den ersten freien, d.h. nicht durch ein religiöses oder mythologisches Thema bedingten Akt der deutschen Kunst gezeichnet. Nun studierte er den Körper in immer neuen Haltungen und Bewegungssituationen. Der Stich „Adam und Eva" (B. 1) von 1504 gestaltet ein für seine Vorstellung ideales Menschenpaar. Ihm waren Proportionsstudien vorausgegangen, in denen Dürer versuchte, die schöne menschliche Figur geometrisch zu konstruieren. Über die Anfänge seiner Proportionsstudien gibt Dürer selbst Auskunft in den Entwürfen zur Widmung der Proportionslehre an Pirckheimer. Ob Dürer Jacopo de'Barbari bereits in Venedig kennenlernte oder erst 1500 in Nürnberg, wissen wir nicht. Die Darlegungen Jacopos haben Dürer offensichtlich nicht befriedigt, so suchte er Rat bei Pirckheimer, und dieser wies ihn auf die „Zehn Bücher über Architektur" des Vitruvius Pollio hin, die einige Maßangaben zur Gestalt eines Mannes enthielten. Mit ihrer Hilfe und der Praxis des Zeichnens mit Zirkel und Richtscheit schuf Dürer sich selbst einen Proportionskanon. Er war darin der erste nördlich der Alpen.

Für Mann und Frau wollte er so einen absolut schönen Idealtyp gewinnen, der unmittelbar der Werkstattpraxis diente.

Auf der zweiten Italienreise (1505–1507) muß Dürer mit der Kunsttheorie Leonardos bekannt geworden sein. In Zeichnungen des Dresdener Skizzenbuches aus dem Jahre 1508 ist zum ersten Male auf die geometrische Konstruktion verzichtet, ein Proportionsnetz und Analogievergleiche belegen den Einfluß der Studien Leonardos. Vielleicht erfolgte der Unterricht in Bologna, wohin er reisen wollte, „under kunst willen in heimlicher Perspectiva".

Unter Perspectiva verstand Dürer, wie seine Zeitgenossen, nicht nur die Zentralperspektive, sondern ganz allgemein darstellende Geometrie, ja, in diesem Falle wohl Kunsttheorie insgesamt.

Wenn Dürer die zweite Reise auch überraschend antrat, so

hinterließ er doch sein Hauswesen wohlbestellt. Das Reisegeld scheint der Freund vorgeschossen zu haben. In Venedig hat Dürer gute Freunde gefunden. Unter den Malern aber ist er offenbar auf Ablehnung gestoßen; obwohl sie Dürers Werke kritisierten, haben sie sie doch kopiert und nachgeahmt. Marcantonio Raimondi (1475–1534) allein hat 74 Dürerblätter nachgestochen, und Dürer mußte heftig protestieren, erreichte aber mit seiner Klage nur, daß Raimondi nicht mehr Dürers Signum auf die Nachstiche setzen durfte.

Von den deutschen Kaufleuten in Venedig erhielt Dürer den Auftrag, für deren Pfarrkirche S. Bartolomeo beim Fondaco dei Tedeschi, der Kaufhalle der Deutschen, eine Altartafel mit dem Rosenkranzfest zu malen (Prag, Nationalgalerie). In den Briefen an Pirckheimer ist zu verfolgen, wie das Werk voranschritt.

Die guten Kenntnisse über Dürers zweiten Venedigaufenthalt verdanken wir jenen Briefen, die er Willibald Pirckheimer schrieb. Sie sind zugleich ein Zeugnis der herzlichen Freundschaft, die beide verband. Kurz vor seinem Tode noch hob Pirckheimer in dem Brief an Tscherte diese Freundschaft hervor: „Ich hab wahrlich an Albrechten der pesten Freunt einen, so ich auf Erdreich gehabt hab, verloren."

Pirckheimer stammte aus einem Nürnberger Patriziergeschlecht, studierte in Padua und Pavia, war von 1496 bis 1523 Mitglied des regierenden Rates von Nürnberg und wirkte öfter als Gesandter. Er besaß eine wertvolle Bibliothek und erschloß Dürer den Zugang zum humanistischen Bildungsgut.

Schon auf seiner Wanderschaft hatte Dürer Humanisten wie Sebastian Brant und Jakob Wimpfeling kennengelernt. Durch seine Nürnberger Freunde Pirckheimer, Spengler, Scheurl und andere fand er nicht nur die Verbindung zu den deutschen Humanisten und Reformatoren, sondern auch die Bekanntschaft zu Erasmus von Rotterdam. Als Dürer diesen dann während seines Aufenthaltes in den Niederlanden porträtierte, gewann er den Zugang zum Erasmuskreis, und über dessen Freunde Petrus Aegidius und Nikolaus Kratzer ergab sich die Verbindung zu Thomas Morus.

Zurückgekehrt aus Italien, häuften sich für Dürer die Aufträge. In den beiden Tafeln mit „Adam" und „Eva" (Madrid, Prado; 1507) faßt er noch einmal die Ergebnisse seiner bisherigen Proportionsstudien zusammen. Für den Kurfürsten Fried-

rich den Weisen malte er die „Marter der zehntausend Christen“ (1508, Wien) und im Auftrag Jakob Hellers, eines Frankfurter Handelsherrn, begann er ein Altarwerk mit der Himmelfahrt Mariens.
Wieder lassen uns Briefe an den Auftraggeber den Fortgang der Arbeit verfolgen. In ihnen wird auch spürbar, wie sich Dürers Selbstgefühl gewandelt hatte.
In Italien, während seines zweiten Aufenthaltes in Venedig, war sich Dürer seiner gesellschaftlichen Stellung bewußt geworden: „Hij pin jch ein her, doheim ein schmarotzer“, schrieb er im letzten Brief. Es war ein weiter Weg bis zur Niederschrift der Familienchronik und der allgemeinen öffentlichen Anerkennung. Wie Dürer in seinen Schriften Auskunft gibt über seine Person, sein Woher und Wohin, so suchte er sich in Selbstbildnissen zu ergründen. Die Reihe beginnt mit jener Silberstiftzeichnung, in der sich der Dreizehnjährige vielleicht zum ersten Male seines Talents bewußt wurde. Auf der Wanderschaft zeichnet er mit der Feder ein Bildnis von sich selbst (Erlangen, Universitätsbibliothek, 1491/92), wie er nach dem Sinn seines Lebens fragt und Antwort sucht in dem Gesicht, das ihm – selbst ein Spiegel seiner innersten Bewegung – entgegenblickt. Als er sich 1493 mit einem Stengel Männertreu porträtiert (Paris), malte er ein Erinnerungsbild für sein Straßburger Meisterpaar. Auf dem Selbstbildnis von 1498 (Madrid) schildert er sich als flotten Stutzer, und 1500 (München) wird ihm das Selbstbildnis zum Bildnis idealen Menschentums mit den idealisierten Zügen eines Christusbildes. In einer Zeichnung von 1507 (Weimar) nimmt er sich selbst zum Aktmodell. Es folgen die Selbstbildnisse in assistenza auf seinen Altären. Schließlich, nach 1521, bezeichnet er den Herd seiner Krankheit in einer Federzeichnung (Bremen, Kunsthalle). In einzigartiger Weise ergänzen sich Wort und Bild, Aufzeichnung und Porträt.
Nach dem Heller-Altar vollendete Dürer noch ein weiteres großes Altarbild, das im Auftrag des Rotschmiedes Landauer entstandene „Allerheiligenbild“ mit der Anbetung der Dreifaltigkeit (1511, Wien). Danach aber wandte er sich stärker der Graphik zu, denn „das fleißig kleiblen gehet nit von statten. Darumb will ich meines stechens auß warten. Vnd hette ichs bißhero gethan, so wollte ich vf den heitigen tag 1000 fl. reicher sein.“

In der Folgezeit schloß er die Große Passion und das Marienleben ab. In der Kleinen Holzschnittpassion erzählte er noch einmal in einer Folge von 37 Blättern die Leidensgeschichte Christi. In den gleichen Jahren, 1507 bis 1512, entstand auch die Kupferstich-Passion, die sich vor allem an Kenner und Sammler wandte. Auf diese Arbeiten folgten schließlich die drei Meisterstiche, 1513 „Ritter, Tod und Teufel" (B. 98), 1514 „Melancholie" (B. 74) und „Hieronymus im Gehäus" (B. 60) sowie die großartige Kohlezeichnung der Mutter (Berlin). Die Melancholie begegnet bei Dürer in doppelter Bedeutung: er verstand darunter eine krankhafte Gemütsverfassung und jenes der vier Temperamente, das nach den Ansichten der Zeit das der Gelehrten und Künstler war. Die vielen Attribute, die Dürer der in tiefem Nachdenken befangenen, sitzenden Gestalt beigegeben hat, lassen vermuten, daß er mit dem Stich eine Allegorie der Wissenschaft, eine Apotheose des Schöpfertums trotz widriger Umstände, ja eine Art Psychogramm seiner geistigen Befindlichkeit schaffen wollte. Danach nahmen Dürer Arbeiten für Kaiser Maximilian I. in Anspruch. Bereits im Februar des Jahres 1512 hatte der Kaiser Dürer für seine Pläne gewonnen und die Stadt Nürnberg ersucht, den Maler von den städtischen Steuern zu befreien. 1515 entstanden die Randzeichnungen zum Gebetbuch des Kaisers. Neben Dürer waren an der Arbeit auch Altdorfer, Baldung, Burgkmair, Cranach d. Ä. und andere Künstler beteiligt.
Im selben Jahr wurden die großformatigen Holzschnitte zur Ehrenpforte fertig, schließlich waren 1518 der Triumphwagen und der Triumphzug vollendet. Auch hieran hat Dürer zusammen mit anderen Künstlern gearbeitet. Als Lohn für die geleistete Arbeit erbat sich Dürer ein Leibgedinge, da er „k(eiserlich)er M(ajeste)t trey jor lang gedintt hab, ..." Seine Freunde, Stabius, Kreß und Nützel, halfen ihm, daß die Bitte Gehör fand. Der Kaiser setzte ihm eine jährliche Leibrente in Höhe von hundert Gulden aus.
1518 weilte Dürer während des Reichstages in Augsburg, 1519 führte ihn eine Reise in die Schweiz, wo er Ulrich Zwingli kennenlernte, und am 12. Juli 1520 brach er mit Frau und Magd zu einer Reise in die Niederlande auf. Er wollte an den Krönungsfeierlichkeiten Karls V. teilnehmen und sich von ihm das Leibgedinge bestätigen lassen, das der Rat von Nürnberg nach dem Tode Maximilians nicht mehr zahlen wollte. Als Dürer

diese Reise antrat, war er bereits ein anerkannter Künstler. Um seinen Unterhalt zu bestreiten, hatte er sich reichlich mit „Kunstware", mit graphischen Blättern versehen. Gelegentlich zeichnete er Porträts mit der Kohle oder der Kreide, die berühmten „Guldenblätter"; gemalte Arbeiten sind seltener. Aber auch Landschaften, Stadtansichten, Bauwerke und immer wieder Menschen zeichnete er in einem Skizzenbuch.
In einem Tagebuch notierte er Reisewege, Bekanntschaften und wichtige Ereignisse, Ausgaben und Einkünfte. Das Tagebuch ist ein einzigartiges kulturgeschichtliches Zeugnis.
War die Reise zunächst unternommen worden, um sich das kaiserliche Leibgedinge bestätigen zu lassen, so wurde sie bald zu einer echten Bildungsreise. Dürer fand Zugang zum Humanistenkreis um Erasmus von Rotterdam, er verkehrte mit Diplomaten, Politikern und Kaufleuten, zu seinen Malerfreunden zählten: Joachim Patenir, Quinten Massys, Bernaert van Orley, Jan Gossaert, genannt Mabuse, und Lucas van Leyden. Er studierte die Meisterwerke der altniederländischen Malerei und bewunderte vor allem die Tafeln des Genter Altars der Gebrüder van Eyck und Bilder von Rogier van der Weyden. In Köln ließ sich Dürer eigens das Triptychon Stephan Lochners in der Rathauskapelle zeigen, das heutige Kölner Dombild, und Dürers Erwähnung des Meisters Steffan zu Cöln führte zu dessen Wiederentdeckung.
Eifrig verfolgte Dürer das Geschehen in Deutschland. Unter dem Datum des 17. Mai 1521 schrieb er in sein Tagebuch: „Item am freytag vor Pfingsten im 1521 jahr kamen mir mehr geng Antorff, das man Marthin Luther so verrätherlich gefangen hett". Nun streifte der Nürnberger alle Nüchternheit ab, das Tagebuch wurde zum Bekenntnisbuch.
Die rund 120 Porträtstudien von der Reise leiten die letzte Schaffensperiode Dürers ein: es entstehen das Porträt von Ulrich Varnbühler (Holzschnitt, 1522), die Kupferstichbildnisse Kardinal Albrechts von Brandenburg (1519 und 1523), Willibald Pirckheimers (1524) und Friedrichs des Weisen (1524) und die gemalten Bildnisse Jakob Muffels und Hieronymus Holzschuhers (beide 1526, Berlin-Dahlem). Am Ende des künstlerischen Schaffens stehen die beiden Tafeln mit den vier Aposteln (München). Dürer malte sie 1526 ohne einen direkten Auftrag und schenkte sie dem Rat seiner Vaterstadt, sie „zu einer Gedächtnis zu verehren".

In seinen letzten beiden Lebensjahren hat Dürer ausschließlich für die Veröffentlichung seiner kunsttheoretischen Schriften gearbeitet. Nach der zweiten Italienreise entschloß sich Dürer, seine Kenntnisse zusammenzufassen und sie den Jüngeren weiterzugeben. Er plante ein umfassendes Lehrbuch der Malerei, eine „Speiß der Malerknaben". Um 1512 stellte er diese Absicht zurück und konzentrierte sich auf die Proportionslehre. Deren erstes Buch war 1523 so weit gediehen, daß Dürer an den Druck denken konnte und die Vorrede verfaßte. Da aber scheinen ihm Bedenken gekommen zu sein, ob denn seine Proportionslehre ohne jedes theoretische Rüstzeug verstanden würde. Eine Einführung in die darstellende Geometrie erschien ihm notwendig, so entstand die „Unterweisung der Messung mit Zirkel und Richtscheit", die 1525 erschien. In dieser bietet Dürer auch wesentliche Teile seiner Perspektivlehre. Er handelt zwei verschiedene Möglichkeiten der zentralperspektivischen Konstruktion ab und erklärt vier Instrumente zur perspektivischen Konstruktion.
Die Ereignisse des Bauernkrieges veranlaßten ihn, seine Bauernsäule einzufügen, eine „Victoria", deren aufgestapelte Kriegsbeute bäuerlicher Hausrat ist und auf deren Sockel Schlachtvieh liegt. Der besiegte Bauer trägt das Schwert im Rücken. Das Siegesmal wurde zum Schandmal des Siegers und zu einem Mahnmal für die Erschlagenen. Noch einmal zwangen aktuelle Ereignisse, der Vormarsch der Türken, die Veröffentlichung der „Proportionslehre" aufzuschieben; die „Befestigungslehre" erschien im Jahre 1527.
Erst 1528 konnte Dürer die „Vier Bücher von menschlicher Proportion" in Druck geben, doch ehe sie erschienen, starb er am 6. April 1528.
Unter dem Einfluß Italiens hatte sich Dürers Proportionslehre grundlegend gewandelt. Sie ist nicht mehr für den sofortigen Werkstattgebrauch bestimmt, die Proportionsfiguren sind jetzt Illustrationen zu den Maßtabellen, die im Ergebnis vergleichender Messungen entstanden. Der Proportionsbegriff wird nicht mehr nur auf Quantitäten, sondern auch auf die Qualität bezogen: „alles muß sich vergleichlich reimen". Auch wenn der Mensch absolute Schönheit, die von allen zu allen Zeiten und unter allen Umständen gleichermaßen als „schöne" empfunden wird, nicht gestalten kann, so muß er nicht auf Schönheit verzichten. Dabei können unterschiedliche Proportionen

nicht von vornherein als unschön verworfen werden, es kommt zu charakteristisch unterschiedenen, doch gleich schönen Typen. Diese Einsicht hat Dürer um das Jahr 1512 gewonnen; wiederholt heißt es in dieser Zeit: „Dj schönheit, waz daz ist, daz weis ich nit, wij woll siy vil dingen anhangt". Um die Schönheit ins Bild zu bringen, sind die notwendigen Maße zu gewinnen und dann bei der Gestaltung einzusetzen. Beide Male steht der Künstler der Natur gegenüber, einmal, um die Gesetzmäßigkeit der Maße zu finden, dann, um ihre richtige Übertragung in das Bild zu prüfen. Natur und Gesetz werden ihm zu den bedingenden Faktoren der Schönheit. Daneben haben Wohlgefälligkeit und die „Vergleichlichkeit", die harmonische Übereinstimmung in Quantität und Qualität, große Bedeutung.

Am Ende des dritten Buches seiner Proportionslehre hat Dürer seine Ansichten über die Kunst in einem großen ästhetischen Exkurs zusammengefaßt.

Kunst ist Dürer nur denkbar als ständige schöpferische Auseinandersetzung mit der Welt, außerhalb der Wirklichkeit gibt es für ihn keine Schönheit, sie ist für ihn objektiv vorhanden, der Künstler muß sie erkennen, um sie dann zu gestalten. Doch er lehrt keinen Naturalismus, Gesetzmäßigkeiten müssen erkannt und durch die „Geometria" begründet werden. Vielfältige Naturbeobachtungen und deren Verallgemeinerung ergeben den „versammlet heimlich Schatz des Herzens", ein „Gemüt voller Bildnis". „Dann wahrhaftig steckt die Kunst in der Natur, wer sie heraus kann reißen, der hat sie, ...".

Im Nachwort zu den „Vier Büchern" mußte Pirckheimer den Lesern den Tod des Freundes mitteilen: „Wiewohl der frumm und kunstreich Albrecht Dürer diese vier Bücher geschrieben, so hat er doch nur das erst wieder übersehen und korrigiert, dann ehe er an die anderen drei kommen ist, hat ihne die Schnelligkeit des Todes übereilt. ... Wo ihm auch Gott sein Leben länger gefristet hätt, würd er noch gar viel wunderlichs, seltsams und künstlich Ding an Tag gebracht und geben haben, zuvor der Kunst des Malens, Landschaft, Farben und dergleichen dienstlich."

Die umfangreichsten und wichtigsten Teile von Albrecht Dürers schriftlichem Nachlaß befinden sich heute in der Stadtbibliothek und der Bibliothek des Germanischen Nationalmuseums in Nürnberg, im Britischen Museum zu London und in

der Sächsischen Landesbibliothek zu Dresden. Unsere Auswahl bietet vor allem Schriften, die einen lebendigen Eindruck von Dürers Leben, seiner Persönlichkeit und seiner künstlerischen Entwicklung geben. Für eine wissenschaftliche Auseinandersetzung ist die wesentliche Grundlage: H. Rupprich, „Dürer, schriftlicher Nachlaß“, 3 Bände, Berlin 1956, 1966 und 1969.
Die vorliegende Auswahl geht von Dürers Texten aus und nimmt nur die für das Verständnis der Leser unbedingt notwendigen Korrekturen vor. Bei aller Modernisierung bleibt ein hohes Maß an Authentizität gewahrt.

Leipzig, im September 1992 *Ernst Ullmann*

ZUR SPRACHLICHEN GESTALTUNG

Die Bearbeitung hat zum Ziel, den Text leichter lesbar und damit leichter verständlich zu machen. Sie umfaßt im wesentlichen die Anpassung der Konsonantenschreibung, der Kennzeichnung von Länge und Kürze, der Groß- und Kleinschreibung an die heute geltenden Regeln. Der Vokalstand blieb im wesentlichen erhalten, einige Erscheinungen wurden z. T. durch die Schreibung vereinheitlicht, wie weiter unten an Beispielen gezeigt wird. Syntax, Grammatik und Wortschatz blieben unangetastet. Die Zeichensetzung ist der historisch-kritischen Ausgabe von Rupprich entnommen; sie erfolgte dort bereits nach einer gewissen Norm, da Dürer in seinen handschriftlichen Aufzeichnungen und Briefen völlig regellos verfährt. Bei den gedruckten Vorlagen wurde die Interpunktion weitgehend dem heutigen Gebrauch angeglichen.
Dürers Sprache trägt selbstverständlich die Merkmale des Oberdeutschen in seiner Nürnbergischen Ausprägung. Eine Fülle charakteristischer Eigenheiten älterer Sprache, die vor allem in lautlichen Besonderheiten, in von den heutigen unterschiedenen Formen des Verbs, in der vom gegenwärtigen Gebrauch abweichenden Verwendung von starker und schwacher Flexion, in Genusunterschieden beim Substantiv, in der Syntax und nicht zuletzt im Wortschatz vorhanden sind, wurden beibehalten. So stehen z. B. beim Verb die Formen „stehnt", „gant", „hant" gleichberechtigt neben der 3. Pers. pl. „gehen", „stehen", „haben"; „wissent" neben „wisset"; „seind", „send" neben „sind"; „wilt", „solt" für „willst", „sollst" kommen häufig vor, wie überhaupt die Hilfsverben reich an mannigfaltigen, heute nicht mehr gebräuchlichen Formen sind („tan", „ton", „ten" für „tun"). Das Reflexivpronomen „sich" ist noch nicht in Gebrauch beim Dativ, an seiner Stelle steht das jeweils entsprechende Personalpronomen. „Zeuch" für „zieh" oder „geuß" für „gieß" entsprechen einer früheren (mittelhochdeutschen) Sprachstufe, wie auch die noch fehlende Diphthongierung (zumindest in der Schreibung) in „uf" oder „Erdrich" z. B. Die Aufzählung könnte weitergeführt werden, etwa mit „befelhen", dessen abgelau-

tete Form entsprechend „befalch" heißt, ähnliche Verhärtungen finden sich noch in „sach" („sah"), „secht" („sieht"), „verleich" („verlieh") oder mit dem häufigen oberdeutschen Gebrauch des „b" statt „w" („Beib", „allbeg", „erbarten", „erberben"). Eine der auffallenden und mitunter zunächst das Verständnis erschwerenden Erscheinungen ist die häufige Verwendung von o statt a in „noch", „logen", „Johr", „dornoch", „molen" usw.

Im Interesse einer gewissen Einheitlichkeit und damit besseren Lesbarkeit wurde der Umlaut auch dort ausgeführt, wo Dürer ihn nicht hat. Dabei bleiben allerdings Umlaute erhalten, die die heutige Sprache nicht mehr kennt. Analog wurde „mb" durchgehend zu „m" verändert, bei Dürer steht beides nebeneinander. Oberdeutsches anlautendes „p", das Dürer durchgehend hat, und der regellose Gebrauch von „d" und „t" wurden nach den Regeln moderner Orthographie verändert; „ey", „ay", „ai", „eu" wurden durchgehend zu „ei" (bzw. den heute gebräuchlichen Schreibungen), „j", das ein langes i kennzeichnet, zu „i" verändert.

Als problematisch erwies sich die Modernisierung der Eigennamen, die in den willkürlichsten Gestalten erscheinen. Sie wurden durchgehend in der jeweils stehenden Form belassen. Sie mögen in ihrer Schreibart einen Eindruck des Dürerschen Originaltextes vermitteln.

Schwierigkeiten für das Textverständnis können Stellen bieten, wo in der Wortbedeutung inzwischen Wandlungen vollzogen sind bzw. wo im 16. Jahrhundert der Wandel vor sich geht und der Dürersche Gebrauch eines Begriffs mehrdeutige Auslegung zuläßt. Das betrifft Wörter wie „weder", „gar", „fast", „einig", „böse", „fromm", „schlecht", „dürfen", „sollen", „mögen", „machen", „reißen" oder die Vorsilben, von denen z. B. „er-" noch ausgesprochen perfektivische Funktion besitzt, oder „be-", das oft das heutige „ge-" vertritt: „befallen". Für das Verständnis dieser oder anderer vielfach auch heute nicht mehr gebräuchlicher Wörter wurde ein Wörterverzeichnis angelegt, falls sie in bestimmten Fällen nicht in den Anmerkungen erläutert sind.

Alle kursiv gesetzten Zwischenüberschriften, Briefdaten usw. stammen vom Herausgeber.

Elvira Pradel

QUELLENANGABEN UND ANMERKUNGEN

Die Texte sowie alle Zitierungen Dürers im Nachwort folgen den Ausgaben:
A. Dürer, Schriftlicher Nachlaß, hrsg. v. H. Rupprich, 3 Bde., Berlin (West) 1956/66/69, bei Manuskripten und
Dürers schriftlicher Nachlaß, hrsg. v. K. Lange u. F. Fuhse, Halle 1893, bei den gedruckten Schriften.

PERSÖNLICHKEIT UND GEISTIGE WELT IN SELBSTZEUGNISSEN

Dürers Familienchronik

Die verschollene Urschrift ist in vier alten Abschriften und einem Abdruck in Joachim von Sandrats „Teutscher Akademie der edlen Bau-, Bild- und Malereikünste", 2 Bde., Nürnberg 1675—1679, überliefert. Die erste Abschrift befindet sich in der Staatl. Bibliothek zu Bamberg, J. M. Msc. art. 50 (III. 12), die zweite und dritte in der Stadtbibliothek zu Nürnberg, Will-Nor. III 916 und Will-Nor. III 915 b, die vierte im Museum zu Gotha.
Gedruckt bei: Lange, K., und F. Fuhse, Dürers schriftlicher Nachlaß auf Grund der Originalhandschriften und theilweise neu entdeckter alter Abschriften, Halle/S. 1893 (Lange/Fuhse), S. 1 ff., Dürer, Schriftlicher Nachlaß, hrsg. von H. Rupprich, 3 Bände, Berlin (West) 1956, 1966 und 1969 (Rupprich), Bd. I, S. 28 ff., Albrecht Dürer, Schriftlicher Nachlaß, eine Auswahl, hrsg. von H. Faensen, Berlin 1962 (Faensen), S. 15 ff.

1 Nach Flechsig, E., Albrecht Dürer, sein Leben und seine künstlerische Entwicklung, 2 Bde., Berlin 1928—1931, Bd. I, S. 4, begann das neue Jahr mit dem 25. Dezember; danach hat Dürer also seine Familienchronik in der letzten Woche des Jahres 1523 niedergeschrieben
2 Gyula im Békéser Komitat
3 Ajtós
4 Sattler
5 25. 6. 1455 (St.-Elogius-Tag). Albrecht Dürer d. Ä. wird zuerst am 8. 3. 1444 in einer Nürnberger Urkunde genannt; wahrscheinlich

war er schon als Lehrling und Geselle in Nürnberg und erhielt seine Ausbildung in der Werkstatt des Hieronymus Holper

6 Die Abschriften überliefern den Namen „Haller"; Urkunden beweisen, daß dem ein Schreibfehler zugrunde liegt. So heißt es 1468: „Albrecht Thürer, goltschmidt, des Jheronismus Holper, auch goltschmidts, eyden", vgl. A. Gündel, Repertorium für Kunstwissenschaft 37/1915, S. 210ff.

7 6. 8. 1467

8 21. 5. 1471

9 30. 11. 1486

10 Mühe: Quälerei

11 auf die Wanderschaft. Auf dieser kam Dürer u. a. nach Basel, Kolmar und Straßburg

12 11. 4. 1490

13 18. 5. 1494

14 7. 7. 1494

15 zum Stillstand bringen, heilen

16 Das Gedenkbuch, S. 49ff.

17 20. 9. 1502

18 16. 5. 1514; Dürer irrte sich im Datum

19 September

20 21. 11. 1523

21 Garaus: das Geläute zur letzten Stunde vor Beginn der Nacht (ebenso eine Stunde vor Ende der Nacht)

Albrecht Dürers Gedenkbuch

Das Original befindet sich im Kupferstichkabinett zu Berlin. Gedruckt bei: Lange/Fuhse, S. 11ff., Rupprich I, S. 36f., Faensen, S. 19ff.

1 Wein aus Rivoglio in Istrien

2 in den letzten Zügen gelegen

3 eine Bernhard von Clairvaux zugeschriebene Psalmensammlung, ein weitverbreitetes Gebet um einen leichten Tod

4 20. 9. 1502

5 erwerben

6 Gewinn

7 wohl reisende Händler, die für Dürer den Verkauf seiner Drucke übernahmen

8 Rupprich I, S. 38, Anm. 14, liest den letzten Nebensatz: „mit dem Geld, das ich in Venedig verdient hatte." M. E. könnte er sich aber auch auf die Schuld beziehen, die Dürer gegenüber Pirckheimer hatte, der ihm die Mittel für die zweite Italienreise nach Venedig geliehen hatte. Vgl. Briefe an Pirckheimer.

9 26. 4. 1513
10 16. 5. 1514, s. Anm. 17 zur Familienchronik
11 dem Evangelisten Johannes geweihter Abschiedstrunk

Tagebuch der Reise in die Niederlande

Die Originalhandschrift ist, bis auf ein einzelnes Blatt in der Londoner Hs. Add. 5229 fol. 50 (III, 22), verschollen. Zwei alte Abschriften haben sich in der Staatl. Bibliothek zu Bamberg, 246. J. M. Msc. art. I (III. 18), und im Staatsarchiv zu Nürnberg, S. I, L. 79, No. 15, Faszikel 18, erhalten. Beide Abschriften wurden schon nach einer Abschrift von Dürers Reisetagebuch angefertigt.
Gedruckt bei: Lange/Fuhse, S. 99ff., Rupprich I, S. 148ff., Faensen, S. 22ff.

1 12. 7. 1520
2 s. Verzeichnis der Münzen S. 307
3 Buchausgabe der 20 Holzschnitte des „Marienlebens“ (1501 bis 1511); die Holzschnittfolge der „Heimlichen Offenbarung Johannis“ (1498, Titelblatt 1511)
4 Zollbefreiungs- und Empfehlungsschreiben
5 Trinkgeld
6 Unter-Euerheim
7 Mainberg
8 Dettelbach
9 Kitzingen
10 Marktbreit
11 Eibelstadt
12 Heidingsfeld
13 Karlstadt
14 Gmünden
15 Heidenfeld
16 Prozelten
17 Freudenberg
18 Wörth
19 Aschaffenburg
20 20. 7. 1520
21 Mainz
22 Höchst
23 Münzprüfer
24 23. 7. 1520
25 Eltville
26 Ehrenfels

27 Freibrief
28 Kaub
29 St. Goar
30 Boppart
31 Lahnstein
32 Kardinal Albrecht von Brandenburg (1490—1545), Kurfürst und Erzbischof von Mainz, Erzbischof von Magdeburg und Administrator von Halberstadt
33 Dürers Frau reiste des öfteren auf Messen, um seine Drucke zu verkaufen. Von diesen Reisen her kannte sie wahrscheinlich der Zöllner
34 25. 7. 1520
35 Bonn
36 Kollation: Imbiß; Fatzolett; Taschentuch (v. ital. fazzoletto)
37 28. 7. 1520; Büsdorf
38 Rödingen
39 Frei-Aldenhoven
40 Freelenberg
41 Süsterseel
42 Sittard
43 Stockhem: Stockheim a. d. Maas
44 31. 7. 1520
45 West-Meerbeck
46 Uylenberg
47 Op ten Kruys
48 Antwerpen
49 Dürer mit seiner Frau Agnes und der Magd Susanna
50 4. 8. 1520
51 der „Hof van Liere" des Bürgermeisters Arnold van Liere in der Prinse-Straße
52 Beisteuer, Mithilfe
53 Brief- oder Paketbote, der für Dürer die Post beförderte
54 5. 8. 1520
55 das Gildenhaus am Großen Markt
56 Adrian Herbouts, Syndikus der Stadt Antwerpen; er wird im Reisetagebuch von Dürer oft genannt.
57 Faktor (Leiter der Handelsniederlassung) des Königs von Portugal João Brandão
58 einen Zweig weißer Korallen
59 dem „Eekhof"
60 Triumphzug: Straßendekoration zum Einzug Karls V.
61 Stuben: Stockwerke
62 Schauspiel: Festaufführung
63 João Brandão
64 die kleine Holzschnittpassion (1509—1511)

65 die Buchausgaben der Großen Passion (1498—1510), der Apokalypse (1498—1511) und des Marienlebens (1501—1511)
66 die Kupferstichpassion (1507—1512)
67 ein auf wenig grundierte Leinwand mit Tempera- oder Aquarellfarbe gemaltes Bild
68 weiße Farbe zum Grundieren der Tafeln
69 Gehilfe, Malergeselle
70 leicht kolorierte Entwurfszeichnung
71 Die neuen Stiche zwischen 1519 und 1520 sind: die drei neuen Marien: die säugende Maria (1519), B. 36, die Maria mit dem Kind, von einem Engel bekrönt (1520), B. 37, und die Maria mit dem Wickelkind (1520) B. 38; der h. Antonius (1519), B. 58, und die Marktbauern (1519), B. 89
72 Dürer führte in seinem Tagebuch eine Art Strichlisten.
73 Lorenz Sterck, Verwalter der Einkünfte von Brabant und Antwerpen
74 auf Leinwand gemalter Kinderkopf
75 indischer Holzschild, nach der ostindischen Stadt Kalikut, wo der Portugiese Vasco da Gama 1498 gelandet war
76 Bambusrohr
77 spanisches Mäntelchen
78 drei Männerbildnisse
79 die Holzschnitte „Imagines coeli semptetrionales" und „Imagines coeli meridionales", die nördliche und die südliche Himmelskugel, die Dürer 1515 im Auftrage von Johannes Stabius gezeichnet hatte
80 den Italiener
81 Kathedrale zu Antwerpen
82 Por-, Parkirche: Empore
83 Prozession zu Mariä Himmelfahrt, 19. 8. 1520
84 Zwischenräume
85 „eidlich Stift" sind Stifte, deren Insassen nach einer gemeinsamen Regel leben
86 Beghinen: Mitglieder einer halbklösterlichen Frauenvereinigung
87 ergreifend
88 Gerüst, fahrbare Bühne
89 Gewebe aus Seide, Wolle und leinenem Garn; benannt nach der Stadt Arras
90 Mantel
91 Leinen- oder Wollatlas
92 Frauenbandhaube
93 eingedickter, fest gewordener Honig
94 schwarzer, gelbgeäderter Marmor
95 Hieronymus im Gehäus (1514), B. 60; Melancholie (1514), B. 74; die drei neuen Marien (1519/20), B. 36, 37, 38; h. Antonius (1519),

B. 58; Schweißtuch der Veronika mit zwei Engeln (1513), B. 25; h. Eustachius (um 1500), B. 57; das Große Glück (1503), B. 77

96 15. 8. 1520

97 geschnitztes Christkind

98 Adam und Eva (1504), B. 1; Hieronymus im Gehäus (1514), B. 60; der große Herkules (um 1500), B. 73; h. Eustachius (um 1500), B. 57; Melancholie (1514), B. 74; das Große Glück (1503), B. 77; die drei neuen Marien (1519/20), B. 36, 37, 38; Schweißtuch der Veronika (1513), B. 25; h. Antonius (1519), Bd. 58; Weihnacht (1504), B. 2, Kreuzigung (1508), B. 24

99 26. 8. 1520

100 Vilvoorde

101 Die Nürnberger Ratsherren Hans Ebner, Leonhard Groland und Niklas Haller, die als Krönungsgesandte die Reichsinsignien zur Krönung Karls V. brachten

102 Dürers Gesuch an Karl V., das von Maximilian I. 1515 verliehene Leibgedinge zu bestätigen und weiterzuzahlen

103 Mexiko

104 Wehr, Schild

105 Wohl das von Rogier van der Weyden gemalte Bild des h. Lukas, des Schutzpatrons der Maler, in der Kapelle der St.-Lukas-Gilde.

106 das für die betrunkenen Gäste aufgestellt worden war

107 ein Meteorit

108 Strenberger

109 zwei Exemplare des Volksbuches von Till Eulenspiegel

110 2. 9. 1520

111 chinesische Porzellangefäße

112 3. 9. 1520

113 Kokosnuß

114 der Stich „die Marktbauern" (1519), B. 89

115 Hans Ebner, vgl. Anm. 101

116 spanisches Rohr, Peddigrohr

117 Angestellter

118 Brügge

119 feiner Pelz von Kaninchenrücken

120 Medaille

121 durch die

122 rotwollen

123 kleine Schalen aus Ahornholz

124 gedrucktes Programm der Festspiele aus Anlaß des Einzugs von Karl V

125 Triumphbogen

126 von Mädchen gestellte lebende Bilder

127 Knochen

128 In dem Buch „Het oud register van diversche mandementen"

im Antwerpener Stadtarchiv sind die Taten von Riesen beschrieben
129 verstreut
130 Baumwollstoff, Kaliko
131 Elchklaue
132 Flugschriften, z. T. in Dialogform, über Luther und die Reformation
133 Stiche, die vor allem von Marcantonio Raimondi (um 1475 bis 1534) nach Vorlagen von Raffael geschaffen worden waren
134 1. 10. 1520
135 Das von Tommaso di Andrea Vincidor gemalte Porträt ist verschollen, aber in einem Stich Andreas Stocks von 1629 überliefert
136 außerhalb
137 Koffer
138 Zirbelnüsse
139 Felleisen, Reisesack
140 4. 10. 1520
141 Porfit, Profidosteinlein: Porphyr
142 Granit
143 Dürer nahm an, die von Karl d. Gr. aus dem Theoderichspalast in Ravenna nach Aachen in die Pfalzkapelle überführten Säulen seien nach Vitruv, De architectura libri X, 3. und 4. Buch, angefertigt worden
144 Krönungssaal des Aachener Rathauses
145 Gasthaus „Zum Spiegel"
146 Dürers Reiseskizzenbuch. Albrecht Dürers Niederländisches Reiseskizzenbuch 1520—1521, hrsg. von E. Schilling, Frankfurt a. M. 1928
147 Reliquienschatz des Aachener Münsters
148 „De cornatione Caroli V. apud Aquisgranum" des Hermann Mohr (Hartmannus Maurus), Köln 1520, Nürnberg 1523
149 Rosenkranz aus Zedernholz
150 Jülich
151 nach Lange/Fuhse (S. 134): „... gen Ach zurück"
152 Krönungsmedaille mit dem Porträt Karls V.
153 28. 10. 1520
154 nach Rupprich I, S. 188, Anm. 313: „Ensbörtlein": Borten für die Spangen oberhalb der Ferse an jenen Schuhen, deren Kauf Dürer gerade notiert hatte
155 Spitzwecken, ein Gebäck, das zu Allerheiligen und Allerseelen verschenkt wurde
156 Das um 1440 entstandene Bild der „Anbetung der h. drei Könige", das heutige „Kölner Dombild", von Stephan Lochner

(um 1410—1451) befand sich damals auf dem Hochaltar der Rathauskapelle

157 dem Gürtzenich

158 4. 11. 1520

159 Die Bestätigung seines Leibgedinges, derentwegen Dürer nach den Niederlanden gereist war

160 12. 11. 1520

161 Zons

162 Neuß

163 Duisburg

164 Angerort

165 Ruhrort

166 Orsoy

167 Rheinberg

168 Wesel

169 Rees

170 Nimwegen

171 Tiel

172 Herzogenbusch

173 18. 11. 1520

174 richtig muß es heißen Waal

175 Heerenwaarden

176 Bommel

177 21. 11. 1520

178 Oosterwijk

179 Tilburg

180 Baarle

181 Hoogstraten

182 Dürer hat hier offensichtlich das Fest der Darstellung Mariä im Tempel (21. 11.) gemeint, denn Mariä Himmelfahrt ist der 15. 8.

183 Die Stiche: Adam und Eva (1504), B. 1; Meerwunder (um 1500), B. 71; Hieronymus im Gehäus (1514), B. 60; Ritter Tod und Teufel (1513), B. 98; das Große Glück (1503), B. 77 und Eustachius (1500), B. 57

184 geätzte Stücke, Radierungen; Dürers Radierungen (Eisenradierungen) liegen alle zwischen 1515 und 1518, es sind dies: Christus am Ölberg (1515), B. 19; ein Christus in der Rast (1515), B. 2; das Schweißtuch der Veronika, von zwei Engeln gehalten (1516), B. 26; die Verzweifelnden (1516), B. 70; die Entführung (1516) B. 72; die Kanone (1518), B. 99

185 Bleiweiß

186 Zierikzee in Seeland

187 Zufall; Flut

188 Nach Rupprich I, S. 190, Anm. 371: kastanienbraun

189 Austern

190 3. 12. 1520
191 Bergen op Zoon
192 Goes
193 in ihrer Tracht
194 Arnemuiden
195 Wolfersdijk
196 Kortgene
197 Middelburg
198 in der Zeichnung
199 Veere op Walcheren
200 Unglück
201 lechst gehört wahrscheinlich zu „leck": undicht
202 die uns aufgegeben hatten
203 Rupprich I, S. 191, Anm. 410, und Faensen, S. 49, lesen Hugo van der Goes, dieser ist aber schon 1482 gestorben
204 Blumenzwiebel oder als Arznei verwendete Meerzwiebel
205 10. 12. 1520
206 grobe Wolldecke
207 Feigenmus
208 für das Tragen
209 Wegelagerer
210 Schwiegersohn von Jan de Has, der Dürers Wirt in Bergen war
211 Cambrai
212 Gulden, wie sie die Grafen von Horn prägen ließen
213 Bettbezüge
214 Gioielliere, Juwelier
215 14. 12. 1520
216 Medaillen
217 Dörr- oder Räucherfisch
218 eingekochter, eingedickter Saft; Arznei
219 1. 1. 1521
220 Bombellis Verlobte
221 für das Mittagessen
222 Francesco Pesão, Nachfolger des Konsuls von Portugal Thomas Lopes
223 männliches Modell, vermutlich der 93jährige Greis, W. 788
224 Bisam-(Moschus-)Kugel als Parfüm oder Arznei
225 ein Viertelpfund Pfirsiche
226 Quittenkonfekt
227 auf Leinwand gemalte Bilder, im Gegensatz zu „Täfelein": auf Holz gemalte Tafelbilder
228 als Patengeschenk
229 die Ornamentholzschnitte, die Dürer nach den als „Academia Leonardi Vinci" bezeichneten Vorlagen schuf
230 Barett; schirmlose Mütze

231 Myrobolanen, als Arznei verwendete ostindische Früchte
232 den Angehörigen des Faktors der Fugger
233 Entwurf für ein Fastnachtskostüm
234 englische Münze mit dem Bild des Erzengels Michael im Wert von 2 Gulden 2 Stüber
235 Schweißtuch der h. Veronika
236 Dürers Magd Susanne erhielt von Francesco Pesão zum Neujahrsfest einen Philippsgulden, für das Überbringen der beiden Veronikatafeln erhielt sie von ihm und von João Brandão je einen Gulden
237 10. 2. 1521
238 der Amtmann Gerhard van der Werwe
239 11. 2. 1521
240 abgewann
241 den Stich „Ritter, Tod und Teufel (1513), B. 98
242 Der Antwerpener Turm hat eine Höhe von 132 m, der Straßburger Münsterturm mißt 143 m
243 die Verlobte Bombellis
244 die Hülle für das Porträt Ruderigos
245 die „Meersche“ Zunft, la gilde de merciers, für deren Nikolausaltar in der Liebfrauenkirche Dürer den sitzenden Heiligen zeichnete
246 Bohrer
247 kleiner Güterballen
248 Packfaß
249 16. 3. 1521
250 Rupprich I, S. 193, Anm. 507, bezieht diese Stelle auf Hugo van der Goes, dieser starb aber bereits 1482
251 aquarellierte Federzeichnung
252 Das Bild des h. Hieronymus befindet sich heute in Lissabon
253 Osterbeichtgeld als Abgabe für das Abhören der Beichte; Dürer anerkannte also noch die Sakramente der katholischen Kirche
254 kleine Tartsche, ein Schild mit abgerundeten Ecken und eingerundeten Seiten
255 Schreibzeug aus Büffelhorn; Krönungsmedaille mit dem Bildnis Karls V.
256 ein Seidenstoff
257 Sandelholz
258 Das Bild ist identisch mit dem „Bildnis eines jungen Mannes, Bernaert van Orley (?)“, gez. AD 1521, Eichenholz, 45,5 × 31,5 Nr. 1871 der Dresdener Gemäldegalerie. Der Brief in den Händen des Porträtierten trägt die Aufschrift: „Dem Pernh... zw...“
259 eine Darstellung des „Schweizer Krieges“, des Kampfes der Eidgenossen gegen Kaiser Maximilian I.

260 Ein Schiffsmodell von Ambrosius Höchstetter, einem Augsburger Kaufmann, der gemeinsam mit den Fuggern und Welsern 1505 die ersten drei Schiffe zur Ostindienfa. rt ausgerüstet hatte
261 Lignum Guaiaeum, galt als Heilmittel gegen die Französische Krankheit (Syphilis) und andere Krankheiten
262 Die Negerin des João Brandão; die Selberstiftzeichnung W. 818 trägt die Bezeichnung „1521 Katherina allt 20 jar"
263 Rodrigo Fernandez d'Almada, W. 813
264 Camelot; ein Seidenstoff
265 6. 4. 1521
266 Beveren
267 Vracene
268 die Abtei Sint-Paul in Waasland
269 Caudenborn
270 Kalwe
271 Ertvelde
272 Eine der Wiederholungen, die schließen lassen, daß Dürer das Tagebuch später nicht mehr redaktionell bearbeitet hat
273 Ecloo
274 Maldegem
275 der Prinzenhof, die Residenz der Herzöge von Burgund
276 vielleicht das Johannes-Altärchen des Rogier van der Weyden in Berlin aus der Kartause Miraflores bei Burgos
277 die lebensgroße „Brügger Madonna" aus weißem Marmor von 1500/01
278 wohl von Dirk Bouts (um 1410—1475) und Hans Memling (1430/40—1494)
279 die Kapelle der Malergilde
280 die Stube der Gilden der Goldschmiede, Maler und Kaufleute
281 Schützenhof in der Karmeliterstraße
282 Fischbecken
283 9. 4. 1521
284 Ursel
285 der Dekan, der Obermeister und Vorsteher der Malergilde, mit den Vorstandsmitgliedern
286 Turm von St. Bavo, die Kirche war damals noch Johannes dem Täufer geweiht
287 den „Genter Altar", den Hubert van Eyck (um 1370—1426) begonnen und sein Bruder Jan van Eyck (um 1390—1441) 1432 vollendet hatte. Der Flügelaltar ist ein Hauptwerk der altniederländischen Malerei
288 Es handelt sich um die Zeichnungen W. 781, 779 und 777 aus Skizzenbuch
289 Auf der Hoffdbrug, der Brücke über die Leye, auf der Enthauptungen stattfanden, standen zwei eherne Standbilder von 1371

290 Schelde, Leye, Lieve und Moere
291 11. 4. 1521
292 in der Woche zwischen dem 14. und 20. 4. 1521
293 Dürer war an einer chronischen Malaria erkrankt. Die Infektion und der erste Anfall fielen in die Zeit des Aufenthaltes in Seeland zwischen dem 3. und 14. 12. 1520
294 5. 5. 1521
295 sind wir
296 12. 5. 1521
297 heute in Boston, Isabella Stewart Garner Museum
298 Der Wirt erließ Dürer als Gegengabe für die beiden Porträts Kosten für Unterkunft und Verpflegung; vgl. Letzter Aufenthalt in Antwerpen, S. 98 ff.
299 17. 5. 1521
300 Das mußte Dürer annehmen, da er nicht wissen konnte, daß Kurfürst Friedrich der Weise Luther am 4. 5. 1521 auf der Rückreise von Worms nur zum Schein hatte überfallen lassen, um ihn auf der Wartburg in Sicherheit zu bringen; über Luther war die Reichsacht verhängt worden
301 Dürer kannte offensichtlich Luthers Schriften „Vom Papsttum zu Rom", Juni 1520, und „An den christlichen Adel deutscher Nation", August 1520

Ein Verzeichnis, wohl in den Jahren 1520/21 von Dürer angelegt, nennt folgende Schriften Luthers aus den Jahren 1518 bis 1520 als in seinem Besitz befindlich: 1 Beschließred van dem Ablaß, was der sei. (Resolutiones disputationum de indulgentiarum virtute, Wittenberg 1518) — 2 Ein Predig van dem Ablaß. (Ein Sermon von dem Ablaß und Gnade, Wittenberg 1518) — 3 Ein Predig vam Bann. (Ein Sermon von dem Bann, Wittenberg 1520) — 4 Beschließred vam Gsetz Gottes. (Die zehen Gebote Gottes mit einer kurzen Auslegung ihrer Erfüllung und Übertretung, Nürnberg 1518) — 5 Beschließred van der Buß. (Sermo de poenitentia, Wittenberg 1518) — 6 Ein Predig van der Buß. (Ein Sermon von dem Sakrament der Buß, Wittenberg 1519) — 7 Ein Predig van dreierlei Sünd und Gerechtigkeit. (Ein sehr gute Predigt von zweierlei Gerechtigkeit, Wittenberg 1520) — 8 Ein Lehr der Beicht. (Ein kurz Unterweisung, wie man beichten soll, Leipzig 1519; veröffentlicht von Spalatin) — 9 Wie man sich zum Sakrament schicken soll. (Ein gute trostlich Predigt von der wirdigen Bereitung zu dem hochwirdigen Sakrament, Augsburg 1518) — 10 Wie man die Leiden Christi betrachten soll. (Ein Sermon von der Betrachtung des heiligen Leiden Christi, Wittenberg 1519) — 11 Vam ehlichen Stand. (Ein Sermon von dem ehlichen Stand, Leipzig und Wittenberg 1519) — 12 Ein Verantwortung etlicher Artikel. (Ein Sermon gepredigt zu Leipzig ufm Schloß ... mit Entschuldigung etzlicher Artikel, so ihm von etzlicher Abgunstigen zugemessen sein, Leipzig 1519; oder: Ein Sendbrief und Verantwortung etzlicher Artikel, Wittenberg 1523?) — 13 Auslegung des Vaterunsers. (Auslegung deutsch des Vaterunsers für die einfältigen Laien, Leipzig 1519; oder die Ausgabe von Johann Schneider von 1518) — 14 Auslegung der 7 Psalmen. (Die sieben Bußpsalmen mit deutscher Auslegung nach dem schriftlichen Sinne, Wittenberg 1517) — 15 Auslegung des 109. Psalmen. (Auslegung des hundertundneunten Psalmen, Augsburg 1518) — 16 Die erst Propositzen, die Mart[inus] mit Ecken disputiert hat. (Disputatio et excusatio F. Martini Luther, adversus criminationes D. Johannis Eccii, Wittenberg 1519; oder: Resolutiones Lutherianae super propositionibus suis Lipsiae disputatis, Wittenberg 1519). Das Original des Verzeichnisses befindet sich in London. Gedruckt bei Lange/Fuhse, S. 380, Rupprich I, S. 221, Faensen, S. 123 f.

302 Hier wird offensichtlich, daß Dürer die Reformation auch als soziale Bewegung ansah, daß er sich von dem Auftreten und Wirken Luthers eine Änderung der sozialen Zustände in Deutschland versprach

303 die Kirchenväter

304 Verlockungen, den Tönen einer Lockflöte

305 Indier, Moskowiter, Russer, Griechen: als Vertreter der Andersgläubigen, die nach dem Schisma, der Spaltung der Kirche durch die Päpste, sich in der griechisch-orthodoxen Kirche verselbständigten

306 Dürer hatte Kenntnis von Luthers Schrift „Von der Freiheit eines Christenmenschen", November 1520

307 Hier bezieht sich Dürer auf den englischen Reformator John Wiclif (um 1320—1384), dessen wesentliche Gedanken ihm vertraut waren

308 einig

309 Bewohner von Kalikut und Umgebung, wo 1498 Vasco da Gama gelandet war; also sprichwörtlich für die Bewohner der überseeischen Gebiete

310 vorträgt, lehrt

311 Das Wormser Edikt vom 8. 5. 1521 hatte über Luther und seine Anhänger die Reichsacht verhängt und befohlen, seine Schriften zu verbrennen

312 Meinungen der Kirchenväter

313 verklärt

314 steht bei

315 viel unschuldig Blut

316 erwartet

317 Die apokalyptischen Erwartungen der Zeit hatte Dürer schon in

seiner Jugend in der Holzschnittfolge der „Apokalypse“ (1498) gestaltet

318 21. 5. 1521; der 50. Geburtstag Dürers
319 Alabastervase
320 Umzug; Prozession am 26. 5. 1521
321 ein Schweißtuch der Veronika
322 eine Gemme aus Achat
323 Kreuzwegszenen, Kreuztragungen
324 Fronleichnam, 30. 5. 1521
325 5. 6. 1521
326 überantworten, anvertrauen
327 6. 6. 1521
328 ein gemaltes Bildnis Maximilians I.
329 7. 6. 1521
330 die Kunstsammlung der Erzherzogin
331 das Skizzenbuch oder eine Proportionslehre von Jacopo de' Barbari
332 Bernart van Orley
333 Bibliothek
334 8. 6. 1521
335 W. 816
336 Jan van de Perre
337 um die Hälfte betrogen
338 Dürers Patenkind Hieronymus Imhoff
339 Pinsel aus den Borsten des wilden Meerschweinchens
340 Schreibzeug
341 zum Einpacken
342 Saffianleder
343 Schildkrötenpanzer
344 Holzschnitte, die Dürer für Hans Baldung Grien vertrieb
345 Vogelbauer
346 für Einsetzen von neuen Fußstücken in eng anliegende Hosen
347 wohl dem Peter Teels
348 eine aus Leder geschnittene Tasche
349 Luthers Schrift „Von der Babylonischen gefengknuß der Kirchen“
350 einem Mönch aus Peter Pots Almosenhaus
351 geglätteten Kaliko
352 Dürer hat die Kupferstiche Lucas von Leydens eingetauscht für eigene Arbeiten im Werte von 8 Gulden
353 Lange/Fuhse, S. 174, und Faensen, S. 70, lesen „ein kleins gelbs Posthorn“, Rupprich I, S. 175, Anm. 715 interpretiert: „pers, peersch, Baumwollzeug (persian); oder ... ein Paar gelber Schuhe (Hausschuhe?)...“
354 Plache, Plane: grobe Leinwand zum Abdecken

355 grobes Tuch für einen mantelartigen Umhang mit Kapuze für die Reise
356 Vgl. S. 58 und Anm. 298
357 Borax, ein Harz, offenbar zum Herstellen von Malfirnis
358 29. 6. 1521
359 Räucherkerzen
360 beköstigen
361 das Porträt Kaiser Maximilians I.
362 1. 7. 1521
363 Theriak, Arznei aus gestoßenen Pflanzen und Honig
364 2. 7. 1521
365 Christian II. von Dänemark; Kohlezeichnung W. 815
366 zur Beförderung übergeben
367 Wenzeslaus Link (1483—1547), Generalvikar der deutschen Augustiner; er befand sich auf einer Visitationsreise in Antwerpen. Dürer, der ihn von der Staupitzgesellschaft her kannte, vertraute ihm einen Teil seiner Kuriositäten an
368 Lanze
369 Zitronen und Kapern
370 3. 7. 1521
371 Anordnung
372 24 Blätter hat Hausmann, Archiv für die zeichnenden Künste, 5/1859, S. 165 festgestellt: Adam und Eva (1504), B. 1; Eustachius (um 1500), B. 57; Hieronymus im Gehäus (1514), B. 60; Hercules (um 1500), B. 73; Melancholie (1514), B. 74; das Große Glück (1503), B. 77; Ritter, Tod und Teufel (1513), B. 98; Kreuzigung (1508), B. 24; zwei neue Marien (1520), B. 37 u. 38; Maria mit der Meerkatze (1499/1500), B. 42; Buße des Chrysostomus (1495), B. 63; Veronika (1513), B. 58; Spaziergang (1498), B. 94; Maria mit der Sternenkrone (1508), B. 31; Maria mit kurzem Haar (1514), B. 33; St. Georg (1503/04), B. 53; St. Georg zu Pferde (1505), B. 54; Sebastian am Baum (1505), B. 55; Sebastian an der Säule (um 1497), B. 56; Gerechtigkeit (1500), B. 79; Reiterin und Landsknecht (1494), B. 82; Wappen mit Totenkopf (1503), B. 101; Löwenwappen mit Hahn (1503), B. 100
373 7. 7. 1521
374 Germaine de Foix, Witwe des Königs Ferdinand von Aragonien
375 kleine gravierte Pokale
376 ein Holzschneider, Holzschnittmeister, vielleicht Jost de Necker aus Antwerpen
377 Miete
378 daß ich keine Fahrgelegenheit bekommen konnte
379 Fußsocken
380 12. 7. 1521

381 Thienen
382 13. 7. 1521
383 St. Truyen
384 Tongern
385 Maastricht
386 Silbermünzen
387 14. 7. 1521
388 Bergheim

Aus dem Briefwechsel

Briefe aus Venedig an Willibald Pirckheimer

Von dem umfangreichen Briefwechsel, den Dürer von Venedig aus während seines zweiten Italienaufenthaltes führte, haben sich zehn Briefe an seinen Freund Willibald Pirckheimer aus dessen Nachlaß erhalten. Sieben davon, die Briefe Nr. 1, 3, 4, 5, 7, 8, und 10, befinden sich in der Nürnberger Stadtbibliothek, je einen besitzen die Royal Society in London (Nr. 6), das Britische Museum in London (Nr. 9) und das Antiquariat L. Rosenthal in München (Nr. 2). Sie sind gedruckt bei Lange/Fuhse, S. 19ff., bei Faensen, S. 77ff., bei Rupprich I, S. 41 ff.
Willibald Pirckheimer (1470—1530) stammt aus Nürnberger Patriziergeschlecht, studierte 1488 bis 1491 in Padua und 1491 bis 1495 in Pavia. Von 1496 bis 1523 war er, abgesehen von einer kurzen Unterbrechung 1502 bis 1505, Mitglied des regierenden Rates von Nürnberg, für den er auch als Diplomat und Hauptmann verschiedene Aufgaben übernahm. Er gehört zu den bedeutenden deutschen Humanisten, hatte enge Verbindungen zu den führenden Männern seiner Zeit und besaß eine für damalige Zeiten ungewöhnlich wertvolle Privatbibliothek. Die enge, herzliche Freundschaft zwischen ihm und Dürer reicht bis 1495 zurück. Dürer hat das Bild seines Freundes wiederholt in Porträts festgehalten.

1. Brief vom 6. 1. 1506

1 verzeichnet, aufgeschrieben habt
2 sollt
3 die Händler, die auf der Uferstraße, der Riva degli Schiavoni, ihren Platz haben
4 das vierfache an Geld
5 bedürft
6 Dürer hatte sich offenbar von seinem Freund Geld geliehen, möglicherweise die Mittel für seine Italienreise

7 das „Rosenkranzfest", Prag, Nationalgalerie. Dürer hat es im Auftrag deutscher Kaufleute für deren Pfarrkiche S. Bartolomeo beim Fondaco dei Tedeschi (Laden, Kaufhalle der Deutschen) gemalt
8 Unkosten, Auslagen, für Farben usw.
9 den Kreidegrund auftragen und glätten
10 So Gott will
11 denn ich denke, ich brauche
12 eingelöst aus dem Verkauf von Druckgraphik
13 Die Brüder Konrad und Franz Schmid führten den Beinamen Drahtzieher
14 Sebald Pfinzing und einer der Söhne von Hans Gartner erhielten Mietzins für Dürers Vaterhaus, das er nach der Rückkehr aus Italien auslöste, und für sein eigenes Wohnhaus, das Haus des 1504 verstorbenen Bernhard Walther, das er 1509 kaufte
15 Agnes Dürer verkaufte auf der Frankfurter Messe Kupferstiche und Holzschnitte ihres Mannes
16 Martin Zinner, der Mann von Agnes Dürers Schwester Katharina

2. Brief vom 7. 2. 1506

1 Pirckheimer war 1505 vor der Pest nach Nördlingen geflohen
2 Eine der Briefstellen, die die innige Freundschaft der beiden Männer belegen, aber auch den leicht spöttischen Ton, der zwischen ihnen herrschte; Pirckheimer war nur ein Jahr älter als Dürer
3 Italiener
4 dagegen findet Ihr
5 Dürer mußte wohl den Konkurrenzneid italienischer Maler fürchten. Seine Freunde warnten ihn vor der Gefahr, vergiftet zu werden
6 Aufgestellte, mitgebrachte Gemälde oder zum Verkauf angebotene Blätter wurden kopiert, „abgezeichnet", „abgemalt". Dürer mußte sich wiederholt gegen seine Nachahmer verwahren. Vasari z. B. berichtet von Dürers heftigem Protest gegen die Nachstiche seiner Grafik durch Marcantonio Raimondi, Dürer erreichte aber nur, daß Raimondi nicht mehr sein Signum auf die Nachstiche setzen durfte. Das dürfte durch eine Beschwerde bei der Signoria von Venedig bewirkt worden sein
7 nachher
8 Giovanni Bellini (um 1430—1516), Hauptmeister der venezianischen Malerei, Lehrer Giorgiones (1478—1510), Palmavecchios (1480—1528) und Tizians (1476/77—1576). Es ist auffällig, daß Dürer keinen der jüngeren Maler nennt, obwohl er deren Frühwerke gesehen haben könnte
9 Gentiluomi (ital.) = Edelleute

10 Gemälde, die Dürer auf der ersten Italienreise 1495 gesehen hatte
11 das „Rosenkranzfest“ (vgl. Brief 1)
12 grindig, schorfig, mit Ausschlag bedeckt; aufgesprungen
13 die am Fluß, Wasser wohnt
14 Anspielungen auf Pirckheimers Liebschaften, die Rose verweist wohl auf Agnes Rosenthalerin, der Staubbesen oder Pinsel auf Anna Porstin
15 brächtet; bräuchtet
16 etwa 2 Uhr 30, Dürer rechnete von Beginn der Dunkelheit an

3. Brief vom 18. 2. 1506

1 Dürer hatte sechs Tafelbilder zum Verkauf mit nach Venedig genommen
2 beim Tausch
3 Smaragd
4 Diamant
5 Lange/Fuhse, S. 24, Anm. 5, und Rupprich I, S. 46, Anm. 9, nehmen an, Dürers Frau befand sich noch in Frankfurt, wo sie auf der Messe (zwischen dem 24. 8. und dem 15. 9. 1505) Kunstware verkauft hatte. (Vgl. den 1. Brief.) Anfang April 1506 (vgl. den 5. Brief) hofft Dürer auf ihre Rückkehr. Vielleicht war Agnes Dürer wegen der Pest von Nürnberg ferngeblieben
6 In Nürnberg herrschte 1505 die Pest

4. Brief vom 8. 3. 1506

1 entlohnt, bezahlt
2 paragone (ital.), Vergleich, Probe
3 Marcelle, unter dem Dogen Nicolo Marcello geprägte Silbermünze
4 ob sie die Wahrheit sagen oder lügen
5 vermittelten
6 Kreuzlein aus Hyazinth
7 Diamantenbund, Diamantreifen
8 zu welchem Preis
9 kleiner Amethyst
10 Der Nürnberger Rat hatte die Oberaufsicht über die im Ausland weilenden Bürger der Stadt. Rupprich I, S. 48, Anm. 10, nimmt an, Andreas Kunhofer habe möglicherweise ein Stipendium erhalten, das 1445 von Konrad Kunhofer für drei Studierende gestiftet worden war. Kunhofer studierte in Padua, fand aber seine Interessen dort nicht befriedigt
11 Folie
12 noch einmal so gut
13 Wohl nicht die Dienerschaft, sondern „unser hübsch gesind“ (vgl. Brief Nr. 8), die gemeinsamen Freundinnen

5. Brief vom 2. 4. 1506

1 Donnerstag vor Palmsonntag. Da der Brief auf den gleichen Tag datiert ist, muß Dürer ein Versehen unterlaufen sein
2 Gioiellieri, Juweliere
3 Schätzer
4 eingetauscht
5 glaub ich
6 vor die Signoria genötigt
7 scuolo (Schule), Zunftkasse
8 das „Rosenkranzfest" (vgl. 1 u. 2. Brief)
9 nach Deutschland, seinen Angehörigen
10 Hans Dürer
11 achtet selbst darauf
12 Dürers Mutter und seiner Frau
13 und nicht der Mutter zur Last liege
14 ich selbst würde nicht zugrunde gehen
15 Heiltumsfest in Nürnberg, während dessen die Reichskleinodien, die seit 1442 in Nürnberg verwahrt wurden, zur Schau gestellt wurden. Mit dem Fest war eine Messe verbunden, auf der Dürers Mutter seine Arbeiten zum Verkauf anbieten lassen sollte
16 von der Frankfurter Frühjahrsmesse
17 Vgl. Brief Nr. 4
18 Dürers Angehörigen. Nicht nur der ausgebliebene große Gewinn dürfte der Grund für Dürers Unentschlossenheit gewesen sein, sondern vor allem die ungleich bessere Stellung, die der Künstler in Italien einnahm. Vgl. Brief Nr. 10: „Hie bin ich ein Herr, doheim ein Schmarotzer"
19 verschieben

6. Brief vom 25. 4. 1506

1 ein Augsburger Bote mit Namen Schön
2 ein Tagebuch, wie er es auch später auf seiner Reise in die Niederlande führte, das aber nicht erhalten ist
3 Gemeint ist hier Hans Imhoff d. Ä., der Vater des obengenannten Hans Imhoff d. J.
4 also drei Tage nach dem 4. Brief vom 8. 3. 1506
5 Vgl. den 5. Brief

7. Brief vom 18. 8. 1506

1 dice
2 io udii
3 piacere
4 onore
5 meraviglie
6 come voi

7 Nach Rupprich I, S. 53, Anm. 7 Thrasybulus, Tyrann von Syrakus; Thrasybulus hat die gleiche Bedeutung wie Konrad und bezieht sich auf Kunz (Konrad) Schott, den eingeschworenen Feind Nürnbergs

8 lat. nisi

9 viso de cazzo, altvenezianisches Schimpfwort, etwa „ordinäre Fratzen"

10 Übersetzung der italienisch-lateinischen Sätze frei nach Thausing: „An den größten und ersten Mann der Welt! Euer Diener, der Sklave Albrecht Dürer, sagt Heil seinem strahlenden Herrn Willibald Pirckheimer. Meiner Treu, gern vernahm ich und mit großem Vergnügen Eure Gesundheit und große Ehre. Mich wundert, wie es möglich war, daß ein Mann wie Ihr allein standhalten konnte gegen so viele Söldner des so gerissenen Konrad auf andere Weise, wenn nicht durch die Gnade Gottes. Als ich Euren Brief las über diese sonderbaren ordinären Fratzen, erfaßte mich große Furcht, und es schien mir eine große Sache."

11 Die Knechte des Kunz Schott von Rothenberg; Pirckheimer sollte im Auftrag des Rates einen Streit zwischen jenem und der Stadt Nürnberg schlichten

12 Tanzweise; entweder meint Dürer ein Tanzvergnügen während der Messe aus Anlaß der Schaustellung des Heiltums (vgl. den 5. Brief), oder er will damit sagen, Pirckheimer hüpfe während der Prozession zum Heiltumsfest wie beim Tanz

13 ein Parfüm, das von der Zibethkatze gewonnen wurde

14 rechter

15 ein Geck, Modenarr

16 Vgl. den 5. Brief und Dürers Unentschlossenheit zur Rückkehr

17 ungehauen, ungeschoren

18 wie da

19 gebranntes Glas, wahrscheinlich ein Glas mit Emailmalerei

20 einstweilen

21 historische oder mythologische Darstellungen

22 Studierzimmer

23 ein und dasselbe

24 Mit Konrad Imhoff, dem Bruder Hans Imhoffs d. Ä., lag Pirckheimer im Streit. 1517 gab es ein neues Zerwürfnis zwischen beiden

25 dem Augustinerprior Eucharius Carl

26 der französischen Krankheit

27 Noricus civis: Bürger von N. (Noricum bezeichnet die Landschaft südlich der Donau; Österreich, Teile von Bayern)

28 die durch die Krankheit entstandene Schuld

29 Maximilian I., der wohl geplante Zug zur Kaiserkrönung nach Rom kam nicht zustande

8. Brief vom 8. 9. 1506

1 Zum Teufel, so viel für das Geschwätz, als Euch beliebt!
2 ich wette darauf
3 Abteilungen
4 voglio: will
5 capo: Kopf
6 impazzare: verrückt machen, oder impacciare: vollstopfen
7 anempfehlen
8 viele
9 Bißchen
10 Friedrich IV. von Brandenburg zu Ansbach-Bayreuth
11 sospiri: Atempause
12 langweilig
13 die Rede eines kindischen Alten
14 Kranichfedern
15 Sensenspieße
16 Zähnen
17 versammeln viel Kriegsvolk
18 Zeigt das geringe Ansehen, das Maximilian im Ausland genoß
19 Vgl. den 4. Brief
20 die „Herrenstube", die Trink- und Versammlungsstube auf der Frohnwaage, zu der Pirckheimer gehörte
21 zum Ausräuchern des üblen Geruchs
22 perció il puzzo: daher der Gestank. In der Trinkstube war wohl ein derber Witz über Dürer gemacht worden, den Pirckheimer ihm geschrieben hatte. Dürer reagierte entsprechend
23 das „Rosenkranzfest", vgl. 1., 2. und 5. Brief
24 zum Schweigen gebracht
25 außerordentlich
26 der Doge Leonardo Loredano
27 Antonius Surianus, war auch Patron der Kirche S. Bartolomeo, für die das Bild gemalt wurde
28 etwa 1 Uhr
29 Eucharius Carl
30 Hans Frey
31 Ihr werdet dadurch wohl geschickter werden, mit Fürsten zu reden

9. Brief vom 23. 9. 1506

1 allegrazza: Vergnügen
2 als Gesandter des Nürnberger Rates auf der Versammlung des Schwäbischen Bundes in Donauwörth
3 Es wird mich gleich für Euch einnehmen
4 quadro: Gemälde; entweder „Christus unter den Schriftgelehrten" oder „Maria mit dem Zeisig"

5 ungestalt, häßlich
6 stentare: plagen
7 Schaube oder Mantel nach ungarischer Mode
8 Vgl. den 8. Brief
9 so hoch überhebt, so überheblich ist

10. Brief vom 13. (?) 10. 1506

1 unbillig, ungleich nötiger
2 mit Eurer
3 Friedrich von Brandenburg zu Ansbach-Bayreuth
4 tagelang
5 Nürnberger Gefängnisturm
6 Nürnberger Bürgerinnen, zu denen Pirkheimer in Beziehung stand
7 schlagt
8 dürfen, wagen
9 con poltrone di pintere: mit einem Faulenzer von Maler
10 Rumor, Tumult des Feuers wegen
11 Wäsche, Gepäck
12 klistieren
13 für den Unterricht ausgeben
14 gebranntes Glas, vielleicht Glas mit Emailmalerei
15 nirgends
16 die Kranichfedern, die im 7. Brief genannt werden
17 grünen
18 Rosenkranz
19 die Ratsherrn
20 Bologna
21 um der
22 wohl Luca Pacioli
23 Die Abreise verzögerte sich bis in den Anfang des Jahres 1507, wie aus einer Eintragung in einer lat. Übersetzung des Euklid in Wolfenbüttel hervorgeht: „Daz puch hab ich zw Venedich vm ein Dugatn kawft im 1507 jor. Albrecht Dürer."
24 Kornmerle: Choramsel oder volkstümlich für Mandelkrähe, eine ältere Liebschaft Pirckheimers oder — bezugnehmend auf die Stelle oben „jr wolt mirs weib kristiren" – eine Metapher für Dürers Frau
25 an der Pest, vgl. den 3. Brief

Briefe an Jakob Heller

Der zwischen August 1507 und Oktober 1509 geführte Briefwechsel steht in Zusammenhang mit der Entstehung des sogenannten Helleraltars, den Jakob Heller für die Dominikanerkirche in Frankfurt a. M. in Auftrag gegeben hatte. Es war ein dreiteiliger Flügelaltar. In geschlossenem Zustand zeigte er in Grau-in-Grau-Malerei die

Anbetung der Könige in einer oberen Zone und darunter vier stehende Heilige. Bei Öffnung zeigte das Mittelbild Himmelfahrt und Krönung der Maria, der rechte Flügel die Enthauptung des h. Jacobus mit dem Stifter, der linke die Marter der h. Katharina mit der Gattin des Stifters. Das Mittelteil ist 1729 in München verbrannt. Eine Kopie von Jobst Harrich (1615) mit den Flügeln befindet sich im Städtischen Museum zu Frankfurt a. M. Nach Aufstellung des Altars ließ Heller von Grünewald zwei Standflügel mit je zwei Heiligen dazu malen. Die Originalbriefe ebenso wie zwei alte Abschriften von 1607 und 1613 sind verschollen. Die Briefe sind überliefert bei F. Campe, Reliquien von Albrecht Dürer seinen Verehrern geweiht, Nürnberg 1828, und O. Cornill, Jacob Heller und Albrecht Dürer. Neujahrsblatt des Vereins für Geschichte und Alterthumskunde zu Frankfurt am Main für das Jahr 1871. Sie sind auch gedruckt bei: Lange/Fuhse, S. 42 ff., Rupprich I, S. 64 ff., Faensen, S. 96 ff.
Jakob Heller (um 1460—1522), ein reicher Frankfurter Tuchhändler und Inhaber verschiedener höherer städtischer Ämter, war einer der patrizischen Kunstmäzene seiner Zeit. Neben dem Helleraltar stiftete er u. a. eine Kreuzigungsgruppe für den Dom und einen Ölberg für die Liebfrauenkirche.

1. Brief vom 28. 8. 1507

1 „Marter der Zehntausend" für Kurfürst Friedrich den Weisen, heute in Wien
2 ganz fertig werden
3 als sich Heller während des Sommers in Nürnberg aufhielt. F. Winkler, Die Zeichnungen Albrecht Dürers, Bd. 2, 1937, S. 121, nimmt an, daß es bereits um 1503 Verhandlungen zwischen Dürer und Heller gegeben hat
4 mit Kreide grundiert und den Rahmen gefärbt und vergoldet
5 einen Vorschuß, den ihm Hans Imhoff d. Ä. im Auftrag Hellers auszahlen sollte. Vgl. den 3. Brief an Heller
6 Wartezeit, Verzögerung

2. Brief vom 19. 3. 1508

1 im Gegensatz zu den Seitentafeln, an denen Gesellen arbeiteten, u. a. auch Hans Dürer
2 grau in grau; auf der Außenseite des Altars wurden so Statuen nachgeahmt, wie es schon etwa 80 Jahre zuvor in den Niederlanden üblich war (z. B. die beiden Johannes auf dem Genter Altar der Brüder van Eyck)
3 wie das Eure Meinung, Euer Wunsch ist
4 die „Marter der Zehntausend" für Kurfürst Friedrich den Weisen
5 zu einem festen Preis Verdingtes, Bestelltes

3. Brief vom 24. 8. 1508

1 das nächstjüngste, letzte
2 mit einer schützenden Firnisschicht überzogen
3 Eine andere Lesart gibt capus = caput, beide meinen das Hauptstück, den eigentlichen Körper des Altars, das Mittelbild
4 Dürers Maltechnik stand dem Temperaverfahren offensichtlich noch sehr nahe
5 Ultramarin, Lasurblau
6 ausführen
7 ich habe viele Unkosten darum gehabt

4. Brief vom 4. 11. 1508

1 vor kurzem
2 eine Meinung, die keinen Verweis verdient
3 wohl Martin Zinner, der Mann von Katharina Frey, der Schwester von Agnes Dürer. Da der Begriff Schwager damals aber weiter reichte als heute, kann auch ein anderer Verwandter Dürers gemeint sein
4 bezichtigt
5 bin solcher Nachrede von jedem verschont
6 Martin Zinners Haus, vgl. den 1. Brief
7 nicht das Dreifache
8 ich brauche
9 tun
10 des Materials wegen. Heller hatte wohl Material von bester Qualität verlangt
11 Pfund?
12 erreicht
13 Nach dem Tagebuch der Niederlandreise zahlte Dürer in Antwerpen zwölf Dukaten für eine Unze Ultramarin
14 ungewöhnlich
15 haltet mir vor
16 verweigert; wegen der Dürer gesetzten kurzen Frist
17 Johann Thurzo; sein Sekretär Johann Hess war ein mit Pirckheimer befreundeter Nürnberger. Auf die Bezahlung mußte Dürer bis 1511 warten

5. Brief vom 21. 3. 1509

1 seit der Zeit nach Ostern des Jahres 1508
2 Engelköpfe
3 Altartafel für eine Dorfkirche
4 gute Bekannte
5 Altarblatt, gemaltes Mittelstück des Altaraufsatzes

6. Brief vom 10. 7. 1509

1 versichern kann
2 mich drängt; Lange/Fuhse, S. 54, lesen „setzt": „es in mein Belieben setzt"
3 zu verdienen
4 in Zukunft
5 Eure Anweisung
6 Lange/Fuhse, S.54, entschieden sich von den beiden Möglichkeiten: Dienstag vor oder nach Margarethae im Hinblick auf den nächsten Brief vom 24.7. für vor

7. Brief vom 24. 7. 1509

1 bestellt
2 in Auftrag geben
3 weniger
4 loswerden, verkaufen
5 aushalten
6 unverzüglich
7 für den Transport von Nürnberg nach Frankfurt sorgfältig verpakken
8 und wenn ich nicht sicher wäre
9 des Dankes würdigen
10 Damit bestimmt und gebietet, nämlich wie zu verfahren ist
11 Geweihter heiliger Dienstag als Vorabend des Jakobstages, der mit dem 25. Juli auf einen Mittwoch fiel

8. Brief vom 26. 8. 1509

1 zufrieden
2 mit geweihtem Wasser besprenge
3 getadelt
4 Kläubeln, das sorgfältige, die kleinsten Details beachtende Arbeiten
5 darum will ich mich der Graphik zuwenden
6 mit den Scharnieren für die Flügel
7 die Bänder, die Tafel und Rahmen verbinden
8 Farbe abspränge oder risse, wenn sich das Holz der Tafel wirft
9 aufstellen
10 unbehindert von Glanzlichtern und Spiegelungen
11 trocken
12 aufstellt
13 Vgl. den 5. Brief
14 ich verlange nicht mehr von Euch

9. Brief vom 12. 10. 1509

1 und zu Recht
2 in Frankfurt und Umgebung

3 sehr gedankt, sicher für das im 8. Brief erbetene Trinkgeld
4 ein Tuch oder Schmuckstück als Verehrungsgeschenk
5 Hans Dürer, der an den Flügeln mitarbeitete
6 welche architektonische Rahmung die Tafeln erhalten sollten. Ein Altaraufsatz bot seine Bildwerke immer in einem architektonischen Rahmen dar und trug darüber meist ein Gesprenge, einen Aufsatz aus zierlichen Architekturgliedern

An Christoph Kress

Dürer ersucht Kress, sich am Hofe Maximilians I. seines Leibgedinges anzunehmen. Kress erwirkte für Dürer eine jährliche Leibrente in Höhe von 100 Gulden, die von der Nürnberger Stadtsteuer gezahlt wurden. Christoph Kress (1484—1535) war Nürnberger Ratsherr und mehrfacher Gesandter der Stadt; in dieser Eigenschaft war er 1515—1517 am kaiserlichen Hof. Am 30. Juli 1515 wurde er nach Wien abgefertigt, kurz davor muß Dürer den Brief geschrieben haben. Original im Kupferstichkabinett Berlin (West). Gedruckt bei: Lange/ Fuhse, S. 60 f., Rupprich I, S. 78, Faensen, S. 106 f.

1 der des Leibgedinges
2 Die Zeichnungen zur Ehrenpforte entstanden 1512—1515
3 darangesetzt
4 Ehrenpforte und Triumphzug Kaiser Maximilians
5 Es ist aus dem Text nicht ersichtlich, ob Dürer ein einmaliges Geschenk oder eine Leibrente wünschte. Am 6. 9. 1515 bewilligte ihm der Kaiser ein jährliches Gehalt in dieser Höhe

An Georg Spalatin

Georg Spalatin (Georg Burkhardt aus Spalt; 1484—1545), seit 1508 am Wittenberger Hof des Kurfürsten Friedrich des Weisen, zunächst Prinzenerzieher, seit 1514 Hofkaplan, Geheimschreiber und Ratgeber des Kurfürsten, Fürsprecher Luthers und der Reformation.
Original in der Universitätsbibliothek Basel. Gedruckt bei: Lange/ Fuhse, S. 66—68, Rupprich I, S. 86 f., Faensen, S. 108—110.

1 Friedrich der Weise, Kurfürst von Sachsen; Dürer hatte seit 1496 verschiedene Arbeiten für ihn ausgeführt
2 Um welche Schriften es sich handelte, ist nicht festzustellen
3 Lazarus Spenglers „Schutzrede und christliche Antwort", die 1519 anonym erschienen war. Am 18. 1. 1520 schrieb Luther an Spalatin, er werde die Schrift wohl erhalten haben; danach ist der Brief annähernd zu datieren
4 anonym hat erscheinen lassen

5 einst 1514 zu Köln
6 den „Kleinen Kardinal", das Porträt des Kardinals Albrecht von Brandenburg, Kurfürst von Mainz von 1519, B. 102
7 die Kupferdruckplatte
8 Nach dem Tode Maximilians zögerte der Nürnberger Rat, das Leibgedinge (vgl. den Brief an Christoph Kress) weiterzuzahlen; er erwartete erst die Bestätigung durch den Nachfolger Maximilians, Karl V. Um diese Bestätigung zu erhalten, reiste Dürer am 12. 7. des gleichen Jahres nach den Niederlanden
9 Hirschgeweihe, die als Hängeleuchter beliebt waren
10 die kleine Kreuzigung, eine Hutagraffe, der sogenannte Degenknopf Kaiser Maximilians, B. 23

Andreas Bodenstein, gen. Karlstadt, an Dürer

Andreas Bodenstein, gen. Karlstadt (um 1480—1541), war seit 1504 als Theologe an der Wittenberger Universität, schloß sich 1517 Luther an, wurde während Luthers Wartburgaufenthalt zum entschiedenen Verfechter einer über Luther hinausgehenden Reformation, seine Schrift „Von Abtuung der Bilder" wurde mit Anlaß zum Bildersturm. Luther bekämpfte ihn nach seiner Rückkehr; des Landes verwiesen, fand er Zuflucht bei Zwingli

1 auf die unter Bodenstein in Abwesenheit Luthers radikal weitergeführte Reformation
2 hinter dem Rücken
3 klatschen
4 Leute, die Träumen nachspüren
5 die 1521 erschienene Schrift „Von Anbetung und Ehrerbietung der Zeichen des Neuen Testaments"

An Felix Frey

Felix Frey (1470—1555), erster reformierter Propst des Karlsstifts in Zürich. Dürer hatte ihn auf seiner Reise in die Schweiz im Frühsommer des Jahres 1519 kennengelernt
Original im Kupferstichkabinett der Öffentlichen Kunstsammlung zu Basel. Gedruckt bei: Lange/Fuhse, S. 70, Rupprich I, S. 107, Faensen, S. 115.

1 vorliebnehmen

Dem Brief war eine Federzeichnung beigegeben, die zwölf Affen um einen brennenden Totenkopf tanzend zeigt

Briefwechsel zwischen Nikolaus Kratzer und Albrecht Dürer

Dürer hatte Nikolaus Kratzer (1486/87—1507), den aus München stammenden Mathematiker und Hofastronomen Heinrichs VIII. von England, in den Niederlanden kennengelernt.
Der Brief Kratzers an Dürer befand sich 1884 in Kölner Privatbesitz, der Dürers an Kratzer kam 1955 in eine englische Privatsammlung. Der erstere ist gedruckt bei Rupprich I, S. 111, der zweite bei Lange/Fuhse, S. 71 f., Rupprich I, S. 113, und Faensen, S. 116.

Kratzers Brief vom 24. 10. 1524

1 muß Euch schreiben, die Ihr in Nürnberg evangelisch seid. Gott verleih Euch Gnad, daß Ihr bis zum Ende ausharrt
2 Antwerpen; Dürer und Kratzer lernten sich vermutlich bei Erasmus von Rotterdam kennen
3 „wie hoch Ihr eine Serie von allen Euren Drucken bewertet“ (aus engl. print: Druck, Abzug)
4 das meine Wissenschaft, die Astronomie, angeht
5 Johannes Werner (1468—1522), Astronom und Mathematiker
6 hinterlassen hat
7 Johannes Stabius, vgl. den Brief an Kress, war am 1. 1. 1522 gestorben
8 Nachlaß an Büchern und Instrumenten
9 eine Landkarte Englands vermessen
10 das Bildnis von Johannes Stabius als h. Koloman, Holzschnitt von Springinklee, 1513
11 auch Agnes Dürer kannte Kratzer aus Antwerpen

Dürers Brief vom 5. 12. 1524

1 Die Hinterlassenschaft des Johannes Werner ist verstreut worden
2 während der Pest nicht in Nürnberg war
3 verstreut
4 Gefahr
5 die Porträtstiche Pirckheimers und Friedrichs des Weisen, die Dürer gerade geschaffen hatte
6 von neuen Mären, es gibt keine erfreulichen Neuigkeiten

Dürer an Bürgermeister und Rat der Stadt Nürnberg

Mit dem Schreiben schenkt Dürer dem Rat die beiden Tafeln mit den vier Aposteln, die sich heute in der Pinakothek in München befinden. Am 6. 10. 1526 beschloß der Rat, Dürer dafür eine Entschädigung zu gewähren.
Original im Staatsarchiv zu Nürnberg. Gedruckt bei: Lange/Ruhse, S. 64 f., Rupprich I, S. 117, Faensen, S. 113 f.

Inschriften der Aposteltafeln

Die Texte hatte der Nürnberger Schreib- und Rechenmeister Johann Neudörfer in Dürers Werkstatt unter den beiden Tafeln der vier Apostel angebracht. Als die Tafeln 1627 nach München gebracht wurden, wurden die Texte abgesägt und verblieben unter den Kopien in Nürnberg. Heute sind die Texte wieder mit den Originalen vereinigt. Die Texte sind Luthers Septemberbibel (1522) entlehnt. Gedruckt bei: Lange/Fuhse, S. 382 f., Rupprich I, S. 210 f., Faensen, S. 122 f.

1 verleugnen
2 die daran festhalten

KUNSTTHEORETISCHE SCHRIFTEN

Entwürfe zum „Lehrbuch der Malerei"

1. Vorrede und Inhaltsangabe

Dürers Handschrift London 5230, fol. 4[a] und 5[ab]. Entstanden um 1508. Gedruckt bei: Lange/Fuhse, S. 281 ff., Rupprich II, S. 91 ff., Faensen, S. 218 ff.

1 begehren zu lernen
2 dasjenige, was ich
3 wohlauf, vorwärts (Interjektion)
4 entbehrt
5 sagt
6 „wie der Knabe ausgewählt und die Eignung seines Temperaments (Komplexion) beachtet werden soll"
7 Vorführung, Ausführung, Darstellung
8 Freizügigkeit
9 bildet ein Teil ab
10 vollbringen
11 Tierkreiszeichen, Gestirn; um daraus auf seine Veranlagung zu schließen
12 Aus den Proportionen glaubte man auf das Temperament schließen zu können
13 überdrüssig
14 Diese und einige der folgenden Erziehungs- und Lebensregeln Dürers gehen auf die Schrift „De Vita libri tres", Florenz 1489, des Marsilius Ficinus zurück

15 Scharfsinn, Feinheit
16 angenehme
17 daß er die Möglichkeit habe, auf eigene Rechnung die zuvor geforderte Bildung zu erwerben, und er gepflegt werde mit Arznei, wenn er das braucht.
18 heiliger
19 denn wenn man sich mit ihr beschäftigt, bietet sie selbst reiche Freuden
20 Weisen

2. Von der Malerei und von der Schönheit

Dürers Handschrift London 5230 ff., 14 f. Entstanden 1508/09 im Anschluß an die Vorrede. Gedruckt bei: Lange/Fuhse, S. 287 ff., Rupprich II, S. 99 ff., Faensen S. 223 ff.

1 Rupprich II, S. 99, Anm. 5 liest: „zum ersten Lernen zuzuteilen". Das Folgende scheint aber mehr dafür zu sprechen, daß „aws teillen" hier im Sinne von unterteilen, aufteilen gemeint ist: Es ist einem jeden gut, zuerst eine menschliche Gestalt aufteilen, untergliedern zu lernen, nämlich um sich ihre Proportionen klar zu machen
2 Naturalis historia
3 wir ermangeln, uns fehlen
4 die wohlproportionierten Dinge
5 dabei hilft es, andere um Rat zu fragen
6 finden gewöhnlich die Fehler heraus
7 Gebrechen, Mängel, Fehler
8 im geplanten Text des Malerbuches
9 der folgenden Ausführungen
10 möglich
11 mutiger und geschickter
12 zu jedem Typ der menschlichen Gestalt, der gerade erforderlich ist.
13 Komplexionen, Temperamente
14 Ärzte
15 formtest
16 Schönheit
17 Darüber muß man beraten, darüber kann man sich streiten.
18 Wege weisen
19 wie du es zufällig brauchst

3. Vom Maß der menschlichen Gestalt

Dürers Handschrift London 5230, fol. 2ª. Entstanden um 1508.

Gedruckt bei: Lange/Fuhse, S. 314 f., Rupprich II, S. 163 f., Faensen, S. 236 f.

1 Vitruvius Pollio, De architectura
2 der soll sich einrichten auf das dem Menschen Angemessene, auf die Beschaffenheit der menschlichen Gestalt
3 der Proportionen; vgl. Vitruv III 1, 1ff.
4 Dürer beabsichtigte auch, eine Proportionslehre der Pferde zu schreiben
5 Vgl. Vitruv, III, 1, 2ff.
6 die Fußlänge
7 in der Breite von Schulter zu Schulter

4. Von der Notwendigkeit neuer Lehrbücher

Dürers Handschrift London 2530, fol. 18^a. Entstanden im Anschluß an das Vorangehende. Gedruckt bei: Lange/Fuhse, S. 315 ff., Rupprich II, S. 103 f.

1 unterdrückt
2 wäre ich zufällig dabeigewesen
3 Apollo
4 kräuslich: zierlich, fein
5 Samson
6 Dürer beschränkte sich von vornherein auf die Proportionen, die Maßverhältnisse des menschlichen Körpers; die Anatomie schloß er von seinen Betrachtungen aus

5. Sinn der Proportionen für den Künstler

Dürers Handschrift London 5229, fol. 51^a. Entstanden um 1510. Gedruckt bei: Lange/Fuhse, S. 345, Rupprich II, S. 105.

1 Figur, die menschliche Gestalt
2 nach den Proportionen, nicht nach dem anatomischen Aufbau
3 Anleitung und Belehrung

6. Vom Nutzen des Wissens

Dürers Handschrift London 5230, fol. 28^a und 29^a. Entstanden um 1512. Gedruckt bei: Lange/Fuhse, S. 291 ff., Rupprich II, S. 105 f.

1 Gott ähnlicher, vollkommener
2 wagen, sich getrauen

7. Lob der Malerei

Dürers Handschrift London 5230, fol. 24 f. Entstanden 1512. Gedruckt bei: Lange/Fuhse, S. 269ff., Rupprich II, S. 112ff., Faensen, S. 228 ff.

1 überdrüssig
2 vor Augen kommen
3 Aussage
4 bekannt
5 göttliche Eingießung; der Künstler muß inspiriert sein
6 Geister
7 das lautet blau, das ist nichtssagend
8 sie machen nur schöne Worte
9 daran liegt mir nichts, darauf gebe ich nichts
10 haltet sie nicht lange auf. So wie Jacopo de' Barbari, der Dürer Andeutungen von einer Proportionslehre machte, ihm deren genaue Kenntnis aber vorenthielt. Gegen diesen scheint sich auch die vorangegangene Polemik zu richten. Dürer hatte während seines zweiten Italien-Aufenthaltes (vgl. den 2. Brief an Pirckheimer) seine Meinung über Jacopo de' Barbari geändert

8. Vom Wesen der Schönheit und Beschreibung des „Teilers"

Dürers Handschrift London 5230, fol. 35^{ab}. Entstanden 1512. Gedruckt bei: Lange/Fuhse, S. 305 f., Rupprich II, S. 115 f.

1 Künste
2 mich dadurch zu bessern
3 Der Teiler, Dürers erstes und wichtigstes Meßinstrument, ist wahrscheinlich von Alberti angeregt
4 Verweist auf die Möglichkeit, die Grundmaße zu variieren, wie Dürer es später noch genauer beschreibt

9. Von Farben

Dürers Handschrift London 5230, fol. 7^{a}. Entstanden 1512/13. Gedruckt bei: Lange/Fuhse, S. 326 ff. Rupprich II, S. 393 f., Faensen, S. 239 f.

1 dem Auge Körperlichkeit vortäuschen soll
2 schattierst, ihnen dunkle Schatten gibst
3 Hell und Dunkel
4 würde man nur so viel erkennen, wie sich die Lokalfarben voneinander unterscheiden
5 kein Licht hinkommt

6 Finsternis
7 blau
8 Farbe
9 beschmiert, beschmutzt
10 schillernde, changierende
11 gewirkt
12 Braun
13 kastanienbraun
14 violett
15 nur
16 kolorieren; schattieren, übermalen

10. Speis der Malerknaben

Dürers Handschrift London 5230, fol. 33 f. Datiert 1513. Gedruckt bei: Lange/Fuhse, S. 310 f., Rupprich II, S. 131 ff., Faensen, S. 234 f.

1 verdrießen

Aus den „Vier Büchern von menschlicher Proportion“

Entwürfe

1. Beginn der Arbeiten für die Proportionslehre, die Dürer als erstes Lehrbuch herausgeben wollte

Dürer-Handschriften in London 5230, fol. 26 f., Nürnberg, Germanisches National-Museum, Merkelsche Dürer-Handschrift, fol 5 f. und Nürnberg, Stadtbibliothek Cent. V. App. 34[aa], fol. 115[ab]. Entstanden 1512. Gedruckt bei: Lange/Fuhse, S. 299 ff., Rupprich II, S. 120 ff.

1 Komplexionen, Temperamente; Dürer war, wie die Humanisten seiner Zeit, davon überzeugt, daß sich die Gestalt der Menschen entsprechend ihrem Temperament unterscheide
2 nicht nach dem Modell eines einzigen Menschen zeichnen
3 abschließend, entscheidend
4 das bedarf der Beratung
5 Personen
6 bewähren, als wahr erweisen
7 die Harmonie, als Zueinanderpassen in Quantität und Qualität
8 teilbaren

9 Lotrechte, Senkrechte
10 Vorder- und Rückansicht
11 Kopfgrundriß und Querschnitte
12 Samson und Herkules sind beide Sinnbilder großer körperlicher Kraft und deshalb in den Darstellungen kräftigen, muskelstarken Leibes
13 Nasenballen, Nasenflügel
14 Die Zeichnung des Kopfes eines starken Mannes ist nicht erhalten.
15 mit Hilfe der Parallelprojektion
16 Halbteil

2. Proportionen eines starken Mannes von 8 Kopflängen

Dürers Handschrift Nürnberg, Stadtbibliothek Cent. V. App. 34[aa], fol. 87[ba], 77[ab], 78[ba] und 86[ab]. Datiert 1512. Gedruckt bei Rupprich II, S. 172 ff.

1 Profil-, Vorder- und Rückansicht
2 schaut männlich, mannhaft aus
3 Nasenflügel
4 geballte

3. Proportionen einer starken Frau von 8 Kopflängen

Dürers Handschrift London 5230, fol. 82 ff. Datiert 1512. Gedruckt bei Rupprich II, S. 258 ff.

1 Profilansicht
2 Vorderansicht
3 Rückansicht
4 Kopfgrundriß
5 im Profil
6 muß heißen: Fürsichtig

4. Proportionen einer schlanken Frau

Dürers Dresdener Skizzenbuch, Sächsische Landesbibliothek Dresden, R 147 f., fol. 155[b], 156[ab]. Entstanden 1507, von Dürer 1509 korrigiert und datiert. Veröffentlicht in R. Bruck, Das Skizzenbuch von Albrecht Dürer in der Königl. Öffentl. Bibliothek zu Dresden, Straßburg 1905, Taf. 160, 83 und 84. Gedruckt bei Rupprich II, S. 247 f.

1 Kleeblatt, Lindenblatt usw. Dürer verwendet in diesem Text neben aliquoten Brüchen der Körperlänge auch Analogiebestimmungen, wie es ähnlich Leonardo da Vinci in seinen Proportionsstudien getan hat

2 geht darüber hinaus
3 des Knies
4 und verliert sich dann hinab zum Knie, verjüngt sich
5 des Fußes

5. Proportionen eines starken Mannes (Samson)

Dürers Handschrift Nürnberg, Stadtbibliothek Cent. V. App. 34[aa], fol. 101 ff. Entstanden nach 1513. Gedruckt bei Rupprich II, S. 197 ff.

1 Profilansicht
2 Vorder- und Rückansicht
3 wohlbestimmter
4 Kopfgrundriß
5 Das geschieht bei Dürer mit Hilfe der stetigen Proportion
6 der Körper zwischen Halsgrube und Hüftgelenk
7 Die stetige Proportion hat Dürer demnach von Euklid übernommen
8 lauterer, klarer
9 ein Rechteck
10 Spannader, Sehnader
11 Strebe, Verstrebung
12 gehöhltes
13 Das sieht schön aus und ist auch richtig
14 erhöht, erhaben
15 wegen der Tragarbeit des Fußes

6. Proportionen eines Kindes

Dürers Handschrift London 5230, fol. 194[a]—195[b]. Entstanden 1513. Gedruckt bei Rupprich II, S. 348 f.

1 Profilansicht
2 Vorderansicht
3 Rückansicht
4 würstchenförmig

7. Gegensatzbegriffe, die die menschliche Gestalt verändern

Dürers Handschrift Nürnberg, Germanisches Nationalmuseum, Merkelsche Dürer-Handschrift, fol. 8[ab]. Gedruckt bei: Lange/Fuhse, S. 241 ff., Rupprich II, S. 405 ff.

1 Zusammenstellung von Gegensätzen
2 sei

3 den von 8 Kopflängen
4 wohl eine Proposition des VI. Buches

8. Bedeutung der Proportionslehre für den Künstler

Dürers Handschrift London 5230, fol. 53^{ab}, 54^{a} und 52^{ab}. Gedruckt bei: Lange/Fuhse, S. 346 f., Rupprich II, S. 145 f.

1 daraus
2 damit
3 Profil-, Vorder- und Rückansicht
4 Modell
5 nicht verdecke

9. Inhaltsangabe des ersten Buches der Proportionslehre in der Fassung von 1523

Dürers Handschrift London 5230, fol. 48^{a}. Entstanden vor 1523. Gedruckt bei Rupprich II, S. 149.

1 $7^1/_2$
2 In der Dürer-Handschrift der Dresdener Sächsischen Landesbibliothek, R 147 f., fol. 54^{b}: „Item so einem man ein weib zw gemacht würt, sol das weib nit lenger gemacht werden den das sy dem man dy awgprawen rür.“ Und fol. 87^{b}: „Ein solch jung kind soll ein trittell van seiner mutter leng haben.“

10. Konzept zur Einleitung der Proportionslehre in der Fassung von 1523

Dürers Handschrift London 5230, fol. 42^{b} und 48^{a}. Entstanden vor 1523. Gedruckt bei: Lange/Fuhse, S. 337 f. und 343 f., Rupprich II, S. 142 f.

1 teilen, mitteilen
2 geringen Kenntnissen
3 Bezieht sich wohl auf Cennino Cenninis „Trattato della pittura“, der um 1390 entstand
4 wohl die italienischen Künstler und Kunsttheoretiker
5 Dürer gibt hier zum ersten Male die deutsche Übersetzung von „rinascita“: „Renaissance“ und bezieht es ebenso auf Kunst und Wissenschaft, wie es Vasari dann in seinen „Lebensbeschreibungen“ 1550 getan hat
6 wage

Auszüge aus der gedruckten Fassung

1. Widmung

der Proportionslehre, Nürnberg 1528. „HJerinn sind begriffen vier bücher von menschlicher Proportion, durch Albrechten Dürer von Nürnberg erfunden und beschrieben, zu nutz allen denen so zu dieser kunst lib tragen. MDXXVIII Nürnberg, Hieronymus (Andreas) Formschneider für Dürers Witwe, 31. 10. 1528."
Gedruckt bei: Lange/Fuhse, S. 206 ff., Rupprich I, S. 125 ff., Faensen, S. 173 ff.

1 wage
2 Und die Befürchtung ist nicht abzuweisen – wenn die kunsttheoretischen Schriften der Antike noch existierten, so ...
3 wiewohl es unnötig ist
4 vom inneren Organismus, der Anatomie
5 Plinius, Historia naturalis; Vitruv, De architectura libri X

2. Der „Große ästhetische Exkurs"

am Ende des 3. Buches der „Vier Bücher von menschlicher Proportion" (T — T_{iiii}b). Drucke: HJerinn sind begriffen vier bücher von menschlicher Proportion, durch Albrechten Dürer von Nürenberg erfunden vnd beschriben, zu nutz allen denen so zu diser kunst lieb tragen. M.D.XXVIII., Von menschlicher Proportion, Arnheim 1603. Lange/Fuhse, S. 216ff., Rupprich III, S. 290ff., Faensen S. 191ff.

1 etwas, das so bedeutend wäre, daß man es einem mit der Hand zeigte
2 Denn einer kann, wenn er lernen will, mit dem Wissen, darin die Wahrheit ist, arbeiten oder ohne Wissen, dadurch wird ein jedes Ding in derselben Freiheit ausgeführt, und seine Mühe [wird] dem, der etwas davon versteht, ein Gespött, ohne [das sie nicht] anzusehen ist
3 nützt nichts
4 die Veränderung der Körperformen so ins Extrem getrieben habe
5 gemäßigter
6 Einfälle
7 schicklich, angemessen
8 von Natur aus geeignet
9 verhindern, vermeiden
10 Phantasiegestalten
11 und wenn einer sicher genug ist
12 entgegengesetzt

13 gewaltig, groß
14 in Holz schneidet, einen Holzschnitt anfertigt
15 zugeben
16 welche Proportionen die absolute Schönheit ergeben
17 große Fähigkeiten
18 Örtlein, Eckchen, Winkelchen
19 knorrig, eingeschrumpft
20 sichtbar
21 bringen
22 flachen
23 Temperament; geistig-seelische Beschaffenheit, die sich nach der Auffassung der Zeit auch am Aussehen erkennen ließ
24 aufgequollen
25 beweglich; dünn, schmächtig
26 ... es sei denn, daß er davon durch vieles Abzeichnen (Abmalen) in seinem Gedächtnis genug zusammengetragen hat, das ist dann nicht mehr Eigenes genannt, sondern erworbene und erlernte Kenntnis (Kunst) geworden, die zusammen (durch Vereinigung vieler Erfahrungen) entsteht und Früchte ihrer Art bringt
27 Modell
28 nicht zufällig
29 Modell
30 zuvorkommen
31 entsprechend den vier Temperamenten: Choleriker, Sanguiniker, Phlegmatiker und Melancholiker
32 auf eine Manier festlegen
33 wird von jedermann gelobt

3. Nachwort von Willibald Pirckheimer

Nachwort der „Vier Bücher von menschlicher Proportion", das Willibald Pirckheimer für seinen während des Druckes am 6. 4. 1528 verstorbenen Freund schrieb (Z_{iii}b). Drucke: HJerinn sind begriffen vier bücher von menschlicher Proportion, durch Albrechten Dürer von Nürenberg erfunden und beschriben, zu nutz allen denen so zu diser kunst lieb tragen., Von menschlicher Proportion, Arnheim 1603, Rupprich I, S. 126.

Aus der „Unterweisung der Messung“

Entwürfe

1. Vitruv als Vorbild

Dürers Handschrift London 5229, fol. 95[b]. Entstanden 1523/24. Gedruckt bei Rupprich II, S. 362.

1 Fasson, Art

2. Perspectiva naturalis nach Euklid

Dürers Handschrift London 5229, fol. 77[ab] und 211[a]—219[b]. Entstanden um 1508/09. Gedruckt bei: Lange/Fuhse, S. 322 ff., Rupprich II, S. 374 ff.

1 die sich voneinander trennen, die einen Zwischenraum haben
2 Kegel
3 Streifen
4 Lehrsatz
5 gleichgroße Dinge in unterschiedlicher Entfernung niedergesetzt
6 Lehrbuch der Malerei
7 Ebenen, Flächen
8 scheinen in der Entfernung nach links zu gehen
9 nahe
10 circumferentia, Umfang, Umkreis
11 Gemeint ist eine Kugel
12 Sphaera, Kugel
13 „Das scheint dem ganzen Umkreis der Kugel zu entsprechen.“ Lange/Fuhse, S. 325
14 „Und die Entfernung deiner beiden Augen voneinander gleich ist dem Kugeldurchmesser.“ Lange/Fuhse, S. 325
15 Zylinder
16 superficis, Oberfläche
17 „Hierbei ist das Auge über der Spitze des Kegels gedacht.“ Lange/Fuhse, S. 325
18 „Wenn auf dem Mittelpunkt des Kreises eine Senkrechte auf den Kreis gefällt wird.“ Lange/Fuhse, S. 325
19 Querlinie, Durchmesser
20 dimetientes, Durchmesser

1. Widmung

Drucke: VNderweysung der messung, mit dem zirckel vnd richtscheyt, in Linien ebnen vnnd gantzen corporen, durch Albrecht Dürer zu samen getzogen, vnd zu nutz allen kunstlieb habenden mit zu gehörigen figuren, in truck gebracht, im jar. M.D.XXV. Nachauflagen Nürnberg 1538, Arnheim 1603. Lange/Fuhse, S. 180 ff., Rupprich I, S. 114 f., Faensen, S. 159 f.

1 allgemein darstellende Geometrie, nicht nur Perspektive
2 gemeint sind die Bilderstürmer
3 im Verlauf von zweihundert Jahren
4 die Italiener; bezieht sich wohl auf die Erneuerung der Malerei seit Giotto

2. Von den Säulen (Auszüge)

Auszüge aus dem 3. Buch der Unterweisung der Messung (G_{iii}b—I_{iii}). Drucke: VNderweysung der messung, Nürnberg 1525, Nürnberg 1538, Arnheim 1603. Lange/Fuhse, Faensen, S. 161 ff. – Kürzungen im Text sind durch ... angegeben

1 Façon, Form
2 nicht ausgeschlossen
3 seiner Art
4 Linie, die einen Streifen begrenzt
5 Hügel
6 Zwiebel
7 Haferkiste
8 darüber hinausreicht
9 übertreten
10 Stufen
11 ringsherum
12 von dem, was er sieht
13 Uhr

3. Perspektivische Konstruktionen (Auszug)

Auszug aus dem 4. Buch der Unterweisung der Messung (Q_{ii}b — Q_{iii}). Drucke: VNderweysung der messung, Nürnberg 1525, Nürnberg 1538, Arnheim 1603. Lange/Fuhse, S. 198 f., Faensen, S. 166 f.
Faensen, S. 170, 172.

1 festzieht

Auszüge aus der „Befestigungslehre", 1527

„Etliche underricht zu befestigung der Stett, Schloß und flecken", Nürnberg 1527 (A_i — A_ib). Gedruckt bei: Lange/Fuhse, S. 202 ff., Faensen, S. 170, 172.

1. Der Bau von Befestigungen (Auszug)

1 künstliche Erdwälle, mit Sperren und Gräben gesichert
2 schleifen
3 überdeckt

2. Plan einer Idealstadt

1 Feldgeschütz
2 eigtl. Raum zwischen Schloßmauer und Graben, hier: in diesem Raum zu errichtende Befestigung
3 Stufen
4 Proviant; Lebensmittelvorräte für das Heer
5 die acht kanonischen Tagzeiten mit dem kirchlichen Stundengebet
6 hart, kräftig
7 Kleinhändler, Lebensmittelhändler
8 Panzerschmiede
9 Helmschmiede
10 Beil
11 Läden
12 Leinwand
13 Ware (eigtl.: „was einen Pfennig wert ist")

WORTERKLÄRUNGEN

aber: auch „abermals“, „wieder“
abher: herab
abmachen: abzeichnen, abmalen
ach: auch
Achsel: Schulter
ahn: ohne
allbeg: allweg
als: auch „also“
andächtig: an etwas denkend; andächtig
andere: (*der, die* usw.): der, die usw. zweite
andingen, (ver)dingen: mieten, vertraglich binden
antiga: antik
arg: schlecht, böse
artig, ärtig: von guter Art, Beschaffenheit
as: als
ausmachen: fertigmachen, fertigstellen; ebenso sinngemäß andere Verbindungen mit *aus*

bald: rasch
baß: besser
behalten: halten, aufbewahren
Beib: Weib
beleiten: geleiten, begleiten
benügen: genügen
bequem: passend; tauglich; bequem
bereuen: bedauern
böse: schlecht; wertlos; böse
brämen: einfassen

daußen, daus: draußen
Diameter: Durchmesser, auch allgem. schräge Linie
Dübel: Erhöhung
durchaus: im Ganzen, völlig
dürfen: bedürfen, brauchen
dürftig: bedürftig

ehrlich: ansehnlich; vortrefflich; schön
Eidem, Eiden: Schwiegersohn
eigentlich: ausdrücklich, bestimmt: speziell

Einbeißen, Beißen: Vertiefung, Einbuchtung
einig: einzig
eitel: leer, nichts als
embieten: entbieten
erbarten: erwarten
erberben: erwerben
Erbet, erbeten: Arbeit, arbeiten
ererbern: erarbeiten
erfinden: finden
Erich-, Erch-, Erigtag: Dienstag (oberdt.)
erst: zuerst
etwan: einst; etwa

fahen: fangen
Fassen: Einfassung
fast: sehr
fehlen: etwas verfehlen, Fehler machen
ferr: fern
fleißig: eifrig; sorgfältig
förmlich: gut geformt
fremd: befremdlich; seltsam, wunderlich
fromm, frumm: rechtschaffen; fromm
Freund: auch „Verwandter“
füglich: passend
für: vor, für
fürhalten: vortragen, lehren
fürsich: nach vorn
fürtragen: voranbringen

gar: ganz; gar
Gähe, gähling: Plötzlichkeit; jäh, plötzlich
geleicht: vielleicht
gemein: allgemein; gewöhnlich
Gemüt: Gesamtheit der Gedanken und Empfindungen; Sinn; Herz
Geschicklichkeit: Beschaffenheit; Art; Bildung
geschickt: geordnet; gerüstet; passend
gestrackt: gerade
gewaltig: die Fähigkeit, Macht habend
gewiß, Gewißheit: sicher, Sicherheit (im Gebrauch, in der Beherrschung)
gitlich: gütlich, gut
grob: ungebildet; unangemessen
Grund: Grundriß, Grundlage
Gürtel: Gurt (zum Befestigen)

Hafen: Topf
hahen: hängen
hart, härt, hört: sehr; schwer; hart
herrlich: prächtig, vornehm, ausgezeichnet
hinfür: nach vorn
hintersich: nach hinten
Holzwerk: Holzschnitt

item (lat): auch, ebenso, desgleichen; ferner

Klafter, Klofter: das Maß der ausgebreiteten Arme
Knecht: Gehilfe; Lehrling; Geselle
Knorr(en): Knöchel
können: wissen; verstehen; können
köstlich: kostbar, teuer; köstlich
krank: schwach; krank
Kundschaft: Bekanntschaft; Kenntnis
Kunst: Kenntnis, Wissen; Kunstfertigkeit, Geschicklichkeit; Kunst, einzelne Kunstwerke (vor allem Druckgrafik)
künstlich: kunstvoll, kunstfertig; künstlerisch, von künstlerischem Wert
Kupferstück: Kupferstich

Lebsen, Lepfs, Lepsen: Lippe
Lecker: Schmarotzer; Schuft
lehren: lernen; lehren
Leiste: Bilderrahmen
leit: liegt
leinen: lehnen
liederlich: leicht
lind: weich
Lini: Gerade

machen: auch „arbeiten“
männiglich: jeder
Maß: Proportion, rechtes Maß
Materie: Stoff; Gegenstand; Körper
mehr: mehr; außerdem, noch dazu; ferner; sonst; früher schon
meinst: meist
merklich: bedeutend, deutlich
Mih: Quälerei, Mühe
mild(iglich): freigebig; uneigennützig
mögen: vermögen, können; mögen

nachgehen: folgen
nebensich: nach der Seite
nett: rein, sauber; glatt; unvermischt
niederträchtig: niedrig
niender(t): nirgends
noch als ... als: noch einmal so ... wie
nochdann: dennoch
Nutz: Zweckmäßigkeit; Nutzen

ob: über; wenn
och: auch
Ort (Art, Ertlein): End- oder Anfangspunkt; Spitze; Winkel; Ecke; Rand; Ort; Münzeinheit: Viertelgulden

Paarlini: Parallele
Pfings-, Pfinztag: Donnerstag (oberdt.)

recht: richtig; gerade
rein: klar, rein; vollkommen
(auf)reißen: zeichnen
Richtscheit: Lineal, Meßlatte

Schicklichkeit: Ordnung
Schimpf: Scherz; Spott
schlecht: gerade; einfach, schlicht; schlecht
schlem: schräg
schmecken: riechen
schier: bald, schnell
Schwäher: Schwiegervater
sehen: auch „aussehen"
Steuer: Stütze, Hilfe; Beitrag
strafen: tadeln, schelten; bestrafen
Streichwöhr: Brustwehr
Stüber: Münze, der 24. Teil von 1 fl. rhein.
Stübig: Packfaß
subtil: fein

Tafel: Gemälde, Tafelbild; Holztafel für ein Gemälde
tapfer: gewichtig; wichtig; ansehnlich
Tröl(l)e: Verdickung; fleischiges Unterkinn
Tüchlein: auf Leinwand gemaltes Bild
tügen: nützlich sein; Kraft haben; taugen
Tugend: gute Eigenschaft, Tüchtigkeit
Turn, Turen: Turm
Tütle: Brustwarze

übel: böse; schlecht; übel
übersich: hinauf
überkommen: bekommen; zu etwas gelangen; in die Gewalt bekommen
überort: schräg
Üchse: Achselhöhle
Umschweif: Umgebung; Kreis (geometr.)
ungestalt: häßlich, unansehnlich
unsinnig: wahnsinnig
Unterschied: Unterscheidung; Zwischenraum
untersich: hinab
unterstehen, sich: sich bemühen
urtützig, ürdützig (machen): überdrüssig; langweilen

vergleichen: gleichen
Verklärung: Erklärung
verlassen: überlassen
verleuken: verleugnen
versehen, sich: hoffen
versprechen: empfehlen
Verstand: Verständnis, Einsicht; Verstand
verständig sein: verstehen, Kenntnis haben
Vertrag: Übertragung (geometr.)
Vierung: Viereck
Visierung: Zeichnung
vor: für, vor; vorher
vorbestimmt: vorher (oben) bezeichnet, gesagt
vorder: vorzüglich, zuvörderst

wann: denn
was: war
weder: als; ob
Wehr: Schild; Lanze, Waffe allgemein
weislich: verständig, klug
werklich: kunstgerecht; wunderbar
widerwärtig: entgegengesetzt
Wirde, Wirdigkeit: Wert; Ansehen, Würde
wunderlich: erstaunlich

zieren: schmücken; verherrlichen
zwerch, zwer: quer (Zwerfinger: fingerbreit)
zwier: zweimal
Zwiesel: Gabelung, Spalt

LITERATURHINWEISE

Dürers Schriftlicher Nachlaß, hg. v. K. Lange u. F. Fuhse, Halle 1893

Dürer, Schriftlicher Nachlaß, hg. v. H. Rupprich, 3 Bde., Deutscher Verein für Kunstwissenschaft, Berlin 1956, 1966, 1969

Albrecht Dürer, Schriftlicher Nachlaß, hg. v. H. Faensen, Berlin 1962

Das Skizzenbuch von Albrecht Dürer, hg. v. R. Bruck, Straßburg 1905

M. Mende, Dürer-Bibliographie, Wiesbaden 1971

Abbildungswerke

Dürer, hg. v. F. Winkler, Stuttgart und Leipzig ⁴1928

Albrecht Dürer, Sämtliche Holzschnitte, hg. v. W. Kurth, München 1927

Albrecht Dürer, Sämtliche Kupferstiche, hg. v. H. Heyne, Leipzig 1928

Die Zeichnungen Albrecht Dürers, hg. v. F. Winkler, 4 Bde., Berlin 1936–1939

Albrecht Dürer. 1471 bis 1528. Das gesamte graphische Werk, 2 Bde., Einleitung von W. Hütt, Berlin 1971

Wichtigste Monographien

M. Thausing, Albrecht Dürer, 2 Bde., Leipzig ^{2}1884

E. Flechsig, Albrecht Dürer, 2 Bde., Berlin 1928–1931

H. Wölfflin, Die Kunst Albrecht Dürers, München ^{6}1943

H. Tietze u. E. Tietze-Conrat, Kritisches Verzeichnis der Werke Albrecht Dürers, 2 Bde., 1.: Augsburg 1928, 2.: Basel und Leipzig 1937/38

E. Panofsky, Albrecht Dürer, 2 Bde., Princeton University Press, Princeton/New Jersey ^{3}1948

ders., Das Leben und die Kunst Albrecht Dürers, übers. v. L. L. Möller, München 1977

H. Lüdecke u. S. Heiland, Dürer und die Nachwelt, Berlin 1955

F. Winkler, Albrecht Dürer, Leben und Werk, Berlin 1957

H. Lüdecke, Albrecht Dürer, Leipzig 1970

Albrecht Dürer – Zeit und Werk, eine Sammlung von Beiträgen zum 500. Geburtstag von Albrecht Dürer, hg. v. E. Ullmann, G. Grau u. R. Behrends, Karl-Marx-Universität Leipzig, 1971

F. Anzelewsky, Dürer – Werk und Wirkung, Stuttgart 1980
ders., Albrecht Dürer, das malerische Werk, 2 Bde., 2., neu bearb. Aufl., Berlin 1991
Th. Hetzer, Die Bildkunst Dürers, Schriften Theodor Hetzers, hg. v. G. Berthold, Bd. 2, Mittenwald – Stuttgart 1982

Die Bezeichnung der graphischen Blätter (B...) folgt Bartsch, Le Peintre-Graveur, 1803–1821, vol. VII;
W... bezeichnet die Zeichnungen nach F. Winklers Ausgabe, Berlin 1936–1939.

MÜNZWERTE

Die in den Aufzeichnungen Dürers vorkommenden Münzen sind:

Anglot (englisch) = 2 fl. 2 Stüber
fl. rheinisch, rheinischer Gulden, s. d.
Crona, Goldstück = etwa 1 fl. 9 Stüber
Nobel = 1 Anglot an Goldwert, entspr. 2 fl. 2 Stüber
Ort = Viertelgulden
Pfund = 30 Pfennig
Philippsgulden (niederl.) = 25 Stüber
rheinischer Gulden = 3 Pfund 12 Pfennig = 20 Weißpfennig = 24 Stüber. Er war 2,53 feines Gold schwer.
Weißpfennig = 2 Heller

ZEITTAFEL

ZEIT	GESCHICHTE
1470	Rasche Blüte des deutschen Silberbergbaus, Deutschland rückt ökonomisch an die Spitze Europas Anton Kohergers Druckanstalt in Nürnberg wird das größte derartige Unternehmen in Deutschland Willibald Pirckheimer geboren
1471	
1472	
1473	Nikolaus Kopernikus geboren
1474	Regiomontanus (Joh. Müller) gibt die „Ephemeriden" heraus
1475	
1476	Predigten des Hans Böheim, des Pfeifers von Niklashausen, im Taubergrund; der Aufstand des „Pfeiferhansel" wird niedergeschlagen Der 1. Druck der „Reformatio Sigismundi" erscheint
1477	

KUNST	ALBRECHT DÜRER
Baubeginn auf der Albrechtsburg in Meißen durch Arnold von Westfalen M. Pacher beginnt den Hochaltar für S. Wolfgang im Salzkammergut	21. Mai: Albrecht Dürer als 3. Kind des Nürnberger Goldschmiedes Albrecht Dürer und seiner Ehefrau Barbara geboren
Hans Pleyenwurf gestorben Hugo v. d. Goes beginnt den Portinari-Altar Lucas Cranach d. Ä. geboren	
Leone Battista Alberti gestorben Schongauer malt die „Madonna im Rosenhaag" Hans Burgkmair geboren	
Mantegna vollendet die Arbeiten in der Camera degli Sposi des Schlosses zu Mantua	
Dirk Bouts gestorben Schongauers Kupferstich der „Versuchung des hl. Antonius" Michelangelo Buonarroti geboren	
bis 1482 „Wolfegger Hausbuch" Veit Stoß geht nach Krakau und beginnt die Arbeit am Hochaltar der Marienkirche Tizian und Hans Baldung Grien geboren	
	Albrecht Dürer besucht die öffentliche Lateinschule in Nürnberg

ZEIT	GESCHICHTE
1478	Türkeneinfall in Kärnten
1479	Reform des Nürnberger Stadtrechts nach dem Römischen Recht
1480	Andreas Bodenstein, gen. Karlstadt, geboren
1481	Bürgeraufstand in Köln
1482	
1483	Bürgeraufstand in Hamburg Martin Luther geboren
1484	„Hexenbulle" des Papstes Innozenz VIII. Ulrich Zwingli geboren
1485	Zunfthandwerkeraufstand in Regensburg Matthias Corvinus erobert Wien Wettinische Teilung, die Fugger verschaffen sich Zugang zum Tiroler Silberbergbau

KUNST	ALBRECHT DÜRER
Botticellis „Primavera" Giorgione geboren	
Wolgemut arbeitet am Hochaltar der Marienkirche in Zwickau Verrocchio beginnt das Reiterdenkmal des Coleoni	
„Moriskentänzer" des Erasmus Grasser Beginn der Ausmalung der Sixtinischen Kapelle des Vatikans in Rom durch Botticelli, Ghirlandajo, Signorelli, Perugino, Pinturicchio u. a. Albrecht Altdorfer geboren	
Leonardo da Vincis „Anbetung der Könige"	
Hugo v. d. Goes gestorben	
Pacher beginnt den „Kirchenväteraltar" Giovanni Bellinis „Madonna mit Heiligen" in der Frari-Kirche zu Venedig Riemenschneider kommt nach Würzburg Raffaelo Santi geboren	
	Albrecht Dürer tritt in die Goldschmiedelehre bei seinem Vater ein. 1. Selbstbildnis — Silberstiftzeichnung
Botticellis „Geburt der Venus" L. B. Albertis „Zehn Bücher über die Architektur" erscheinen	

ZEIT	GESCHICHTE
1486	Maximilian I. wird deutscher König Auf dem Reichstag zu Frankfurt a. M. wird ein 10jähriger Landfriede verkündet
1487	Bartholomäus Diaz umsegelt das Kap der Guten Hoffnung
1488	Bürgeraufstände in Braunschweig, Osnabrück und Rostock
1489	Thomas Münzer geboren
1490	Befreiung Wiens von ungarischer Besetzung
1491	
1492	Savonarolas Bußpredigten in Florenz Kolumbus entdeckt Kuba und Haiti Martin Behaim schafft den ersten Erdglobus
1493	Beginn der Bundschuhverschwörungen Paracelsus geboren
1494	Familiengeschäft der Fugger in offene Handelsgesellschaft mit den Gebrüdern Fugger als alleinigen Gesellschaftern umgewandelt Hans Sachs geboren

KUNST	ALBRECHT DÜRER
	Am 1. 12. tritt Dürer in die Lehre bei Michael Wolgemut ein Silberstiftzeichnung des Vaters
Peter Vischers d. Ä. Entwurf für das Sebaldusgrab Verrocchio gestorben	
Bernt Notkes Holzschnitte des „Lübecker Totentanzes“ Correggio geboren	Federzeichnungen der Gesellschaft zu Pferde, der Kavalkade und der Soldaten unterm Kreuz
Riemenschneiders „Münnerstädter Altar“	Bildnis des Vaters (Florenz) Beginn der Wanderschaft
Schongauer und Jörg Syrlin d. Ä. gestorben Der „Schatzbehalter“ erscheint mit Holzschnitten Wolgemuts und Pleydenwurfs d. J.	Dürer in Basel
Piero della Francesco gestorben Leonardos Zeichnung einer Flugmaschine	„Hl. Hieronymus“, Titelholzschnitt einer Ausgabe der Briefe des Kirchenvaters
Die „Schedelsche Weltchronik“ erscheint mit rund 2000 Holzschnitten der Wolgemutwerkstatt Adam Krafft beginnt die Arbeit am Sakramentshaus für S. Lorenz in Nürnberg	Buchillustrationen zum „Ritter von Turn“ und zu Sebastian Brants „Narrenschiff“ Besuch in Colmar Aufenthalt in Straßburg Selbstbildnis mit Männertreu
Lucas van Leyden geboren	18. 5. Dürer kehrt von der Wanderschaft zurück 7. 7. Er heiratet Agnes Frey und richtet eine eigene Werkstatt ein. Im Herbst Reise über Innsbruck, Klausen und Trient nach Venedig. Naturstudien und Landschaftsaquarelle

ZEIT	GESCHICHTE
1495	Erlaß der Reichskammergerichtsordnung
1496	
1497	Erweiterung der Messeprivilegien Leipzigs
1498	Savonarola in Florenz verbrannt Vasco da Gama erreicht auf dem Seeweg Indien Gründung der Handelsgesellschaft Welser, Vöhlin und Co. in Augsburg
1499	Die Schweiz löst sich vom Reich
1500	Erfindung der Taschenuhr durch Peter Henlein In Deutschland gibt es 60 Druckorte und 60 Papiermühlen

KUNST	ALBRECHT DÜRER
Jan van Scorel geboren	Rückkehr nach Nürnberg Kupferstich „Maria mit der Heuschrecke“ „Albertina-Passion“
Leonardo beginnt das „Abendmahl“ im Refektorium des Klosters S. Maria delle Grazie in Mailand Stoß kehrt nach Nürnberg zurück Hans Holbein d. J. geboren	Haller-Madonna Dresdener Altar
	Bildnis des Vaters (London) Kupferstiche „Maria mit Meerkatze“, „Traum des Doktors“, „Drei Bauern im Gespräch“, „Bauer mit Frau“ Beginn kunsttheoretischer Studien, Signatur „A D“
Michelangelo beginnt die Petersdom-Pietà Memlings „Ursulaschrein“ Pacher gestorben	Selbstbildnis (Madrid) Porträts der Tucher und des Oswolt Krell Holzschnittfolge der „Apokalypse“, Große Holzschnittpassion begonnen
Annenkirche in Annaberg begonnen Signorelli beginnt den Freskenzyklus im Dom zu Orvieto	
Michelangelo beginnt die „Brügger Madonna“ Bosch malt die „Versuchung des hl. Antonius“ (Lissabon) und den „Garten der Lüste“ (Madrid) Daniel Hopfer, Georg Pencz und Sebald Beham geboren Benvenuto Cellini geboren	Selbstbildnis (München) Bekanntschaft mit Jacopo de’ Barbari Beginn der Proportionsstudien

ZEIT	GESCHICHTE
1501	
1502	Kolumbus entdeckt das mittelamerikanische Festland Gründung der Universität Wittenberg „Newe zeytung von orient und aufgange“ Erasmus von Rotterdams „Handbuch des christlichen Streiters“
1503	
1504	Hans Ried sammelt für Maximilian I. mittelhochdeutsche Epen (Ambrasser Handschrift)
1505	
1506	Kolumbus gestorben Ablaßhandel des Dominikaners Johann Tetzel

KUNST	ALBRECHT DÜRER
Riemenschneider beginnt den Heilig-Blut-Altar für Rothenburg o. d. T. Leonardo beginnt die „Anghiarischlacht“ Michelangelo beginnt den Marmordavid für Florenz	Beginn der Holzschnittfolge des Marienlebens
Barthel Beham und Heinrich Aldegrever geboren	Paumgärtneraltar Pflanzen- und Tierstudien („Veilchenstrauß“, „Junger Hase“) Tod des Vaters, Dürer nimmt seinen jüngeren Bruder Hans in die Lehre Erste Eintragungen im Gedenkbuch
Cranach d. Ä. „Schleißheimer Kreuzigung“ und Bildnis eines Wiener Rektors, Grünewalds „Verspottung Christi“ Leonardos „Mona Lisa“	Zeichnung „Willibald Pirckheimer“ „Großes Rasenstück“
Cranachs „Ruhe auf der Flucht“ Hans Backofens Grabmal des Erzbischofs von Henneberg im Mainzer Dom Raffaels „Sposalizio“	„Anbetung der Könige“ Kupferstich „Adam und Eva“ Grüne Passion
Michelangelo beginnt mit den Arbeiten am Juliusgrabmal Cranach als Hofmaler nach Wittenberg berufen	Bildnis der Agnes Dürer Im Herbst 2. Reise nach Venedig
Bramante legt den Grundstein für den Neubau von S. Peter in Rom Cranachs „Katharinenaltar“ Mantegna gestorben In Rom wird die antike Laokoon-Gruppe gefunden	„Rosenkranzfest“ „Madonna mit Zeisig“ „Christus unter den Schriftgelehrten“ Reisen nach Bologna und Ferrara Briefe an Pirckheimer

ZEIT	GESCHICHTE
1507	Bürgerliche Kaufherren (Fugger, Welser, Paumgartner) erwerben umfangreichen Landbesitz Bamberger Halsgerichtsordnung Kopernikus „De revolutionibus orbium coelestium“
1508	Kopernikus arbeitet am „Commentariolus“ Luther wird Theologieprofessor in Wittenberg Jakob Fugger geadelt
1509	Das „Tolle Jahr“ in Erfurt 2. Annaberger Bergordnung Johannes Calvin geboren Erasmus „Lob der Torheit“
1510	Reuchlin verteidigt sich in Köln gegen die Anklage der Ketzerei
1511	
1512	Amerigo Vespucci gestorben
1513	Joß Fritz organisiert eine neue Bundschuhverschwörung Bauernkrieg in der Schweiz Machiavellis Buch „Il Principe“ vollendet

KUNST	ALBRECHT DÜRER
Peter Vischer d.Ä. beginnt die Arbeit am Sebaldusgrab	Rückkehr aus Venedig „Marter der Zehntausend“ „Adam und Eva“ Kupferstichpassion begonnen
Beginn der Arbeiten am Maximiliansgrabmal der Hof- kirche zu Innsbruck Michelangelo beginnt die Decken- fresken der Sixtinischen Kapelle Giorgiones „Ruhende Venus“ Andrea Palladio geboren	„Mariae Himmelfahrt“ (Helleraltar) Briefwechsel mit Jakob Heller Beginn der Entwürfe für das Lehrbuch der Malerei
Raffael beginnt die Arbeit in den Stanzen des Vatikans Cranachs „Venus und Amor“ und erste Helldunkelschnitte Fuggerkapelle in Augsburg begonnen Adam Krafft gestorben	Beginn der Arbeit an der Kleinen Holzschnittpassion
Botticelli gestorben Altdorfers „Ruhe auf der Flucht“ Riemenschneiders Creglinger Altar	Neuauflage der „Apokalypse“ Bilder Karls d. G. und Kaiser Sigismunds
Grünewald beginnt den Isenheimer Altar Giorgio Vasari geboren	„Allerheiligenbild“
Raffaels „Sixtinische Madonna“ Leonardos „Anna Selbdritt“ Hans Baldung beginnt den Hochaltar des Freiburger Münsters	Dürer erhält von Maximilian I. den Auftrag zur „Ehrenpforte“ Plan einer selbständigen Proportionslehre
Peter Vischer d.Ä. arbeitet den „Theoderich“ und den „Artus“ für das Maximiliansgrab Michelangelo beginnt den Moses und die gefesselten Sklaven für das Juliusgrabmal	1. Meisterstich „Ritter, Tod und Teufel“

ZEIT	GESCHICHTE
1514	Beginn der Erhebung des „Armen Konrad“
1515	
1516	5. Lateranskonzil beschließt den Türkenzehnten Einrichtung regelmäßiger Postverbindungen durch Franz und Joh. Bapt. von Taxis Thomas Morus „Über die beste Staatsform und die neue Insel Utopia“ Ariost „L'Orlando furioso“
1517	Anschlag der 95 Thesen Luthers – Beginn der Reformation Hutten veröffentlicht die „Dunkelmännerbriefe“ Erstes Fastnachtsspiel des Hans Sachs
1518	Luther auf dem Reichstag zu Augsburg Melanchthon Professor in Wittenberg
1519	Maximilian I. gestorben Karl V. deutscher König Leipziger Disputation zwischen Karlstadt, Luther und Dr. Eck Magalhães beginnt 1. Weltumsegelung
1520	gibt Luther seine 3 großen Programmschriften heraus Luther verbrennt die Bannandrohungsbulle Münzer in Zwickau

KUNST	ALBRECHT DÜRER
Bosch malt das „Heuwagen-Tryptichon“ Bramante gestorben Raffael Bauleiter bei S. Peter	Meisterstiche „Melancholie“ und „Hieronymus im Gehäus“ Kohlezeichnung der Mutter Tod der Mutter
Tizians „Zinsgroschen“ Correggios „Franziskusmadonna“ Hans Baldungs „Ruhe auf der Flucht“ Cranach, Altdorfer, Baldung, Burgkmair u. a. arbeiten am Gebetbuch Maximilians	Randzeichnungen für das Gebetbuch Maximilians 1. Radierung: „Schmerzensmann“ Brief an Chr. Kress
Hans Holbeins d. Ä. „Sebastianaltar“ Leonardo geht nach Frankreich Hieronymus Bosch und Giovanni Bellini gestorben	Bildnis des Michael Wolgemut
Stoß „Englischer Gruß“ Grünewalds „Stuppacher Madonna“ Raffael beginnt die Arbeit in den Loggien des Vatikans	
Tizzians „Assunta“ Raffaels „Papst Leo X.“ Burgkmairs „Johannes-Altar“ Altdorfers „Florian-Altar“	Dürer in Augsburg Porträtzeichnung des Jacob Fugger Vollendung des „Triumph wagens“ für Maximilian
Leonardo, Wolgemut und Backofen gestorben	Kupferstich „Albrecht von Brandenburg“ Reise in die Schweiz, Begegnung mit Zwingli Brief an Spalatin
Raffael gestorben Altdorfers „Donaulandschaft bei Regensburg“	Dürer reist mit Frau und Magd in die Niederlande, nimmt an der Kaiserkrönung Karls V. in Aachen teil Tagebuch und Reiseskizzen

ZEIT	GESCHICHTE
1521	Bann gegen Luther Reichstag in Worms Verhör Luthers Luther auf der Wartburg Münzers „Prager Manifest" Karlstadt hält in Wittenberg 1. evangelische Messe Luthers „Septemberbibel"
1522	Luthers Fastenpredigt in Wittenberg Rittertag zu Landau Niklas Manuel Deutschs „Vom Papst und seiner Priesterschaft"
1523	Züricher Disputationen, Sieg der Reformation in Zürich Münzer in Allstedt Bürgeraufstand in Mühlhausen Hans Sachs „Wittenbergisch Nachtigall" Hutten gestorben
1524	Münzers Verbündnis in Allstedt Beginn des Bauernkrieges Prozeß gegen die „drei gottlosen Maler" Georg Pencz, Hans Sebald und Bartel Beham in Nürnberg
1525	Bauernkrieg erreicht nationale Dimensionen „12 Artikel der Bauernschaft" Schlacht bei Frankenhausen Münzer hingerichtet Heilbronner Programm — Reichsreformationsentwurf von Friedrich Weigandt und Wendel Hipler Melanchthon in Nürnberg

KUNST	ALBRECHT DÜRER
Michelangelo beginnt die Arbeit an der Medici-Kapelle in Florenz	Ausflüge u. a. nach Brügge und Gent Rückkehr nach Nürnberg Verzeichnis der Schriften Luthers
Hans Holbeins d. J. Bildnis „Erasmus von Rotterdam“	1. Fassung der Proportionslehre, Dresdener Skizzenbuch
Michelangelo beginnt den Bau der Biblioteka Laurenziana in Florenz	Kupferstichporträts von Friedrich dem Weisen und Willibald Pirckheimer Bildniszeichnung Lucas Cranach d. Ä. Briefwechsel mit Nikolaus Kratzer
Hans Holbeins d. J. „Madonna des Bürgermeisters Meyer“ und „Totentanz“ Grünewalds „Erasmus und Mauritius“	„Unterweisung der Messung“ erscheint mit der während Drucklegung entstandenen „Bauernsäule“

ZEIT	GESCHICHTE
1526	Gaismair fordert in der „Tiroler Landordnung“ eine klassenlose Republik ohne Adel Das Wormser Edikt wird in der Durchführung den Reichsständen übertragen Sieg der Türken bei Mohacs über ein böhmisch-ungarisches Heer
1527	Beginn der Kirchenvisitationen in Kursachsen Entstehung der protestantischen Landeskirchen
1528	
1529	Marburger Religionsgespräch zwischen Luther und Zwingli Türken belagern Wien
1530	Erfindung des Tretspinnrads Georg Agricolas „De re metallica“ Melanchthon verfaßt die „Augsburger Konfession“ Willibald Pirckheimer gestorben

KUNST	ALBRECHT DÜRER
Tizians „Madonna des Hauses Pesaro“ Hans Holbein d. J. reist zum ersten Male nach England Jörg Ratgeb als Bauernführer gevierteilt Riemenschneider gefangen und gefoltert Hieronymus Andrae, Dürers Formschneider, gefangen	Porträtzeichnung Melanchthons Porträts Muffel und Holzschuher Vier Apostel
Hans Holbeins d. J. Bildnis „Thomas Morus“	Die „Befestigungslehre“ erscheint
Hans Holbeins d. J. Familienbild Matthias Grünewald gestorben	Abschluß der Proportionslehre 6. 4. Albrecht Dürer gestorben Die „Vier Bücher von menschlicher Proportion“ erscheinen
Altdorfers „Alexanderschlacht“ Peter Vischer d. Ä. gestorben	

PERSONENREGISTER

Abelles, s. Apelles
Adrian, Meister, s. Herbouts
Aegidius, Petrus (Peter Gilles, Meister Gilgen, Meister Peter Secretary) (1486–1555): gelehrter Jurist, Sekretär der Schöffen und Stadtschreiber zu Antwerpen, Freund des Erasmus von Rotterdam und des Thomas Morus. 30, 48
Albrecht von Brandenburg (gnädigster Herr von Mencz, genädigster Herr Mentz) (1490–1545): Kardinal, Kurfürst von Mainz, Erzbischof von Magdeburg und Mainz, Administrator von Halberstadt, Mäzen der Künste. 96
Alexander, Goldschmied, s. Bruchsal
Andreas von Krakau (Endres von Cracau): nicht näher bekannt. 58
Anton von Metz (Diener Anthony, Herr Anthonj): dänischer Gesandter bei den deutschen Fürsten. 63f.
Apelles (Abelles) (um 330 v.u.Z.): Hofmaler Alexander des Großen in Ephesus. 110, 114, 119
Apfenauwe, Gilles van, dit l'Allemand (Herr Gillgen): königlicher Huissier. 30
Arion, Meister, s. Herbouts
Arnold Meister: entweder Arnold van Oerschot, Bildhauer, oder Arnold van Campen, Maler, beide aus Herzogenbusch, oder Arnold van Ort aus Nimwegen oder Arnold von Seligenstadt. 41
Art, Meister, s. Ort
Astronomus, s. Werner

Baldung, Hans, gen. Grien (Hans Grun, Grünhans) (1476–1545): Maler und Grafiker, hatte eine Zeit in Dürers Werkstatt gearbeitet. 50, 61
Bander s. Pender
Banisius, Jakob (Bonisius, Bonysius, Panisius) (1467–1532): königlicher Rat, Sekretär Maximilians I., Freund Willibald Pirckheimers. 31, 33f.
Barbari, Jacopo de (Jacob Walch, Meister Jacob) (um 1450 bis 1515/16): venezianischer Maler und Grafiker, 1500 in kaiserlichem Dienst in Nürnberg, danach Arbeiten für Kurfürst Friedrich den Weisen, seit 1510 Hofmaler der Statthalterin Margarete in den Niederlanden. 60, 63, 70
Bartolomae, s. Coniuxloo

Beheim, Lorenz (Herr Lorentz) (1457–1521): aus Nürnberg, zunächst Haushofmeister des Kardinals Rodrigo Borgia, des späteren Papstes Alexander VI., seit 1503 Kanonikus zu St. Stephan in Bamberg, Astrologe, Mediziner und Alchimist, Festungsingenieur und Geschützmeister. 77, 79f.
Bellini, Giovanni (Sambelling) (um 1430–1516): Hauptmeister der venezianischen Malerschule vor Tizian, Lehrer von Giorgione, Palmavecchio, Tizian. 70
Bender, s. Pender
Benedict, Lukas (Laux): nicht näher bekannter Bamberger Künstler. 21
Bergen, Marquis von. 43
Bernhard, Meister, Bernhart v. Breßlen, s. Orley
Birkamer, s. Pirckheimer
Bles, Henri met de (Meister Heinrich) (um 1480 bis nach 1521): identisch mit Henri Patenier, niederländischer Landschaftsmaler, Neffe des Joachim Patenier. 63
Bodenstein, Andreas, gen. Karlstadt (um 1480–1541): Theologe und Jurist, Vertreter des bürgerlich-radikalen Flügels der Reformation. 97
Bombelli (Pombelli, Pombelly, Pumpely): reiche Seidenhändler aus Genua. 27
– Gherardo (Gerhardo, Gerhart). 27, 42, 45, 47, 63
– – Verlobte des Gherardo (des Sebastians, Prokurators, Tochter). 45, 47f.
– Tommaso (Tomasiu). 27f., 30f., 33, 36, 38, 41f., 45–47, 49, 54, 57, 59, 61f.
– – dessen Sohn. 46
– – dessen Tochter. 38, 42, 46
– – dessen Knecht Nikolaus. 33, 36
– Vincentio (Viencens). 27f.
– Zoetja (Sute), Tochter des Tommaso. 28, 63
Bonisius, Bonysius, s. Banisius
Brandão, João (Branden, Pranden, Faktor von Portugal, Portugaler): 1514 bis 1521 Faktor des Königs von Portugal in den Niederlanden. 26–30, 33, 35f., 41, 47f., 50
Braun, S. Bruyn
Bruchsal (Bruxal), Alexander von (Alexander, Goldschmied): Goldschmied und Medailleur, seit 1505 in Antwerpen. 27, 54
Bruyn, Aert (Art Braun). 60f.
Busleyden, Aegidius von (Gilles de Puscleidis): Vorstand der Rechnungskammer von Brabant. 32

Caldenbach, s. Kaldenbach
Camerer, Kunz (Kuntz Kamerer): Nürnberger Hauptmann. 80

Capello, Stephan: Juwelier und Goldschmied in Antwerpen. 42
Carl, Eucharius: 1504 bis 1507 Prior des Nürnberger Augustinerklosters. 79, 81
Castel, Bernhard von: aus Franken. 47
Christian II., König von Dänemark (Dennenmarck, Dennenmarckt) (1481–1559). 63f.
Chrosenspeck, Jan: nicht näher bekannter Kölner. 24
Clausen: Schwiegersohn von Jan de Has, Dürers Wirt in Bergen op Zoom. 44
Coler, Christoph (Christopff Kohler) (1483–1536): Nürnberger Ratsherr. 47
– Margaretha, geb. Rieter (Kolerin) (gest. 1543): Gattin des Christoph Coler und Nichte Willibald Pirckheimers. 48
Coniuxloo, Bartholomäus von (Bartholomea): Lehrling bei Bernart van Orley. 64f.,
Conrad, Meister, s. Meit
Cornelius, s. Grapheus
Czamesser, s. Zamasser

Denes, Hans: nicht näher bekannt. 35
Dietrich, Meister, s. Vellert
Doghens, Hene (Hönigin, Hönig): Glasmaler, der 1514 als Lehrling des Dirk Vollert genannt wird. 34, 42, 61f.
– Sohn des Hene Doghens (Henickin). 61
Dürer (Dürrer): die Verwandtschaftsgrade beziehen sich auf Albrecht Dürer d. J.
– Agnes I und II (Schwestern). 14
– Agnes, geborene Frej (Ehefrau) (um 1475–1539). 15, 21, 25f., 28, 30f., 33–35, 41f., 44, 46, 53, 62, 69, 72, 76, 81, 84, 94, 99
– Albrecht d. Ä. (Vater) (1427–1502). Goldschmied. 13f., 15, 17, 19f.
– Andreas (Endres, Bruder) (1484–1555): Goldschmied in Nürnberg. 14f.
– Anthoni (Großvater). 13
– Anthoni (Bruder). 14
– Barbara, geborene Holper (Mutter) (1453–1514): 14f., 19f., 68f., 72, 75f., 78, 81
– Barbara (Schwester). 14
– Carl (Bruder). 14
– Catharina (Tante). 13
– Catharina (Schwester). 14
– Christina (Schwester). 14
– Elisabeth (Großmutter). 13
– Hans I (Bruder). 14
– Hans II (Bruder) (1490 bis um 1538): Maler und Grafiker, Lehre

und Gehilfenzeit in der Werkstatt Albrecht Dürers d. J., seit etwa 1525 als Hofmaler am polnischen Hof in Krakau. 14f., 75, 77, 94
– Hieronymus (Jeronimus, Bruder). 14
– Johannes (Onkel). 13
Dürer, Johannes (Bruder). 14
– Ladislaus (Laßlen, Onkel). 13
– Margaretha (Schwester). 14
– Niklas gen. Unger (Vetter): Sohn von Laßlen Dürer, zunächst Bürger und Goldschmied in Nürnberg, nach 1505 in Köln. 13, 24, 39f.
– Peter (Bruder). 14
– Sebalt I und II (Brüder). 14
– Ursula (Schwester). 14

Ebner, Hans (gest. 1553): Nürnberger Ratsherr und seit 1526 alter Bürgermeister. 33, 36–39
Eck, Dr. Johannes (1486–1543): Professor der Theologie in Ingolstadt, seit der Leipziger Disputation der Hauptgegner Luthers. 96
Enden, Peter von: Aachener Bürgermeister des Jahres 1519 und Wirt Dürers in Aachen. 37f.
Endres v. Cracau, s. Andreas v. Krakau
Erasmo, s. Strenberger
Erasmus von Rotterdam (Erasmo Roterodamus, Eraßmuß Roderadamus) (1467–1536): bedeutender Humanist. 28, 33, 48, 56f.
Euklid (Ewklid, Ewclides) (um 300 v. u. Z.): griechischer Mathematiker, verfaßte die „Elemente“. 99, 179, 204
Eyrer, Ayrer (Eurer), Hans d. Ä.: Nürnberger Bürger. 17
Eyck, Jan van (Johannes) (um 1390–1441): Hauptmeister der altniederländischen Malerei. 51f., 59

Farnphulr, s. Varnbühler
Federmacher, Peter: nicht näher bekannter Antwerpener Goldschmied. 40
Fehle, Hans: nicht näher bekannt. 59
Felix, s. Hungersberg
Ferber: ein Bote. 82, 84
Ferenberger, Johann (Föhrnweger) (gest. um 1533): königlicher Sekretär und Vertrauensmann Nürnbergs. 39
Fernandez d'Almada, Rodrigo (Signor Ruderisco von Portugal, Rudererigo, Rudrigo): erst Sekretär von Brandão, von 1521 bis 1550 Faktor von Portugal. 30f., 33f., 41f., 46, 48–50, 53, 57, 61–63
Fischer, Sebald: Kunsthändler und Kolporteur. 27
Fitrufius, s. Vitruvius
Flores, s. Nepotis

Focker, s. Fugger
Föhrnweger, s. Ferenberger
Foix, Germaine de (Künigin von Spanien) (gest. 1536): Witwe König Ferdinands von Aragonien und Stiefgroßmutter Karls V. 64
Folkamer, s. Volckamer
Frans, Maximilian (Francz): Schüler des Jan Provost. 58
Franzisco, Signor, s. Pesão
Frey (Frej), Anna geb. Rummel (Hanns Freyin) (gest. 1521): Dürers Schwiegermutter. 16
– Hans (Hanns) (gest. 1523): Dürers Schwiegervater, Genannter des größeren Rats von Nürnberg. 15f., 81
Frey (Fryg, Liberius), Felix (1470–1555): Humanist, Chorherr am Großmünster zu Zürich. 98
Friedrich II. (Herzog Friedrich Pfalzgraf): Kurfürst und Pfalzgraf bei Rhein. 34, 39
Friedrich IV. (Markgrof): Markgraf von Brandenburg zu Ansbach-Bayreuth, gest. 1536. 79, 83
Friedrich der Weise (Herzog Friedrich, Herzog Friedrich von Sachsen): Kurfürst von Sachsen. 85f., 95, 97
Friedrich (der Hirschvogel Friecsen): Faktor der Nürnberger Kaufleute Hirschvogel in den Niederlanden. 44, 48
Fryg, s. Frey, Felix
Fugger (Focker): Augsburger Kaufmannsfamilie. 24, 30, 34, 46
– Hieronymus (1499–1538): Sohn des Ulrich Fugger. 24
– Kastulus (Kastell) (gest. 1539): aus der Nürnberger Linie der Fugger, Vertreter Jakob Fuggers in Nürnberg. 69

Gabriel, Johann: unbekannter Antwerpener Bürger. 37
– Sebald: Nürnberger Bürger. 169
Gartnerin: nicht genauer zu bestimmende Bekannte Pirckheimers. 83
Gelern, Rudiger von: nicht näher bekannt. 48, 50
Gerhart, Meister, s. Horenbout
Geuder, Hans: Neffe Willibald Pirckheimers. 33
Gilgen, Meister, s. Aegidius
Gilles, Peter, s. Aegidius
Gilles de Puscleidis, s. Busleyden
Gillgen, Herr, s. Apfenauwe
Glasere, Marc de (Meister Marx): Goldschmied, 1516 bis 1533 in Brügge, danach in Mecheln. 34, 51, 54
Goes, Hugo van der (Meister Hugo) (um 1440–1482): bedeutender altniederländischer Maler. 32, 51
Gossart, Jan, gen. Mabuse (Johann de Abus) (1478–1533/36): war seit 1503 in Antwerpen tätig. 43
Gottschalkin: nicht näher bekannte Frau. 39

Grapheus, Cornelius (Cornelius, der von Antorff Secretari; Cornelius Secretari) (1482–1558): Humanist, Freund des Erasmus von Rotterdam und Pirckheimers, Sekretär des Rates von Antwerpen. 49, 62
Groland, Christoph (1508–1561): Sohn von Leonhard Groland. 37
Groland, Leonhard (um 1480–1521): Nürnberger Ratsherr und Mitglied der Krönungsdeputation. 39
– Nikolaus (gest. 1551): Nürnberger Ratsherr. 39
Großerpecker, Johann: nicht näher bekannter Kölner Bürger. 24
Grünhans, s. Baldung
Grun, Hans, s. Baldung

Haller, Niklas (1481–1528): Nürnberger Ratsherr und Mitglied der Krönungsdeputation. 39
– Wolf II (1492–1559): ab 1519 Faktor der Fugger, später im Hofdienst Karls V. 35
Hans, Herr, s. Werner
Hans, Maler, s. Wolff
Harsdörfer, Hans (Horstorfer) (gest. 1511): oberster Münzmeister Böhmens, seit 1501 Mitglied des Nürnberger Rates. 71
Has, Jan de: Dürers Wirt in Bergen op Zoom. 42, 44
Hauenhut, Wilhelm: Diener Friedrichs II., Kurfürst und Pfalzgraf bei Rhein. 34
Haunolt, Anthoni: Faktor der Fugger in Antwerpen, Nachfolger Bernhard Stechers. 61
– Ulrich (Ucz Hanolt): Augsburger Bürger. 45
Heinrich III., Graf von Nassau (1483–1538): Erzieher Karls V., Statthalter von Holland, Seeland und Friesland. 32
Heinrich, Meister, s. Keldermanns
Heinrich, Meister, s. Bles
Heller, Jakob (Herr Jacob) (um 1460–1522): reicher Handelsherr in Frankfurt (Main), Besitzer des „Nürnberger Hofs", Ratsherr, Schöffe und Bürgermeister, Kunstliebhaber, Dürer schuf in seinem Auftrag den sog. „Helleraltar". 23, 85–87, 89–92, 94
Henickin, s. Doghens
Herbouts, Adrian (der Herrn von Antorff Ratsbot; Meister Adrian; Arian, der Stadt Antorff Orator; Meister Arion) (gest. 1546): Syndikus der Stadt Antwerpen. 26, 36, 48, 50
Heß, Martin, s. Kaldenbach
Heßler, Jakob und Andreas (Endres): Fuhrleute. 49
Hirschfeld, Bernhard von (Hirsfeld): oberster Kämmerer des Kurfürsten Friedrich des Weisen. 97
Hirschvogel, Bernhard (Pernhart Hirsfogell): Nürnberger Kaufmann in Venedig. 44, 80
– Leonhard: Nürnberger Kaufmann. 44

Höchstetter, Ambrosius (Amprosio Höchstätter) (gest. 1534): Augsburger Kaufmann in Antwerpen. 50, 54
Hönig, s. Doghens
Holper, Hieronymus (Jeronimus): Großvater Dürers, Goldschmied in Nürnberg, erwarb 1435 das Meisterrecht und ist bis 1476 nachweisbar. 13
Holper, Kunigunde, geb. Öllinger: Dürers Großmutter, stammte aus Weißenburg. 14
Holzbock, Bernhard (Pernhart Holczpock): (gest. 1522): Genannter des Größeren Rats. 75, 82
Holzschuher, Hieronymus (Holczschuher) (1469–1529): mit Dürer befreundeter Nürnberger Ratsherr. 50
Horenbout, Gerhard (Meister Gerhart, Illuminist) (um 1475 bis 1540): aus Gent, bedeutendster niederländischer Buchmaler seiner Zeit. 48, 58, 63
– Susanna (1503–1545): Tochter von Gerhard Horenbout, Buchmalerin, heiratete den englischen königlichen Schatzmeister John Parker. 58
Horstorfer, s. Harsdörfer
Hugo, Meister, s. Goes
Hugo, Meister Hugo: unbekannter Brüsseler Bürger. 44, 49
Hungersberg, Felix (Felix Lautenschläger; Felix, Hauptmann und Lautenschläger): kaiserlicher Hauptmann und hervorragender Lautenschläger, Freund Dürers. 27, 34f., 42

Illuminist, s. Horenbout
Imhoff (Im Hoff): Nürnberger Patrizierfamilie. 68
– Alexander (1501–1546). 27, 44, 60, 63
– Felicitas geb. Pirckheimer (Hensin Im Hoff) (gest. 1530): Tochter Willibald Pirckheimers und Frau von Hans II. Imhoff. 49
– Franz (Francz) (1475–1537). 72
– Hans I. (1461–1522). 49, 53, 59, 77, 88, 90–93
– Hans II. (1488–1526): heiratete 1515 Felicitas Pirckheimer. 75–78
– Hieronymus Imhoff (Hans Im Hoff Kind) (1518–1571): Enkel Pirckheimers. 50
– Konrad (1463–1519). 79
– Sebastian (Bastian) (gest. 1534). 43, 69, 72

Jacob, Herr, s. Heller
Jacob, Meister, s. Barbari
Jakob von Lübeck (Meister Jacob): Maler der Herrn von Rogendorf. 34f.
Jakob, Meister Jakob: ein Antwerpener Arzt. 46, 53, 60

Jakob (Jacob, Tomasins Eidem): Schwiegersohn von Tommaso Bombelli. 63
Jan, Goldschmied v. Prüssel, s. Perre
Jan, Meister, s. Mone
Jeronimus, s. Holper
Joachim, Meister, s. Patenir
Jobst, Meister, s. Necker
Jobsten, Bruder: vielleicht ein Bruder des Holzschneiders Jost de Necker aus Brüssel. 53
Johann de Abus, s. Gossart
Johann, Markgraf von Brandenburg (Markgraf Hans) (1493–1525): seit 1508 im Hofdienst. 31
Johannes, s. Eyck

Kämmerling, s. Lullier
Kaldenbach (Caldenbach) Martin, gen. Hesse oder Heß (Merten Heß, Martin Hessen) (nach 1470–1518): Frankfurter Maler und Freund Dürers. 90, 94
Kamerer, s. Camerer
Kannengießer (Kantengysserle): ein Bote. 79, 82
Karl der Große (Carolus). 97
Karl V. (Carl) (1500–1558): Enkel Maximilians I., 1519 zum deutschen König gewählt. 27, 30, 32, 38f., 54, 64
Keldermanns, Hendrik (Meister Heinrich): Maler in Mecheln. 59
Keppner (Kepler Sebald): Nürnberger Buchbinder. 84
Kerpen, Bernhard von (Kerpen von Kohln): nassauischer Hofmeister. 44
Koberger, Anton (Anthonj Koburger) (um 1445–1513): zunächst Goldschmied, seit 1470 Buchdrucker und Verleger, Pate Albrecht Dürers. 14
Kolb, Anton: Nürnberger Kaufmann in Venedig, gab 1500 den großen Plan von Venedig von Jacopo de Barbari im Holzschnitt heraus. 70, 78, 80
König von Dennenmark s. Christian II.
Köpfingerin Schwester: Schwägerin des Jakob Köpfinger aus Ulm, Advokat in Nürnberg. 38
Kötzler, Georg (Görg Köczler, Georg Koczler): Nürnberger Bürger. 43f.
Kohler, Christopff, s. Coler
Kramer, Ursula, geb. Ketzel: Pirckheimers Nachbarin. 50
Kratzer, Nikolaus (Herr Nicolaum, ein Astronomus; Nicolas Kratzer) (1486/87–1550): Mathematiker aus München, Hofastronom König Heinrichs VIII. von England. 28, 98f.
Kress, Christoph (1484–1535): Kriegs- und Staatsmann, Nürnberger Ratsherr. 95

Künigin von Spanien, s. Foix
Kunhofer, Andreas (Endres Kunhoffer): Mathematiker und Astronom, 1514 Mitglied der 2. Wiener Mathematikerschule, später Sekretär der päpstlichen Kanzlei. 72, 74, 77

Lamparter, Johann: in österreichischen Diensten. 31
Leonhardt (Leohnhardt): unbekannter Mainzer Goldschmied. 23
Leu, Hans d. J. (Hans Lowen) (1490–1531): Züricher Maler, war auf seiner Wanderschaft um 1510 in Dürers Werkstatt. 98
Lewenter, Caspar: nicht näher bekannte Persönlichkeit. 45
Leyden, Lucas van (1494–1533): niederländischer Maler und Kupferstecher. 60, 62
Liberius, s. Frey, Felix
Lieber, s. Lüber
Liere, Arnold van (gest. 1529): Bürgermeister von Antwerpen. 26
Linhart: Angestellter des Niklas Ziegler. 39
Lochinger, Katharina, geb. Rosenzweid: Frau des Hans Lochinger, der sich 1519 für Dürers Leibrente am kaiserlichen Hofe eingesetzt hatte. 50
Lochner, Stephan (Meister Steffan zu Cöln) (gest. 1451): Hauptmeister der Kölner Malerschule im 2. Viertel des 15. Jh. 39
Löffelholz, Katharina, geb. Rummel (Loffelhölczin): Tante von Dürers Frau Agnes. 49
Loffen, Doktor, s. Luppin
Lopez, Thomas (Herr Lupes): königlich portugiesischer Gesandter. 47
Lorentz, Herr, s. Beheim
Lowen, Hans, s. Leu
Lüber, Hans (Lieber) (gest. 1554): in Ulm lebender Augsburger Patrizier. 51f.
Lucas, Meister, s. Leiden
Lukas von Danzig (Lucas von Danczgen): nicht näher bekannte Person. 50
Lullier, Etienne (Steffan, Kämmerling): Kammerdiener der Erzherzogin Margarete, Statthalterin der Niederlande. 38, 60
Lumbarth, Augustin, s. Scarpinello
Lupes, s. Lopez
Luppin, Dr. (Doktor Loffen): Leibarzt Maximilians I. 46
Luther, Martin (Martinus Luther, Luter) (1483–1546): Begründer des deutschen Protestantismus. 38, 54, 56, 96
Lysippos (Lisipus): griechischer Bildhauer des 4. Jh. v. u. Z., Hofbildhauer Alexanders des Großen. 119

Margarete von Österreich (Frau Margareth, Madonna Margaretha) (1480–1530): Tochter Maximilians I., Erzherzogin von Öster-

reich, seit 1507 Regentin der Niederlande. 30–32, 34, 36, 38, 47, 59, 62, 64
Markgrof, s. Friedrich IV.
Marnix, Jan de (der Frau Margareth Schatzmeister): Herr von Marnix und Toulouse, Rat und Schatzmeister der Statthalterin. 32
Massys, Quinten (Meister Quintin) (1465–1530): Hauptmeister der Antwerpener Malerschule im frühen 16. Jh. 26
Mathes, s. Püchler
Marx, Meister, s. Glasere
Maximilian I. (1450–1519): 1486 zum König gewählt, 1493 Kaiser. 64, 80, 95–97
Meit, Konrad (Meister Conrad, Meister Conradus) (um 1485 bis 1544): Bildhauer und Bildschnitzer aus Worms, „maitre tailleur de pierre“ am Hofe der Statthalterin. 30f., 57f., 60
Mencz, Mentz, s. Albrecht v. Brandenburg
Metenye, Johan de (Meteni): 1517 bis 1520 Bürgermeister von Brügge, Oberhofmeister des Königs. 32
Metz, Kunz (Cuncz Mecz): Fuhrmann. 59
Meuting, Georg (Meyding, Meyting): Antwerpener Vertreter des Augsburger Handelshauses Meuting. 37, 45
Michelangelo Buonarroti (Michael Angelo) (1475–1564): italienischer Bildhauer, Maler, Architekt und Dichter. 51
Mone, Jean (Meister Jan; Meister Jahn, franzos Bildhauer) (gest. 1548): Bildhauer aus Metz. 47, 62, 64
Mostaert, Jacob und Peter: Ratsherren in Brügge. 51
Muffel, Jakob (1471–1526): mit Dürer befreundeter Nürnberger Ratsherr. 50

Necker, Jost de (Meister Jobst, Schneider): Holzschneider aus Antwerpen. 64
Nepotis, Florent (Fleurequin Neefs, Flores): Organist der Statthalterin. 47
Neukirchen, Frau von (Nijkercken): Hofdame der Statthalterin. 33
Niclas: Juwelier in Bergen op Zoom. 44
Nicolaum, Herr, s. Kratzer
Nützel, Kaspar (Caspar Nüczel, Nützell) (um 1471–1529): Nürnberger Ratsherr, eifriger Anhänger der Reformation. 50, 95
– Klara, geb. Held (Caspar Nüczlin) (gest. 1546): Frau des Kaspar Nützel. 49

Öllinger: aus Weißenburg, Urgroßvater Dürers. 14
Opitius: nicht näher bekannter italienischer Kaufmann in Antwerpen. 28
Orley, Bernart van (Meister Bernhard, Bernhart von Breßlen [Brüssel], Bernhart von Resten [falsche Abschrift für Breßlen-Brüssel])

(1491/92–1542): seit 1518 Hofmaler der Erzherzogin Margarete. 32f., 44, 50
Ort, Aert van (Meister Art, Glasmaler): Antwerpener Glasmaler und Medailleur. 62

Panisius, s. Banisius
Parrhasios (Parchasios): einer der berühmtesten griechischen Maler im letzten Drittel des 5. Jh. 110, 119
Patenir (Patinier), Joachim (Meister Joachim) (1475/80–1524): niederländischer Landschaftsmaler. 27, 50, 53f., 57, 61
Paumgartner, Stephan (Steffen Pawmgartner) (1462–1525): Stadtrichter in Nürnberg, einer der Stifter des Paumgartner-Altars. 69, 71f., 77, 80f., 84
Pemair, s. Pömer
Pender (Bender, Bander): Peter, deutscher Gastwirt in Venedig. 83
Perre, Jan van de (Jan, Goldschmied von Prüssel; Meister Jannen; der Franzos): Goldschmied und Siegelschneider in Brüssel. 58, 65
Pesão, Francesco (der neue Faktor, der Kleinfaktor von Portugal, Signor Franzisco): Nachfolger des Konsuls von Portugal. 46f.
Peter, Goldschmied: nicht näher bekannter Goldschmied in Mainz. 23
Peter, Meister, s. Teels
Peter, Wolffgang: nicht näher bekannte Persönlichkeit. 27, 40
Pfaffrot, Hans (Pfaffroth): Rheinländer im Dienste des Faktors Francisco Pesão. 28
Pfinzing, Sebald III. (gest. 1511): Senator in Nürnberg. 69
– Martin I. (Merten Pfinczig) (1490–1552): aus Nürnberg. 37
Pheidias, Phidias: berühmter griechischer Bildhauer des 5. Jh., Freund des Perikles, seit 447 künstlerischer Leiter für die Neugestaltung des Parthenon und der Stadt Athen. 110, 119
Pirckheimer (Birkamer, Pirkamer, Pircamer, Pirckeymer, Pirckhamer, Pyrkamer, Pirckomer, Pirchomair, Pirykamer)
– Philipp (gest. 1480). 13
– Willibald (Wilboldt, Willibaldus) (1470–1530): studierte in Padua und Pavia, der bedeutendste deutsche patrizische Humanist, Mitglied des regierenden Rates in Nürnberg, engster Freund Dürers. 17, 49, 68f., 72–74, 76f., 79, 81, 83, 98f., 187, 203, 209
Planckfeldt, Jobst (gest. vor 1531): Dürers Wirt in Antwerpen. 25f., 41f., 44–46, 54, 61–63
Platon (Plato) 427–347 v. u. Z.), grudischer Philosoph. 119
Plinius Secundus (23–79): kaiserlicher Prokurator, schrieb u. a. die „naturalis historia“. 110, 114, 190
Polonier, Polonius, s. Vincidor
Polyklet (Poliklet, Politeklus, Polteclus): bedeutendster griechischer

Bronzebildner der 2. Hälfte des 5. Jh., galt als Verfasser einer Proportionslehre, die er an der Plastik des Doryphoros (auch „Kanon" genannt) demonstriert haben soll. 110, 119
Pombelli, s. Bombelli
Pömer, Hans (Pemair) (1499–1547): Nürnberger Ratsherr. 98f.
Poppenreuther, Hans (Popenreuther, Popenreuter) (gest. 1534): aus Köln, Kanonengießer in Mecheln und Geschützmeister Karls V. 59f.
Porst, Nikolaus (Niklas Porscht): Nürnberger Bürger. 80
– Anna, geb. Beheim (Porstin): Frau des Nikolaus Porst und Schwester von Lorenz Beheim. 83
Portugaler, s. Brandão
Prandan, s. Brandão
Praxiteles (Praxideles): griechischer Bildhauer um die Mitte des 4. Jh. 110, 119
Protogenes (Protogines, Protognes, Prothtogines): berühmter griechischer Maler. 110, 114, 119
Provost (Prévost), Jan (Jan Prost von Prück, Jan Prevost, Jan Profoß) (um 1462–1529): Maler aus Bergen, seit 1493/94 in Brügge tätig. 35, 51f.
Ptolemäus (Ptholomeo), Claudius (um 80 bis um 160): bekanntester Astronom des Altertums, lebte in Alexandria. 99
Püchler, Matthes (Mathes): Registrator der kaiserlichen Kanzlei. 38
Puscleidis, s. Busleyden

Quintin, Meister, s. Massys

Raffaello Santi (Raphael von Urbin) (1483–1520): italienischer Maler, ab 1514 auch Bauleiter an der Peterskirche in Rom, reinster Vertreter der italienischen Malerei der Hochrenaissance. 36
Ravensburger, Lazarus (Rafenspurg, Rafespurg): Augsburger Kaufmann. 42, 44f., 48
Rebart, Doktor: unbekannter Arzt in Schweinfurt. 21
Rechenmeisterin: nicht näher zu bestimmende Nürnbergerin. 78, 80, 83
Rehlinger, Jakob (Relinger): Augsburger Kaufmann. 34, 59, 63
Rentmeister, s. Sterk
Reuchlin, Johann (Doktor Rewleyn) (1455–1522): deutscher Humanist. 96
Rogendorf (Rogendorff): österreichische Adelsfamilie. 34
– Wilhelm von (1481–1541): Mitglied des niederländischen Staatsrates. 35
– Wolfgang von (Wolff) (1483–1543): Landmarschall in Österreich unter der Enns. 36, 45
Rosentalerin: nicht näher zu bestimmende Nürnbergerin. 83

Ruderisco v. Portugal, s. Fernandez d'Almada
Rudier, Rüdiger, s. Weyden
Rummel, Josel (Joseff Rumell): Onkel von Dürers Frau Agnes, heiratete am 8.2.1506 Ursula Wieland, eine Schwägerin des Stephan Paumgartner. 85

Sambelling, s. Bellini
Scarpinello, Agostino (Augustin Lumbarth [der Lombarde]): aus Neapel, Sekretär des Bischofs von Tuy, Aloisius Marliano aus Mailand. 28
Schäufelein, Hans Leonhard (Scheuflein) (um 1485–1539/40): Maler und Grafiker, Schüler Dürers, seit 1515 Stadtmaler in Nördlingen. 48
Schlaudersbach, Georg (Schlauterspach, Schlauderspach) (1496 bis 1552): aus einer steierischen Adelsfamilie, mit Dürer befreundet, dieser stand bei seinem ersten Kind Pate. 35, 37
Schmid, gen. Dratzieher, Konrad und Franz (Trottziher): Nürnberger Bürger. 69
Schön (Schon Botn): ein Augsburger Bote. 76
Schutzin: nicht näher zu bestimmende Nürnberger Bürgerin. 83
Schwarz, Hans (um 1492 bis nach 1530): Augsburger Medailleur und Bildschnitzer, 1519/20 in Nürnberg tätig. 35
Sebastian: Prokurator, Schwiegervater des Gherardo Bombelli. 45
Secretary, Peter, s. Aegidius
Sopalis, Nicolao: nicht näher bekannt. 41
Spalatin, Georg, eigentlich Georg Burckhardt aus Spalt (Geörgenn Spalatinus) (1484–1545): seit 1508 als Prinzenerzieher am kursächsischen Hofe in Wittenberg, seit 1514 Hofkaplan, Geheimschreiber und Vertrauter Friedrichs des Weisen, Fürsprecher Luthers und der Reformation. 95
Spengler, Georg (gest. 1529): Nürnberger Kaufmann. 50
– Juliana, geb. Tucher: Frau von Georg Spengler. 49f.
– Lazarus (1479–1534): Syndikus und erster Stadtschreiber in Nürnberg, enger Freund Dürers. 50
– Ursula, geb. Sulmaister: Frau des Lazarus Spengler. 49f.
Staber, Hans (Hanns Staber): Fuhrmann. 25, 53
Staber, Lorenz, s. Staiber
Stabius, Johannes (gest. 1522): Philosoph, Mathematiker, Hofastronom und Historiograph Maximilians I., Dürer stand mit ihm seit 1512 in Verbindung, seit er sich an den Kunstunternehmen des Kaisers beteiligte. 95, 99
Staiber, Lorenz (Staber): Nürnberger Kaufmannssohn in kaiserlichem Dienst. 26, 39f., 46
Stecher, Bernhart: seit 1513 Faktor der Fugger in Antwerpen. 25, 45, 60f.

Steffan, s. Lullier
Steffan, Meister, s. Lochner
Sterk, Lorenz (Lorencz Stärck, Sterck, der Rentmeister): 1514 bis 1525 Rentmeister der Domänen und Verwalter der Einkünfte von Brabant und Antwerpen. 27, 33, 47–49, 54
Straub, Barbara, geb. Pirckheimer (Sträubin) (gest. 1560): Frau des Hans Straub und Tochter Willibald Pirckheimers. 49
Strenberger, Erasmus (Erasmo) (1483–1558): aus Wels, Sekretär des Jakob Banisius. 31, 33f.
Sturm, Caspar (1475–1548): aus Oppenheim, „Erenhold" des Reiches. 37
Susanne (1502/06–1562): Dürers Magd, heiratete 1524 Dürers Gehilfen Georg Schlenck. 26, 28, 30, 33, 41, 49f.

Teels, Peter (Meister Peter) (1467–1543): Bildhauer, Stadt- und Domzimmermeister in Antwerpen. 26, 47–49, 62f.
Thurzo, Georg (Jörg Tausy) (gest. 1521): tätig im Fugger-Thurzoschen Bergwerkshandel. 93
Tierik (Türck), Jakob (Jan Türcken) (gest. 1567): Maler und Kunsthändler. 48
Tomasins Eidem, s. Jakob
Topler, Paul d. Ä. (1456–1544): Nürnberger Bürger. 37
Trottziher, s. Schmid
Tucher, Leonhard (Leohnhardt Tucher) (1487–1568): Nürnberger Handelsherr, Faktor der Tucher in Antwerpen. 63

Ulrich, Hans (Hans Vrichen): Glockengießer in Zürich. 98

Varnbühler, Ulrich (Farnphulr) (1474–1544): kaiserlicher Rat und Kanzler Ferdinands I., Protonotar am Reichskammergericht, Freund Dürers und Pirckheimers. 98
– Veit: Verwandter von Ulrich Varnbühler. 23
Vellert, Dirk (Meister Dietrich): Glasmaler und Kupferstecher, 1518 bis 1526 Dekan der Lukasgilde in Antwerpen. 34, 46, 54
Vincidor, Tommaso di Andrea (Thomas Polonier. Polonius) (gest. 1536): italienischer Maler, Zeichner und Architekt. 36, 53, 64
Volckamer, Stephan (Folkamer) (gest. 1517): Nürnberger Ratsherr. 71
Vitruvius Pollio (Vitrufius Fittruvius, Fitrufius, Vitruuius): römischer Architekt zur Zeit Caesars und Augustus', verfaßte eine Schrift „De architectura", von der eine Abschrift 1415 wieder aufgefunden worden war. 37, 113, 190, 204, 211, 213, 228

Walch, Jacob, s. Barbari
Waldner, Albrecht: nicht näher bekannte Person. 97

Weisweber, Peter (Weisbeber): Nürnberger Söldnerhauptmann. 78
Werner, Johannes (Herr Hans, der Astronomus) (1468–1522): Astronom und Mathematiker, Vikar in Nürnberg. 99
Weyden, Rogier van der (Meister Rudier, Rüdiger) (1399/1400 bis 1464): Hauptmeister der Brabanter Schule und einer der bedeutendsten Vertreter der altniederländischen Malerei. 31, 51
Winckel, Johann von den: nicht näher bekannter Posaunist. 35
Wolgemut, Michael (Wohlgemuth) (1434–1519): Nürnberger Maler und Grafiker, Lehrer Dürers. 15, 75, 77
Wolff, Hans (Hans, Maler) (gest. 1542): seit 1518 fürstbischöflich-bambergischer Hofmaler. 21

Zamasser, Hans (Czamesser): Nürnberger Bürger, der als Raufbold besonders berüchtigt war. 83
Ziegler, Nikolaus (Niclaus Ziegler, Zigler) (gest. 1534): Reichsvizekanzler Karls V. 36, 39, 65
Zinner, Martin: Dürers Schwager, Mann von Katharina Frey, der Schwester von Agnes Dürer. 87f.
Zwingli, Ulrich (Zwingle) (1484–1531): zuerst Prediger, dann Chorherr am Züricher Großmünster. Schweizer Reformator. 98

Für die Bereitstellung der Reproduktionsvorlagen danken wir:
Kunsthalle Bremen (Abb. 7)
Archiv für Kunst und Geschichte Berlin (Abb. 1, 2, 3, 5, 6, 8, 9, 10, 11, 12, 13, 15)
The National Gallery, London (Abb. 4)
Die übrigen Vorlagen stellte uns dankenswerterweise die Sächsische Landesbibliothek, Abteilung Deutsche Fotothek, Dresden, zur Verfügung.

RECLAM-BIBLIOTHEK

Russen in Berlin

Literatur Malerei Theater Film 1918–1933

Herausgegeben von Fritz Mierau
615 Seiten. 113 Abbildungen. RBL 1196. Geb. 28,– DM
ISBN 3-379-00119-8

1923 lebten ungefähr 300 000 Russen in Berlin. Im dargestellten Zeitraum 1918–1933 gab es hier sechs russische Banken, siebenundachtzig russische Verlage, drei russische Tageszeitungen, zwanzig russische Buchläden und über hundert russische Taxifahrer. 1922/23 hatte die russische Literatur in Berlin ihre beste Zeit. Immens die Funde, die das Buch zum Teil erstmals überhaupt publiziert, zum Teil erstmals in deutscher Übersetzung bietet. Mierau hat die Tochter Sergej Tretjakows aufgesucht, veröffentlicht Material aus den Nachlässen von Lew Lunz, Lilja Brik, der Frau des Majakowski-Verlegers, der Meyerhold-Protagonistin Sinaida Raich und Asja Lacis, erstmals ist hier Biographisches von Marina Zwetajewa zu lesen und das ehrende Porträt des jüdisch-russischen Verlegers Grshebin. Auf die Frage, wie lange Mierau für das Buch recherchiert habe: »30 Jahre.«

Justus Fetscher in: Der Tagesspiegel

RECLAM-BIBLIOTHEK

Franz Fühmann

Barlach in Güstrow

Mit einem Bildanhang: Grafiken, Zeichnungen, Plastiken Ernst Barlachs aus der Güstrower Zeit, zusammengestellt von Friedrich Schult

99 Seiten. 32 Abbildungen. RBL 487. 10,– DM

ISBN 3-379-00277-1

Über Franz Fühmann (1922–1984) äußert HAP Grieshaber voll bewundernder Sympathie: Er kenne keinen aus dieser Generation, der so gebrochen und so selbstkritisch produktiv sei; »keinen, der nach solchen Frakturen: Jesuitenschule, Hitlerjugend, Nazisoldat, russische Kriegsgefangenschaft, Antifaschule, Stalinfunktionär, Bitterfelder Weg, sich von Mal zu Mal neu erhebe, ins Gericht gehe mit sich selbst, mit der Kunst, mit der Lauterkeit, narbenbedeckt vom uralten Hader, was denn Gerechtigkeit sei«.

Ludwig Börne und Heinrich Heine, Ein deutsches Zerwürfnis.

Bearbeitet von Hans Magnus Enzensberger
396 Seiten. RBL 1396. 14,– DM
ISBN 3-379-00691-2

»Der vor allem leidende Kämpfer Börne, ins Aktuelle verstrickt wie Laokoon in die Schlangen, konnte sich noch nicht so weit über sich und Heine und die politische Not erheben, daß er hätte sehen können, in welchem Verhältnis Heine zu den Rollen stand, die er spielte. Börne hielt sich für den politischen Kopf und Heine für den weichmütigen, unfesten, unzuverlässigen, sybaritischen, charakterschwachen, wenn nicht charakterlosen Ästheten. Darum überzeuge Heine auch nicht, wenn er die Wahrheit spreche, da er ja an der Wahrheit nur das Schöne liebe. ›Darum rührt er auch nicht, wenn er weint; denn man weiß, daß er mit den Thränen nur seine Nelkenbeete begießt.‹ Als Börnes Hauptwerk war geplant die demokratische Revolution in Deutschland. Wenn man liest, wie ihn ein paar Politik-pour-Politik-Auftritte von Studenten in Göttingen und Frankfurt hoffen machten, wie er das Fackelzug-Vivat des Hambacher Festes 1832, das er selber mitmachte, überschätzte, dann muß man sagen: Heine war der Realist.«
(Martin Walser)

RECLAM-BIBLIOTHEK

Lauter Lust, wohin das Auge gafft

Deutsche Poeten in der Manier Anakreons

Herausgegeben von Bernd Jentzsch
Mit Reproduktionen nach 19 Kupferstichen von Daniel Chodowiecki
196 Seiten. RBL 497. 9,– DM
ISBN 3-379-00673-4

Reclams Anakreontischer Musenalmanach auf drei Jahrhunderte, unser galantes Taschenbuch, stellt 69 Dichter und 157 Gedichte vor. Er ist ein poetischer Hausschatz in Oden, Rundgesängen, Episteln, Epigrammen und Distichen, die Korallenlippen und zuckerbällige Brüste besingen – heitere, amouröse Poesie des 17. bis 19. Jahrhunderts, mit ihrer drallen Weltlichkeit eine Leistung für die deutsche Lyrik, welche sich nun endgültig den Siebensachen des Diesseits zuwandte.

RECLAM-BIBLIOTHEK

Wolfgang Hilbig
zwischen den paradiesen

Prosa Lyrik

Mit einem Essay von Adolf Endler

Herausgegeben von Thorsten Ahrend
350 Seiten. 1 Abb. RBL 1419. 16,– DM
ISBN 3-379-01419-2

... eine Auswahl, die es in sich hat: Gedichte, Kurzprosa und Erzählungen, Vorträge und essayistische Versuche aus drei Jahrzehnten sind hier versammelt – Ausgewähltes und Unveröffentlichtes, bisher nur verstreut oder an entlegenem Ort Ediertes. Die Erzählung »Er, nicht ich« (1981/1991) ist eine Erstveröffentlichung, durch und durch »ein Hilbig«: Alltäglich-Banales wird zu kaum Bewältigbarem, das Schreckliche ist das Herkömmliche, die Chimären der Imagination erweisen sich als übermächtig, »der bloße Gebrauch des Wörtchens ich« ist bereits subversiv. Gute Literatur hat Sogwirkung. In bezug auf Wolfgang Hilbig sollte man wohl eher von einem Strudel sprechen, der Leser sei gewarnt. Er wird ihm folgen müssen: hinab, hinab...

Jürgen Krätzer in: Leipziger Volkszeitung

RECLAM-BIBLIOTHEK

Elke Erb

Nachts, halb zwei, zu Hause

Texte aus drei Jahrzehnten

Herausgegeben von Brigitte Struzyk
213 Seiten. RBL 1401. 10,– DM
ISBN 3-379-00696-3

Die Sammlung von Kurzprosa und Gedichten setzt mit unspektakulären, naturnahen Kindheitserinnerungen aus der Eifel ein. Mit zahlreichen Widmungstexten, Porträt- und Antwortgedichten zollt sie Schutzgeistern wie Erich Arendt und Franz Fühmann Sympathie und Achtung. In Poemen wie »Naturbühne«, »Schlaraffenland« und »Schlechte Beleuchtung« aus den Jahren 1966 bis 1970 setzt sie einer versehrten Industrielandschaft die Vergewisserung durch die »kleinen Dinge« entgegen, private Fluchtpunkte wie Wohnen, Essen und Trinken. Elke Erb beansprucht für sich Individualität, Vorläufigkeit und das »Recht des unabgesicherten Redens«. Durch ihre offene Anlage drängen sich diese Texte der Diskussion über ost- und westdeutsche Literaturtraditionen geradezu auf. In einer Zeit des allgemeinen Bilanzierens wird man am Werk von Elke Erb nicht vorbeigehen können.

Katrin Hillgruber in: Frankfurter Allgemeine Zeitung